Das große Sagenbuch

*Die schönsten Götter-,
Helden- und Rittersagen,
gesammelt und neu erzählt von
Johannes Carstensen*

Diogenes

Umschlagillustration:
Ludwig Richter,
›Die Rocca di Mezzo im Sabinergebirge‹,
1824/25 (Ausschnitt)

Copyright © 1992
Diogenes Verlag AG Zürich
150/92/44/1
ISBN 3 257 01925 4

Inhalt

*Griechische
Götter-
und Heldensagen*

Die Götter der Griechen

Hoch auf dem Berggipfel des Olympos – so war der Glaube der Griechen in alten Zeiten – thront im Kreise der Unsterblichen der weltbeherrschende Zeus, der Vater der Götter und Menschen. Er ist der Herr allen Lebens. Als »Walter des Kampfes« fällt er im Kriege die Entscheidung, auf einer goldenen Waage wägt er die Todeslose, um den Willen des Schicksals zu ergründen und zu erfahren, welcher von zwei Kämpfern fallen wird.

Gemeinsam mit seinen Brüdern hat Zeus einst in gewaltigem Kampf seinem Vater Kronos und dem Titanengeschlecht die Herrschaft über die Welt entrissen. Nun teilt er sie mit seinen Brüdern.

Poseidon, dem die Gewalt über das Meer zugefallen war, wühlt mit seinem Dreizack, dem Zeichen seiner Würde und seiner Macht, die Meere auf, wenn er zürnt, und erschüttert die Erde. In der Unterwelt regiert Hades mit seiner Gattin Persephone das Totenreich.

Der olympische Zeus aber ist der Mächtigste unter den Unsterblichen. Wenn er den gewaltigen Schild, die Aigis, schüttelt, auf dem sich wie auf seinem Brustpanzer das schrecklich blickende Haupt der Gorgo, eines Ungetüms der Unterwelt, befindet, dann donnern die Wolken, und mit zorniger Hand schleudert er flammende Blitze. Die Menschen verehren ihn als Hüter von Recht und gesetzlicher Ordnung, als Schirmer des Eides, als Beschützer der Familie und des heiligen Gastrechts.

An Zeus' Seite lebt die Göttermutter Hera, seine stolze

Gemahlin, die über die Heiligkeit des Ehebundes und die Frauenwürde wacht; ihre Botin ist Iris, der Regenbogen.

Phoibos Apollon, Zeus' Sohn, der ewig junge Lichtgott, lenkt als Helios den Sonnenwagen, wenn Eos, die Morgenröte, die Himmelspforten aufgeschlossen hat. Ihn, den Gott des Gesanges, der Dichtkunst und des Reigentanzes, begleiten die neun Musen, die Göttinnen der Künste und der Wissenschaften. Die Schwester Artemis, wie Apollon unvermählt, schützt das Leben der Natur und spendet reichen Segen an Früchten. Besonders liebt sie es, in Begleitung der Nymphen als Jägerin durch den Wald zu streifen.

Pallas Athene, aus dem Haupt ihres Vaters Zeus, dem Sitz der Klugheit, entsprungen, ist seine Lieblingstochter; sie gilt als die Göttin der Wahrheit und als Schutzherrin friedlicher Künste, besonders der weiblichen Kunstfertigkeit. Als Kriegerin, bewehrt mit der schreckenerregenden Lanze, lenkt und schirmt sie die Städte in Krieg und Frieden. Sie ist die jungfräuliche Stadtgöttin Athens.

Der Gott des blutigen und zerstörenden Krieges ist Ares, leidenschaftlich und voll ungestümer Gewalt. Nur Aphrodite, die aus dem Meeresschaum geborene Tochter des Zeus, vermochte ihn zu betören. Ihrer Verbindung mit Ares entstammt der kleine Liebesgott Eros. Mit ihm beherrscht Aphrodite als Göttin der Liebe und der weiblichen Anmut die Welt.

Der Erbauer des Göttersitzes ist Hephaistos, der Gott des Feuers und der Schmiedekunst. Hinkend und von Aschenstaub bedeckt, fertigt er in seiner Werkstatt im Innern der Vulkane kunstreiche Dinge. Seine Gesellen, die Kyklopen, helfen ihm, die Blitze des Zeus zu schmieden.

Eine wichtige Aufgabe im Kreise der Himmlischen liegt Hermes ob, der als Götterbote, angetan mit Flügelhut und

Flügelschuhen, die Befehle der Unsterblichen zu den Menschen bringt und sie mit seinem goldenen Stabe zum Schlafe zwingt. Als Beschützer aller Reisenden und Wandernden geleitet er auch die Seelen der Verstorbenen in die Unterwelt.

Auf dem in die Wolken ragenden Berg Olympos leben die Götter; dort versammeln sie sich zur Beratung und halten ihre Gelage bei Nektar und der Götterspeise Ambrosia, die allen Himmlischen ewige Jugend erhält. Auf den Flügeln des Windes eilen sie von dort zur Erde hernieder, um den Sterblichen in ihrem Daseinskampf zu helfen und ihre Opfergaben entgegenzunehmen.

Kein Windhauch trübt die himmlische Götterruhe, nicht Schnee noch Regen fällt. In wolkenloser Heiterkeit und ewigem Glanz erstrahlt der Sitz der Götter auf dem Olymp hoch über allem irdischen Leben.

Prometheus

Auf der jungen Erde grünten und blühten Blumen, Kräuter und allerlei Pflanzen, Tiere belebten das Meer und die Luft und den Erdboden. Doch fehlte das Wesen, das zum Herrn der Welt bestimmt ist: der Mensch.

Da stieg Prometheus zur Erde nieder. Er war dem alten Titanengeschlecht entsprossen, das Zeus einst vom Throne gestoßen hatte, und besaß die Gabe erfindungsreicher Klugheit. Aus feuchtem Ton formte er ein Wesen nach dem Bilde der Götter und entlieh ihm von den Tierseelen gute und schlechte Eigenschaften. Pallas Athene fand an diesem

Geschöpf so viel Gefallen, daß sie ihm göttlichen Odem und Geist einhauchte.

Lange währte es, bis die ersten Menschen es lernten, ihre Glieder und Sinne recht zu nutzen. Sie verstanden es nicht, Häuser aus Stein und Holz zu bauen, und wußten auch nicht die Folge der Jahreszeiten zu unterscheiden.

Da machte sich Prometheus zu ihrem Lehrmeister in allem Wissen, das zum rechten Leben erforderlich ist. Er unterwies sie in der Beobachtung der Gestirne und lehrte sie die Zahlen und die Buchstabenschrift. Von ihm lernten die Menschen, die Tiere zu zähmen und sich dienstbar zu machen, auf Schiffen die See zu befahren, Häuser zu bauen und vielerlei Künste und Bequemlichkeiten des Lebens.

Für den Schutz, den die Olympischen den Sterblichen gewährten, verlangten sie Verehrung und Opfer. Prometheus aber machte sich zum Fürsprecher seiner Geschöpfe und scheute sich nicht, die Götter mit List um die Opfer zu betrügen. In seinem Unwillen über solche Unbotmäßigkeit versagte Zeus, der Weltenherrscher, den Menschen die wohltätige, segensreiche Gabe des Feuers.

Indessen wußte der schlaue Prometheus sich zu helfen. Er näherte sich mit einem riesigen Halm dem Sonnenwagen des Helios, entzündete ihn an einem der glühenden Räder und schenkte den Menschen die göttliche Kraft des Feuers.

Voll Zorn über diesen Frevel sann Zeus darauf, die Macht der Menschen einzudämmen. Er sandte ihnen Unheil in Gestalt einer wunderschönen Jungfrau, die der kunstfertige Hephaistos geschaffen hatte. Alle Götter hatten ihr eine unheilbringende Gabe für die Menschen mitgegeben, und darum hieß sie Pandora, die Allbeschenkte.

Arglos nahmen die Menschen sie auf, gutgläubig ließ sich Epimetheus trotz der Warnung seines Bruders Prometheus eine kunstvolle Büchse aus Gold von ihr zum Geschenk machen. Kaum aber hatte er den Deckel geöffnet, da entwichen aus der Büchse alle Übel, Krankheiten und Qualen, die sie barg; sie verbreiteten sich über die Erde und überfielen – doppelt gefährlich, weil sie lautlos nahten – die wehrlosen Sterblichen.

Nur ein einziges Gut enthielt Pandoras Büchse, die Hoffnung. Bevor aber diese herausflattern konnte, verschloß die Abgesandte des Weltenbeherrschers ihre Büchse und versagte so den armen Menschen den letzten Trost.

Zeus aber war mit dem Ausmaß der Strafe noch nicht zufrieden, seine Rache sollte Prometheus treffen. Ohne Erbarmen ließ er ihn in die wilde Einöde des Kaukasus schleppen und dort von Hephaistos an eine Felswand schmieden.

Aufrecht stehend, ohne je die müden Knie beugen zu können, hing der unglückliche Prometheus an der Klippe, schlaflos und ohne Trank und Speise. Zu seiner Qual kam täglich ein Adler und fraß von seiner Leber, die sich immer wieder erneuerte.

Lange Zeit überließ Zeus den Verdammten seiner entsetzlichen Qual. Erst als Herakles auf seiner Wanderung des Weges kam, sollte Prometheus erlöst werden. Der Held erlegte mit seinem starken Bogen den Adler und befreite den unglücklichen Prometheus, der es gewagt hatte, dem göttlichen Willen die Stirn zu bieten. Damit Zeus' Urteil nicht unvollzogen bliebe, mußte Prometheus fortan einen eisernen Ring tragen, an dem sich ein Steinchen von jenem Kaukasusfelsen befand.

Deukalion und Pyrrha

Voller Unwillen mußte Zeus, der Beherrscher der Welt, erfahren, daß die Menschen sich immer mehr seinen Geboten widersetzten und frevelten. In seinem Zorn beschloß der Göttervater, das ruchlose Geschlecht von der Erde zu tilgen, und griff nach den feurigen Blitzen, um sie gegen die Erde zu schleudern. Doch er legte sie wieder aus der Hand, da er fürchten mußte, mit der Erde zugleich werde auch der himmlische Göttersitz in Flammen auflodern.

So wählte er als Strafgericht für die Menschheit eine gewaltige Wasserflut. Den Nordwind, der die Regenwolken zu vertreiben pflegt, schloß er in die Höhlen des Windgottes Aiolos ein; dafür ließ er den Südwind frei, der sogleich die tief herunterhängenden Wetterwolken auszupressen begann, daß Regen sich ungehemmt auf die Erde ergoß.

Unaufhörlich, Tag und Nacht, strömten die Wolkengüsse herab. Der zürnende Poseidon durchstieß mit seinem Dreizack die schützenden Flußdämme, und alles Menschenwerk war den wütenden Wassermassen preisgegeben.

Die Saatfelder wurden von den Fluten überschwemmt, und wo ein Haus fest genug war, ihrem Ansturm zu widerstehen, überspülten bald die Wellen seine Giebel und ließen es im Strudel versinken.

Wenigen Menschen gelang es, sich vor dem unaufhaltsam vordringenden Wasser zu retten. Wer auf einem der herausragenden Berggipfel Schutz fand, mußte in kurzer Zeit dem Hunger und der Kälte erliegen.

Nur zwei Menschen entkamen, von den Göttern behütet, dem Verderben: Deukalion mit seinem Weibe Pyrrha.

Sie waren von Zeus zur Rettung bestimmt; denn niemand unter den Sterblichen war fromm und rechtschaffen wie sie, und keiner kam ihnen gleich an Gottesfurcht.

Als der Himmelsvater nun auf die unendliche Wasserwüste hinabschaute und das Strafgericht vollendet sah, fühlte er Erbarmen mit dem einzigen Menschenpaar, das sich in einem Schifflein über die wildbewegte Wasserflut zum Berge Parnassos gerettet hatte. »Haltet ein in eurem Wüten!« gebot er den Wasserfluten und ließ die Wolken vom Nordwind auseinandertreiben, während Poseidon den Dreizack aus der Hand legte und die schäumenden Wogen bändigte.

Da traten wieder die Meeresufer hervor, die Ströme kehrten in ihr Flußbett zurück, und die Bäume reckten ihre Wipfel aus den Wassern.

Voller Verzweiflung blickte Deukalion auf das Werk der Zerstörung. »Ach, Pyrrha«, rief er wehklagend, »von allen Menschen hat nur uns das Schicksal verschont. Nun sind wir allein das Volk dieser Erde!«

Weinend gingen sie zu dem Tempel der Themis, am Fuße des Parnassos, um die Göttin der Erde um Rat und Hilfe anzuflehen.

»Gib du uns Kunde, hehre Themis«, betete Deukalion, »wie das vernichtete Menschengeschlecht neu erstehen kann!«

Da vernahmen die beiden Gläubigen die Stimme der Göttin: »Verhüllet euer Haupt und werft die Gebeine eurer Mutter hinter euch!«

Lange ratschlagten die beiden Alten über den geheimnisvollen Sinn des Gebotes. Hieß die Himmlische sie das Andenken der Mutter kränken? »Höre, Pyrrha«, rief Deukalion plötzlich, »wie der Göttin Worte zu deuten sind! Unsere Mutter ist die nahrungspendende Erde, und ihre Gebeine sind die harten Steine, diese sollen wir hinter uns werfen!«

War solche Deutung richtig? Lange hegten die beiden Zweifel, doch dann taten sie, was die Göttin befohlen hatte. Sie verhüllten ihr Haupt und warfen Steine hinter sich.

Da geschah ein Wunder. Die Steine verloren ihre Härte und wurden geschmeidig, sie wuchsen und gewannen Gestalt – Menschengestalt. Was feucht und erdig war, wurde Fleisch, das Spröde und Steinige wandelte sich in Knochen, und die Adern im Gestein blieben Adern. Die von Deukalion geworfenen Steine wurden zu Männern, die Steine, die Pyrrha berührt hatte, nahmen weibliche Gestalt an.

Als König herrschte Deukalion lange in Weisheit und Gerechtigkeit über das neue Menschengeschlecht. Sein Sohn Hellen wurde der Stammvater des Volkes der Hellenen.

Phaëthon

Phaëthon, der bei seiner Mutter Klymene lebte, litt bitter darunter, daß sie nur eine Sterbliche war; denn er durfte sich rühmen, der Sohn des Sonnengottes Helios zu sein. Die Menschen aber, unter denen er aufwuchs, glaubten nicht an seine göttliche Abstammung und verspotteten ihn als eitlen Prahler.

Da faßte Phaëthon den Entschluß, sich Gewißheit über

seine Herkunft zu verschaffen. Er wollte aus dem Munde seines göttlichen Vaters die Wahrheit erfahren und machte sich zu ihm auf den Weg.

Staunend stand er vor Helios' herrlicher Königsburg. Auf goldenen Säulen ruhte der Palast, die Giebel waren in Elfenbein gefaßt, und im Silberglanz strahlten die Tore.

Nur zögernd wagte Phaëthon sich zu nähern, so sehr blendete der Widerschein der lichterfüllten Wunderpracht die Augen.

Helios, der Sonnengott, saß auf seinem mit Edelsteinen verzierten Throne. Als er Phaëthon gewahrte, nahm er den Strahlenkranz vom Haupt und hieß den Jüngling nähertreten. »Was führt dich zu mir, mein Sohn Phaëthon?« fragte er.

Die freundlichen Worte des Sonnengottes gaben Phaëthon neuen Mut.

»O du strahlendes Weltenlicht«, begann er zögernd, »Vater Phoibos, wenn du mir erlaubst, dich so zu nennen ––« Und dann berichtete er von den Zweifeln, die ihn quälten. »Gib mir ein sicheres Zeichen als Unterpfand, göttlicher Vater, damit ich als dein echter Sohn gelte!«

»Deine Mutter Klymene hat wahr gesprochen. Ich bin dein Vater«, versetzte Helios. »Damit du aber künftig nicht mehr zu zweifeln brauchst, will ich dir einen Wunsch gewähren. Beim Styx, dem Flusse der Unterwelt, schwöre ich, ihn dir zu erfüllen.«

Kaum hatte Helios so gesprochen, da nannte der Sohn seine Bitte: »Gib mir für einen Tag den Sonnenwagen!« rief er freudig. »Laß mich deine geflügelten Rosse lenken!«

Wie bereute der Gott nun sein Versprechen! »Könnte ich doch mein sinnloses Wort zurücknehmen!« stieß er hervor und suchte den Sohn mit allen Mitteln zu überreden, auf sein Vorhaben zu verzichten.

»Nicht einmal Zeus selber vermöchte diese Aufgabe zu meistern!« versicherte er.

Phaëthon indessen beharrte auf seinem Wunsch.

»Laß dich doch belehren, mein Sohn!« bat Helios bekümmert und beschrieb, wie gefährlich der Weg sei: »Hoch auf der Himmelskuppe packt mich selbst oftmals schreckliche Furcht, wenn ich in den schwindelnden Abgrund hinabschaue!«

Doch Phaëthon ließ sich nicht überzeugen. »Laß ab von deiner Bitte!« beschwor ihn der Gott. »Begreifst du nicht, daß mein Geschenk dir den Tod bringen kann? Sieh doch, wie mich der Gram verzehrt!«

Vergeblich waren alle mahnenden und bittenden Worte, und schweren Herzens gab Helios seine Zustimmung: »So sei es! Ich habe es ja bei dem Wasser des Styx geschworen.«

Phaëthon ließ sich den Sonnenwagen zeigen, den Hephaistos kunstfertig aus Gold und Silber gebaut und mit Edelsteinen verziert hatte.

In diesem Augenblick öffnete Eos, die Göttin der Morgenröte, ihr Purpurtor und die rosenduftende Vorhalle; vom Himmelsrund wichen langsam die Sterne.

Behende schirrten die Horen, die göttlichen Dienerinnen des Zeus, auf des Gottes Befehl die feuersprühenden Rosse an. Helios, das Herz von Kummer und Sorge zerrissen, bestrich dem Sohne behutsam mit heiliger Salbe das Antlitz, um ihn gegen die sengende Flamme zu schützen, und legte ihm seinen Strahlenkranz ums Haupt.

»Höre auf meinen väterlichen Rat!« sagte er mahnend. »Nimm nicht die Stachelpeitsche und verlaß dich mehr auf die Zügel! Folge genau den Wagenspuren, die sich im weiten Bogen hinziehen. Steigst du zu hoch, so vermag der Himmel die Hitze nicht zu ertragen und muß verbrennen; kommst du der Erde zu nahe, so gerät auch diese in Brand. Halte immer den goldenen Mittelweg!«

So mußte der göttliche Vater Phaëthon seinem Schicksal überlassen. »Nimm die Zügel in beide Hände!« sagte er. »Oder darf ich noch hoffen, dich umzustimmen? Steh ab von deinem törichten Vorhaben und überlaß mir die Aufgabe, der Welt das Licht zu schenken!«

Aber Phaëthon stand schon unbekümmert oben auf dem Wagen, ergriff voller Glück die Zügel und ließ die vier Flügelrosse in die unendliche Weite des Himmels hineinstürzen.

In wildem Fluge rasten sie dahin. Offenbar spürten sie sogleich, daß der Wagen nicht die gewohnte Schwere besaß, und schon kündigte sich das Verhängnis an. In wilden Sprüngen rissen die Tiere den Wagen durch die Luft und schleuderten ihn hin und her, als wäre er ohne Lenker. Immer verwegener gebärdeten sich die feurigen Rosse, und schon längst folgte das Gefährt den festen Spuren nicht mehr.

Phaëthon zitterte in ratloser Angst. Wie sollte er die Rosse bändigen? Lähmendes Entsetzen ergriff ihn, als er tief, tief unter sich die Erde ausgebreitet sah. Wie bereute er den verderblichen Wunsch und die eigene Torheit!

Unaufhaltsam rasten die Rosse dahin. Der unbesonnene Jüngling wagte weder die Zügel zu lockern noch sie zu straffen. Ja, er konnte die Rosse nicht einmal anrufen, da er ihre Namen nicht wußte!

In wildem Ungestüm jagten sie, an den Sternbildern vorbei, durch das All. Da verlor der Unglückliche jegliche Überlegung, und von Entsetzen gepackt ließ er die Zügel fahren.

Als die Riemen auf die Pferderücken fielen, gab es für die Tiere kein Halten mehr. Sie stürzten aus der Bahn, jagten in entfesselter Wut durch die Lüfte in unbekannte Weiten, rissen den Wagen hinab in die Tiefe und wieder jäh empor in die Höhe des Äthers. Dann erfüllte sich das Verhängnis. Der feuersprühende Wagen stieß in eine Wolkenschicht hinein und ließ sie in lodernden Flammen aufgehen. Sogleich griff der entfesselte Feuerbrand auf die Berggipfel über und raste nun, wie von Wut gepeitscht, über die Lande hin. Im Nu stand die ganze Erde in Flammen. Nicht Wälder noch Felder noch Städte blieben in dem wilden Flammenwirbel verschont. Das Meer trocknete aus, so daß hohe Berge auf seinem Grunde auftauchten. Die furchtbare Glut zwang sogar den Meeresgott Poseidon, die Tiefe des Meeres aufzusuchen.

Mit Entsetzen vernahm der unglückliche Phaëthon das wütende Tosen der Flammen. Wie aus einer Feueresse stieg die Hitze mit der hochgeschleuderten Aschenglut zu ihm empor und drohte ihm den Atem zu nehmen. Schon glühte der Wagen unter ihm.

Damals – hieß es – bekamen Afrikas Bewohner ihre schwarze Haut und Libyen trocknete zur Wüste aus. Die ausgedörrte Erde klaffte auseinander und ließ durch die Risse soviel Licht in die Unterwelt dringen, daß die Seelen der Abgeschiedenen in Furcht erstarrten.

Erbarmungslos rissen die geflügelten Rosse ihren Lenker weiter durch den unendlichen Raum. Vom glühenden Wagen sprangen die Flammen auf seine Haare über, und jäh stand er in lodernde Glut gehüllt. Noch einen Augenblick hielt er sich aufrecht, dann ergriff ihn die wirbelnde Flamme und schleuderte ihn in den Himmel hinaus. Wie eine Sternschnuppe fuhr Phaëthons brennender Körper in die Tiefe.

In ohnmächtigem Schmerz hatte Helios mit ansehen müssen, wie das Unheil sich vollendete. Ein breiter Strom nahm den vom Brand entstellten Toten in seinen Wellen auf und wusch ihm das versengte Antlitz. Voll Mitleid hoben Najaden, die Göttinnen des Flusses, den armen Phaëthon, der für seine Vermessenheit mit dem Leben hatte büßen müssen, in ihre Arme, trugen ihn ans Ufer und bestatteten ihn.

Philemon und Baukis

Zeus, der gern in Menschengestalt die Erdenwelt besuchte, kehrte einst in Begleitung seines Sohnes Hermes, des Götterboten, in einer reichen Stadt der Landschaft Phrygien ein. Müde von der langen Wanderung, baten die Götter um Unterkunft für die Nacht. Aber wo sie auch anklopften, niemand öffnete den unbekannten Fremdlingen, um ihnen Obdach zu gewähren.

Als die müden Wanderer am anderen Ende der Stadt anlangten, gewahrten sie eine ärmliche Hütte. Dort wohnte der alte Philemon mit seiner Frau Baukis; die beiden waren arm, lebten aber zufrieden und glücklich miteinander.

Zeus und Hermes beschlossen, einen letzten Versuch zu wagen. Und wirklich – sie hatten kaum angeklopft, da öffnete man ihnen gastfreundlich die Tür.

Philemon nötigte die späten Besucher, sich auszuruhen, und Baukis legte ein Kissen auf die Bank, damit die Gäste recht weich säßen. Dann beeilte sie sich, das Herdfeuer neu zu entfachen, holte trockenes Reisig herbei und setzte einen

Topf mit Wasser auf das Feuer. Rasch schnitt sie Kohl im Garten, nahm von der rauchgeschwärzten Balkendecke eine Speckseite herunter, die sie für einen festlichen Anlaß aufgespart hatte, trennte ein gutes Stück davon ab und begann das Mahl zu bereiten.

Mit Wohlgefallen sahen die beiden Götter die Geschäftigkeit der Alten. Während das Essen auf dem Herdfeuer stand, schüttelte Baukis die Kissen auf und zog eine Holzwanne herbei, um den wandermüden Füßen der Fremden ein laues Bad zu bereiten.

Dann deckte sie den Tisch. Was nur an Vorräten sich bot, trugen die gastfreundlichen Alten herbei, frische Oliven und eingemachte Früchte, Salat, Käse und Eier. Als Baukis dann ihr Kohlgericht auftrug und zum Nachtisch Pflaumen und Nüsse, Weintrauben und Datteln mitbrachte, da war bei der Fülle der Speisen kaum noch Platz für den Krug mit selbstbereitetem Wein, den Philemon den Fremden bot.

Die beiden Götter taten dem Mahle alle Ehre an. Aber mehr noch als der Aufwand gefielen ihnen die frohen Gesichter der beiden Alten und der Eifer, mit denen sie ihre Gäste zuzulangen nötigten.

Auch dem Weine sprachen die göttlichen Gäste wacker zu. Philemon beeilte sich, die Becher neu zu füllen, aber – ungläubig blickte er auf – der Weinkrug war immer wieder voll bis zum Rande! Da erkannten die Alten das Wunder, und in Dankbarkeit und Furcht sanken sie den Gästen zu Füßen.

»Zürnt uns nicht wegen des kärglichen Mahls!« flehten sie mit erhobenen Händen. Und dann eilten sie hinaus, um ihre einzige Gans einzufangen und sie für die Gäste zu braten.

Doch das Tier mochte das ihm zugedachte Schicksal

ahnen; denn flügelschlagend suchte es sich hinter den Rük-
ken der Gäste zu retten.

»Niemand bittet die Götter vergeblich um Schutz«,
lächelte Zeus, und damit gaben die beiden Himmlischen
sich zu erkennen: »Wisset, daß wir Götter sind«, sagten sie.
»Die Stadt mit ihren hartherzigen Einwohnern soll unter-
gehen! Nur eure Hütte wird erhalten bleiben!«

Betroffen blickten die beiden gutherzigen Alten auf den
Göttervater. »Folgt uns auf die Höhe des Berges!« fuhr dieser fort. Das taten sie gehorsam nach seinem Gebot.

Als sie sodann, schon nahe dem Gipfel des Berges, den
Blick zur Stadt zurückwandten, wollte ihnen schier das
Herz stocken. Wo eben noch die reiche Stadt gestanden
hatte, war nun eine gewaltige Wasserflut, nur die arm-
selige Hütte erhob sich unversehrt am Rande des riesigen
Sees.

Und während Philemon und Baukis noch, entsetzt über
dieses gnadenlose Strafgericht, den Blick auf ihr stroh-
gedecktes Häuschen richteten, da wurden die hölzernen
Dachstützen plötzlich zu schlanken Säulen aus schnee-
weißem Marmor, und das gelbe Stroh des Daches verwandelte sich in reines Gold. Vor ihren Augen war ein
herrlicher Tempel entstanden.

Mit milder Stimme wandte sich Zeus an die Alten:
»Sprecht einen Wunsch aus, ihr beiden Redlichen, daß ich
eure Frömmigkeit belohne!«

Philemon und Baukis waren sich sogleich einig: »Laß uns
Priester dieses Heiligtums sein«, baten sie, »und wenn dereinst unsere Stunde schlägt, dann versprich uns, daß keiner
den anderen überlebe!«

Allvater Zeus gewährte ihnen diese Bitte. Lange Jahre
hüteten Philemon und Baukis das Heiligtum, und als ihre

Zeit gekommen war, verwandelte er beide in Bäume, in eine Eiche und eine Linde, die ihre Zweige innig ineinanderschlangen.

Tantalos

Im Lande Phrygien herrschte der mächtige König Tantalos, der sich rühmte, ein Sohn des Zeus zu sein. Kaum einen der Sterblichen ehrten die Götter wie ihn. Sie stiegen vom Olymp herab, um an seinen Festen teilzunehmen, und Zeus gab ihm die Erlaubnis, an der Göttertafel zu speisen und den Gesprächen der Unsterblichen zu lauschen.

Aber Tantalos zeigte sich des göttlichen Vertrauens nicht würdig. Eitelkeit und Ruhmsucht trieben ihn zum Frevel gegen die Himmlischen. Er scheute sich nicht, ihre Geheimnisse den Sterblichen zu verraten, von ihrer Tafel entwendete er Nektar und Ambrosia und verteilte den Raub unter seine Freunde. In ruchloser Verblendung wagte er es sogar, die göttliche Allwissenheit auf die Probe zu stellen. Er lud die Olympischen in sein Haus, tötete seinen eigenen Sohn Pelops und setzte ihn den Gästen als Speise vor!

Nur Demeter hatte achtlos von dem gräßlichen Mahle genossen. Denn ihre Gedanken weilten bei ihrer Tochter Persephone, die Hades, der Gott der Unterwelt, entführt hatte. Alle andern Götter aber erkannten den Frevel, sie erweckten den zerstückelten Körper zu neuem Leben. Das Schulterblatt des Kindes, von dem Demeter vor Kummer gedankenlos gekostet hatte, ersetzten sie durch ein elfenbeinernes.

»Kein Sterblicher treibt ungestraft seinen Übermut mit den Göttern!« rief Zeus in furchterregendem Zorn. Er stieß den Verwegenen in die Unterwelt hinab und verurteilte ihn zu qualvoller Strafe. Mitten in einem Teiche mußte Tantalos fortan stehen, die Wellen umspülten ihm Kinn und Lippen. Gleichwohl litt er brennenden Durst; denn niemals konnte er den Trank, so nahe er ihm auch war, erreichen. Sooft er sich zum Trinken bückte, versiegte vor ihm die Flut, und der Teich schien wie ausgetrocknet. Auch Hunger peinigte den Unglücklichen, während über ihm die Bäume am Ufer sich unter der Last der herrlichen Früchte beugten. Wenn der gequälte Mann sich aufrichtete, um nach ihnen zu greifen, ließ ein plötzlich aufbrausender Wind die Zweige bis zum Himmel hinaufschnellen.

Bei solchen Leibesqualen, die Tantalos zu ertragen hatte, schwebte er in ständiger Todesangst. Ein mächtiger Stein hing drohend über seinem Haupte in der Luft – jeden Augenblick konnte er herabstürzen und ihn zerschmettern.

In nie endender, schrecklicher Qual mußte Tantalos dafür büßen, daß er versäumt hatte, den Göttern die schuldige Ehrfurcht zu erweisen.

Niobe

Niobe, die Königin von Theben, war die Tochter des Tantalos. Reiches Glück, das sie aber nicht zu würdigen wußte, hatte ihr das Schicksal geschenkt: Schönheit und königliche Macht, dazu einen Gatten, der so herrlich die Leier zu schlagen wußte, daß die Steine der Stadtmauer von Theben unter ihrem Klang sich von selbst zusammengefügt hatten.

Durch die Fülle dieses Glücks hatte Niobe sich zu hoffärtiger Verblendung verführen lassen; aber auf nichts von allem, was sie besaß, war sie so stolz wie auf die stattliche Schar ihrer Nachkommen. Vierzehn blühenden Kindern, sieben Söhnen und sieben Töchtern, hatte die Königin das Leben geschenkt. Mit Recht hätte man Niobe die glücklichste aller Mütter nennen dürfen. Aber sie verdiente diesen Ehrennamen nicht, weil sie selber ihn für sich verlangte. Im Bewußtsein ihres Glückes wagte sie es, sich mit den Unsterblichen zu messen und göttliche Ehren für sich zu fordern.

Eines Tages gab es in Thebens Straßen einen Auflauf. Manto, die Tochter des Wahrsagers Teiresias, die in der Stadt als Priesterin der Leto lebte, fühlte sich plötzlich von frommer Regung getrieben und eilte durch die Straßen, die Thebanerinnen zur Verehrung der Leto aufzurufen. »Kommt in Scharen!« rief sie, »und erweist unserer Göttin Leto und ihren Kindern Apollon und Artemis die Ehren, die wir ihnen schuldig sind!«

Willig folgten die Frauen ihrem Ruf und begannen, die Opfer zu rüsten. Plötzlich hielten sie inne. Vor ihnen stand Niobe an der Spitze ihres Gefolges. Verächtlich ließ die Königin den Blick über die versammelten Frauen hingleiten; dann herrschte sie die Verschüchterten an: »Seid ihr dennwahnsinnig, Götter zu verehren, die ihr nie mit euren Augen gesehen habt – während ihr vergeßt, den Wesen Weihrauch und Opfer zu spenden, die mitten unter euch leben?«

Dann zählte Niobe in ihrer Vermessenheit auf, was sie

Gründe für die ihr gebührende Verehrung nannte: daß ihr Vater Tantalos einst am Tische der Götter gespeist habe, daß ihre Mutter Merope, die Schwester der Plejaden, als glänzendes Gestirn am Himmel leuchte, daß der gewaltige Atlas, der die Welt auf seinen Schultern trägt, einer ihrer Ahnen und Zeus gar ihr Großvater sei. Sie vergaß auch nicht, die Kunstfertigkeit ihres Gatten und ihre eigene königliche Macht zu erwähnen.

»Vor mir wollt ihr Leto, der unbekannten Göttin, den Vorzug geben, die nur zwei Kinder ihr eigen nennt? Das ist der siebente Teil meiner Mutterschaft! Und raubte mir die Schicksalsgöttin auch einige Kinder, niemals würde ich auf Letos armselige Zahl hinabsinken!«

Mit herrischer Gebärde jagte die vermessene Königin die Frauen nach Hause; nur im stillen wagten diese die beleidigte Gottheit hinfort zu verehren.

Tief gekränkt aber rief Leto ihre beiden Kinder zu sich und berichtete ihnen von dem Geschehenen. »Soll ich mir solchen Schimpf gefallen lassen?« rief sie voller Unwillen.

Apollon und Artemis zögerten nicht, die Mutter zu rächen. In Wolken gehüllt, schwangen sie sich durch die Lüfte und ließen sich auf der Burg von Theben nieder. Gnadenlos ereilte nun das göttliche Strafgericht die Söhne, deren Niobe sich so sehr gerühmt hatte. Während sie sich vor den Stadtmauern im fröhlichen Spiel tummelten, traf sie nacheinander des Gottes Pfeil, den einen auf hohem Pferderücken, andere beim Ringkampf, wieder einen, als er in fassungslosem Schmerze die sterbenden Brüder in seinen Armen zu beleben versuchte.

Die Kunde von dem furchtbaren Unglück rief Niobe aufs Feld hinaus. Sie vermochte das Schreckliche lange nicht zu fassen: Ihre sieben Söhne lagen tot vor ihr. Zugleich erhielt sie die Botschaft, daß Amphion, ihr Gatte, sich voller Verzweiflung den Tod gegeben habe.

In wilder Klage hob sie die Arme zum Himmel: »Freue dich jetzt nur an meinem Schmerz, du grausame Leto, genieße den Triumph deines Sieges!«

Doch als ihre Töchter sich in Trauerkleidern um sie und die Toten scharten, bäumte sich Niobes Stolz von neuem auf: »Nein, du bist nicht Siegerin! Auch vor den Leichen meiner Söhne bin ich mehr als du!«

Sie sollte ihre Vermessenheit grausam büßen. Denn nun übernahm Artemis die Vollendung des Strafgerichts. Unter ihren Pfeilen sanken Niobes Töchter, eine nach der andern, in den Staub. Schon waren sechs gefallen, und in ratloser Angst flüchtete sich die letzte in den Schoß der Mutter, um dort Schutz zu suchen.

»Schone diese eine!« schrie Niobe in Verzweiflung, »nur die jüngste von so vielen!« Aber ihre Bitte, die erste, die sie an die Göttin richtete, fand kein Gehör, und während Niobe noch flehte, stürzte das Mädchen tot zu ihren Füßen nieder.

Einsam, vor Schmerz gebrochen, saß Niobe inmitten der Leichen ihrer Kinder. Da erstarrte sie vor Gram, aus den Wangen wich das Blut, unbewegt standen die Augen – nichts regte sich mehr an ihr: Niobe war zu Stein geworden.

Nur ihre Tränen rannen über das leblose Antlitz. Dann erhob sich ein gewaltiger Wirbelwind, faßte den mächtigen Stein und führte ihn durch die Lüfte nach Lydien, in die Heimat der Königin.

Noch heute steht Niobes Gestalt als Felsen im Gebirge – und aus den steinernen Augen fließen die Tränen unaufhörlich in das Gebirgstal hinab.

Sisyphos

So mild und hilfsbereit die Götter auch den leidenden Menschen zur Seite treten, hart und unnachsichtig trifft die rächende Strafe jeden, der ihnen die Stirn zu bieten wagt.

Für seinen Trotz mußte Sisyphos büßen, der Erbauer der herrlichen Stadt Korinth. Er hielt sich für den Listigsten der Sterblichen und scheute sich deshalb nicht, des Göttervaters Zorn auf sich zu ziehen. Als Zeus die liebliche Nymphe Aigina entführte, verriet Sisyphos ihn aus Eigennutz dem Vater der Geraubten, dem Flußgott Asopos, der ihm dafür versprechen mußte, in der Felsenburg der Stadt Korinth eine Quelle entstehen zu lassen.

In seinem Unwillen zögerte Zeus nicht, den Verwegenen zu bestrafen. Thanatos, der Tod, erhielt den Auftrag, den Korintherkönig in den Hades zu führen. Sisyphos wußte jedoch den ungebetenen Sendboten des Göttervaters zu überlisten und legte ihn in Fesseln, so daß niemand auf Erden mehr sterben konnte, bis Ares kam. Er befreite den Todesgott, der den fürwitzigen König nun ins Reich der Schatten führte.

Indessen wußte Sisyphos mit neuer List seiner Haft im Totenreich zu entgehen. Ehe er in die Unterwelt hinabstieg, hatte er der Gattin untersagt, seiner abgeschiedenen Seele die Totenopfer darzubringen. Daher ließen sich Hades und Persephone schließlich bereden, ihn noch einmal zu beurlauben, um die säumige Gattin an ihre Pflicht zu mahnen.

Der arglistige Sisyphos dachte aber nicht daran, in die Unterwelt zurückzukehren, und lebte wieder wie vorher unbekümmert und in Freuden.

Doch Zeus' Geduld war nun erschöpft. Wieder sandte er den Thanatos, und diesmal half dem König keine List.

Während er beim üppigen Mahle saß, kam der Tod, und unerbittlich wurde Sisyphos in die Unterwelt geschleppt. Dort traf ihn die Strafe. Einen schweren Marmorstein mußte er mit großer Kraftanstrengung einen Hügel hinaufwälzen. Sobald er glaubte, das Ziel erreicht zu haben, entglitt der tückische Stein seinen Händen und rollte den Hang hinunter in die Tiefe. Immer wieder mußte Sisyphos unter unsäglichen Mühen ans Werk gehen, doch immer wieder blieb ihm der Erfolg versagt.

Orpheus und Eurydike

Niemand war dem sangeskundigen Orpheus gleich, dem Apollon selber ein Saitenspiel geschenkt hatte. Wenn Orpheus es zu seinem Gesang ertönen ließ, kamen die Tiere des Waldes herbei, den wundersamen Klängen zu lauschen, und man sagt, selbst die Bäume und die leblosen Steine wurden von der Zaubergewalt der Töne bewegt.

Eurydike, die holdselige Flußnymphe, war die Gattin des Sängers. Nur allzuschnell wurde das Glück der Liebenden zerstört. Eines Tages, als Eurydike mit ihren Freundinnen, den Nymphen, am Flußufer spielte, wurde sie von einer giftigen Natter in die Ferse gebissen, und auf der Stelle sank sie sterbend zu Boden. Orpheus konnte sich vor Schmerz nicht fassen. Vergeblich suchte er Trost in seiner Sangeskunst, vergeblich lockte er aus seinem Saitenspiel die schönsten Töne, so daß alle Wesen der Natur ringsum in sein Wehklagen einstimmten: Weder sein Lied noch sein Gebet brachte die tote Gattin zurück.

Da faßte Orpheus einen Entschluß, den noch kein Mensch vor ihm auszuführen gewagt hatte: In den Tartaros, ins Reich der Schatten, wollte er hinabsteigen und den Herrscher der Unterwelt bitten, ihm die geliebte Gattin zurückzugeben.

Schaurig umschwebten ihn die Schatten der Toten, als er die Pforte der Unterwelt hinter sich gelassen hatte. Aber mutig schritt er durch die Schrecken des Totenreichs, bis er vor Hades' Thron stand.

Zum Klange der Leier brachte der Sänger seine klagende Bitte vor. Er sang von seiner unendlichen Liebe zu der schönen Gattin und von seinem unermeßlichen Schmerz, der stärker sei, als ein Mensch ertragen könne. Er gemahnte den Beherrscher der Schatten, daß auch er selbst sich einst von der Liebe habe bezwingen lassen, als er Persephone geraubt und sie zu seiner Gemahlin gemacht habe.

Noch nie war Ähnliches im Hades geschehen! Rings um den klagenden Sänger scharten sich die wesenlosen Schatten und – weinten. Tantalos vergaß, nach der entweichenden Quelle zu haschen, die Danaiden, die zur Strafe für ihre Untaten ein durchlöchertes Faß zu füllen hatten, ließen ab von ihrem vergeblichen Mühen, und Sisyphos, angelockt von den Zaubertönen des Gesanges, saß müßig auf seinem Felsblock und lauschte. Selbst die furchtbaren Eumeniden, die Rachegöttinnen, die keines Menschen Bitte je nachgegeben hatten – sagt man – waren zu Tränen gerührt.

Noch niemals war es geschehen, daß das finstere Herrscherpaar des Hades sich von Mitleid hatte bestimmen lassen. Die göttliche Macht des Gesanges jedoch überwältigte sie. Persephone winkte Eurydikes Schatten, der sich daraufhin mit unsicheren Schritten ihrem Throne näherte.

»Nur weil deine große Liebe uns bewegt«, wandte die Totengöttin sich an Orpheus, »erfüllen wir deine Bitte. Deine Gattin möge dir in die Oberwelt folgen! Aber wisse: Wenn du auf dem Weg den Blick zu ihr zurückwendest, bevor du das Tor durchschritten hast, so ist sie dir für alle Zeiten verloren!«

Schweigend und schnellen Schrittes machte sich Orpheus auf den Rückweg.

Bald jedoch wurde er von Zweifeln ergriffen: Folgte Eurydike wirklich seinen Spuren? Angst und Sehnsucht quälten ihn auf dem schroffen, finsteren Wege. Verzweifelt lauschte er auf den Atemzug der Geliebten und auf ein Rauschen ihres Gewandes.

Doch ringsum lastete gräßliche Totenstille.

Zuletzt wußte er sich nicht mehr zu bezwingen; von Liebe, Sorge und Angst überwältigt, wandte er sich nach der Geliebten um.

Da stand Eurydike vor ihm, traurig und zärtlich schaute sie ihn an. Doch als Orpheus sehnsüchtig die Arme ausbreitete, um die Geliebte an sich zu ziehen, wich sie zurück.

In ohnmächtiger Verzweiflung griff Orpheus ins Leere.

Wie von Sinnen stürzte er den steilen Pfad zurück bis an den Styx, den Fluß, der die Unterwelt durchfließt. Hier gebot Charon, der Fährmann, ihm Halt. Diesmal weigerte er sich, Orpheus über den schwarzen Strom zu fahren.

Sieben Tage und sieben Nächte saß Orpheus am Ufer und versuchte, die Unterirdischen durch Bitten und Klagen und flehende Lieder zu neuer Milde zu stimmen. Die Götter blieben unerbittlich.

Midas

König Midas hatte einst einen trunkenen Begleiter des jugendlichen Gottes Dionysos vor dem Gespött der phrygischen Bauern bewahrt. »Ich gewähre dir einen Wunsch!« sprach der Olympische, der als Gott der Reben auch Bakchos heißt, »denn ich will dir meinen Dank erweisen.«

König Midas überlegte nicht lange. »Erhabener Gott«, erwiderte er, »wenn ich wählen darf, so laß alles, was ich berühre, zu Gold werden.«

Nur ungern erfüllte Dionysos den Wunsch, den maßlose Habgier dem König eingegeben hatte. Midas aber eilte voller Freude davon und versuchte sogleich das Göttergeschenk, indem er verschiedene Dinge berührte. Der Zweig, den er vom Baume brach, verwandelte sich in schimmerndes Gold; der Stein, den er aufhob, wurde zum Goldklumpen, die Ähren wie das Obst, das er pflückte, erglänzten golden in seinen Händen. Der Türpfosten, selbst das Wasser, das seine Hände berührten, verwandelten sich in Gold!

Überglücklich setzte sich der König zum Mahle, griff nach Brot und Braten und – hielt funkelndes Gold in der Hand. Erschrocken führte er den Becher zum Munde: Des Bakchos herrlicher Rebensaft hatte sich zu Gold verhärtet.

Da erst erkannte der König, wohin ihn seine Verblendung geführt hatte. Nicht Hunger noch Durst konnte er stillen, und ein elender Tod schien ihm gewiß. Flehend hob er die Hände zum Himmel und bat Dionysos, das todbringende Geschenk zurückzunehmen.

Mitleidig blickte der Gott auf den reuigen Toren, der sich von seiner Gier nach Reichtum hatte verleiten lassen. »Geh an den Fluß Paktolos hinauf bis zu der Stelle, wo er aus dem

Felsen springt. Dort an der Quelle tauche dein Haupt in die kühle Flut und spüle mit dem Golde zugleich deine Schuld ab!«

Dankbar folgte Midas der Weisung und befreite sich von der verhängnisvollen Zauberkraft. Doch diese ging auf das Wasser des Flusses über, so daß er seither Gold mit sich führt.

Für alle Zeiten schien König Midas von seiner Habgier geheilt. Er mied den Königspalast und hielt sich gern in der Einsamkeit des Berges Tmolos auf, wo er in den Felsgrotten des Hirtengottes Pan zu Gaste war.

Im Herzen aber blieb Midas trotz der deutlichen Lehre töricht wie zuvor. Der bockfüßige Pan, der den Nymphen seine Lieder vorzuspielen liebte, hielt sich für einen vollendeten Meister auf der Rohrpfeife, so daß er in seinem Fürwitz wagte, den göttlichen Apollon herauszufordern. Richter in dem Wettstreit sollte der greise Berggott Tmolos sein. Rings im Kreise saßen liebliche Nymphen und sterbliche Männer und Frauen, um dem Flötenspiel zu lauschen, unter ihnen auch König Midas.

Pan begann auf seiner Hirtenflöte, der Syrinx, barbarische Weisen zu spielen, doch Midas hörte ihn mit Entzücken. Dann schlug Apollon die Saiten seiner Leier aus Elfenbein, daß alle Hörer tief ergriffen waren. Für Tmolos gab es keinen Zweifel, er sprach Apollon den Siegespreis zu.

Nur Midas, obwohl nicht um sein Urteil gefragt, wagte als einziger mit törichten Worten, die Entscheidung des greisen Berggottes zu tadeln, und behauptete, dem Pan gebühre der Preis.

Da trat Apollon unsichtbar vor ihn hin. Er faßte ihn leicht an beiden Ohren, zog sie spitz in die Höhe und umhüllte sie mit grauem Fell. König Midas war fortan mit Eselsohren verziert.

Wie sollte er diese Schande vor der Mitwelt verheimlichen? Seitdem trug er einen mächtigen Turban um sein Haupt geschlungen. Nur seinem Haarschneider mußte er sich offenbaren; doch ließ er ihn schwören, zu keinem Menschen von der Verunstaltung zu sprechen.

Für den jungen Menschen aber war das Geheimnis so belastend, daß er nicht die Kraft hatte, es bei sich zu behalten. Da er nicht wagte, es einem Menschen zu verraten, ging er ans Flußufer und schaufelte ein Loch; hier flüsterte er die erregende Neuigkeit hinein und warf die Grube zu. Nun endlich hatte er sein Herz erleichtert.

Doch bald danach wuchs Schilfrohr an jener Stelle, und wenn der Wind in den Halmen rauschte, dann vernahm man deutlich ihr Flüstern: »König Midas hat Eselsohren.«

So wurde das Geheimnis des törichten Königs Midas verraten.

Daidalos und Ikaros

Daidalos, der Bildhauer und Baumeister Athens, galt als der kunstfertigste Mann seiner Zeit. Aber auch er war nicht frei von Eitelkeit und Eifersucht. Er gönnte seinem hochbegabten Schüler Talos, der schon in jungen Jahren die Töpferscheibe und die Säge erfand, nicht den frühen Ruhm und fürchtete, durch des Talos Erfolge sein Ansehen zu verlieren. Schließlich übermannte ihn der Neid und trieb ihn, seinen Schüler hinterrücks von Athens Burg hinab in den Tod zu stürzen.

Man überraschte den Mörder, als er den Leichnam begrub, und wollte ihn vor Gericht stellen. Doch Daidalos konnte entweichen; seinen Sohn Ikaros nahm er mit sich auf die Flucht. Nach langem Umherirren gelangten beide nach der Insel Kreta, wo König Minos sie gastfrei aufnahm. Auf dessen Geheiß schuf der kunstfertige Baumeister das Labyrinth, einen Irrgarten mit unzähligen gewundenen Gängen, der dem gräßlichen Minotaurus, der halb Mensch und halb Stier war, als Behausung dienen sollte. Aber trotz der hohen Ehrungen, mit denen Minos die Arbeit belohnte, verzehrte sich Daidalos in Sehnsucht nach seiner Heimatstadt Athen. Allzu deutlich spürte er das Mißtrauen, mit dem Minos jeden seiner Schritte überwachen ließ, um ihn an der Flucht zu hindern. Doch nicht umsonst besaß Daidalos als Geschenk der Götter den erfindungsreichen Geist. »Mag Minos mir auch Land und Wasser versperren«, sagte er zu Ikaros, »so bleibt mir doch der weite Himmelsraum. Über ihn hat Minos keine Gewalt!«

Aus Vogelfedern, die er sorgsam geordnet mit Fäden verknüpfte und mit Wachs verklebte, schuf er mit geschickten Händen ein Paar großer Flügel. Lächelnd ließ er es zuweilen geschehen, daß sein Sohn Ikaros sie zur Hand nahm und sich in kindlichem Eifer mit ihnen versuchte. Auch für ihn fertigte er ein Paar, der Größe des Knaben angemessen.

Eines Tages legte Daidalos selbst sich die Flügel an, schwang sich zur Probe auf ihnen in die Lüfte und schwebte leicht wie ein Vogel dahin. Eindringlich belehrte er dann den Sohn: »Hüte dich davor, zu hoch zu steigen, Ikaros, daß nicht in der Nähe der Sonne deine Flügel Feuer fangen oder das Wachs schmelze, und senke den Flug nicht zu tief aufs Meer hinab, damit nicht dein Gefieder, von der Feuchtigkeit beschwert, dich in die Wogen hinabziehe! Halte dich immer in der Mitte!«

Mit zitternden Händen knüpfte er sodann dem Sohne das Flügelpaar an die Schultern, umarmte ihn zärtlich – und empfahl ihn einem gütigen Geschick.

Daidalos flog voraus, sorgenvoll wie ein Vogel, der seine Brut zum ersten Male aus dem Nest führt. Doch der Knabe folgte so sicher den gegebenen Weisungen, daß der Vater sich bald ganz beruhigte. Schnell überflogen die beiden Vogelmenschen das Meer und die Inseln, schon lagen Samos und Delos hinter ihnen.

Aber Ikaros hatte der sichere Flug allzu zuversichtlich gemacht, er vergaß des Vaters Mahnung und hob sich auf seinen Flügeln höher und höher empor, der Sonne entgegen.

Des Daidalos angstvoller Klageruf erreichte den Knaben nicht mehr. Die brennenden Sonnenstrahlen erweichten das Wachs, das die Flügel verband, und bevor Ikaros es noch recht gewahr wurde, hatten die Flügel sich von seinem Körper gelöst. Verzweifelt schwang der Knabe die nackten Arme – dann stürzte er haltlos in die Tiefe. Noch ehe er den Vater zu Hilfe rufen konnte, hatten ihn die Wellen verschlungen.

Als Daidalos den Blick zurückwandte, konnte er den Sohn zu seinem Entsetzen nirgends entdecken. »Ikaros! Ikaros!« rief er verzweifelt. Endlich erspähte er in der Tiefe ein paar Federn, die auf den Wellen einsam trieben, und er erkannte die grausige Wahrheit.

Da senkte Daidalos sich zur Erde nieder. Das Herz voll Gram und Trauer, irrte er am Ufer umher, bis die Wellen

den Leichnam des Sohnes an den Strand spülten. Zum
Gedenken an den unglücklichen Jüngling, der hier sein
Grab fand, trägt die Insel seither den Namen Ikaria.

Herakles
Herakles' Jugend

Herakles war ein Sohn des Zeus. Seine Mutter hieß Alk-
mene und war die Gattin des Königs Amphitryon
von Mykene, der eines Mordes wegen in Theben am Hofe
König Kreons in der Verbannung lebte.

Die Göttermutter Hera, die Gemahlin des Weltenbeherrschers, blickte voll Haß auf den Neugeborenen und suchte
ihn zu verderben. Sie sandte zwei Schlangen an die Wiege des
Knaben in Alkmenes Gemach, die ihn töten sollten. Als die
giftigen Nattern seinen Hals umstrickten, erwachte Herakles mit einem Schrei. Um sich von dem lebenden Halsband,
das sich immer enger zusammenzog, zu befreien, richtete er
sich von seinem Lager auf, ergriff mit jeder Hand eine
Schlange im Genick und erwürgte sie, noch ehe die erschrok-
kene Mutter herbeigeeilt war, mit eigenen Händen.

Staunend standen die Eltern vor dieser Probe übermenschlicher Kraft. Sie sahen darin ein Wunderzeichen, in
dem die Götter für ihres Sohnes Zukunft Großes offen-
barten.

Schnell lernte Herakles alle Fertigkeiten, die einen Helden auszeichnen, und schon in jungen Jahren erschlug er
einen mächtigen Löwen, der im Bergwalde Kithairon die
Menschen und die Herden seines Vaters in Schrecken hielt.

Als Herakles einst an einer Weggabelung saß und darüber nachsann, welche Lebensbahn er einschlagen solle, kamen aus verschiedenen Richtungen zwei Frauen auf ihn zu, beide wunderschön von Gestalt.

»Du bist unschlüssig, Herakles, welchem Lebensweg du folgen sollst«, begann die erste, die ein prächtiges Gewand trug. »Nimm mich als Freundin und Begleiterin, so werde ich dich die angenehmste und gemächlichste Straße führen. Alle Freuden, welche diese Erde zu bieten vermag, werde ich dir gewähren und Last und Sorge von dir fernhalten.«

Verwundert fragte Herakles nach ihrem Namen. »Wer mich liebt, nennt mich die Glückseligkeit«, antwortete sie und blickte ihn dabei begehrlich an; »meine Feinde, die mich herabsetzen wollen, nennen mich das Laster.«

Unterdessen war auch die andere Frau hinzugetreten. Sie trug ein schlichtes weißes Gewand, und ihr Wesen war bescheiden und gesittet. »Du mußt wissen, Herakles«, sprach sie mit ruhiger und fester Stimme, »daß die Götter nichts ohne Verdienst schenken. Ich kann dir keine lockenden Traumbilder vorgaukeln; denn nur nach Kampf und Mühen erreicht der Mensch ein hohes Ziel. Folge dem Guten und Großen, so wirst du durch Arbeit und Schweiß Ruhm und Ehre erlangen.«

»Wie ist dein Name?« fragte der junge Held.

»Ich bin die Tugend«, antwortete sie. Da reichte Herakles ihr ohne Zögern die Hand und verschrieb sich damit einem Dasein, das vom Menschen Tapferkeit und Lebensmut verlangt.

Aus freiem Willen übernahm es Herakles, das thebanische Land von einem schweren Tribut zu befreien, den der mächtige Nachbarkönig alljährlich verlangte. Zum Dank gab König Kreon ihm seine Tochter Megara zur Frau, und in glücklicher Ehe lebte Herakles nun mit seiner schönen Gattin, die ihm drei Söhne gebar.

Doch die stolze Hera sann immer noch auf Rache. Sie gönnte dem jungen Helden nicht das Eheglück und erreichte es durch List im Rate der Götter, daß Herakles dem König Eurystheus von Mykene untertan und dienstbar wurde. Zwölf Arbeiten, so verkündete das Orakel zu Delphi, habe er für den König zu vollbringen.

In erbittertem Trotz wollte Herakles sich gegen solches Gebot auflehnen, da es ihm unwürdig schien, einem Geringeren zu dienen. Das verletzte Selbstgefühl steigerte seinen Zorn, und er verfiel schließlich in so wilde Raserei, daß er sein Weib und seine Kinder für Riesen hielt und sie mit seinen Pfeilen tötete. Als dann der furchtbare Wahn von ihm wich und er seinen Irrtum erkannte, mied er, tiefbekümmert über sein schweres Unglück, die Menschen. Erst als die Zeit seinen Schmerz linderte, entschloß er sich, zur Sühne für seine Tat, die ihm befohlenen Arbeiten auszuführen.

»Jedem Sterblichen werden diese Arbeiten den Tod bringen«, hatte die Priesterin des Apollinischen Orakels offenbart; »nur wer ausdauernde Geduld und beharrlichen Mut zeigt, darf auf die Hilfe der Götter vertrauen!«

Die zwölf Arbeiten des Herakles

Die erste Arbeit, die König Eurystheus von Herakles forderte, bestand darin, das Fell des nemeïschen Löwen herbeizuschaffen. Das gefährliche Raubtier hauste in einem Tal der Peloponnes und verbreitete Angst und Schrecken auf der ganzen Halbinsel. Es hatte ein so dichtes und zottiges Fell, daß es als unverwundbar galt.

Vergeblich schoß Herakles seine Pfeile ab. Sie ritzten nicht einmal die Haut des Löwen, der sofort zum Sprung ansetzte, als er seinen Feind entdeckt hatte. Da ließ Herakles unerschrocken den Bogen fallen, wickelte seinen Mantel um den linken Arm und ergriff mit der Rechten die Keule. Er traf den Löwen in den Nacken, daß dieser zu Boden stürzte, warf sich von hinten auf den Rücken des Untiers und preßte ihm mit seinen starken Fäusten die Kehle zu, bis es erstickte.

Dann zog Herakles dem toten Löwen das Fell ab und hängte es sich um; den Löwenkopf trug er seither wie einen Helm auf dem Haupte.

Schreckensbleich sah Eurystheus den göttlichen Helden heimkehren; in seiner Angst verbarg er sich vor ihm und ließ ihm fortan seine Befehle durch einen Boten überbringen.

Als zweite Arbeit sollte Herakles die Hydra, eine Schlange mit neun Köpfen, die in der Landschaft Argolis hauste, töten. Mit brennenden Pfeilen jagte der Held sie aus ihrer Höhle hervor und griff sie mit seiner Keule an. Er konnte jedoch das Ungeheuer nicht überwinden. Für jedes abgeschlagene Schlangenhaupt wuchsen zwei neue hervor.

Da ließ Herakles von seinem Wagenlenker, der ihn zum Kampfplatz begleitet hatte, im Walde ein Feuer anzünden, und mit brennenden Bäumen sengte er jeweils die Wunde aus, so daß die Köpfe nicht nachwachsen konnten. So erschlug er ein Schlangenhaupt nach dem anderen, und bald lag das Ungeheuer tot am Boden. Herakles tauchte seine Pfeile in das Schlangengift und machte sie dadurch unfehlbar tödlich.

Ohne Dank vernahm Eurystheus, daß das Land von der schrecklichen Hydra befreit war. Er gönnte dem Helden keine Ruhe und stellte ihm als nächste Aufgabe, eine Hirschkuh der Göttin Artemis lebendig zu fangen.

Die Hindin, eine Schwester der Tiere, die die Jagdgöttin als Viergespann vor ihren Wagen zu schirren pflegte, besaß eherne Füße. Weder Hund noch Pferd vermochte sie einzuholen. Ein ganzes Jahr jagte Herakles sie vergebens. Dann gelang es ihm, die Hindin durch einen Pfeilschuß zu lähmen und sie in seine Gewalt zu bekommen. Auf seinen Schultern trug er sie fort und brachte sie lebend nach Mykene.

Bald darauf erhielt Herakles wiederum den Auftrag, das Land von einer Plage zu befreien: Diesmal war es ein wilder Eber, der im Gebirge Erymanthos in Arkadien die Menschen in Schrecken hielt und alles Land verwüstete. Herakles spürte den Eber im Waldesdickicht auf, trieb ihn mit Geschrei ins weite Schneefeld hinaus und fing das erschöpfte Tier, wie das Gebot lautete, bei lebendigem Leibe, mit einem Strick.

Auf seinen Schultern trug der glückliche Jäger den gefesselten Eber zu Eurystheus, der sich beim Anblick des Ungeheuers vor Schreck in ein ehernes Faß verkroch.

Der König schickte Herakles sogleich zu einer fünften Arbeit fort. Der Jüngling sollte den Stall des Königs Augias von Elis an einem Tag ausmisten. Es schien wahrlich eine Arbeit, die eines Helden nicht würdig war. Dreitausend Rinder hatten seit Jahren in dem Stall gestanden, und so hatte sich eine ungeheure Menge Mist angehäuft. Als der Held sich zu diesem schmutzigen Dienste anbot, konnte König Augias kaum das Lachen unterdrücken. Aber Herakles dachte nicht daran, sich durch schmachvolle Arbeit zu erniedrigen.

Um die Riesenarbeit zu vollbringen, brach er Löcher in die Stallwände, leitete den Fluß Alpheios, der nahe vorbeiströmte, in die Stallungen hinein und ließ die Berge von Mist leicht hinwegspülen.

Immer neue Aufgaben ersann König Eurystheus, um den ihm verhaßten Helden zu demütigen; doch Herakles zeigte sich stets gehorsam und geduldig, wie er einst gelobt hatte.

Als sechste Arbeit vertilgte er die stymphalischen Vögel in der Landschaft Arkadien, die mit ehernen Flügeln, Schnäbeln und Klauen schreckliche Verwüstungen unter Menschen und Tieren anrichteten. Als Herakles die unzählbare Schar dieser Vögel erblickte, stand er zunächst regungslos. Dann scheuchte er mit lärmenden Klappern die Tiere aus ihren unzugänglichen Schlupfwinkeln im Sumpfe hervor und tötete die meisten mit seinen Pfeilen; die übrigen flohen aus Arkadien und zeigten sich nie wieder.

Mit gleicher Entschlossenheit vollbrachte Herakles seine nächste Tat, als er den grimmigen Stier aus Kreta entführte. Der Meeresgott Poseidon hatte den Stier rasend werden lassen, weil König Minos ihm diesen als Opfergabe verweigert hatte. Gern gab Minos dem Helden die Erlaubnis, das gefährliche Ungeheuer zu bändigen. Mit unwiderstehlicher Kraft packte Herakles den Stier bei den Hörnern und brachte ihn zu Schiff nach Mykene.

Das war die siebente Arbeit.

Schon hatte König Eurystheus einen achten Auftrag bereit: Herakles sollte die Pferde des thrakischen Königs Diomedes herbeibringen. Diese schrecklichen, feuerschnaubenden Tiere nährten sich nicht von Hafer, sondern von den Fremden, die ins Land kamen. König Diomedes selber warf sie den Tieren zum Fraß vor.

Diomedes weigerte sich, seine Pferde herzugeben, doch

sein Sträuben half ihm nichts. Herakles ließ ihn seine Untaten am eigenen Leibe entgelten und warf ihn den Pferden vor, nachdem er die Wächter in den Ställen überwältigt hatte. Da legten die Pferde plötzlich ihre Wildheit ab, und wohlbehalten landete der Held mit seiner Beute bei Eurystheus.

Mit seiner achten Arbeit hatte Herakles das Land von einer großen Plage befreit, und mit Ingrimm sah der hinterhältige Eurystheus, der dem Helden Schande und Verderben wünschte, ihn aus jedem Abenteuer nur stärker hervorgehen. Jetzt verlangte er als Geschenk für seine Tochter den edelsteinbesetzten Gürtel der Amazonenkönigin, den diese vom Kriegsgott Ares erhalten hatte. Er gab Herakles den Auftrag, das kostbare Kleinod herbeizuschaffen.

Als Herakles nach beschwerlicher Seefahrt das ferne Land erreichte, nahm ihn die Königin der Amazonen freundlich auf, und da sie Gefallen an dem kühnen Jüngling fand, versprach sie ihm auf seine Bitte ihren Gürtel als Gastgeschenk. Doch die unversöhnliche Hera hatte ihren Groll gegen Herakles noch nicht vergessen. In Gestalt einer Amazone mischte sie sich unter die Menge der Frauen und flüsterte ihnen zu: »Der Fremde will unsere Königin entführen!«

Schnell verbreitete sich das Gerücht, und zornentbrannt drangen die Amazonen auf Herakles ein. Erst nach hartem Kampf konnte er die Königin gefangennehmen. Da übergab sie ihm den Gürtel als Lösegeld und erhielt dafür die Freiheit.

Ohne dem Helden zu danken, nahm Eurystheus das kostbare Geschenk in Empfang. Auch gönnte er Herakles keine Rast, sondern drängte ihn zu einem neuen Abenteuer.

»Schaff mir die Rinder des Riesen Geryones herbei«, befahl er. Diese Rinder, die die schönsten der Welt waren, wurden von einem doppelköpfigen Hunde bewacht, und Geryones selber war wie aus drei Riesenleibern zusammengewachsen.

Dieses beschwerliche Unternehmen mußte dem Helden den Tod bringen! Eurystheus' Hoffnung aber war vergeblich, denn Herakles fuhr unverdrossen, bewaffnet mit Bogen und Keule, nach Libyen. Dort kämpfte er zunächst mit dem Riesen Antaios, der als unbesiegbar galt. Doch Herakles erkannte das Geheimnis des Antaios, der stets neue Kraft erhielt, so oft er die Erde, seine Mutter, berührte. Herakles hob ihn daher in die Höhe und hielt ihn mit seinen gewaltigen Armen umschlungen, daß der Riese den Erdboden nicht berühren konnte und so, ohne die Kraft seiner Mutter, unter den Fäusten des Helden erstickte.

Am äußersten Ende der Welt, wohin Herakles nach unendlichen Mühen gelangte, durchbrach er die Erdenge zwischen Europa und Afrika und vereinte das Weltmeer, den Atlantischen Ozean, mit dem Mittelmeer. Hier errichtete er die beiden »Säulen«, die seinen Namen tragen, die in der Straße von Gibraltar einander gegenüberliegenden Felsberge Kalpe und Abyla.

Schließlich landete der Held auf der Insel Erythia, auf der Geryones mit seinen Herden hauste. Der doppelköpfige Hund, der die Rinder bewachte, verendete bald unter Herakles' furchtbarer Keule. Doch als der Jüngling nun die kostbaren Rinder forttreiben wollte, trat Geryones selbst ihm in den Weg und suchte ihn am Raube zu hindern. Es kam zu einem harten Kampf; aber trotz seiner dreifachen Riesenkraft unterlag Geryones dem Helden, der ihn mit einem wohlgezielten Pfeilschuß in die Mitte des Leibes tötete.

Vielerlei Abenteuer hatte Herakles noch zu bestehen, bis er seine Beute dem Eurystheus übergeben konnte. Damit hatte er die zehnte Aufgabe erfüllt.

Als nächste Arbeit hatte Herakles die goldenen Äpfel der Hesperiden herbeizuschaffen. Vier Jungfrauen, die Hesperiden genannt, bewachten den prächtigen Baum, den Gaia, die Göttin der Erde, einst dem Zeus und der Hera zur Vermählung geschenkt hatte.

Aber wo sollte Herakles den Baum finden? Vergeblich fragte er jeden, den er traf, nach dem Weg zu den Hesperiden. Nach mancherlei Zwischenfällen gelangte er in den Kaukasus, wo er Prometheus an einen Felsen angeschmiedet fand. Den Adler, der – wie jeden Tag – sich auf dem Felsen niederließ, um die Leber des von Zeus Verdammten zu fressen, erlegte Herakles mit seinen Pfeilen und befreite so den unglücklichen Dulder Prometheus von seinen Qualen. Von Prometheus erfuhr Herakles, daß der Garten der Hesperiden am westlichen Ende Afrikas zu suchen sei. Dort am Fuße eines Berges, wo der Riese Atlas das Himmelsgewölbe auf seinen Schultern trage, werde er die goldenen Äpfel finden.

»Geh aber nicht selber, die Äpfel zu rauben«, riet ihm der kluge Prometheus, »sondern sende den Riesen Atlas dazu aus!«

Herakles tat nach dem Rate des Prometheus, und er fand bei dem Riesen Gehör für seine Bitte. Während Atlas sich auf den Weg machte, stemmte der Held selber seine Schultern unter das Himmelsgewölbe und trug es mit seiner göttlichen Kraft. Nach geraumer Zeit war Atlas mit den Äpfeln, die er den Hesperiden abgelistet hatte, wieder zur Stelle.

»Ich habe jetzt empfunden, wie schön es ist, von der schrecklichen Himmelslast befreit zu sein«, sagte er; »ich überlasse es dir, sie fernerhin zu tragen.« Damit warf er die Äpfel in das Gras und wandte sich zum Gehen.

Da mußte Herakles, um dem Riesen das Himmelsgewölbe wieder aufzubürden, zu einer List greifen. »So vergönne mir einen kurzen Augenblick Ruhe«, bat er, »daß ich mir einen Schutz um den Kopf winde. Die schreckliche Last will mir fast das Hirn zersprengen.«

Solchen Wunsch fand Atlas berechtigt und nahm das Himmelsgewölbe noch einmal auf seine Schultern. Herakles aber, von der Last befreit, machte den Betrüger zum Betrogenen, hob die Äpfel auf und ging davon.

Eurystheus war es trotz seiner bösen Absicht nicht gelungen, den Helden zu verderben. Nun wählte der König als zwölfte Arbeit ein Abenteuer, das ihn – wie er hoffte – von dem Anblick des verhaßten Herakles auf immer befreien sollte. Er trug ihm nämlich auf, Zerberus, den dreiköpfigen Höllenhund, den Wächter am Tor zur Unterwelt, aus dem Hades heraufzuholen.

Hermes, der Götterbote und Begleiter der abgeschiedenen Seelen, geleitete den Helden auf diesem gefährlichen Weg in das Reich der Schatten. Am Vorgebirge Tainaron stiegen sie zur Unterwelt hinab, ließen sich von Charon, dem Fährmann, in seinem Nachen über den Styx setzen und traten vor den Thron des Hades. Herakles brachte seine Bitte vor.

»Wenn du meinen Wächter ohne Waffen zu bändigen vermagst«, erwiderte der Gott, »so magst du ihn mit dir nehmen.«

Das furchtbare Untier begann wild zu heulen, als der Held sich ihm näherte. Doch ohne Furcht vor dem scheußlichen Rachen, der unaufhörlich Gift und Geifer spie, packte Herakles das schreckliche Ungeheuer mit übermenschlicher Kraft; vergeblich peitschte es ihm mit seinem Schlangenschweif die Füße.

Voller Entsetzen verkroch sich Eurystheus, als er den gefesselten Höllenhund vor sich sah, und befahl, ihn sogleich in die Unterwelt zurückzubringen.

Der Tod des Herakles

Nach dem Beschluß der Götter war Herakles nun von seiner Dienstbarkeit und der Pflicht gegenüber seinem Peiniger befreit, nachdem er treu und geduldig alle zwölf Aufgaben erfüllt hatte.

Endlich schien ihm ein freundliches Schicksal beschieden zu sein; denn nach vielen Abenteuern und Kämpfen heiratete er die schöne Deïaneira, die Tochter des Königs von Aitolien. Erst nach hartem Wettkampf mit dem Flußgott Acheloos, der ebenfalls um Deïaneira warb, hatte Herakles sie zum Weibe gewinnen können.

Doch nur kurz war das Lebensglück, das dem Helden vergönnt war. Auf der Reise nach Theben mußte er mit seinem jungen Weibe einst über einen Fluß setzen, an dem Nessos, ein Kentaur mit Pferdegestalt und menschlichem Haupt, als Fährmann tätig war. Der Kentaur erbot sich, Deïaneira hinüberzutragen, und ohne Bedenken vertraute Herakles sie ihm an. Jenseits des Flusses wollte das ungeschlachte Doppelwesen, von Deïaneiras Schönheit betört, ihr ein Leid antun. Herakles hörte ihre Hilferufe, spannte den Bogen und traf den Kentauren, der mit seiner Beute eben ans Ufer stieg, in den Rücken.

Nessos spürte bald, daß das Geschoß vergiftet war, und noch im Sterben sann er auf tödliche Rache.

»Fange das Blut meiner Todeswunde in einer Schale auf«, riet er Deïaneira, »und bist du einst der Liebe deines Gatten nicht mehr gewiß, so tränke sein Gewand damit. Niemals wird er dann eine andere lieben!«

Gutgläubig folgte die junge Frau seinem Wort. Wirklich glaubte sie einige Zeit später, an der Liebe ihres Gatten zweifeln zu müssen, und schickte ihm für ein Opferfest ein neues Gewand, das sie mit dem Blute des Nessos getränkt hatte. Herakles legte es ahnungslos an; doch kaum erwärmte es seinen Körper, als brennender Schmerz ihn peinigte. In wildem Zorn wollte er sich die Kleider vom Leibe reißen; aber das unheilvolle Gewand haftete unlöslich auf seiner Haut.

Von qualvollen Schmerzen gepeinigt, sah Herakles den sicheren Tod vor Augen. Da meldete man ihm, Deïaneira habe sich voller Verzweiflung den Tod gegeben, als sie von der verderblichen Wirkung ihres Geschenkes gehört habe.

»Errichtet mir einen Scheiterhaufen!« gebot Herakles seinen Gefährten, und mit letzter Lebenskraft stieg er hinauf. »Zündet ihn an!« befahl er den Freunden; aber erst auf die beschwörenden Bitten des von Schmerzen bis zur Raserei Gepeinigten erwies man ihm diesen traurigen Liebesdienst.

Da zuckten aus dem Himmel Blitze hernieder und schlugen in den Holzstoß, der sogleich in lodernden Flammen stand. Dann senkte sich eine Wolke herab und trug den Dulder unter Donnerschlägen zum Olympos empor. Dort empfing ihn die Göttin Athene und führte ihn in den Kreis der Unsterblichen.

Nachdem sich Herakles' menschliches Schicksal erfüllt hatte, zeigte sich auch Hera zur Versöhnung bereit; sie gab dem Helden, der so unverdrossen durch alle Fährnisse des

Daseins geschritten war, ihre Tochter Hebe, die ewig blühende Göttin der Jugend, zur göttlichen Gemahlin.

Theseus

Dem König Aigeus von Athen war einst ein Orakelspruch des delphischen Apollon verkündet worden:
Es werde besser für ihn sein, keinen Sohn zu bekommen;
denn dieser werde ihm den Tod bringen.

Auf der Rückreise von Delphi wurde Aigeus in Troïzen
gastfreundlich vom König des Landes aufgenommen, und
dort vermählte er sich – heimlich, um der Warnung des
Orakels zu begegnen – mit Aithra, der schönen Königstochter. Bald zog er weiter nach Athen. Der Sohn, der nach
seiner Abreise geboren wurde, wuchs unter der Obhut seines Großvaters und seiner Mutter Aithra in Troïzen auf.

Doch ehe Aigeus fortzog, hatte er sein Schwert und seine
Schuhe unter einem mächtigen Steine verborgen. »Wenn
unser Sohn einst stark genug ist, diesen Stein beiseite zu
wälzen, dann nenne ihm meinen Namen und sende ihn nach
Athen, damit er mich aufsucht«, hatte er beim Abschied der
trauernden Gattin geboten.

Der junge Theseus wuchs zu einem herrlichen Jüngling
heran. Mit leichter Mühe bestand er die Kraftprobe, die sein
Vater ihm gestellt hatte, legte die Schuhe an und rüstete sich,
des Aigeus Schwert an der Seite, zur Ausfahrt.

»Wähle den Seeweg, er ist sicherer«, bat die Mutter; doch
den jungen Helden trieb es, nach des Herakles Vorbild das
griechische Land von Räubern und Ungeheuern zu be-

freien. So nahm Theseus den gefährlichen Landweg, der ihn von der Peloponnes nach Athen führen sollte.

Dort auf dem Wege nach Korinth trat ihm der grausame »Keulenschwinger«, der Schrecken aller friedlichen Wanderer, entgegen. Er pflegte unversehens aus seiner Höhle hervorzustürzen und die Reisenden mit seiner eisernen Keule zu erschlagen. Auch an Theseus wagte er sich heran; doch nach kurzem Kampfe erlag der Riese der Kraft des Jünglings, der ihm die Keule nahm und sie seither selbst als gefürchtete Waffe trug.

Auf der schmalen Landenge von Korinth, die der Isthmos genannt wird, begegnete Theseus einem anderen Wegelagerer, der die Gegend ringsum in Angst und Schrecken versetzte. Man nannte ihn den »Fichtenbeuger«. Der riesenhafte Mann hatte sich in grausamer Freude ein besonderes Mittel erdacht, um die Fremden zu quälen, die in seine Gewalt gerieten. Zwei nebeneinander stehende Fichten beugte er zur Erde, band die Wehrlosen an die Baumspitzen und ließ die Bäume zurückschnellen, so daß die Armen jämmerlich zerrissen wurden.

Theseus ließ ihn die Gewalt seiner erbeuteten Keule spüren; mit der Todesart, die der fichtenbeugende Riese in widerwärtiger Lust für andere erfunden hatte, mußte er nun selber seine Untaten büßen.

Bald darauf, an der Grenze Attikas, hemmte ein gefürchteter Unhold den Weg des Theseus. Wieder war es ein Gewalttäter, der seine Kraft an den friedlichen Wanderern ausließ. Er saß auf einem Stein am Rande einer Felswand, die steil ins Meer abfiel, und zwang jeden, der des Weges kam, niederzuknien und ihm die Füße zu waschen. Wer seinem Gebot willig Folge leistete, den stürzte er in grausamem Übermut ins Meer.

Als der freche Wegelagerer an Theseus das Verlangen stellte, ihm zu dienen, schlug ihn der Held mit seiner Keule zu Boden und ließ den Unhold den gleichen Tod finden, den dieser so vielen Unschuldigen bereitet hatte.

Bevor der junge Held jedoch nach Athen kam, hatte er ein letztes gefährliches Abenteuer zu bestehen. In der Nähe der Stadt traf er auf einen Riesen, den man wegen seines furchtbaren Handwerks Prokrustes, den Gliederspanner, nannte. Der Grausame besaß in seiner Behausung zwei Betten, ein großes und ein kleines, die er für jeden Fremden in heuchlerischer Gastfreundschaft bereithielt. War der Fremde von großer Körpergestalt, so legte Prokrustes ihn in das kleine und hieb ihm mit seinem Schwerte soviel von den Beinen ab, daß der Körper in die Bettstatt paßte. War der Fremdling aber klein, so führte er ihn an das große Bett, reckte die Glieder des Unglücklichen gewaltsam in die Länge und quälte ihn so zu Tode.

Auch dieser Wüstling erlag der Heldenkraft des jungen Theseus, und für seine Untaten büßte er in derselben Weise, wie er es mit seinen wehrlosen Opfern getrieben hatte.

Auf seiner langen, mühseligen Wanderung war dem Jüngling nichts Freundliches begegnet; aber wie Herakles war er zum Wohltäter der Menschheit geworden, und wo er des Weges kam, eilten die Bewohner des Landes herbei, ihm zu danken.

Ihn selbst bedrückte es aber, daß er soviel Blut hatte vergießen müssen. Als er am Fluß Kephissos bei den gastfreien Phytaliden freundlich aufgenommen wurde, bat er diese daher, ihn von der Blutschuld zu reinigen. Das geschah nach den gewohnten Gebräuchen.

Bald danach zog er in Athen ein. König Aigeus erkannte in dem Fremdling sogleich an den Wahrzeichen den eigenen Sohn und umarmte ihn voller Glück. Jauchzend begrüßte die Menge in der Volksversammlung den Helden, den Aigeus als seinen rechtmäßigen Erben bezeichnete.

Seit langer Zeit waren die Athener dem König Minos von Kreta zu schwerem Tribut verpflichtet. Alle neun Jahre mußten sieben der schönsten Jünglinge und Jungfrauen nach Kreta gesandt werden. Dort wurden sie dem gräßlichen Minotaurus, einem Wesen, das halb Stier, halb Mensch war, in dem von Daidalos erbauten Labyrinth zum Fraß vorgeworfen.

Theseus schmerzten die Klagen der Bürger, und obwohl ihn das Los nicht getroffen hatte, erbot er sich freiwillig, nach Kreta zu ziehen. Nicht als hilfloses Opfer wollte er vor den König Minos treten, sondern um das schreckliche Zwitterwesen in seinem Irrgarten zu erlegen und damit die Stadt Athen für alle Zeit von dem unheilvollen Tribut zu befreien.

Vor der Ausreise fragte Theseus das Orakel zu Delphi um Rat. »Wähle die Göttin der Liebe zur Führerin und erbitte ihr Geleit«, erhielt er zur Antwort, »so wirst du erfolgreich heimkehren!«

Vergeblich beschwor Aigeus den kühnen Sohn, von dem gefährlichen Wagnis abzulassen. Doch der Jüngling war längst fest entschlossen, sein Leben einzusetzen. »Sei versichert«, tröstete er den bekümmerten Vater, »daß ich glücklich wiederkehre. Schon aus der Ferne sollst du es an den weißen Segeln erkennen, die ich dann an Stelle unserer schwarzen Trauersegel setzen lassen werde!«

Mit günstigem Fahrtwind gelangte Theseus mit seinen

Gefährten nach Kreta und trat vor den König Minos hin. Als des Königs Tochter Ariadne den herrlichen Jüngling erblickte, faßte sie eine tiefe Zuneigung zu ihm.

»Ich will dir helfen, den schweren Kampf zu bestehen«, flüsterte sie ihm zu, und dabei händigte sie ihm ein Garnknäuel aus. »Knüpf es am Eingang des Labyrinths an und laße es ablaufen, während du durch die verwirrenden Irrgänge schreitest; so wirst du den Rückweg nicht verfehlen!«

Voller Zuversicht drang Theseus in das Labyrinth ein, bis er zu der Stelle kam, wo der Minotaurus hauste. Mutig stellte der Held das Untier zum Kampfe und erschlug es. Der Faden der Ariadne führte ihn sicher aus dem Gewirr der Gewölbegänge zurück zu den ängstlich wartenden Jungfrauen und Jünglingen, die er am Eingang der Höhle zurückgelassen hatte und die ihn nun in überquellender Freude begrüßten, und sogleich rüsteten Theseus und die Gefährten wieder zur Abfahrt.

Die liebreizende Ariadne, der sie ihre Rettung verdankten, führte Theseus mit sich. Wie glücklich würde Aigeus sein über die Rückkehr der todgeweihten Jungfrauen und Jünglinge und über die schöne Ariadne, die der tapfere Sohn als Gemahlin mit heimbrachte.

Doch als sie auf der Insel Naxos landeten, traf den Helden bitterer Schmerz. Der Gott Dionysos, wie Herakles ein Sohn des Zeus, erschien ihm im Traume und gebot, ihm die Jungfrau als Gattin zu überlassen. Da Theseus in Götterfurcht erzogen war und den Zorn des Gottes scheute, ließ er die wehklagende, verzagende Ariadne auf der öden, einsamen Insel zurück.

So sehr war des Jünglings Herz von Schmerz und Trauer über den Verlust der Geliebten erfüllt, daß er die Abrede mit dem Vater vergaß und es unterließ, die weißen Segel zu setzen, die schon von weitem den glücklichen Ausgang der Fahrt nach Kreta verkünden sollten.

Von der Höhe eines Felsens schaute König Aigeus sehnsuchtsvoll nach dem heimkehrenden Schiffe aus. Da endlich erschien es am Horizont – mit schwarzen Segeln! In grenzenlosem Schmerze und des Lebens überdrüssig, stürzte sich der König vom Felsen ins Meer, das seither nach ihm das Ägäische Meer heißt.

Theseus hatte schwer zu tragen an dem grausamen Schicksal, das ihn den Tod des Vaters verschulden und damit den Spruch des Orakels erfüllen ließ.

Die Athener wählten ihn zu ihrem König, und nun bewies Theseus bald, daß er nicht nur ein starker, kühner Held im Kampfe war, sondern auch ein kluger Herrscher, der das Land seiner Vorfahren in Weisheit und Gerechtigkeit zu regieren wußte. Aus dem Volke der Amazonen gewann er die schöne Hippolyte zur Gemahlin, die ihm einen Sohn gebar, der Hippolytos genannt wurde.

Als Theseus nach dem Tode der Gattin einen neuen Lebensbund mit der lieblichen Phaidra, einer Schwester der Ariadne, einging, wandte sich sein Glück. Die junge Frau entbrannte in unrechter Liebe zu Hippolytos und suchte ihn, während Theseus gerade abwesend war, für sich zu gewinnen.

Mit Entsetzen wies der ehrenhafte Jüngling die frevelnde Stiefmutter zurück und floh in den heiligen Hain der Artemis, um dort die Rückkehr des Vaters zu erwarten.

Da schlug Phaidras Liebe in brennenden Haß um. In ihrer Furcht, Theseus werde ihr verwerfliches Tun erfahren, gab sie sich den Tod. Doch in unstillbarem Rachedurst gegen den Hippolytos, der sie verschmäht hatte, verleumdete sie ihn in einem Brief bei seinem Vater und bezichtigte ihn der Schuld an ihrem Tode.

Mit Abscheu vernahm Theseus das Unfaßbare, und in seinem Zorne bat er Poseidon, seinen Schutzgott, den treulosen Sohn zu strafen.

Der Gott erfüllte die verhängnisvolle Bitte des Vaters. Als Hippolytos, von Theseus aus der Stadt verwiesen, mit seinem Wagen am Strande entlangfuhr, warfen die Wogen auf des Meeresgottes Poseidon Geheiß einen riesenhaften Stier an das Ufer. Die Rosse scheuten, Hippolytos stürzte aus dem Wagen und wurde von dem durchgehenden Gespann zu Tode geschleift.

Gerade als Theseus diese Nachricht, die ihm willkommen sein mußte, überbracht wurde, offenbarte ihm Phaidras Amme, die arglistig ihrer Herrin geholfen hatte und nun unter der Last ihrer Schuld zusammenbrach, die schreckliche Wahrheit von der Untreue Phaidras. Gebrochen stand Theseus vor den Leichen seiner Frau und seines unschuldigen Sohnes.

Er entsagte dem Throne und ging bald darauf außer Landes. Fern der Heimat, die ihm so viel verdankte, starb er in der Verbannung.

Ödipus und sein Geschlecht

In Theben herrschte vorzeiten als Nachkomme des Kadmos, der die siebentorige Stadt gegründet hatte, König Laïos mit seiner Gemahlin Iokaste. Sie hatten keine Kinder. Als der König das delphische Orakel nach einem Erben befragen ließ, erhielt er jedoch eine erschreckende Antwort: »Dir wird, o König, ein Sohn geschenkt werden; aber es ist dir bestimmt, durch ihn dein Leben zu verlieren!«

Bald darauf gebar Iokaste einen Sohn, und in Erinnerung an den delphischen Spruch ratschlagten die Eltern, wie sie dem angedrohten Verhängnis entgehen könnten. Sie ließen schließlich nach drei Tagen dem Neugeborenen die Fersen durchstechen und zusammenbinden und beauftragten einen Hirten, ihn im wilden Waldgebirge Kithairon auszusetzen.

Der Hirte empfand jedoch Mitleid mit dem unschuldigen Kinde, das er dem sicheren Tode ausliefern sollte, und übergab es einem Hirten des Königs Polybos von Korinth, dessen Viehherden in der Nähe weideten. Der brachte es seinem Herrn.

Die Eltern glaubten, das Kind sei von wilden Tieren zerrissen, und vergaßen den drohenden Orakelspruch.

Indessen wuchs der Knabe am Hofe des korinthischen Königs, der sich – selbst kinderlos – des Findlings erbarmt hatte, als dessen rechtmäßiger Sohn heran. Nach den schrecklichen Wunden an den Fersen hatte man ihm den Namen Ödipus, »Schwellfuß«, gegeben.

In glücklicher Jugend entwickelte sich Ödipus zu einem kraftvollen, schönen jungen Mann. Eines Tags bei einem Festmahl geschah es, daß ein trunkener Korinther ihn im Streit als Bastard beschimpfte.

Tief bekümmert forderte Ödipus von seinen Eltern Auskunft. Obwohl es ihm unfaßbar schien, daß er nicht ihr echtes Kind sein solle, vermochten König und Königin doch nicht, den Sohn mit frommer Lüge zu beschwichtigen.

Seitdem nagten Zweifel und Mißtrauen an Ödipus' Herzen, und heimlich wanderte er nach Delphi, um im Heiligtum des Apollon die volle Wahrheit zu erfahren. Keineswegs fand Ödipus hier die Beruhigung, die er suchte; denn statt einer Antwort verkündete die Priesterin ihm den Seherspruch: »Deinen Vater wirst du ermorden, und du wirst deine Mutter heiraten und fluchwürdige Nachkommen haben.«

Voll unaussprechlicher Angst vor solchem Schicksal verließ Ödipus die geweihte Stätte. Er war fest entschlossen, nimmermehr in die Heimat zu seinen Eltern zurückzukehren. Sein ganzes Leben wollte er den korinthischen Königshof meiden, um dem verheißenen, unheilvollen Geschick auszuweichen.

Ziellos wanderte der Jüngling durch das Land. Da geschah es auf der Straße zwischen Delphi und der Stadt Daulia auf dem Wege nach Böotien, daß ihm an einem Kreuzweg ein Reisewagen begegnete. Der Lenker drängte ihn mit so herrischen Worten an den Wegrand, daß Ödipus ihm mit seinem Wanderstabe wütend einen Schlag versetzte. Es gab ein heftiges Handgemenge, und als der vornehme Greis, der mit zwei Dienern im Wagen saß, gar seinen Pferdestachel zum Schlage erhob, wurde der junge Wanderer vom Zorn überwältigt. Er erschlug den Wagenlenker, den Greis und einen der Diener, der andere konnte entweichen.

Ödipus litt sehr unter der Antwort des Orakels und hatte deshalb das Abenteuer am Kreuzweg bald vergessen. Er glaubte überdies, in Notwehr gehandelt zu haben, und ahnte nicht im geringsten, daß der Greis, der durch ihn den Tod gefunden hatte, niemand anders war als König Laïos von Theben, sein eigener Vater!

Während Ödipus ziellos und heimatlos durch die Lande zog, herrschte in Theben tiefe Trauer über den Tod des

Königs, der – so berichtete der Bote – von Wegelagerern erschlagen worden sei. Iokastes Bruder Kreon übernahm an Laïos' Statt die Königswürde.

Zu jener Zeit lebten die Thebaner in großer Bedrängnis; denn vor den Toren ihrer Stadt lagerte auf einem Felsen ein geflügeltes Ungeheuer, die Sphinx, die halb wie eine Jungfrau, halb wie eine Löwin gestaltet war. Allen Vorüberziehenden gab sie ein Rätsel auf, und sie zerriß mit ihren Pranken erbarmungslos jeden, der es nicht zu lösen vermochte.

Nun geschah es, daß der ruhelose Ödipus auf seiner Wanderung in die Nähe der Stadt kam und von dem Aufruf hörte, den Kreon verbreiten ließ: »Wer Theben von der Sphinx befreit, der erhält zur Belohnung die Königskrone und die Hand der verwitweten Königin Iokaste.«

Der heimatlose Jüngling, dem sein Leben wegen der bedrohlichen Weissagung nicht viel wert schien, erklärte sich sogleich zum Wettkampf mit dem Ungeheuer bereit. Er trat entschlossen vor die Sphinx und forderte sie auf, ihm ihre Frage auf Leben und Tod zu stellen.

»Am Morgen ist es vierfüßig, am Mittag zweifüßig und am Abend dreifüßig, und ist doch nur ein Wesen. Aber wenn es mit den meisten Füßen geht, kommt es am langsamsten vorwärts. Sag an, wer ist dieses Wesen?«

So lautete das Rätsel der Sphinx. Ödipus bedachte sich nicht lange.

»Dein Rätselwesen ist der Mensch«, versetzte er lächelnd, »denn am Lebensmorgen kriecht er auf allen Vieren, auf der Höhe des Daseins bewegt er sich auf zwei Beinen, und am Abend des Lebens benötigt er als Stütze den Stock.«

Zum ersten Male hatte ein Mensch das Rätsel gelöst. Die Sphinx hatte ihren Meister gefunden, und in Scham und

Verzweiflung stürzte sie sich selber vom Felsen in den Abgrund.

Mit lautem Jubel über die glückliche Befreiung führte das Volk seinen Retter in die Stadt. Als König von Theben bestieg Ödipus den durch Laïos' Tod verwaisten Thron, und Iokaste, die verwitwete Königin, wurde ihm vermählt.

Viele Jahre lebte der neue König von Theben mit Iokaste in glücklicher Ehe und zeugte mit ihr, die seine Mutter war, vier Kinder: ein Zwillingspaar, Eteokles und Polyneikes, und zwei Töchter, Antigone und Ismene.

Doch es kam eine Zeit, da wurde das Land, das unter Ödipus' weiser und tatkräftiger Regierung zu blühendem Wohlstand aufgestiegen war, von der Pest heimgesucht. Zu Tausenden siechten die Menschen unter großen Qualen dahin.

Vergeblich flehte das Volk zu den Göttern. Da sandte Ödipus seinen Schwager Kreon zum delphischen Orakel, und bald vernahm alles Volk den Spruch des Gottes: »Der Tod des Königs Laïos lastet als schwere Blutschuld auf der Stadt. Erst wenn man den Täter der verdienten Strafe zugeführt hat, wird die Pest weichen.«

Da verfluchte Ödipus den Schuldigen unter schauerlichen Schwüren, und in seinem Eifer, dem bedrängten Volke zu helfen, bot er alles auf, den Mörder aufzuspüren. Aber alle Mühen waren vergeblich trotz der hohen Belohnung, die er jedem gelobte, der ihm Kunde gäbe. Schließlich ließ er den greisen Teiresias kommen, der die Gabe der Weissagung besaß.

Nur ungern erschien der blinde Seher vor dem König, und entsetzt hob er die Hände zur Abwehr, als Ödipus ihn nach dem Schuldigen fragte. »Laß mich schweigen, König«, bat er, »verlange nicht von mir eine Antwort, die ich nicht auszusprechen wage!«

Immer wieder drang Ödipus in ihn, und schließlich ließ sich der König im Jähzorn zu ungerechter Verdächtigung hinreißen, als habe Teiresias selber Anteil an dem Königsmorde. Diese Beschuldigung löste dem blinden Seher die Zunge: »So erfahre die Wahrheit, König Ödipus! Du selber bist der Mörder! Du selbst schufst Greuel, die diese Stadt besudeln!«

In höhnischem Zorn fuhr Ödipus auf; denn sein Geist war mit Blindheit geschlagen. Er nannte Teiresias' Worte freche Verleumdung und ihn selber einen schändlichen Lügner.

Iokaste kam hinzu und versuchte den Zorn des erregten Gatten zu beschwichtigen. »Laß dich nicht durch den falschen Orakelspruch beunruhigen«, sagte sie. »Es ist doch erwiesen, daß Laïos, mein erster Gemahl, an einem Kreuzweg den Tod gefunden hat. Es war am Ufer des Pleistos. Und unser einziger Sohn ist im wilden Gebirge umgekommen. Siehst du nun, daß alle Sprüche der Seher in den Wind geredet sind?«

Bei diesen Worten der Königin erwachte in Ödipus zum erstenmal eine furchtbare Ahnung. »Am Ufer des Pleistos, sagst du?« stieß er hervor. »Sprich mir davon! Wie sah Laïos aus?«

Mit wachsender Angst vernahm er die gräßliche Bestätigung. Der Greis, den er einst in dem längst vergessenen Abenteuer am Hohlweg erschlagen hatte, war Thebens König Laïos. Er selber, Ödipus, war der Schuldige!

»Holt mir den Diener herbei, der einst die Trauerbotschaft überbracht hat!« befahl er.

In diesem Augenblick wurde ein fremder Bote vor den

König geführt. »König Ödipus«, sagte er, »ich melde dir, daß dein Vater Polybos verschieden ist. Das Volk von Korinth wählt dich, Ödipus, zum König und Herrscher des Landes!«

So sehr ihn die Trauerbotschaft bedrückte, so glücklich war Ödipus bei der Nachricht. Bestätigte sie nicht, daß das Orakelwort von einst nun vollends sinnlos geworden war? Noch zauderte er bei dem Gedanken, daß ihm ja angedroht worden war, er werde seine Mutter heiraten.

»Diese Sorge kann ich dir nehmen«, beruhigte ihn der Bote; »denn du bist ja nicht des Polybos und der Merope leiblicher Sohn. Ich selber habe dich einst als Kind von einem thebanischen Hirten zum Geschenk erhalten, der dich mit durchstochenen Fußgelenken im wilden Kithairon aussetzen sollte.«

Als Iokaste das hörte, verließ sie mit lauten Wehrufen ihren Gemahl und das versammelte Volk.

Nun erschien auch der greise Hirte, den Ödipus herbeizuholen befohlen hatte. Der Alte hatte damals die Botschaft vom Tode des Laïos überbracht, und zitternd gestand er, daß seine Meldung falsch gewesen sei. Aus Scham, daß ihrer vier von einem einzelnen Manne überwunden waren, hatte er von mehreren Wegelagerern gesprochen, denen Laïos erlegen sei. Auch der Korinther erkannte sogleich in ihm den Mann, der ihm vorzeiten den Knaben überlassen hatte.

Nun war das Unheil offenbar. Mit einem Wahnsinnsschrei der Verzweiflung stürzte Ödipus hinweg, irrte im Palast umher, und als er Iokastes Gemach verschlossen fand, erzwang er sich den Zugang mit dem Schwert. Vor Entsetzen taumelte er zurück. Die Königin, die ihm Mutter und zugleich Gattin und Mutter seiner Kinder war, hatte ihrem fluchbeladenen Leben selber ein Ende gesetzt.

Da riß Ödipus in tiefstem Schmerz eine Spange aus dem Gewande der Toten und stieß sie sich in beide Augen. Mit erloschenem Gesicht tastete er sich, der Sinne beraubt, auf die Treppe des Palastes und verlangte, daß er, der Vatermörder und Muttergatte, dem Volke gezeigt werde. »Seht her, ihr Thebaner«, schrie er, »auf euren fluchbeladenen, verworfenen König, der den eigenen Vater erschlagen und die leibliche Mutter geheiratet hat!« Schweigend schauten die Thebaner auf den Geblendeten. »Warum tötet ihr mich nicht«, schrie Ödipus wieder, »den Mörder eures Königs, den von allen Göttern Verstoßenen?«

Doch keine Hand regte sich gegen Ödipus, allzu sehr waren die Thebaner ergriffen von dem Schicksal, mit dem die Götter ihn geschlagen hatten. Nicht Abscheu, sondern tiefstes Mitleid erfüllte ihre Herzen.

Als blinder Bettler zog der einst so mächtige und von allen geliebte König in die Verbannung. Nur eine Bitte hatte er ausgesprochen: daß man seiner unglückseligen Mutter ein Grab bereite. Kreon übernahm für Ödipus' unmündige Zwillingssöhne die Regentschaft.

Antigone aber, die älteste der beiden Töchter, verließ den Vater nicht in seinem Elend. Sie lenkte behutsam die Schritte des Blinden, ertrug geduldig mit ihm Hunger und Durst und alle Unbilden der Witterung und des Weges, bis Ödipus nach langer, mühseliger Irrfahrt endlich von aller irdischen Qual Erlösung fand. Nicht weit von der Stadt Athen öffneten die Götter ihm in einem Hain bei Kolonos, der den Erinnyen geweiht war, den Weg zur Unterwelt. Sanft und ohne Schmerz wurde Ödipus der Erde entrückt und ins Schattenreich hinabgetragen.

Die Sieben gegen Theben

Als die Söhne des Ödipus, Eteokles und Polyneikes, herangewachsen waren, schwand bald ihre brüderliche Eintracht. Eteokles, der hart und herrschsüchtig war, wollte den Thron allein besitzen und trieb den Bruder außer Landes.

In Argos beim König Adrastos fand der Heimatlose Zuflucht und Waffenhilfe in dem unseligen Bruderzwist. Polyneikes heiratete hier die schöne Königstochter Argeia, und bald rüstete er mit seinem Schwiegervater Adrastos und fünf Fürsten aus der Peloponnes eine gewaltige Heeresmacht zum Rachefeldzug gegen seine Vaterstadt.

Jeder der sieben Helden rückte mit einem Heer gegen eines der sieben Tore vor. Aber den Angreifern war das Kriegsglück nicht hold. Die beiden feindlichen Brüder begegneten sich auf dem Schlachtfeld, lieferten sich einen erbitterten Kampf und töteten sich gegenseitig. Nun brachen die Thebaner mit Siegesgeschrei aus den Toren und stürzten sich auf die Belagerer. Die feindlichen Heere mußten weichen, und ihre Führer wurden auf der Flucht getötet. Nur den König Adrastos bewahrte sein schnelles Streitroß vor dem gleichen Schicksal.

In Theben übernahm nun Kreon die Herrschaft wieder. Er ließ dem König Eteokles, der für die Verteidigung seiner Vaterstadt den Tod gefunden hatte, ein ehrenvolles Begräbnis richten, dem gefallenen Polyneikes aber versagte er diese Ehren. Unbestattet sollte nach Kreons Befehl der Leichnam des Mannes, der feindliche Heere gegen seine Heimat geführt hatte, den Vögeln und Hunden zum Fraße dienen. Wer gegen das königliche Gebot verstieß, sollte eines grausamen Todes sterben.

Antigone, die nach dem Tode ihres Vaters Ödipus in die Heimat zurückgekehrt war, wollte nicht, daß man ihrem toten Bruder Polyneikes, mochte er sich auch gegen die Vaterstadt Theben vergangen haben, die letzten Ehren versagte und die Grabesruhe verweigerte.

Die tapfere Jungfrau eilte auf das Schlachtfeld vor der Stadt, um den Leichnam des Bruders zu suchen und das Totenopfer darzubringen. Bei ihrer kühnen Tat wurde Antigone von Wächtern ergriffen und vor den König geführt.

Kreon bebte vor Zorn. »Wie konntest du es wagen, meinem Befehl zu trotzen?« herrschte er sie an.

Antigone bekannte sich frei und furchtlos zu ihrer Tat. »Du kanntest das Gesetz, das du übertratest?« fragte der König.

»Wohl kannte ich es, König Kreon«, sprach Antigone mit fester Stimme. »Aber meine Liebe zum leiblichen Bruder war stärker als dein Befehl. Es gibt Gesetze, die von Göttern herstammen und die höher stehen als alle irdischen. Kein Sterblicher wird göttliche Weisung ungestraft mißachten. Ein solches Gesetz hat mir befohlen, den Sohn meiner Mutter nicht unbegraben zu lassen!«

»Nun, so liebe den Hades, wenn du lieben mußt!« entgegnete er hart, denn sein Zorn ließ sich nicht mildern.

Vergebens bat Kreons Sohn Haimon um Milde für Antigone, die seine Verlobte war; vergebens berichtete er dem König, daß ganz Theben die Tat der frommen Jungfrau, die ihrer Schwesterpflicht gefolgt sei, als wert des Nachruhms preise. Kreons Herz blieb verstockt. Ohne Gnade ließ er Antigone in eine Felsengruft führen und dort lebendig einmauern. Nur wenig Speise gab man ihr mit ins Grab, denn nach des Königs Gebot sollte sie Hungers sterben.

Da trat Teiresias, der blinde Seher, vor Kreon hin: »Erzürne die Götter nicht noch mehr«, warnte er den König, »dir steht nicht das Recht zu, einem Toten den Weg ins Schattenreich zu verwehren und eine Lebende in ein Felsengrab einzuschließen.«

Doch Kreon hatte nur Hohn für des Sehers Mahnung. Wie einstmals Ödipus, kränkte er den greisen Teiresias und bezichtigte ihn der Lüge. Da verkündete der Seher, von Zorn entbrannt, schonungslos das göttliche Strafgericht und den Untergang des Königshauses. Dann ließ er sich, auf seinen Stab gestützt, hinwegführen. Kreon, von Furcht gequält, gab nun doch den Befehl, den Leichnam des Polyneikes feierlich zu bestatten. Er selbst eilte zu jener Stelle, wo er Antigone in das Felsengrab hatte einschließen lassen.

Schon von weitem vernahm er laute Wehklagen. Die Gruft war gewaltsam aufgebrochen. Sein Sohn Haimon war eingedrungen, um die Geliebte zu retten. Doch seine Hilfe war zu spät gekommen. Um dem Hungertode zu entgehen, hatte sich Antigone mit ihrem Schleier erwürgt. Bleich vor Entsetzen wich Kreon vor dem grausigen Bild, das sich ihm bot, zurück. Als Haimon, der in wildem Schmerze den entseelten Leib der Geliebten umschlungen hielt, den Vater erkannte, riß er das Schwert aus der Scheide, und nur mit Mühe entging Kreon dem Tode. Dann stieß sich Haimon selbst das Schwert vor den Augen des Vaters ins Herz. Sterbend brach er über der Leiche der geliebten Antigone zusammen.

Noch war das Schicksal, das der Seher dem König verkündet hatte, nicht erfüllt. Als der tief gebeugte Kreon in den Palast zurückkehrte, erwartete ihn neues Leid. Seine Gattin Eurydike hatte sich im Schmerz über den Tod des geliebten Sohnes mit eigener Hand das Leben genommen.

Da erkannte Kreon, daß er mit seiner Torheit den Untergang seines Hauses verschuldet hatte. In tiefer Verzweiflung flehte er zu den Göttern, daß sie auch ihm den Tod gewähren möchten.

Die Argonauten

Im Lande Thessalien wuchsen Phrixos und Helle, die Kinder des Königs Athamas, miteinander auf. Sie hatten ein hartes Leben; denn ihr Vater hatte seine Frau Nephele verstoßen und den Kindern eine Stiefmutter gegeben, unter der sie viel zu leiden hatten. Als die böse Ino gar den Knaben Phrixos opfern wollte, griff Gott Hermes zur Rettung der beiden Kinder ein. Er brachte Nephele einen riesigen geflügelten Widder mit einem Fell von lauterem Gold zum Geschenk.

»Dieser Widder mit dem goldenen Vlies soll deine Kinder aus der Gewalt ihrer Stiefmutter befreien«, sagte Hermes; »denn er kann auf den Wolken laufen und wird sie ins Land Kolchis tragen!«

Nephele folgte dem Rate des Hermes, und bald darauf ritten die Geschwister engumschlungen auf dem Rücken des Wundertieres durch die Lüfte. Doch als Helle das Meer in furchterregender Tiefe unter sich sah, ließ sie plötzlich, vom Schwindel gepackt, den Bruder los und stürzte ins Meer, das noch heute der Hellespontos, das Meer der Helle, heißt. Phrixos dagegen erreichte glücklich das Land der Kolcher. Hier opferte er den Widder zum Dank für die Götter; das goldene Vlies gab er dem König Aetes, der ihn gastfreundlich aufnahm, zum Geschenk. Dieser weihte es dem Ares und ließ es in einem heiligen Hain an eine Eiche nageln.

Viele Jahre später herrschte in Thessalien der König Pelias, der seinen Bruder Aison, den rechtmäßigen Herrscher, des Thrones beraubt hatte. Vorzeiten nun war dem Pelias ein Orakel verkündet worden: Ein Mann, der in nur einem Schuh zu ihm komme, werde auch ihn dereinst vom Throne stoßen.

Einst veranstaltete Pelias ein Festmahl zu Ehren des Meeresgottes Poseidon, zu dem auch sein Neffe Jason, der Sohn seines Bruders, erschien. Dieser hatte auf seinem Wege zur Königsstadt einen Bach durchqueren müssen und dabei einen Schuh im Schlamm verloren.

Mit Entsetzen blickte Pelias auf den kraftvollen Jüngling, der – mit nur einem Schuh bekleidet – in die Königshalle trat. Als er in dem Fremdling seinen Neffen erkannte, verbarg er aber seine Furcht und nahm ihn freundlich auf.

Später jedoch suchte er einen nichtigen Vorwand, um sich des gefährlichen Nebenbuhlers zu entledigen. Schließlich wies er ihn außer Landes. »Nicht eher sollst du mir wieder vor Augen treten«, gebot er ihm, »als bis du mir das goldene Vlies deines Vorfahren Phrixos herbeibringst!«

Durch diesen Auftrag glaubte Pelias den Neffen zu verderben, zumal da Jason zögerte, dem Befehl des Onkels zu folgen. Der Jüngling ahnte die Gefahren, die auf ihn warteten, und war deshalb bestrebt, mutige Gefährten um sich zu scharen.

Griechenlands berühmteste Helden folgten seinem Ruf. Unter ihnen waren auch Herakles und zwei Söhne des Windgottes Boreas, dazu Theseus und die Zwillingsbrüder Kastor und Polydeukes, auch Peleus, der Vater des Achilles, der Sänger Orpheus und viele andere zählten zu Jasons Fahrtgenossen.

Am Fuße des Berges Pelion baute Argos, der geschickteste Baumeister Griechenlands, ihm nach Weisungen der Göttin Athene ein Schiff, dem er den Namen Argo gab; die Helden nannten sich die Argonauten.

Das herrliche Schiff gelangte unter Jasons Führung bald zur Stadt Salmydessa, über die König Phineus herrschte. Zeus hatte den König einst wegen einer Untat erblinden lassen, und zur besonderen Strafe hatte er ihm als schreckliche Störenfriede seines Mahls die Harpyien beigesellt. Das waren gepanzerte Vögel mit scharfen Klauen, die zur Mittagszeit erschienen, dem König die Speisen raubten und das Zurückgebliebene besudelten. Vergeblich versuchten des Königs Diener immer wieder die schrecklichen Tiere abzuwehren; ihre Panzer aber machten sie unverwundbar.

»Helft mir in meiner schweren Not«, bat der König die Helden unter Tränen, als die Argonauten bei ihm einkehrten, und er lud sie zu Tische; doch kaum war die Mahlzeit aufgetragen, da kamen die gierigen Harpyien herbeigeflogen. Jason und seine Gefährten hieben auf sie ein; die Schwertstreiche taten jedoch den gepanzerten Vögeln keinen Schaden. Da hoben sich Zetes und Kalaïs, des Windgottes geflügelte Söhne, in die Luft, griffen mit blankem Schwert die Harpyien an und bedrängten sie so hart, daß sie flohen und nicht wiederkehrten.

Mit großer Freude begrüßte Phineus die Rückkehr seiner Retter, die ihn von der schrecklichen Qual befreit hatten. Aber nicht ohne Sorge ließ er die Argonauten weiterziehen; denn er gedachte der Weissagung, die ihnen gefährliche Abenteuer verkündet hatte.

Unbekümmert stachen die Helden bei günstigem Fahrtwind in See, um nach Kolchis weiterzusegeln. Beim Eingang in das Schwarze Meer trafen sie auf zwei riesige Felsen, die wie Eisberge im Meer schwammen. Diese steinernen Säulen, Symplegaden genannt, schlugen beständig blitzschnell zusammen, so daß jedes hindurchfahrende Schiff von ihnen zerschmettert wurde.

Nach dem Rat des Phineus schickten die Helden eine Taube voraus; sie kam fast unversehrt hindurch, nur ein paar Schwanzfedern wurden ihr von den zusammenschlagenden Felsen abgerissen. Beim Zurückprallen der Steinwände gelang es den kühnen Männern, das Schiff blitzschnell glücklich hindurchzusteuern; nur das Schiffsheck wurde ein wenig beschädigt.

Noch vielerlei Abenteuer hatten die Argonauten zu bestehen, bis sie endlich ans Ziel gelangten. Sie lenkten die Argo in den Fluß Phasis hinein, der durch Kolchis fließt, und gingen vor Anker.

Bald darauf stand Jason, den es drängte, seine Aufgabe zu erfüllen, vor Aietes, dem König des Landes.

»Ich komme aus Griechenland«, sagte er, »und bin vom König Pelias von Thessalien gesandt, um das goldene Vlies von dir zu fordern. Gewähre uns Gastfreundschaft, König Aietes, und gib uns das Vlies, um das wir bitten!«

Finster blickte Aietes auf die Fremden. Er war nicht gesonnen, Jason das goldene Vlies bedingungslos zu überlassen. So stellte er ihm eine schwere Aufgabe: »Zuvor mußt du die ehernen Stiere, die Hephaistos geschaffen hat, vor den Pflug schirren und ein großes Feld umpflügen. In diese Furchen sollst du die Zähne eines Drachen säen, die ich dir geben werde; eiserne, lanzenbewehrte Männer werden daraus erwachsen, die du im Kampfe besiegen mußt!«

Neben König Aietes' Thron stand seine Tochter Medea. Das Schicksal fügte es, daß ihr Herz, vom Pfeile des Liebesgottes Eros getroffen, in heftiger Liebe zu Jason entbrannte. So wollte sie es nicht leiden, daß der herrliche Held der Gefahr erliege, und nutzte die Zauberkraft, die sie besaß, zu seiner Rettung. Sie bereitete aus Bergkräutern einen wundertätigen Saft und brachte ihn Jason. Der Held wunderte sich, daß die Königstochter heimlich zu ihm kam, aber dankbar ließ er sich über die zauberkräftige Wirkung ihres Trankes belehren.

»Bestreiche damit Gesicht und Hände, Arme und Beine«, sagte Medea, »dazu Rüstung und Waffen. So wirst du gefeit sein gegen Verwundung und Feuer, und deine Waffen werden unwiderstehlich durch die härtesten Panzer dringen.«

König Aietes ahnte nichts von diesem heimlichen Tun seiner Tochter Medea. Er gebot Jason also, sich am nächsten Morgen einzufinden, um die gestellte Bedingung zu erfüllen.

In aller Frühe war Jason zur Stelle, den zauberkräftigen Saft hatte er, wie Medea ihn geheißen, verwendet. Aietes war mit Medea und dem ganzen Hofstaat erschienen, um das Schauspiel mit anzusehen. Der König befahl nun den Dienern, die Tür des Stalles zu öffnen. Unerschrocken ging Jason hinein, löste die starken Eisenketten der feuersprühenden Stiere, packte sie mit übermenschlicher Kraft bei den Hörnern und zerrte sie heraus. Draußen preßte er ihnen Maul und Nüstern fest auf die Erde, um sie am Schnauben zu hindern, und warf ihnen das Joch über den Nacken.

Staunend standen die Einwohner von Kolchis. Finster blickte der König auf Jason, der so rüstig ans Werk ging. Die sonst so grimmigen Stiere wagten nicht, sich ihm zu widersetzen, da das Feuer, das aus ihren Nüstern sprühte, Jason nichts anhaben konnte. Und als die Sonne am höchsten stand, hatte er das ganze Feld umgepflügt.

»Jetzt gib mir die Drachenzähne!« rief er dem König zu, während er die Stiere ausspannte. Einen ganzen Helm voll reichte ihm Aietes. Jason schritt ungesäumt über das Feld, warf die Zähne in die Furchen und ebnete sodann mit seinem Speer die Erdschollen. Jetzt hatte er Zeit sich auszuruhen.

Als die Sonne sich zum Untergang neigte, begab sich das erwartete Wunder: Eiserne Männer wuchsen aus der Erde, überall auf dem gepflügten Acker! Einige waren bereits bis zu den Füßen herausgewachsen, einige bis zu den Hüften und bis zu den Schultern, andere hoben sich soeben erst aus der Erde. Wütend schwangen die Eisenmänner die Spieße und schlugen kampfbegierig an ihren Schild. Schon drangen die, deren Füße frei waren, auf den Helden ein.

Da tat Jason, wie ihm Medea geraten hatte: Er nahm einen großen Stein auf und warf ihn mitten unter sie. Einer der Riesen wurde von dem Stein getroffen und glaubte, sein Nachbar habe ihn geworfen. Sogleich griff er ihn mit dem Schwerte an, andere mischten sich in den Streit, und bald gab es ein allgemeines Getümmel, in dem jeder gegen jeden kämpfte. Nach kurzer Zeit lagen alle Riesen tot am Boden, und Jason war aus einer großen Gefahr befreit.

Während die Argonauten ihm zujubelten, wagte Medea nicht, ihre Freude zu zeigen. Noch ahnte ihr Vater nichts von ihrer Liebe, noch wußte er nicht, daß Jason ihr geschworen hatte, sie als Gemahlin mit sich nach Griechenland zu führen. König Aietes hatte keinen anderen Gedanken, als den verhaßten Fremden zu verderben. Er verweigerte ihm den ehrlich verdienten Siegespreis und sann sogar darauf, die Argo in Brand zu setzen.

Zum zweiten Mal wurde Jason durch Medeas Hilfe gerettet. Sie verließ in der Nacht das elterliche Haus und führte Jason in den heiligen Hain, wo das Vlies, von einem Drachen bewacht, an eine Eiche genagelt hing. Mit Waffengewalt hätte der Held das Untier nicht besiegen können; doch die zauberkundige Medea rief mit süßem Gesang den Gott des Schlafes zu Hilfe, der den Drachen einschläferte. Zur Sicherheit besprengte Medea ihn noch mit einem Zaubersaft. Jason stieg über das Ungeheuer hinweg, hieb das Vlies von dem Eichbaum und trug es aufs Schiff, und schnell wurden die Anker gelichtet.

Rasend vor Zorn vernahm König Aietes von dem Raube und der Entführung seiner Tochter. Vergeblich versuchte er den Argonauten ihre Beute abzujagen. Sein Sohn Absyrtos, der mit schnellen Seglern die Flüchtenden einholte, wurde von seiner Schwester Medea in eine Falle gelockt und von Jason erschlagen.

Nach mancherlei Fährnissen traf Jason mit seinen Fahrtgenossen in Thessalien ein.

Doch obwohl er dem König Pelias nun das goldene Vlies aushändigte, war dieser entschlossen, dem verhaßten Neffen das Erbe vorzuenthalten. Durch Medeas Zauberkraft kam Pelias jedoch auf schreckliche Weise ums Leben. Das Königreich aber verlor Jason an den Sohn des Getöteten, der ihn aus dem Lande vertrieb. Jason und Medea flohen nach Korinth, wo sie lange Jahre in glücklicher Ehe lebten.

Medea gebar zwei Söhne. Als sie älter wurde und die Reize ihrer Gestalt schwanden, wandte sich Jasons Liebe der schönen Glauke zu, der Tochter des Korintherkönigs Kreon, mit der er sich vermählen wollte. Medea wurde von rasender Eifersucht ergriffen, und vergebens beschwor sie Jason, von seinem Vorhaben abzustehen. Aber Jason blieb hart. Da heuchelte sie Versöhnung, sandte der jungen Glauke Geschenke und bereitete ihr dabei durch Gift einen schrecklichen Tod. Danach legte sie in wilder Rachsucht Hand an die eigenen Kinder; beiden nahm sie das Leben, um den ungetreuen Gatten jeglichen Trostes zu berauben.

Als Jason seine Kinder in ihrem Blute liegen sah, war er von Schmerz und Verzweiflung von Sinnen, er wollte Medea zur Rechenschaft ziehen und Rache nehmen. Plötzlich vernahm er ein Rauschen über sich, und emporschauend sah er, wie die Mörderin sich in einem drachenbespannten Wagen in die Lüfte erhob und entschwand. In auswegloser Verzweiflung stürzte sich Jason in sein Schwert. Er fiel auf der Schwelle seines Hauses.

Der Trojanische Krieg
Die Belagerung Trojas

Am Anfang des unglückseligen Krieges um Troja standen Zwietracht und weibliche Eitelkeit.

Drei Göttinnen, Hera, Aphrodite und Athene, stritten sich darum, welcher von ihnen der Preis der Schönheit gebühre. Eris, die Göttin der Zwietracht, hatte diesen Streit entfacht, weil man sie zur Hochzeit des phrygischen Königs Peleus und der Meernymphe Thetis nicht eingeladen hatte. Damals warf sie einen goldenen Apfel unter die fröhlich Feiernden mit den Worten: »Für die Schönste!«

Jede der drei Göttinnen hatte den Preis für sich beansprucht, und nach Zeus' Gebot sollte Paris, ein Sohn des Trojanerkönigs Priamos, den Streit schlichten. Der Jüngling sprach ihn der Liebesgöttin Aphrodite zu; denn sie verhieß ihm die schönste Frau der Welt als Belohnung. Hera und Athene aber hatte Paris sich durch seinen Schiedsspruch zu unerbittlichen Feindinnen gemacht.

Paris setzte zu Schiff nach Griechenland über und weilte dort lange als Gastfreund des Königs Menelaos in Sparta. Aber er vergalt die freundliche Aufnahme mit schändlichem Undank; denn er verführte des Königs Gattin Helena, die als die schönste Frau weit und breit galt, und floh mit ihr in seine troische Heimat.

Dieser Frevel gegen das heilige Recht der Gastfreundschaft empörte die Fürsten Griechenlands. Willig ließen sie sich von dem schwer gekränkten Menelaos bestimmen, ihn auf einem Rachefeldzug gegen Troja zu begleiten. So versammelten sich der greise, vielerfahrene Nestor und der listenreiche Odysseus von Ithaka, der göttergleiche Achilleus, der starke Held Diomedes und der lanzengewaltige Ajax, der greise Seher Kalchas und viele tapfere Königssöhne, die sich nach Kriegstaten und Abenteuern sehnten. Dem mächtigen Agamemnon, König von Mykene und Bruder des Menelaos, übertrug man den Oberbefehl über das gewaltige Heer.

In Aulis, einem Hafen in der Bucht von Böotien, lagen mehr als tausend Schiffe zur Ausfahrt bereit. Doch vergeblich wartete man auf günstigen Wind. Lähmende Stille lag über dem Hafen, und das versammelte Kriegsvolk mit Schiffen, Roß und Wagen war zu untätiger Muße verurteilt.

»Göttlicher Wille hindert die Ausfahrt«, erklärte der Seher Kalchas, den sie in ihrer Ratlosigkeit befragten, »denn Agamemnon hat auf der Jagd eine heilige Hirschkuh der

Artemis erlegt. Nun verlangt die Göttin Agamemnons älteste Tochter Iphigenie als Sühneopfer!«

Nach hartem innerem Kampfe gab König Agamemnon seine Einwilligung, daß man Iphigenie nach Aulis hole. Man führte sie zum Altar, doch die Göttin zeigte sich jetzt durch Agamemnons Gehorsam versöhnt. Als der Priester zum Todesstoß gegen das unschuldige Opfer ausholte, entführte Artemis das Mädchen in einer Wolke und schob eine Hirschkuh an seine Stelle. Iphigenie wurde nach Tauris entrückt, der Göttin als Priesterin zu dienen. Klytemnaistra aber, Iphigeniens Mutter, verzieh ihrem Gatten niemals, daß er ihr Kind auf dem Altare hatte opfern wollen.

Günstiger Fahrtwind führte nun die Griechenflotte aus dem Hafen, und in wenigen Tagen landeten die Schiffe an Trojas Küste. Dort lag auf hohem Hügel die festgebaute Stadt, die der greise König Priamos beherrschte. Mit fünfzig Söhnen hatten ihn die Götter gesegnet, von denen Hektor als der ruhmreichste Held bekannt war.

Jahr um Jahr wogte nun der erbitterte Kampf hin und her. Aber vergeblich forderten die Griechen ihre Gegner durch wilde Schmähreden zum offenen Kampfe heraus, vergeblich berannten sie die turmbewehrten Mauern der Stadt, hinter denen die Troer sich in Sicherheit wußten.

Unzufriedenheit verbreitete sich im Schiffslager, das die Griechen am Ufer des Skamandros errichtet hatten. Zehn Jahre währte schon der zermürbende Krieg, und nun schien sich das Glück endgültig von den Angreifern abzuwenden. Denn zur Not des Krieges, die in jedem die Sehnsucht nach der Heimat weckte, kam noch ein wilder Zwist zwischen den beiden mächtigsten Männern des Griechenheeres, Agamemnon und Achilleus, die sich bitter feind geworden waren.

Achilleus hatte auf einem der vielen Beutezüge, bei denen die Griechen das Land ausplünderten, ein Städtchen erobert und dabei die schöne Chryseïs gewaltsam entführt, die er Agamemnon als Sklavin überließ. Tief bekümmert erschien nun der Vater des Mädchens, Chryses, ein frommer Priester des Apollon, mit reichen Lösegeschenken im Griechenlager, um seine Tochter freizubitten.

Aber Agamemnon wollte nicht von der schönen Jungfrau lassen. Ohne Scheu vor dem heiligen Gewand des Priesters fuhr er zornig auf und verjagte den Alten. »Läßt du dich noch einmal hier vor mir sehen«, drohte er, »so werden dich nicht Stab noch Priesterbinde schützen!«

Klagend und in Verzweiflung irrte der Greis am Gestade des Meeres umher. In inbrünstigem Gebet hob er die Hände zu Apollon, dem er so lange in Treue gedient hatte, und bat ihn um Hilfe und um Rache. »Vergilt mit deinen Geschossen«, schloß er sein Gebet, »die Schmach, die Agamemnon deinem Priester angetan hat.«

Der Gott erhörte sein Gebet. Er verließ den Göttersitz Olympos, setzte sich in einiger Entfernung von den Schiffen nieder und richtete seine todbringenden Pfeile auf das Heerlager der Griechen. Wen Apollons Geschoß traf, den raffte die tödliche Pest dahin.

Neun Tage wütete schon die schreckliche Seuche, ringsum im Lager loderten die Scheiterhaufen, auf denen die Toten verbrannt wurden. Mit Entsetzen sahen die Griechen ihre Heeresmacht dahinschwinden. Sollte dies das Ende ihres ruhmvollen Kriegszuges sein?

Erregt drängte sich das Kriegsvolk auf der Lagerversammlung, die Achilleus einberufen hatte. Wen mochte die Schuld treffen an dem schrecklichen Unglück? Immer wieder klang diese Frage auf.

Kalchas, der Opferpriester, gab die Antwort: »Erst dann wird die Pest von uns weichen«, so verkündete er, »wenn Agamemnon dem Priester des Apollon die geraubte Tochter zurückgegeben hat!«

In grimmigem Zorn vernahm der Fürst der Griechen den göttlichen Willen. »Ich füge mich«, erklärte er schließlich voller Unmut, »doch als Ersatz verlange ich die schöne Briseïs, die Achilleus, des Peleus Sohn, einst als Anteil der Beute erhalten hat!«

So entbrannte der erbitterte Streit zwischen den beiden Fürsten. Heftige, schmähende Worte gingen hin und her, schon griff Achill im blinden Zorn zum Schwerte. Niemand sah, daß es die göttliche Athene war, die ihn vor unbesonnenem Tun bewahrte.

»Besänftigt euren Zorn und haltet Frieden!« mahnte der vielerfahrene Nestor. Und wirklich, Achill ließ sich bewegen, die Forderung des stolzen Agamemnon zu erfüllen. Aber in Verbitterung und Groll hielt er sich fortan vom Kampfe zurück; finster vor sich hinstarrend, saß er im Zelte. Er klagte Thetis, seiner göttlichen Mutter, das ihm angetane Unrecht. Sie versprach ihm ihre Hilfe und erwirkte bei Zeus, daß er den Griechen so lange den Sieg versage, bis sie das Unrecht, das sie ihrem Sohn zugefügt hatten, einsähen.

Alles Glück war von dem Griechenheere gewichen, seit der strahlende Achilleus sich vom Kampfe fernhielt. Das Ringen wurde erbitterter als zuvor; denn aus dem Schutze ihrer Mauern wagten sich die Troer immer häufiger und kühner zur offenen Feldschlacht hervor, und immer mehr

schwand bei diesen Kämpfen das Kriegsglück der Griechen. Schon vernahm man Stimmen, die zur Abfahrt rieten.
War es nicht besser, den nutzlosen Kampf aufzugeben,
da ihnen die Götter offenbar die Eroberung der Stadt versagten?

Zweikämpfe

Da gedachte Agamemnon, durch einen lockenden Traum
verführt, das Schicksal auf die Seite der Griechen zu zwingen. In einer Entscheidungsschlacht wollte er den unseligen
Krieg mit dem Siege der Griechenheere zu einem glücklichen Ende führen.

Die beiden Heerhaufen standen sich schon mit Roß und
Wagen kampfbereit gegenüber, da sprang der starke Hektor vor die Schlachtreihen der Troer und gebot dem unge-
stümen Eifer der Vordrängenden Einhalt. »Höret mich, ihr
Griechen und ihr Troer!« rief er. Und dann machte er den
Griechen ein Angebot, den langjährigen Völkerstreit zu beenden: Sein Bruder Paris sei bereit, mit Menelaos die
Waffen zu kreuzen und durch das Gottesurteil des Zwei-
kampfes den Krieg zu entscheiden.

Nach Hektors Rede herrschte lange Stillschweigen.
Schließlich nahm Menelaos das Wort. »Nun, hoffe ich,
werdet ihr, Griechen und Trojaner, versöhnt voneinander
scheiden, nachdem ihr so viel Schlimmes erduldet habt.
Einer von beiden, welchen auch das Schicksal auserkoren
hat, wird sterben, ihr andern aber sollt in Frieden auseinan-
dergehen. Laßt uns opfern und schwören, dann mag der
Zweikampf beginnen!«

Freudig und in neugeweckter Hoffnung stimmten alle

ihm bei: Nun sollte der langwährende Kampf in schneller Entscheidung sein Ende finden!

König Priamos wurde aus Troja herbeigerufen, und während die Krieger sich hüben und drüben lagerten, besiegelte man unter feierlichen Opfern den Vertrag. Priamos selber fuhr in die Stadt zurück, denn er ertrug es nicht, mit eigenen Augen zu schauen, wie sein geliebter Sohn mit dem Fürsten Menelaos auf Leben und Tod kämpfte.

Auf den Zinnen von Trojas Mauern, am Skäischen Tor, waren die Ältesten des trojanischen Volkes versammelt, um dem Entscheidungskampfe zuzusehen. Auch Helena hatte das Frauengemach verlassen. Mit wehmütigem Gefühl und ihr Handeln bitter bereuend, erblickte sie auf dem Schlachtfeld vor den Toren der Stadt die Männer aus ihrer griechischen Heimat, unter ihnen König Menelaos, der ihr in seinem prächtigen Waffenschmuck herrlicher als je zuvor erschien. Der greise Priamos sprach ihr tröstend zu, auch die Ratgeber des Königs sahen Helenas Schönheit mit Wohlgefallen und sprachen unter sich: »Nicht verwunderlich ist es, daß die tapferen Griechen und wir Troer um ein solches Weib soviel Elend ertragen!«

Von den Griechen war Odysseus, auf Seiten der Troer Hektor zu Ordnern und Hütern für den Zweikampf bestellt. Sie schritten den Kampfplatz ab, warfen die Lose und entschieden damit, wem der erste Wurf zustehe. Das Los des Paris sprang aus dem Helm.

Die beiden Streiter traten nun in die Mitte des abgemessenen Raumes und schwangen in Kampfeszorn ihre Waffen. Dann schleuderte Paris als erster seinen Speer auf den Gegner. Doch an dessen eisenbeschlagenem Schild prallte das Geschoß ab. Nun warf Menelaos seine Lanze, die den Schild des Paris durchdrang und sein Gewand zerschnitt.

Menelaos ging zum Angriff über, doch zersprang sein Schwert an der undurchdringlichen Rüstung des Gegners. Auf Paris einstürmend, ergriff Menelaos den Helmbusch des Troers, und er hätte den Jüngling zu Boden geworfen, wenn die Göttin Aphrodite nicht ihrem Liebling in diesem Augenblick höchster Not zu Hilfe gekommen wäre. Sie zerschnitt den Kinnriemen des Paris, so daß Menelaos den leeren Helm in der Hand hielt. Paris aber, von der Göttin in eine Nebelwolke gehüllt, nutzte diesen Augenblick, um dem sicheren Tode zu entfliehen; er war im Gedränge seiner Landsleute verschwunden, ehe Menelaos ihm seinen Speer nachschleudern konnte.

Für die Griechen gab es keinen Zweifel, wem der Sieg zustehe. Deshalb verlangte Agamemnon von den Troern die Erfüllung des Vertrages. »Gebt uns Helena zurück«, rief er, »samt allen geraubten Schätzen, und gelobt dazu einen fortdauernden Tribut für die lange Kriegsnot, die wir ertragen haben!« Die Griechen antworteten mit Triumphgeschrei – die Trojaner schwiegen.

Im Rate der Götter wurde indessen Trojas Untergang beschlossen. Auf Athenes Geheiß richtete Pandaros, einer der besten troischen Schützen, seinen Bogen auf Menelaos. Doch lenkte die Göttin den Pfeil so, daß der Held unverwundet blieb.

Nun schien eine Versöhnung nicht mehr möglich. Empört über den Vertragsbruch, stürzten sich die Griechen auf die Trojaner. Auf beiden Seiten wurde so erbittert gekämpft, daß die Götter selbst in den Kampf eingriffen. Ares, der Kriegsgott, nahm die Partei der Troer und führte sie gegen die Griechen, daß diese bis in ihr Schiffslager zurückweichen mußten, obwohl auf ihrer Seite die Göttin Pallas Athene mitkämpfte.

Tagelang wogte die Schlacht hin und her, nur die Nacht zwang die Kämpfenden zu kurzer Waffenruhe.

Hektor, der Tapferste der Troer, sah die Entscheidung herannahen und eilte in die Stadt zurück, um seine Mutter zu einem Bittopfer zu veranlassen. Dann suchte er Paris auf, der nach dem Zweikampf in seinen Gemächern Schutz gesucht hatte und sich vom Kampfe fernhielt. »Schämst du dich nicht deiner Lässigkeit, Bruder?« schalt Hektor ihn. »Wir alle stehen um deinetwillen im Kampf auf Leben und Tod! – Nur du bist saumselig und zögerst, die Stadt zu verteidigen.«

Auch Helena, die dem ungleichen Kampfe von der Mauerzinne aus zugesehen hatte, schämte sich des schimpflichen Ausgangs. Da versprach Paris, sogleich wieder auf dem Kampfplatze zu erscheinen.

»Nun gönne du dir etwas Ruhe, Schwager«, bat Helena den edlen Hektor; »denn auf deinen Schultern lastet zumeist die Bürde des Kampfes.«

Hektor jedoch eilte davon, um seine Gemahlin Andromache und sein zartes Söhnchen noch einmal zu sehen. Als er seinen Palast erreichte, fand er Andromache nicht daheim. Auf dem Weg zum Kampfplatz am Skäischen Tor traf er sie mit einer Dienerin, die den unmündigen Astyanax auf dem Arme trug. Andromache, das Herz voll schwerer Sorgen, weinte vor Traurigkeit beim Anblick ihres Gemahls. Sanft nahm sie ihn bei der Hand. »Entsetzlicher Mann«, sagte sie mit leise mahnendem Vorwurf, »dich rafft sicherlich noch dein Mut dahin. Kennst du denn gar kein Erbarmen mit deinem zarten Sohne und deinem unglücklichen Weibe? Bleib doch hier auf dem Turm und leite von hier aus die Schlacht!«

Mit behutsamen Worten suchte Hektor ihre Sorgen und

Vorwürfe zu zerstreuen. Er hatte längst erkannt, daß alles tapfere Mühen vergeblich war. »Einst wird der Tag kommen, da das heilige Ilion in den Staub sinkt«, sagte er mit tiefbetrübtem Herzen. »Mit Grauen denke ich an den Tag, da einer der Griechen dich als Sklavin hinwegführt. Möge mich der Grabhügel decken, ehe ich diesen Jammer erleben muß!«

Bekümmert blickte Hektor auf den kleinen Astyanax. Als er die Arme nach dem Kinde ausstreckte, schrak es vor dem flatternden Helmbusch zurück und schrie furchtsam. Erst als der Vater den Helm vom Haupte nahm und dem Knaben freundlich zusprach, ließ er sich willig in die Arme nehmen. Zärtlich hielt Hektor seinen Astyanax umfangen und flehte den Segen der Götter auf ihn herab.

Dann nahm er Abschied von Frau und Kind und eilte davon. Auch Andromache schritt dem Hause zu, oft hielt sie noch inne, wandte sich um und blickte mit Tränen in den Augen dem herrlichen Helden nach.

Vergeblich hatten die Griechen den göttlichen Achill gebeten, seinen Groll zu überwinden und wieder am Kampfe teilzunehmen. In seinem starren Trotz verweigerte der Held jede Waffenhilfe. Auf der Gegenseite waren inzwischen Hektor und Paris auf dem Schlachtfelde erschienen und gaben den verzweifelten Trojanern neuen Mut. Auf Geheiß des troischen Sehers Helenos forderte Hektor den Tapfersten der Griechen zum Zweikampfe heraus.

Da wurde es still in der Schlachtreihe der Griechen. Wer sollte es wagen, sich mit dem Stärksten der Troer zu messen? Auf Nestors Rat ließen sie das Los entscheiden. Es fiel auf Ajax, den König von Salamis. Während er sich zum Kampfe rüstete, beteten die Griechen in der Stille zu den Göttern.

Dann begann der Kampf. Mit der Lanze, mit dem Schwert und mit den Kräften ihres Armes maßen sich die beiden tapferen Krieger. Erst als die Dämmerung hereinbrach, trennten sie sich, einander ebenbürtig an Mut und Waffengewandtheit.

Als am Morgen die Schlacht von neuem entbrannte, saß Achill, unbekümmert um das verzweifelte Ringen, noch immer in seinem Zelt. Die Schlachtreihen der Griechen wurden erschüttert, immer kühner drangen die Troer vor; schon hatten sie das Tor des Schiffslagers erreicht, schon begann Hektor, Brände in die Schiffe zu schleudern! Da wandte sich der alte Nestor, dessen weiser Rat zu allen Zeiten den Griechen nützlich gewesen war, an Patroklos, den Freund des Achilleus. »Bitter unrecht tut Achilleus, daß er über der Not der Griechen seine persönliche Kränkung nicht zu vergessen vermag!«

Patroklos bemühte sich, den Freund umzustimmen: »Wenn wir jetzt nicht helfend eingreifen, ist alles verloren. Ich kann nicht länger untätig zusehen, wie die Griechen verderben. Wenn du immer noch unbeugsam auf deinem Groll beharren willst, so laß wenigstens deine Krieger, die Myrmidonen, in den Kampf ziehen, das Ärgste abzuwehren. Und noch um eins bitte ich dich: Gib mir deine Rüstung! Vielleicht werden die Trojaner erschrecken, wenn sie glauben, daß du selber wieder am Kampf teilnimmst!«

Achilleus gewährte dem Jugendfreunde und Waffenbruder die Bitte und gab ihm die Rüstung.

Die Krieger des Achilleus kämpften die schwer bedrängten Schiffe wieder frei. Allen voran verfolgte Patroklos auf Achills Streitwagen die Fliehenden. Furcht und

Schrecken hatte die Troer ergriffen, weil sie glaubten, den tapferen Achilleus vor sich zu sehen.

Bis vor Trojas Stadttore drang Patroklos mit unwiderstehlicher Gewalt vor. Da trat Apollon ihm in den Weg. Er wehrte dem Vordringen des Helden und mahnte zugleich Hektor, der bis zum Skäischen Tor gewichen war, in den Kampf zurückzukehren und gegen Patroklos zu bestehen. »Ich selber werde dir den Sieg verleihen«, versprach der Gott. Er lähmte dem Waffenfreund Achills mit einem kräftigen Schlage die Rechte und machte es dadurch dem Troer leicht, den tödlichen Stoß zu führen. Von Hektors wuchtiger Lanze durchbohrt, sank Patroklos entseelt zu Boden.

Selbst die Mutigsten der Griechen erbebten vor Furcht, als sie den Helden in den Staub sinken sahen.

In wildem Triumph zog Hektor dem Gefallenen die Rüstung aus, legte sie selber an und führte dann einen erbitterten Kampf mit Menelaos und Ajax, die heranstürmten, um den toten Patroklos zu bergen. Nur mühsam brachten sie den Leichnam an sich und trugen ihn ins Schiffslager.

In namenlosem Schmerz vernahm Achill die Botschaft vom Tode des geliebten Freundes. Er warf sich in den Staub, er raufte sich das Haar. Vergebens rief er zu den Göttern; nur Thetis, seine göttliche Mutter, hörte auf dem Meeresgrund seine Klage. In sorgender Teilnahme entstieg sie den Wellen und suchte ihn zu trösten. Achilleus aber kannte nur einen Trost: Rache an Hektor, der ihm den Freund geraubt hatte!

»Gedulde dich bis morgen, mein Sohn«, sagte Thetis sanft, »ich will zum Götterschmied Hephaistos gehen und ihn bitten, dir eine neue Rüstung zu schaffen. Bei Sonnenaufgang bin ich zurück!«

Achilleus vernahm unterdessen den Kampflärm der

Männer, die dicht vor dem Lager noch einmal um die
Leiche des Patroklos streiten mußten. Da sprang er waffenlos, wie er war, auf den Lagerwall, und mit lauter
Stimme schleuderte er Drohworte hinüber, daß die Trojaner, als sie ihn nun sahen und sein Geschrei hörten, von
Furcht ergriffen wurden. Selbst Hektor ließ den Leichnam fahren, und er kehrte mit den Seinen zur Stadt zurück.

Mit gesenktem Haupte stand Achilleus vor der Leiche
des erschlagenen Freundes. Wie reute ihn beim Anblick des
gräßlich Entstellten, daß er ihn hatte hinausziehen lassen,
während er selbst tatenlos im Zelte geblieben war!

Hektors Tod

Die Morgenröte stieg golden herauf, als Thetis mit den
Waffen, die Hephaistos geschmiedet hatte, zurückkehrte.
Voll Staunen und grimmiger Freude stand Achill vor dem
Wunderwerk aus der Hand des Gottes. Es war die herrlich-
ste Rüstung, die jemals ein Held getragen hatte.

Achilleus schritt durch das Schiffslager und scheuchte
die Griechen mit lautem Weckruf vom Lager auf. Wie freu-
ten sich die Helden, die so lange vermißte Stimme zu hören!
In aller Eile erschienen sie auf dem Versammlungsplatz.
Aufgeregt scharten sie sich um ihre Anführer.

Als endlich Ruhe eingetreten war, wandte sich Achilleus
an Agamemnon: »Sohn des Atreus«, sprach er, »laß uns den
Streit beenden. Das Vergangene mag vergessen sein!«

»Auch ich bin bereit zu büßen, was ich gefehlt«, erwiderte Agamemnon, »ich biete dir Sühne, Achilleus, soviel
du begehrst!«

Glücklich waren die Krieger zu hören, daß Achill sich nicht mehr fernhielt und daß er nun zum Kampfe drängte. Willig reichte Agamemnon ihm die Hand zur Versöhnung und ließ alle Beutestücke, die man Achill einst vorenthalten hatte, in dessen Zelt zurücktragen.

Dann rüstete sich Achilleus mit den göttlichen Geschenken des Hephaistos und bestieg seinen Streitwagen.

Damit Achilleus nun nicht gegen das von den Göttern verhängte Schicksal Troja auf der Stelle eroberte, erlaubte Zeus jetzt den Olympischen Göttern, sich am Kampfe zu beteiligen und, nach eines jeden Gesinnung, den Griechen oder den Trojanern zu helfen.

Im Getümmel des heranziehenden Trojanerheeres versuchte Achilleus, Hektor zu erspähen und ihn zum Zweikampf zu stellen. Als er ihn nirgends entdecken konnte, stieß er mitten in die Reihen der Troer hinein und trieb sie in Scharen vor sich her in die Fluten des Skamandros. Bald war der Fluß angefüllt mit den Leichen der Erschlagenen, bis der Flußgott Skamander ingrimmig dem Wüten des Helden Einhalt gebot.

Von der Höhe der Stadtmauer beobachtete Priamos die Flucht der Seinen und ließ denen, die zur Stadt zurückflohen, die schützenden Tore öffnen. Hektor aber blieb auf dem Kampfplatze, ob Mutter und Vater ihn auch unter Tränen baten, sich zu schonen. Scham um die Flucht seiner Landsleute und wilde Streitlust trieben ihn, sich mit dem Besten der Griechen im Kampfe zu messen.

Schon stürmte Achill heran, dem Kriegsgott gleich. Als Hektor seinem schrecklichen Blick begegnete und das Hohngeschrei vernahm, verlor er plötzlich allen Mut, und er wandte sich zur Flucht. Wütend verfolgte Achill den Fliehenden und jagte ihn um die Stadt. Dreimal umkreisten

sie die Mauer, und wenn Hektor im Tore Schutz zu finden
hoffte, so schnitt der schnelle Achill ihm in diesem Rennen
auf Leben und Tod den Fluchtweg ab.

Auf beiden Seiten ließen die Kämpfenden die Waffen sin-
ken und starrten auf das erregende Schauspiel. Auch die
Götter im Olymp verfolgten mit Anteilnahme den Kampf.
Keiner von ihnen durfte helfend eingreifen, denn Hektors
Stunde war gekommen. Zeus selber nahm die goldene
Schicksalswaage zur Hand und legte zwei Todeslose hin-
ein. Da sank die Waagschale des troischen Helden tief zum
Schattenreich hinab.

Endlich stellte sich Hektor zum Streite. Er wollte mit
seinem Gegner einen ehrenvollen Entscheidungskampf
ausmachen, doch Achill fuhr ihn heftig an. »Nichts von
Verträgen!« schrie er. »Beschwört etwa der Wolf mit dem
Lamm einen Vertrag, ehe er es zerreißt?«

Da griff Hektor zur Lanze. Er zeigte sich des Rufes würdig, der ihn seit je den Tapfersten der Troer nannte.

Der göttlichen Kraft des Griechen aber mußte Hektor
erliegen. Als er, von Achills Lanze zu Tode getroffen, in den
Staub sank, umfingen ihn das Jubelgeschrei der Griechen
und die haßerfüllten Triumphworte des unversöhnlichen
Feindes. Sterbend bat er den Sieger: »Laß mich nicht den
Hunden zum Fraße liegen, edler Achilleus, sondern gib
mich meinen Eltern zurück, daß sie mich ehrenvoll bestatten!«

»Schweig und stirb!« herrschte Achill ihn an. »Kein Lösegeld wird hoch genug sein, dich freizukaufen!« Er kannte
kein Erbarmen mit dem gefallenen Gegner, in dem er den
Mörder seines Freundes sah.

In unmenschlichem Rachedurst band der grausame Sieger Hektors Leichnam an seinen Streitwagen und schleifte

ihn in wildem Jagen durch den Sand und Staub, rings um Trojas Mauern!

Welch ein Anblick war das für die greisen Eltern! Hekuba riß sich, wie von Sinnen in ihrem Mutterschmerz, den Schleier vom Haupte; Priamos ließ sich nur mit Mühe von seinen Getreuen zurückhalten, zum Tor hinauszustürzen, um der schimpflichen Behandlung des Gefallenen Einhalt zu gebieten.

Als letzte erfuhr Andromache das grausige Geschehen. Sie eilte auf die Mauer und – ein Blick offenbarte ihr das Entsetzliche: Vor ihren Augen wurde der geliebte Gatte von Achills Rossen durch den Sand geschleift. Dunkel umhüllte ihre Sinne, in tiefer Ohnmacht sank sie zu Boden.

Das Antlitz zur Erde gekehrt, lag Hektors Leiche unbestattet im Griechenlager, während Achilleus seinem toten Freund Patroklos eine prunkvolle Totenfeier rüsten ließ. Das ganze Heer gab dem Toten in feierlichem Zuge das Geleit bis zu dem gewaltigen Scheiterhaufen, der am Meeresstrand errichtet war. In goldener Urne setzte Achill die Asche des Freundes bei.

Auf die Bestattung folgten Leichenspiele zu Patroklos' Ehren, und in wildem, ingrimmigem Haß bestieg Achill sodann seinen Streitwagen und schleifte den toten Hektor dreimal um das frische Grab des Freundes.

In der Nacht erschien, mit reichen Lösegeschenken versehen, der greise Priamos im Zelte des Achilleus. Apollon hatte ihn durch ein Traumbild zu solchem Tun ermutigt, und der Götterbote Hermes hatte ihn sicher ins feindliche Lager geleitet. Von Gram gebeugt, warf sich der greise König vor dem Griechen auf die Knie.

»Edler Achilleus«, bat Priamos, »gedenke deines Vaters, der gealtert ist wie ich, vielleicht auch in Not und Bedrängnis wie ich. Doch immer noch bleibt ihm die Hoffnung, seinen geliebten Sohn wiederzusehen. Ich aber habe durch deine Hand den Sohn verloren, der mir nicht wiederkehrt!«

Achilleus wurde von dem Flehen des gebrochenen Greises so bewegt, daß er mit ihm Hektors Tod beweinte und Priamos' Bitte erfüllte. Während er den König gastfrei bewirtete, ließ er Hektors entstellte Leiche waschen, salben und in saubere Tücher betten.

»Zürne mir nicht, Patroklos«, bat er den gefallenen Freund, bevor er dem Priamos die Leiche zurückgab. Den Troern gewährte er Waffenruhe, damit sie ihren Helden ungestört bestatten könnten.

Unter dem Schutze des Hermes verließ König Priamos, unbemerkt von den Wachen, mit seiner kostbaren Last das griechische Lager. Neun Tage währte die Totenfeier für Hektor, den tapfersten Helden der Trojaner.

Nach dem Beschluß der Götter war es Achilleus bestimmt, bald nach Hektors Tode im Kampfe zu fallen. Nun sollte sich das Schicksal an ihm erfüllen. Denn obwohl Sohn einer Göttin, war Achilleus nicht unsterblich. Als Thetis ihn nach seiner Geburt ins Feuer des Hephaistos und ins Wasser des Styx eingetaucht hatte, um ihn unverwundbar zu machen, blieb die Ferse, an der die Göttin den Knaben gehalten hatte, von Feuer und Wasser unberührt. Daß Achilleus an dieser Stelle verwundbar war, blieb aber ein Geheimnis der Götter.

Immer erbitterter tobte der Kampf um Troja. Bis an die Stadttore trieb Achilleus die Feinde zurück, und schon schickte er sich an, die Doppelflügel des Skäischen Tores aus den Angeln zu heben, um seinen Kampfgenossen Eingang in die bewehrte Stadt zu erzwingen.

Nun konnte Phoibos Apollon nicht mehr müßig bleiben, da es um das Schicksal der von ihm beschützten Stadt ging. Den Köcher auf dem Rücken, stieg er vom Olympos herab, und unverhüllt trat er dem Rasenden entgegen: »Laß ab von den Troern! Und hüte dich, daß dich nicht einer der Unsterblichen vernichte!«

Achilleus jedoch ließ sich in seiner Kampfeswut nicht mehr zurückhalten. Er scheute sich nicht, den Gott zu schmähen, und bedrohte ihn gar mit dem Speer. Da wandte Phoibos Apollon sich zornig ab, und, in schützendem Gewölk verborgen, schoß er seinen unfehlbaren Pfeil auf Achills verwundbare Ferse. Der Held zog den Pfeil des unsichtbaren Schützen aus der tödlichen Wunde, noch einmal stürzte er sich ins Kampfgewühl und erschlug viele Feinde – doch dann verließ ihn die Kraft.

So sank der göttergleiche Achilleus, den kein Sterblicher hatte besiegen können, in den Staub. Nur mit Mühe bargen seine treuen Kampfgenossen, Ajax und Odysseus, die Leiche des toten Helden.

Tiefe Trauer herrschte im Griechenlager, unaufhörlich stieg das Klagegeschrei zum Himmel empor. Dann errichtete man einen Scheiterhaufen, wie er noch keinem Helden zuteil geworden war, schichtete um ihn die Beuterüstungen der Erschlagenen auf und tat unzählige Geschenke hinzu. Die Helden schnitten ihr Haar ab, auch die schöne Briseïs brachte ihrem Gebieter Locken von ihrem Haupthaar als Totenopfer.

Unter dem Wehklagen der Krieger schlug die verzehrende Flamme empor. Der Windgott fuhr in die aufgeschichteten Bäume und entzündete sie zu heller Glut.

Die Gebeine des Helden bargen die Waffenfreunde und senkten sie in ein Grab zur Seite seines Freundes Patroklos.

Das hölzerne Pferd

Seit Achilleus gefallen war, schwand den Griechen fast alle Hoffnung, die feindliche Stadt jemals zu bezwingen. Auch den lanzengewaltigen Ajax mußten sie betrauern, der sich, von Pallas Athene mit Wahnsinn geschlagen, selber das Leben nahm.

In den Reihen der Troer hatte Paris im Kampfe den Tod gefunden, doch neue Kämpfer erstanden: An Achilleus' Stelle trat sein junger Sohn Neoptolemos, und auf seiten der Verteidiger tat sich der göttliche Äneas immer strahlender durch seine Heldentaten hervor.

Noch war kein Ende des Krieges abzusehen. Tapfer schlugen die Troer von ihren hohen Mauern aus jeden Angriff zurück.

Da gab Kalchas, der Seher, den Griechen den Rat, klug zu sein wie der Sperber, der die Taube fängt, und so folgten sie dem Plane, den Odysseus, der listenreiche Sohn des Laërtes, ersonnen hatte: Sie erbauten ein kunstvolles, riesiges Pferd aus Fichtenholz und ließen die tapfersten Helden sich darin verbergen.

Die anderen Krieger brachen die Zelte ab, als ob sie zur Heimfahrt rüsteten, und segelten davon. Zurück blieb nur das hölzerne Pferd, das groß und einsam vor der Mauer Trojas stand.

Doch als die Flotte außer Sicht der Trojaner war, wandten die Griechen den Bug nach Süden und gingen im Schutze der kleinen Insel Tenedos vor Anker.

Von der Höhe ihrer Zinnen waren die Troer mit ungläubigem Staunen dem Aufbruch der Feinde gefolgt. Bedeutete er wirklich das Ende des unseligen Krieges?

Voll Freuden strömten sie zur Stadt hinaus. Kein Grieche

zeigte sich mehr ringsum. Sie schritten über den Platz, wo das Schiffslager der Feinde gestanden hatte, das zu erobern ihnen nie vergönnt gewesen war.

Doch was bedeutete das riesige Pferd, das sich schrecken-erregend auf dem Platze erhob?

»Schafft es in die Stadt und stellt es als Siegesdenkmal auf der Burg auf!« rieten die einen. »Wagt euch nicht an das unheimliche Geschenk der Achaier!« warnten die andern. Sie hielten es für das beste, das hölzerne Pferd zu verbren-nen oder ins Meer zu werfen.

Während man unschlüssig hin und her stritt, trat Lao-koon, der Priester Apollons, mitten unter das gaffende Volk. »Welcher Wahnsinn treibt euch, Mitbürger?« rief er laut. »Glaubt ihr denn wirklich, die Griechen seien auf und davon und ihre Gabe sei ehrlich gemeint? Kennt ihr den listenreichen Odysseus nicht besser? Was es auch sein mag, traut den Griechen nicht und nicht dem trügerischen Geschenk!«

Damit entriß er einem Krieger die Lanze und schleuderte sie wuchtig gegen den Bauch des Tieres. Zitternd blieb der Speer im Holze haften, und aus der Tiefe ertönte ein Wider-hall – wie von Waffengeklirr!

Aber die Trojaner beachteten die deutliche Warnung nicht!

In diesem Augenblick brachten Hirten einen Griechen herbei, den sie im Schilf des Skamandros aufgestöbert hat-ten, und schleppten ihn vor König Priamos. Flehend und unter Schluchzen streckte der Jüngling, der sich Sinon nannte, die Hände zum Himmel: »Weh mir, wohin soll ich Unglücklicher mich wenden? Die Griechen haben mich ausgestoßen, und die Trojaner werden mich erschlagen!«

Teilnehmend fragte man ihn nach seinem Schicksal und

hörte aus seinem Munde, daß die Griechen beschlossen hätten, ihn zu opfern, um sich glückliche Heimkehr zu sichern; doch es sei ihm gelungen, sich aus den Fesseln zu lösen und zu entfliehen. »In mein Vaterland und zu meinen Landsleuten kann ich nicht zurück«, schloß Sinon, »und von eurer Großmut hängt es ab, ob ich mein Leben verwirkt habe!«

Priamos sprach dem Griechen mit königlicher Milde Trost zu. »Wir werden dir Gastfreundschaft und Asyl gewähren«, sagte er, »wenn du uns das Geheimnis des hölzernen Pferdes offenbarst.«

Niemand ahnte, daß Sinons Erzählungen und Beteuerungen ein feingesponnenes Lügengewebe waren, mit dem er die Troer zu ihrem Verderben zu umstricken gedachte. Er scheute sich nicht, die Götter zu Zeugen anzurufen, daß es sich um ein Weihgeschenk für die Göttin Athene handele, mit dem die Griechen den Zorn ihrer Schutzgöttin versöhnen wollten.

»Seht die gewaltige Höhe des Tieres«, sagte Sinon, »sie soll euch Troer hindern, es durch die Tore in die Stadt zu schaffen, weil euch die Göttin alsdann ihren Schutz zuteil werden ließe. Doch wenn ihr dem Pferde Gewalt antut, so wird die Rache der Göttin eurer Stadt schreckliches Verderben bringen!«

So glaubhaft wußte der schlaue Grieche seine Worte zu setzen, daß niemand zögerte, ihm Vertrauen zu schenken. Am Ende nahmen die Götter, die Trojas Untergang beschlossen hatten, auch dem Ungläubigen den letzten Zweifel: Von der Insel Tenedos her kamen plötzlich in gewaltigen Windungen zwei Schlangen, die pfeilschnell dem Ufer zustrebten. Ihr Ziel war der Uferaltar des Poseidon, wo Laokoon mit seinen beiden Söhnen beim Opfer beschäftigt war. Sie schossen auf die Knaben zu, wanden sich um ihre Glieder und schlugen die Giftzähne in ihr Fleisch. Als nun der Vater, das Schwert in der Hand, den Söhnen zu Hilfe eilte, ergriffen die Schlangen auch ihn und ringelten sich um seinen Leib, daß er wehrlos ersticken mußte.

Schreckensbleich sahen die Trojaner die Schlangen in Pallas Athenes Tempel verschwinden. Jetzt bestand für sie kein Zweifel mehr, wie sie mit dem Pferde zu verfahren hätten. Sie rissen die Stadtmauern ein, setzten das mächtige Tier auf Rollen und zogen es im Triumph in die Stadt. Es gab ein Freudenfest, wie noch niemand es erlebt hatte. Überall gaben sich die Einwohner bei Schmaus und Gelage dem Jubel hin, überall erklangen Gesang und Saitenspiel, und als es auf Mitternacht ging, waren die Trojaner, von der unendlichen Freude und vom Weine berauscht, in tiefen Schlaf gesunken.

Nur die Seherin Kassandra, des Priamos Tochter, hatte an dem Jubel nicht Anteil. Ruhelos irrte sie durch die Gassen und verkündete drohendes Verderben. Vergeblich, niemand hörte und achtete in dem Freudentaumel auf ihre warnende Stimme!

Trojas Untergang

Sinon, der schlaue Späher, der mit den Troern geschmaust und getrunken hatte, bemerkte mit Genugtuung, daß niemand ringsum mehr bei wachen Sinnen war. Da erhob er sich vom Lager, auf dem er sich, Schlaf vortäuschend, ausgestreckt hatte, schlich vor das Tor und schwenkte weithin sichtbar eine Fackel durch die Nacht. So gab er den Schiffen hinter der Insel Tenedos das verabredete Zeichen. Dann löschte er das Feuer, schlich sich zum hölzernen Pferde hin und pochte, wie ihn Odysseus geheißen hatte, leise an die Flanke. Lautlos entstieg ein Held nach dem andern dem geräumigen Bauche. Behutsam nahmen sie ihre Lanzen auf, zogen ihre Schwerter und eilten in die unbewachte, schlafende Stadt. Überall in den Straßen entstand unter den berauschten und wehrlosen Trojanern ein gräßliches Gemetzel. In ihrem Rachedurst schonten die Griechen weder Mann noch Greis, weder Frau noch Kind. Feuerbrände fielen auf die Dächer, und bald loderte ringsum das Flammenmeer. Nun war auch die Griechenflotte wieder am Strande eingetroffen; ein unaufhaltsamer Strom des Verderbens wälzte sich durch die breite Mauerlücke, die die verblendeten Troer für das hölzerne Pferd gebrochen hatten, in die Stadt.

Jetzt wurde die Vernichtung vollendet. Leichen und Trümmer, Brandschutt und Sterbende füllten die Straßen, und wen von den Troern das schreckliche Morden am Leben ließ, dessen Klagen und Entsetzensschreie drangen schauerlich zum brandgeröteten Himmel empor.

Unter den erbarmungslosen Streichen des Neoptolemos fielen der greise Priamos, der vor Zeus' Altar auf den Knien lag. Hektors zarten Sohn Astyanax rissen rohe Krieger aus den Armen der Mutter, und in wildem Haß gegen Hektor und sein Geschlecht schleuderten sie ihn von der Höhe der Burg hinab. Die verzweifelte Andromache wurde gefesselt hinweggeführt.

Nur wenige entrannen dem schrecklichen Morden, und fast alle, die das Leben retteten, traf das harte Los der Sklaverei.

Unter den Flüchtlingen befand sich auch Äneas, der nach Hektor ruhmreichste trojanische Held. Ihm gelang es, eine

Anzahl von Schiffen zu bemannen und dem Untergang zu entkommen. Nach langer Irrfahrt erreichte er Karthago in Nordafrika, wo ihn die Königin Dido festzuhalten suchte, und von dort gelangte er schließlich nach Italien. Sein Sohn Askanius wurde der Stammvater des nachmals berühmten römischen Geschlechts der Julier.

König Menelaos hatte das Ziel seiner Wünsche erreicht: Endlich war der Raub Helenas, der der Anlaß zum Trojanischen Kriege gewesen war, gerächt. Glücklich kehrte er mit seiner Gattin, der er Verzeihung gewährte, in das heimatliche Sparta zurück.

Hoch erhob sich die Flammensäule über dem Trümmerhaufen, wo einst die herrliche Stadt Troja mit festen Mauern und Tempeln, mit prächtigen Palästen und Häusern gestanden hatte. Troja hatte aufgehört zu bestehen.

Das Schicksal Agamemnons und seines Hauses

Nachdem die Griechen nach zehnjährigem Kampf endlich Troja bezwungen hatten, steuerten sie, reich an Ruhm und Beute, der heimatlichen Küste zu. Aber vielen Helden brachte die Heimfahrt noch größere Leiden als der langandauernde Krieg, und anderen, wie Agamemnon, sollte die Rückkehr in die Heimat zum Verhängnis werden.

Seit Tantalos es gewagt hatte, mit den Göttern Spott zu treiben, lastete schwerer Fluch auf seinen Nachkommen. Pelops, der Sohn des Tantalos, hatte sich die schöne Hippodameia zur Frau genommen, nachdem er ihren Vater Myrtilos, einen Sohn des Hermes, getötet hatte. Die Rache, mit

der die Götter Pelops verfolgten, übertrug sich auf seine
Söhne Atreus und Thyestes: Bruderzwist und Verwand-
tenmord ließen den Fluch, der auf dem Geschlecht der Tantaliden lastete, sich immer von neuem erfüllen. Nur Aigisthos, der Sohn des Thyestes, überlebte das grauenvolle
Morden, bei dem sein Vater durch das Schwert Agamemnons den Tod gefunden hatte.

Als Agamemnon nun zum Kriege gegen Troja auszog,
hielt Aigisthos die Stunde seiner Rache für gekommen. Bei
Klytaimnestra fand er willige Unterstützung. Ihr Herz war
voll Rachsucht gegen den Gatten Agamemnon, der ihre
geliebte Tochter Iphigenie bei der Ausfahrt der Griechen
hatte opfern wollen.

Klytaimnestra verband sich treulos dem Aigisthos, und
dieser regierte im Namen der Königin das Reich. Auf die
Heimkehr des rechtmäßigen Königs und Gatten hatte das
frevelnde Paar sich wohl vorbereitet, und als Agamemnon
sich durch einen Herold anmelden ließ, schritt Klytaimnestra ihm mit heuchlerischer Freude entgegen, hieß ihn
willkommen und führte ihn, der noch nichts von der Treulosigkeit seiner Gattin wußte, freundlich in den Palast.

Nur Kassandra, des trojanischen Königs Priamos Tochter, die als Sklavin Agamemnons mitgeführt wurde, erkannte dank ihrer Sehergabe das Schicksal ihres Herrn, dem
sie das Leben verdankte: Sie war jedoch eher bereit, mit ihm
zu sterben, als ihre Warnung zu verkünden. Agamemnon
ahnte nicht die Arglist seiner Frau, betrat, von der Fahrt
ermüdet, das Bad, das man ihm bereitet hatte, und – wurde
dort, nackt und wehrlos wie er war, leicht überwältigt!
Aigisthos und Klytaimnestra warfen ihm ein Netz über
und töteten den Waffenlosen mit Dolchstößen. Auch Kassandra fand den Tod.

Offen bekannten sich jetzt die beiden Mörder zu ihrer Tat. Klytaimnestra erhob den Aigisthos zu ihrem rechtmäßigen Gemahl und stellte den Mord vor dem murrenden Volke gar als berechtigt hin.

Elektra aber, Agamemnons ernste und kluge Tochter, die schon während des Vaters langjähriger Abwesenheit schwer unter der Schande und dem verworfenen Treiben ihrer Mutter Klytaimnestra gelitten hatte, sah in ihrem noch unmündigen Bruder Orestes den künftigen Rächer der Ehre ihres Vaters. Ehe Aigisthos sich an dem Knaben vergreifen konnte, brachte sie ihn nach Phokis in Sicherheit, wo er von seinem Oheim Strophios, dem König des Landes, sorgsam erzogen wurde; wohlbehütet wuchs Orestes dort mit seinem Vetter Pylades auf.

Elektra, die von ihrer Mutter und dem herrischen Stiefvater die schmachvollste Behandlung erdulden mußte, hielt sich nur durch die Hoffnung aufrecht, daß Orest einst als Rächer erscheinen werde. Nachdem sie sich in langem vergeblichen Warten gequält hatte, erschien eines Tages ein Bote aus Phokis im Palast mit der niederschmetternden Nachricht, Orestes habe beim Wagenrennen den Tod gefunden!

Wie von schwerer Last befreit fühlte sich Klytaimnestra, die immer noch in der Furcht vor der Rache ihres Sohnes gelebt hatte, während Elektra all ihre Hoffnungen, des Vaters Tod zu rächen, zerbrochen sah. Weder sie noch die herzlose Mutter ahnte, daß die Todesnachricht falsch war.

Am Grabe des Vaters, wo Elektra in ihrem Gram um den Bruder Trost suchte, erlebte sie bald darauf die Wahrheit. Orestes stand eines Tages leibhaftig vor ihr! Er hatte aus List die Nachricht von seinem Tode verbreiten lassen, um nicht vorzeitig entdeckt zu werden.

Ungestüm drängte Orest mit seinem Freunde Pylades jetzt zur Rache: Klytaimnestra fand von der Hand ihres Sohnes den Tod, auch Aigisthos fiel wie ein Opfertier unter den Streichen des Rächers. Den Tod des Vaters hatte Orest jetzt zwar an den Mördern gerächt, zugleich aber klebte der Mutter Blut an seinen Händen, und alsbald erwachte in ihm das Grauen vor der eigenen furchtbaren Tat. Unerträglich wurde der Zwiespalt zwischen Rachepflicht und Kindesliebe, der ihm das Herz zerriß.

Der Muttermörder verfiel den Rachegöttinnen, den schrecklichen Erinnyen, die von den Griechen aus Furcht auch die Eumeniden, das heißt die »Gnädigen« oder »die uns gnädig sein mögen«, benannt wurden. Bei Tag und Nacht begleiteten sie den ruhelos Umherirrenden und peinigten sein Herz mit Gewissensbissen und quälender Reue.

So jagten die Erinnyen den unglücklichen Orestes von Land zu Land, flüsterten ihm unablässig seine entsetzliche Schuld ins Ohr und trieben ihn wie mit Geißeln auf, wenn er zusammenbrach.

Erst in Delphi, am Heiligtum des Apollon, der Orest zur Rachetat aufgefordert hatte, fand der Muttermörder kurze Zeit Ruhe.

Der Gott wies ihn zur Stadt seiner Schwester Pallas Athene, und dort in Athen empfing Orest den Urteilsspruch für seine Tat. Das Gericht, dem Apollon und Athene beiwohnten, sprach ihn frei, und Apollon selber gab ihm einen Auftrag zur völligen Entsühnung: Auf der taurischen Halbinsel, im Lande der Skythen, solle er aus dem Tempel der Artemis das Bildnis der Göttin rauben und nach Griechenland bringen.

Noch ahnte Orest nicht den tiefen Sinn der göttlichen Weisung. Dort im Lande der Barbaren, die Schiffbrüchige und Gestrandete ihrer Göttin zu opfern pflegten, lebte Iphigenie, seine Schwester, die einst beim Auszug der Griechen nach Troja der Artemis geopfert werden sollte und von der gütigen Göttin gerettet worden war, als Priesterin. Thoas, der König der Skythen, achtete ihre hohe Abkunft, das Volk aber verehrte sie wegen ihrer milden griechischen Sitten.

Als nun Orestes mit seinem treuen Freunde Pylades an der Küste von Tauris landete, wurde er entdeckt und vom König zum Opfer im Artemistempel bestimmt. Es gehörte zu den Pflichten Iphigenies, die für den Tod bestimmten Opfer der Göttin Artemis zu weihen.

Die priesterliche Jungfrau erkannte sogleich in den Fremden, die ihr zugeführt wurden, Landsleute aus der griechischen Heimat, und ihre Seele geriet in furchtbaren Zwiespalt. Orestes weigerte sich, seinen Namen zu nennen und von seiner Herkunft zu berichten. Erst als Iphigenie dem einen der beiden Fremden Leben und Freiheit versprach, wenn er einen Brief an ihren Bruder nach Mykene bringe, gab Orestes sich zu erkennen.

Nicht lange konnten sich die Geschwister der Freude des Wiedersehens hingeben, denn die Stunde des Opfers war bereits bestimmt.

Mit kühner List ersann Iphigenie nun einen Plan, der ihnen Rettung bringen sollte. Sie erklärte König Thoas, daß die Fremden durch Berührung das Götterbild besudelt hätten und daß es der Reinigung in der Meeresflut bedürfe. Da man die Priesterin mit den Gefangenen und dem Götterbild ungehindert zum Meeresstrand gehen ließ, konnten die Geschwister und Pylades auf das Schiff fliehen, mit dem die beiden Freunde eingetroffen waren.

Aber noch waren die Flüchtlinge nicht in Sicherheit. Der

Meeresgott Poseidon zeigte sich ihnen feindlich, und heftiger Sturm trieb das Schiff an das Gestade zurück. König Thoas war empört über den ihm angetanen Betrug. Er wollte seine Todesdrohung wahr machen und eilte an der Spitze des Volkes zum Strand. Da erschien ihm in einer lichten Wolke Pallas Athene und verkündete ihm den göttlichen Willen ihres Bruders Apollon: »Du, o Thoas, und du, Volk der Taurier, gönnt den Flüchtenden ihre Rettung und zürnt nicht!«

In ehrfürchtiger Scheu fügte sich der Barbarenkönig der Weisung, und wohlbehalten gelangten die Geschwister nach Athen. Dort stellten sie das Götterbildnis in einem Heiligtum auf, in dem Iphigenie fortan als Priesterin waltete. Es geschah, wie Athene verkündet hatte. Der grausige Fluch, der auf dem Geschlecht der Tantaliden gelastet hatte, war erloschen.

Viele Jahrzehnte herrschte Orestes in Weisheit und mit Tatkraft über Mykene, er eroberte noch Argos und gewann auch das Königreich Sparta durch die Heirat mit der schönen Hermione, der einzigen Tochter des Königs Menelaos und der Helena. Pylades, der Elektra heimgeführt hatte, war seinem Vater als König auf Phokis' Thron gefolgt.

Orestes wurde neunzig Jahre alt. Da regte sich der alte Fluch der Tantaliden noch einmal. Eine Schlange biß ihn in die Ferse, so daß er einen raschen Tod fand.

Die Heimkehr des Odysseus

Als der listenreiche Odysseus, dessen hölzernes Pferd die Stadt des Priamos zu Fall gebracht hatte, zur Heimkehr rüstete, ahnte er nicht, welch schweres Los die Götter ihm beschieden hatten. Seine Sehnsucht trieb ihn heim nach Ithaka, wo seine Frau, die schöne Penelope, mit ihrem jungen Sohne Telemachos auf ihn wartete.

Der Fahrtwind trug Odysseus und seine Gefährten jedoch zunächst zur Stadt der thrakischen Kikonen, wo die Griechen grausam wüteten, die Männer wurden erschlagen oder vertrieben und Frauen und Beute untereinander geteilt. Odysseus mahnte die Gefährten zwar, eilig das Land zu verlassen; aber verlockt durch die reichen Vorräte, folgten sie ihm nicht und schmausten am Gestade, bis die geflohenen Kikonen zurückkehrten und voller Rachedurst über sie herfielen. Nur mit Mühe und nach schweren Verlusten retteten sich die Griechen vor der Übermacht der Angreifer aufs Meer hinaus.

Die Griechen waren froh, der Gefahr entronnen zu sein, und segelten westwärts, der Heimat zu. Bald jedoch gerieten sie in einen Orkan aus Norden, in dem das Schiff ohnmächtig auf den Wellen hin und her geschleudert wurde. Endlich, am zehnten Tage, gelangten sie an die Küste der Lotophagen. Dieses gutmütige Völkchen, das glücklich und unbeschwert sein Dasein lebte, wie die Götter es ihm bestimmt hatten, kannte, wie schon sein Name besagt, als tägliche Speise nichts anderes als die Lotosfrucht, die süß wie Honig mundet. Für die Landfremden ist sie von eigentümlicher Wirkung: Wer von ihr genießt, der hat keinen anderen Wunsch, als ewig im Lande zu bleiben, und vergißt ganz die Heimreise.

Odysseus ging hier an Land, um sich mit frischem Wasser zu versorgen. Zwei seiner Gefährten, die er auf Kundschaft ausgesandt hatte, wurden von den Lotophagen
freundlich aufgenommen. Sie bekamen aber den Lotos zu
kosten, und die Frucht verfehlte ihre Wirkung nicht: Nur
mit Gewalt konnte Odysseus seine Gefährten auf die
Schiffe zurücktreiben. Er mußte sie im Schiffsraum festbinden; so groß war ihr Drang, in dem verlockenden Lande
wohnen zu bleiben.

Auf der weiteren Irrfahrt landeten die Griechen bald darauf an einer Insel, die dichtbewaldet und ganz unbewohnt
war. Ziegeninsel nannten Odysseus' Gefährten das Eiland;
denn Herden von wilden Ziegen grasten hier sorglos und
ohne alle Scheu vor lauernden Jägern. Von einer Nachbarinsel hörten die Heimkehrer jedoch Menschenlaute herüberklingen, und so machte sich Odysseus, von Abenteuerlust getrieben, mit zwölf ausgewählten Gefährten auf, die
Insel zu erkunden. Einen großen Schlauch köstlichen Weines nahm er mit, den der Priester der Kikonen ihm geschenkt hatte zum Dank, daß Odysseus sein Haus bei der
Plünderung verschont hatte.

Auf jener Insel hausten in Felshöhlen des Gebirges die
einäugigen Kyklopen. Sie kannten weder einen König noch
Gesetze und lebten von den Erträgen ihrer Schafherden.

Sorgsam verbarg Odysseus sein Schiff in einer geschützten Bucht und ging an Land, wo er von fern eine mächtige
Felsenhöhle, rings umbaut von einem Steinwall, erblickte.
Hier hauste der Kyklop Polyphem, ein Mann von riesiger
Gestalt, der mit niemand Umgang hatte und seine Ziegen
und Schafe auf weit entfernten Berghängen weidete. Er war
ein Sohn des Meergottes Poseidon; in den Armen des ungeschlachten Wesens lag soviel Kraft, daß er mit einem Felsen,

den ein Mensch auf vierrädrigem Karren nicht von der Stelle hätte ziehen können, ohne Mühe den Eingang seiner Höhle versperren konnte.

Odysseus ahnte noch nichts von der frevlerischen, hinterhältigen Gesinnung des Kyklopen, als er mit seinen Gefährten die offene Höhle betrat, deren Herr mit seinen Schafen noch auf der Weide war. Wunderlich erschien den Seefahrern der Anblick der Ställe, die voll von Jungtieren waren. Dort standen Körbe und Kübel mit Käse und Milch, die Gefäße für die Zubereitung und Eimer zum Melken.

Unbesorgt setzten sich die griechischen Männer nieder, entzündeten ein Opferfeuer und verzehrten, um ihren Hunger zu stillen, ein paar Käse. Als am Abend der ungefüge Kyklop mit seiner Herde am Eingang der Höhle erschien, sah er die ungebetenen Gäste nicht sogleich. Er ließ eine gewaltige Last trockenen Scheiterholzes auf den Boden fallen, so daß die Griechen angesichts solcher Kraft in den innersten Winkel der Höhle flüchteten. Dann trieb er seine Tiere hinein und versperrte den Höhleneingang mit dem mächtigen Felsblock.

Unbemerkt sahen Odysseus und seine Gefährten, die sich zu ihrem Entsetzen jetzt in der Gewalt des Kyklopen wußten, eine Weile zu, wie Polyphem seine Tiere melkte, die Milch verarbeitete und Feuer entzündete. Da entdeckte er im Schein der Flammen plötzlich voller Überraschung die Griechen.

»He, ihr Fremdlinge, wer seid ihr?« rief er sie mit Donnerstimme an. »Woher kommt ihr über das Meer gefahren? Seid ihr Seeräuber, oder was treibt ihr?«

»Griechen sind wir, die von Troja kommen«, entgegnete der kühne Odysseus, berichtete von seinem Unglück und bat für sich und seine Gefährten um gastfreundliche Aufnahme.

Statt aller Antwort packte der Kyklop zwei der Griechen, zerschmetterte sie an der Felsmauer wie junge Hunde und – fraß sich an ihnen satt. Unbekümmert hörte er das Klagegeschrei der Männer und ihre Gebete zu Zeus. Dann schlürfte er einen Kübel voll Milch zu der widerwärtigen Mahlzeit und legte sich zum Schlafe nieder.

Odysseus zog das Schwert, um den schnarchenden Unhold zu töten. Doch sogleich besann er sich eines Besseren. Wer würde den Felsblock von dem Höhleneingang wälzen, wenn der ungeschlachte Kraftmensch tot wäre? Mit seinem Anschlag hätte Odysseus sich und seine Gefährten zu elendem Hungertode verurteilt.

Als der Morgen dämmerte, erlebten sie von neuem die scheußliche Grausamkeit des Kyklopen. Wieder ging er an seine üblichen Verrichtungen, zerriß dann zwei der Gefährten und verspeiste sie mit tierischem Behagen. Hierauf schob er mühelos den Stein vom Eingang, trieb die Herde hinaus und verrammelte die Höhle.

Nur ein klug ersonnener Anschlag konnte noch die Eingeschlossenen retten. Den ganzen Tag über schmiedeten die Griechen Pläne, wie sie sich befreien könnten. Schließlich kam Odysseus ein Gedanke, der ausführbar schien. Er nahm die gewaltige Keule des Kyklopen aus grünem Olivenholz, die lang und dick war wie ein Mastbaum, hieb einen Teil von ihr ab und spitzte sie mit Hilfe der Gefährten an. Dann härteten sie die geglättete Spitze im Feuer und verbargen die Waffe sorgfältig unter dem Mist, der den Boden der Höhle bedeckte.

Am Abend erschien der Kyklop, trieb die Herde hinein und verschloß sorgfältig den Zugang; er melkte die Tiere und stellte die Milch beiseite, packte zwei der Gefährten, tötete sie und sättigte sich.

Da goß Odysseus den Wein aus dem Schlauch in einen Holzkrug und bot ihn dem Kyklopen an. Schmunzelnd trank Polyphem und ließ sich noch einmal einschenken. »Nenne mir doch deinen Namen«, sagte er, »damit auch ich dir ein Gastgeschenk machen kann!«

Odysseus schenkte ihm dreimal voll, und mit Behagen schlürfte der dumme Kyklop. Schon sah Odysseus, wie sich ihm die Sinne umnebelten. »Meinen Namen begehrst du zu wissen?« sprach er. »So höre: Niemand heiße ich, und Niemand nennen mich Vater und Mutter. – Nun aber gib mir auch dein Gastgeschenk, wie du es versprochen hast!«

»Es sei«, versetzte der Unhold in grausamem Hohn; schon begann er in seiner Trunkenheit zu lallen: »Niemand soll der letzte sein, den ich von euch allen verzehre. Das sei mein Gastgeschenk für dich!« Damit taumelte er rücklings nieder und fiel in tiefen Schlaf.

Jetzt war die Stunde der Rettung gekommen. Sogleich holte Odysseus den vorbereiteten Pfahl aus dem Versteck hervor, glühte die Spitze noch einmal im Feuer und rief seine Gefährten auf. Ein Gott gab ihnen Mut zu dem kühnen Wagestück. Alle packten zu, und im Nu bohrten sie dem Schlafenden den glühenden Pfahl ins Auge. Mit aller Kraft drückten und drehten sie ihn tief hinein, daß dessen einziges Auge zischend auslief.

Mit entsetzlichem Geschrei fuhr der Riese empor, während die Griechen in den Winkeln der Höhle Schutz suchten. Betäubt von Schmerz, riß Polyphem den Pfahl aus dem Auge und schleuderte ihn, tobend wie ein Wahnsinniger, gegen die Felswand.

Vor der Höhle sammelten sich die anderen Kyklopen,

die das Gebrüll des Rasenden herbeigelockt hatte. »Was ist dir denn geschehen, Polyphem«, riefen sie, »daß du uns aus dem Schlafe schreckst?«

»Wehe«, schrie der Kyklop. »Wehe! Niemand tötet mich! Niemand tut es mit hinterhältiger List!«

»Wenn niemand dir Gewalt antut«, versetzten die anderen ungerührt, »so werden wir dir nicht helfen können. Gegen solche Krankheiten mag höchstens dein göttlicher Vater, der Meeresbeherrscher Poseidon, ein Heilmittel wissen.« Damit entfernten sie sich lachend.

Wie froh war Odysseus, daß seine List die Kyklopen getäuscht hatte! Aber immer noch drohte den Eingeschlossenen Gefahr. Sie mußten das wütende Suchen des Geblendeten überstehen, der in allen Winkeln blindlings herumtappte, um die Griechen zu entdecken. Beim Morgengrauen setzte sich der Kyklop vor den Höhleneingang, schob den Stein halb zur Seite und tastete unbeholfen mit seinen Händen umher, damit die Griechen nicht zugleich mit den Tieren hinausschlichen.

Indessen hatte er nicht mit der Klugheit des Odysseus gerechnet. Dieser wählte unter den Böcken immer drei und drei mit dickbuschiger Wolle aus, band sie mit Weidenruten zusammen und ließ von dem mittleren jeweils einen der Gefährten, der sich an der Wolle des Bauches festhielt, hinaustragen. Einen besonders starken Widder mit wolligem Fell behielt Odysseus für sich zurück.

Sorgfältig betastete der ungefüge Kyklop jeden Tierrücken. Doch glücklich gelangten die Gefährten aus ihrem Versteck und nach ihnen auch Odysseus unter dem Bauch des starken Widders an ihm vorbei ins Freie. Polyphem streichelte das Tier, das Odysseus trug, klagte ihm tiefbetrübt sein Leid und ahnte dabei nicht die Nähe seines Feindes.

Sorgfältig verschloß er die Höhle, in der er die Griechen gefangen wähnte.

Diese waren unterdessen bereits mit den geraubten Tieren ans Ufer geeilt und stießen bald darauf vom Lande ab. »Heda, Kyklop!« rief Odysseus zur Insel hinüber. »Merkst du nun, daß du in Odysseus einen ebenbürtigen Gegner gefunden hast? Dich hat die Strafe des richtenden Zeus und der anderen Götter getroffen!«

In rasendem Zorn packte der Riese ein gewaltiges Felsstück und schleuderte es in die Richtung, aus der die Stimme zu ihm herüberklang. Er hatte gut gezielt, denn der Block fiel dicht an der Wand des Schiffes nieder, daß es im Wogenschwall schwankte, und fast hätte die Brandung es an den Strand geworfen. Mit allen Kräften ruderten die Griechen aufs Meer hinaus und entkamen endlich auf die Ziegeninsel, wo die übrigen Gefährten schon in Sorge warteten.

Neue wundersame Abenteuer hatten die Heimkehrer zu bestehen. Kurze Zeit nach dem Erlebnis mit Polyphem gelangten sie wieder zu einer einsamen Insel. Sie gingen an Land, und Eurylochos führte einen Teil der Gefährten zu einem Haus, aus dem man vom Ufer her Rauch aufsteigen sah. Dabei mußten sich die Griechen sehr über die Menge der fremden Tiere wundern, die ihnen in Rudeln begegneten.

Es war das Reich der Kirke, einer Tochter des Sonnengottes. Sie besaß die verderbliche Kraft, Kräuter zu kochen, deren Genuß die Menschen in Tiergestalt verwandelte. Auch die Griechen entgingen diesem Schicksal nicht. Nur Eurylochos rettete sich vor dem Zauber der verführerischen Göttin. Mit Grauen meldete er Odysseus, daß alle seine Begleiter in Schweine verwandelt seien.

Das Schwert in der Faust, machte Odysseus sich sogleich

auf den Weg, um sie zu befreien. Unterwegs begegnete ihm
Hermes, der Götterbote, und warnte ihn vor den Ränken
der Göttin. Der Beschützer aller Wanderer und Seefahrer
gab ihm ein Mittel, das Kirkes Zaubertrank unwirksam
machen sollte. Die arglistige Kirke, die Odysseus freundlich aufnahm, sah mit unverhohlener Schadenfreude, wie
Odysseus die ihm dargebotene Speise genoß; aber heimlich
hatte er sein Gegenmittel beigemischt. Plötzlich berührte
ihn Kirke mit ihrem Zauberstab und sprach: »So wandere
nun auch du in den Schweinekoben zu deinen Freunden!«
Wie bestürzt war sie, als der Zauber nicht wirkte! Odysseus
trat ihr mit gezücktem Schwerte entgegen, bis sie voller
Angst vor ihm niederfiel und flehend seine Knie umfaßte.
Erst als sie einen heiligen Eid schwur, die Gefährten
in menschliche Gestalt zurückzuverwandeln, schenkte
Odysseus ihr Vertrauen und gab sie frei.

Von nun an lebten die Heimkehrer als Kirkes Gäste auf
der Insel und erholten sich bald von allen Mühen der Seefahrt, und so angenehm wußte die schöne Göttin den Helden den Aufenthalt zu bereiten, daß sie ein ganzes Jahr dort
verweilten.

Als die Gefährten endlich von Heimweh getrieben zur
Abfahrt drängten, bat Odysseus die Göttin um Entlassung.
Sie willigte schweren Herzens ein, versah die Seefahrer
reichlich mit Speise und Trank und gab ihnen gute Rat-
schläge mit auf den Weg.

Gefährliche Abenteuer standen den Helden noch bevor.
Ihr Weg führte sie zunächst auf Kirkes Geheiß in die Unterwelt der abgeschiedenen Seelen, wo der Thebaner Teiresias,
dem durch Persephones Gunst auch im Tode die Sehergabe
verblieben war, Odysseus die Zukunft enthüllte: »Die
glückliche Heimfahrt, die du so sehnlich wünschest, wird

ein Gott dir erschweren, und du kannst dich seiner Hand nicht entziehen. Weißt du nicht, wie tief du Poseidon verletzt hast, da du seinem Sohne Polyphem das Auge blendetest? Doch alles wird dir, wenn auch unter unsäglichen Mühen, gelingen, sofern du auf der Insel Thrinakia die Stiere des Helios unangetastet läßt. Hüte dich, auch nur einen von ihnen zu töten!«

Nachdem Odysseus noch mit den Seelen der alten Kampfgefährten Zwiesprache gehalten und auch Agamemnons trauriges Geschick erfahren hatte, kehrte er mit seinen Genossen zu den Schiffen zurück. Bald darauf hatten die Seefahrer die Gefahr der Sirenen zu bestehen, die die Vorüberfahrenden mit verführerischem Zaubergesang ins Verderben locken. Als Odysseus sie nahe wußte, folgte er Kirkes Rat: Mit dem Wachs, das sie ihm mitgegeben, verklebte er den Gefährten die Ohren; sich selber aber ließ er an den Mastbaum binden.

»Wenn ich euch bitte, mich loszubinden, so verdoppelt die Stricke«, gebot er den Gefährten. So ruderten sie den Sirenen entgegen. Und wirklich, die sangeskundigen Nymphen, wunderbar verlockende Mädchengestalten, streckten vom Ufer her verlangend die Arme nach ihnen aus, und so lieblich klangen ihre Weisen, daß Odysseus ihrem Zauber zu erliegen drohte. »Bindet mich los!« gab er den Gefährten zu verstehen, die mit den wachsverklebten Ohren nichts von dem Gesange vernahmen. Da banden sie ihn doppelt fest, und erst als der zauberische Klang weit hinter ihnen verhallt war, lösten sie seine Fesseln.

Bald nach der Begegnung mit den Sirenen bemerkten die Seefahrer von ferne Wasserstaub und eine mächtige Brandung. Das war eine Meerenge mit der Charybdis, dem unter einem Felsen dreimal täglich hervorquellenden Strudel, der jedes Schiff, das ihm zu nahe kam, in die Tiefe riß. Wer aber zum gegenüberliegenden Felsen hin ausweichen wollte, der geriet in den Bereich der Skylla, die mit sechs langen Hälsen und Köpfen und riesigen Fangarmen schon viele der Vorübersegelnden verschlungen hatte.

»Rudert so schnell wie möglich und mit aller Kraft!« befahl Odysseus den Gefährten, als sie die schroffe Felsenge gewahrten. »Und du, Steuermann«, fügte er hinzu, »halte das Schiff auf der rechten Seite!«

Von der schrecklichen Skylla sagte er nichts, denn sonst hätten sich die Ruderer wohl alle im Schiffsraum verkrochen. In jeder Faust einen Speer, so stand Odysseus auf dem Deck des Schiffs und starrte in Todesangst in den immer enger werdenden Meeresschlund hinab. Schon war der Strudel der Charybdis glücklich umschifft, da tönte plötzlich Wehgeschrei zu ihm herüber – das Ungeheuer der Skylla zerrte mit seinen Fangarmen sechs der Ruderer in die Luft, so wie ein Fischer seine zappelnde Beute an der Angel hinaufschwingt. Ohnmächtig mußte Odysseus den schrecklichen Tod seiner besten Gefährten dulden; denn er mußte das Schiff vorantreiben, um weiterem Unglück zu entgehen.

Nachdem die Griechen Schrecken und Trauer überwunden hatten, sichteten sie die herrliche Insel Thrinakia, und schon von ferne hörten sie das Gebrüll der heiligen Rinder des Sonnengottes Helios. Vergeblich bat Odysseus die Freunde, an dieser Insel vorüberzufahren: »Laßt uns der Versuchung widerstehen, denn an dieser Insel hängt unser Schicksal!« Als sie schworen, die geweihten Tiere nicht zu berühren, ließ sich Odysseus betören, mit ihnen für eine kurze Rast an Land zu gehen. Doch dann blieb günstiger

Fahrtwind lange Zeit aus, und es stellte sich nagender Hunger ein. Da erwachte in den Gefährten die böse Begierde; sie brachen den Schwur und töteten heimlich die besten Rinder.

Odysseus drängte darauf, eilig die Insel zu verlassen. Aber noch nicht lange waren sie wieder auf hoher See, da erhob sich ein schweres Unwetter, in dem das Schiff, von einem Blitzschlag getroffen, zerbarst und in den Fluten versank. Einzig Odysseus rettete sich, auf dem zerbrochenen Maste reitend, aus dem Verderben.

Nach neun Tagen gelangte er, mit den bloßen Händen rudernd und vom Winde getrieben, zu einer Insel. Es war die Wohnstätte der Nymphe Kalypso, die den Schiffbrüchigen freundlich aufnahm und ihn pflegte. Neun Jahre verbrachte Odysseus bei der göttlichen Kalypso, die ihn zum Gemahl begehrte.

So brach das zwanzigste Jahr an, seit Odysseus die Heimat und Frau und Kind verlassen hatte. Wenn auch Poseidon ihm unerbittlich zürnte, so hatten doch die Götter Mitleid mit dem so lange von der Heimat Getrennten, und als der Meeresgott einst nicht anwesend war im Rate der Götter, erhob Athene für ihren Schützling Odysseus die Stimme und bat um Hilfe für den Armen, der seit so vielen Jahren, trotz seiner Sehnsucht nach Weib und Kind, von der Nymphe Kalypso gefangen gehalten werde. Zeus ließ sich schließlich durch Athenes Bitte bewegen, Hermes mit einer Botschaft zur Insel der Kalypso zu senden.

Hermes fand die Nymphe auf der üppigen Insel in ihrer Grotte; Odysseus aber saß, wie er es Tag für Tag zu tun pflegte, einsam am Gestade und blickte in tiefem Gram über das Meer hinaus, dorthin, wo Ithaka, seine Heimat, liegen mußte.

Odysseus wollte es kaum glauben, als Kalypso zu ihm trat und ihm auf des Gottes Befehl die Freiheit schenkte. »Nicht länger will ich dich gegen deinen Willen halten, edler Odysseus«, sagte sie freundlich. »Ein Schiff kann ich dir nicht geben, doch zimmere dir ein Floß, so werde ich dich für die Reise ausstatten und dir guten Fahrtwind geben. Mögen dann die Götter dich glücklich in die Heimat geleiten!«

Eifrig ging Odysseus an die Arbeit, baute ein großes Floß mit Segelmast und Steuerruder und vertraute sich dem Meere an. Schnell trug ihn der Wind dahin, und schon war er der Heimat nahe, da gewahrte Poseidon, der auf dem Wege zum Olymp war, den verhaßten Feind auf der Meeresflut. Sogleich peitschte er mit seinem Dreizack die Wogen und ließ die See rasen, daß Odysseus den Tod vor Augen sah. Wie glücklich pries er die Gefährten, die vor Trojas Mauern einen schnellen Tod gefunden hatten! Plötzlich riß ihn eine gewaltige Woge vom Floß herab und schleuderte ihn ins Meer.

Schwimmend erreichte der Held mit letzter Kraft wieder das Floß, schwang sich hinauf – da zerschmetterte Poseidon mit einer gewaltigen Woge das Fahrzeug. Odysseus, der sich seines nassen Gewandes noch entledigen konnte, stürzte ins Meer. Als Poseidon den Schiffbrüchigen seinem Schicksal überließ, trugen die Wogen ihn an ein Gestade, an dem er in tiefer Erschöpfung niedersank.

Es war die Insel Scheria, auf der Odysseus Rettung fand; im dichten Unterholz des nahen Waldes suchte er Schutz gegen die kalte Meeresluft. Das Volk der Phäaken bewohnte die reiche und fruchtbare Insel.

Die Göttin Athene gab es der schönen Königstochter
Nausikaa im Traum ein, mit ihren Freundinnen zum
Meeresstrande hinauszufahren, um die Wäsche des Königshofes zu waschen. Fleißig verrichteten die Mädchen
ihre Arbeiten, setzten sich sodann zum Essen und beschlossen den Tag mit fröhlichem Tanz und Ballspiel am
Strande.

Da geschah es, daß der Ball sein Ziel verfehlte und ins
Wasser fiel. Der Lärm, mit dem die Mädchen das Mißgeschick begleiteten, drang an das Ohr des Mannes, der
sich in der Nähe des Spielplatzes dem Schlafe hingegeben
hatte. Odysseus erwachte, erhob sich und trat, seine
Blöße mit einem dichtbelaubten Zweig deckend, aus dem
Gebüsch hervor.

Die Mädchen schrien vor Entsetzen, als sie den von
Meeresschlamm beschmutzten, bärtigen Mann bemerkten. Sie glaubten, ein Meeresungeheuer vor sich zu haben,
und liefen verstört davon. Nur die Königstochter Nausikaa blieb stehen und betrachtete halb neugierig, halb
furchtsam, den Fremden. Odysseus fürchtete, sie zu erschrecken; deshalb redete er das schöne Mädchen ehrerbietig von ferne an. Er bat Nausikaa, dem armen Schiffbrüchigen ein Kleid zu schenken und ihm den Weg zu
Menschenwohnungen zu zeigen.

Die liebliche Königstochter nannte dem Fremdling
ihren Namen Nausikaa und den ihres Vaters Alkinoos,
der das friedliebende Volk der Phäaken beherrsche.
Nachdem Odysseus gebadet und die Kleider, die Nausikaa ihm gab, angelegt hatte, folgte er den heimkehrenden
Mädchen, die ihn mit heimlichem Staunen betrachteten,
in die Stadt und stand schließlich vor dem prächtigen
Königspalast, der inmitten ansehnlicher Gärten lag. Nur

zaghaft betrat er den Festsaal, wo die vornehmsten Phäaken beim Mahle versammelt waren.

Alle blickten erstaunt auf den Fremden, der sich flehend vor der Königin neigte und sich dann bescheiden neben das Herdfeuer setzte. Sogleich ließ König Alkinoos ihn zur Tafel führen und ihm gastfrei Willkommenstrunk und Speise reichen.

Der leidgeprüfte Odysseus wurde fröhlich gestimmt, als das gütige Königspaar versprach, ihn zu Schiff in seine Heimat zurückzuführen. »Vater Zeus«, betete er zum Höchsten der Götter, »gib du, daß König Alkinoos alles vollende, was er mir verheißt! Laß mich endlich meine Heimat wiedersehen!«

Seinen Namen aber hatte Odysseus nach gebotener Sitte dem gastfreien Phäakenkönig nicht genannt.

Am nächsten Tage führte Alkinoos ihn mit in die Versammlung auf dem Marktplatz, und das Volk erklärte sich gern bereit, den Fremden auf einem guten Schiff in seine Heimat zu geleiten.

Nun füllten sich Höfe und Hallen zu fröhlichem Mahle, man aß und trank und freute sich an den Liedern des Sängers, der vom Heldenkampf der Griechen vor Troja kündete, und nach dem Mahle maßen sich die jungen Männer im Wettkampf auf der Sandbahn.

Odysseus lehnte es ab, sich an den Kämpfen zu beteiligen. »Mein Sinn ist nicht auf Kampfspiel, sondern auf Heimkehr gerichtet«, sagte er traurig. Da meinte einer der jungen Wettkämpfer, den unbekannten Fremdling verhöhnen zu dürfen. »Ein Held scheint er mir nicht zu sein«, rief er spottend, »vielleicht ist er ein reisender Handelsmann, der um Gewinnes willen sich aufs Meer hinausgewagt hat!«

Odysseus blickte finster bei dieser Schmähung. Dann nahm er einen Diskus, größer und schwerer als die, mit denen die Jünglinge geworfen hatten, schwang ihn im Kreise und ließ ihn durch die Luft sausen, daß er weit über die Zeichen der besten Kämpfer hinaus niederfiel. »Auch zu jedem andern Wettkampf bin ich bereit«, rief er unmutig. Alle schwiegen in Bewunderung, und niemand wagte, die Herausforderung anzunehmen, nachdem der Fremde seine Überlegenheit mit der Wurfscheibe gezeigt hatte.

Wohlgefällig schaute nun Odysseus den Jünglingen zu, die auf Alkinoos' Geheiß ihre Tänze vorführten. »Nie habe ich junge Menschen schöner tanzen sehen als hier bei euch im Phäakenlande«, bekannte er. Dann lauschte man den Liedern des blinden Sängers, der wieder zum Klange seiner Lyra von den Taten der Griechen erzählte. Er besang auch den klugen Ratgeber Odysseus, der mit der List des hölzernen Pferdes den Griechen zum Siege verholfen hatte.

Mit innigster Rührung vernahm Odysseus das Lob seiner eigenen Taten. Keiner der Phäaken ahnte, daß der Held, dessen Ruhm hier im Liede erklang, mitten unter ihnen weilte. Er barg sein Haupt in seinem Mantel und vergoß heimliche Tränen.

Alkinoos bemerkte es. »Mach ein Ende mit deinem Liede«, rief er dem Sänger zu, »denn es scheint nicht allen Freude zu bereiten! Unser Gast hört nicht auf, seinem Grame nachzuhängen, seit der Gesang erklingt! – Sage uns jetzt, Fremdling«, wandte sich der König an Odysseus, »was uns zu wissen ziemt! Nenne uns deinen Namen! Wie heißest du, wer sind deine Eltern, und aus welchem Lande stammst du?« Alle saßen in stummer Erwartung und blickten auf den Gefragten.

»Glaube doch ja nicht, edler Alkinoos, daß mir der Sänger keine Freude bereitet!« erwiderte Odysseus. »Ihr lieben Gastfreunde fragt mich jetzt nach meinem Namen und nach meinem Schicksal. So wisset: Ich bin Odysseus von Ithaka, des Laërtes Sohn, dessen Taten der Sänger verkündet hat.«

Mit Überraschung und Staunen blickten die Phäaken auf den Helden. »Zum erstenmal beklage ich den Verlust meiner Augen«, rief der Sänger, »weil ich den Mann nicht leibhaftig sehen kann, dessen herrlichen Tatenruhm ich so oft besungen habe!«

Die Halle klang wider von Jubel und Heilruf; alle umdrängten voll Bewunderung den hochberühmten Helden.

Lange saß Odysseus im Kreise der Festversammlung und erzählte den atemlos lauschenden Phäaken von seinen wundersamen Abenteuern und von den Leiden, die er hatte erdulden müssen, seit er mit seinen Gefährten Trojas Strand verlassen hatte. –

Am frühen Morgen bestieg Odysseus das Schiff, das ihn in die Heimat führen sollte. Reich beschenkt schied er von den gastfreundlichen Phäaken. Leicht wie ein Vogel glitt das Schiff über die unbewegte Meeresflut, und als es am nächsten Morgen Ithakas Küste berührte, lag der göttliche Dulder, für den ein weiches Lager auf dem Hinterdeck ausgebreitet worden war, in tiefem Schlummer.

Behutsam, um seinen Schlaf nicht zu stören, nahmen die Ruderer die Zipfel seiner Decke auf, trugen den Helden an Land und betteten ihn sanft im Schatten eines Baumes. Die Geschenke stellten sie neben ihn. Dann wandten sie den Schiffsbug zur phäakischen Küste und ruderten heimwärts.

Trüber Nebel lag über der Insel, als Odysseus nach langem Schlafe erwachte. Der Arme erkannte die Heimat nicht wieder, Bäume und Felsen schienen ihm fremd, und er fragte sich verzweifelt, wo er wohl sein mochte. Da erschien ihm Athene, seine Schutzgöttin, und sprach ihm Trost zu: »Du bist am Ende deiner Irrfahrten, edler Odysseus«, sagte sie freundlich, »denn du stehst auf dem Boden deiner Heimat Ithaka.«

Die Göttin gebot ihm, vorsichtig zu Werke zu gehen, um seinen Besitz zurückzuerlangen. »Niemand darf etwas von deiner Rückkehr erfahren«, sagte sie; »denn die Freier, die deine Frau Penelope bedrängen, sind mehr als hundert an der Zahl. Du mußt in Erfahrung bringen, auf wessen Freundschaft du bauen darfst, und du mußt dir eine Anzahl zuverlässiger Helfer sichern.«

Mit ihrer göttlichen Zauberkraft verwandelte Athene den Helden in einen armseligen, in Lumpen gekleideten Bettler; unkenntlich gemacht, sollte Odysseus leichter alle Vorbereitungen treffen können, um sein Ziel zu erreichen.

Auf Athenes Geheiß suchte er zunächst den Sauhirten Eumaios auf, der seinem verschollenen Herrn die Treue hielt und die anmaßenden Freier haßte. Der biedere Eumaios ahnte nicht, wem er seine Gastfreundschaft erwies, als er den armen Bettler in seiner Hütte aufnahm. Hier begegnete Odysseus auch Telemach, seinem Sohn, den er volle zwanzig Jahre nicht gesehen hatte. Wie glücklich war der Vater über den Sohn, der zu einem blühenden Jüngling herangewachsen war!

Athene erschien an der Pforte des Gehöftes, winkte Odysseus zu sich und verwandelte ihn zurück in seine eigene kraftvolle Gestalt. Angetan mit einem kostbaren Mantel,

stand Odysseus plötzlich vor dem Sohne, der ihn in ängst-
lichem Staunen für einen Gott hielt.

»Nein, ich bin kein Gott«, rief Odysseus in tiefer Rührung, »ich bin dein Vater, um den ihr solange habt trauern
müssen!« Da erst wagte Telemach, den geliebten Vater
unter heißen Freudentränen innig zu umarmen.

Nun galt es, den Plan der Vergeltung zu schmieden. Als
Bettler wollte Odysseus seinen Palast betreten und alle
Kränkungen der Freier geduldig ertragen. Telemach sollte
niemandem von des Vaters Rückkehr berichten und alles
für die Befreiung vorbereiten.

Um Odysseus nicht zu verraten, gab Athene dem Heimgekehrten die armselige Bettlergestalt wieder zurück; so erfuhr auch der gute Sauhirt nicht, was sich vor seiner Hütte
zugetragen hatte.

Als Odysseus tags darauf vor seinem Königspalast stand,
lauschte er lange dem festlichen Lärm der übermütigen
Gäste. Neben dem Hause, auf dem Mist, ruhte sein alter
Hund Argos, der ihn vor vielen Jahren auf mancher frohen
Jagd begleitet hatte. Das treue Tier erkannte Odysseus,
wedelte mit dem Schweife und mühte sich, seinem Herrn
nahe zu kommen. Doch seine Lebenskraft erlosch bei diesem letzten Beweis der Treue. Odysseus, den die Rührung
übermannte, wandte sich ab und trat ins Haus.

Mit welchen Gefühlen schritt der Held in der zerlumpten
Bettlertracht durch die Räume, in denen er einst als König
gelebt hatte! Um ein Stück Brot bittend, stand er vor den
Freiern. Er wollte prüfen, ob nicht wenigstens einer sich
freigebig und edelmütig zeigen werde; doch er erntete
nichts als kränkenden Schimpf. Bis in den Abend dauerte
das lärmende Treiben, das Zechen und Prassen der frechen
Eindringlinge. Odysseus aber sann auf Rache.

Als die Freier endlich gegangen waren, trug Telemach alle Waffen aus dem Saale in eine entlegene Kammer. Athene selber hielt die goldene Lampe empor, und Telemach verwunderte sich, wie die Wände des Saales, die fichtenen Balken, die schönen Gesimse und ragenden Säulen im Feuerschein erglänzten. Auch Penelope, die sich tagsüber vor den Freiern verborgen hatte, trat jetzt in den Saal, setzte sich in ihren elfenbeinernen Sessel und ließ sich von dem fremden Bettler, der ihr seltsam vertraut war, von seinen Fahrten berichten. Doch sie erkannte den eigenen Gemahl in der entstellenden Verwandlung nicht.

»Tröste dich, o Königin«, sagte Odysseus, »dein Gatte wird zurückkommen, noch ehe der neue Mond erscheint.«

Jetzt rief Penelope die treue Verwalterin ihres Haushalts, Eurykleia, herbei. »Wasche unserm fremden Gast die Füße«, gebot sie ihr; »er ist müde vom Staube des Weges.«

Die Alte goß frisches Wasser ins Becken und heißes dazu und begann, Odysseus die Füße zu waschen. Plötzlich stutzte sie und starrte auf eine lange Narbe, die der Fremde am Fuße trug; sie stammte von einer alten Wunde, die ein Eber dem Odysseus vorzeiten auf der Jagd geschlagen hatte. Die Alte ließ den Fuß fallen, daß er das Becken umstieß.

»Wirklich«, rief sie in freudigem Erschrecken, »du bist's, bist Odysseus! Erst jetzt erkenne ich dich!« Sie wandte sich voller Glück, um Penelope die frohe Botschaft zu verkünden; doch Odysseus hielt sie zurück, damit sie das Geheimnis seiner Rückkehr nicht vorzeitig verrate.

Tags darauf, am Fest des Apollon, herrschte wieder reges Leben im Hause. Die ungebetenen Gäste saßen beim festlichen Mahle, trieben ihre Scherze mit dem Bettler, und einer schleuderte gar voller Hohn einen Rinderfuß nach ihm.

»Telemach soll nun endlich seine Mutter bestimmen, sich für einen von uns zu entscheiden«, rief ein anderer; »mit Odysseus' Heimkehr ist doch jetzt nicht mehr zu rechnen!«

Zum Scheine stimmte Telemach diesem Verlangen zu, und auf Athenes Gebot legte Penelope selber den Freiern den Bogen ihres Gemahls vor: Ein Wettschießen solle entscheiden, wem sie die Hand zum Ehebunde reichen werde.

»So mag es den Wettkampf gelten!« rief sie den Freiern zu. »Sieger sei, wer den mächtigen Bogen des göttlichen Odysseus am leichtesten spannt und einen Pfeil durch die Öhre von zwölf hintereinander aufgestellten Äxten hindurchschießt!«

Aber keiner von den Freiern vermochte die Bedingung zu erfüllen. Unterdessen hatte Odysseus sich dem treuen Schweinehirten zu erkennen gegeben. »Geh und schließe die Türen des Saales und des Hofes, Eumaios!« gebot er ihm leise.

Dann trat er vor die Freier. »Wollt ihr nicht auch mir gestatten, mich an dem Bogen zu versuchen?« fragte er. Hohnlachend und unter Beschimpfungen wiesen sie ihn ab. Penelope aber verbot ihnen die Spottreden. »Dem Fremden soll die Bitte gewährt sein! Er wird nicht danach trachten, mich zur Gemahlin zu gewinnen. Doch gelingt ihm der Versuch, so sollen ein schönes Gewand, Spieß und Schwert sein Lohn sein.«

»Über den Bogen habe nur ich zu verfügen«, nahm Telemach das Wort und wandte sich an seine Mutter: »Du aber geh ins Frauengemach und widme dich deinen Arbeiten. Hier im Saale gilt es Männertat.« Penelope erstaunte über Telemachs Worte, doch sie fügte sich schweigend und verließ den Saal.

Aus Eumaios' Hand nahm Odysseus nun den Bogen. Unter dem tobenden Geschrei der Freier schwang er ihn leicht und prüfte, ob er nicht etwa in der Zeit, da er selber ferne war, von Würmern zernagt sei. Mühelos spannte der Held den Bogen und ließ die Sehne erklingen. Als die Freier das sahen und hörten, erblaßten sie. Vom Himmel sandte Zeus einen Donnerschlag als glückverheißendes Zeichen. Da legte Odysseus einen Pfeil auf die Sehne, spannte und schoß. Nicht eines der Öhre verfehlte er.

Dann wandte er sich an Telemach: »Wirklich, mein Sohn, der Fremdling in deinem Saale macht dir keine Schande. Siehst du nun, daß die alte Kraft noch in mir lebendig ist? Jetzt ist die Stunde der Vergeltung gekommen!«

Telemach und der treue Eumaios traten an seine Seite. Beide waren mit Speer und Schwert bewaffnet. Da warf Odysseus die häßlichen Bettlerlumpen ab, sprang auf die hohe Schwelle der Tür und breitete die Pfeile griffbereit vor seinen Füßen aus. »Der Wettkampf ist nun vollbracht, ihr Freier! Jetzt wartet ein Ziel, wie es noch keiner getroffen hat!«

Damit richtete er sein Geschoß auf Antinoos, den Übermütigsten der Freier. Der wollte eben einen Becher zum Munde führen, da traf ihn der Pfeil in die Kehle. Ein wildes Getümmel erhob sich, als der Getroffene zu Boden stürzte, den Tisch mit den kostbaren Speisen mit sich reißend.

Tobend schalten die Freier auf Odysseus ein; denn sie dachten, er habe Antinoos ohne Absicht erschossen. Noch ahnten sie nicht das bevorstehende eigene Verderben.

»Ihr Elenden!« rief Odysseus jetzt mit Donnerstimme, »ihr glaubtet, ich käme nie mehr aus der Fremde zurück in die Heimat! Jetzt ist die Stunde gekommen, da ich Rache nehme für alles, was ihr mir und den Meinen angetan habt!«

Entsetzen ergriff die Freier. Endlich ermannten sich einige und versuchten, Odysseus mit dem Schwerte anzugreifen; doch erbarmungslos ereilte sie alle das unfehlbare Geschoß des Heimgekehrten. Der Estrich dampfte von Blut; nicht einer der Freier entging dem Verderben.

Auf des Odysseus Ruf kam jetzt Eurykleia herbei. Die Alte wollte frohlocken, als sie die Erschlagenen in ihrem Blute liegen sah; doch Odysseus hielt sie zurück: »Töricht ist es, sich über den Tod von Menschen zu freuen. Durch göttliche Fügung haben sie sterben müssen; denn durch ihren Frevel haben sie selber dieses schmähliche Ende verschuldet!«

Nach seinem Geheiß trugen nun die Mägde die Toten hinaus und reinigten den Boden samt den Sesseln und Tischen. Eurykleia räucherte mit Schwefel und Feuer die große Halle aus. Dann eilte sie zum Gemach hinauf, wo Penelope ruhte.

»Wach auf, Herrin«, rief sie in freudiger Erregung, »und sieh mit eigenen Augen, wonach du seit Jahren Tag für Tag verlangt hast! Odysseus, dein Gemahl, ist heimgekehrt. Er hat an den Freiern, die dich seit so vielen Jahren bedrängt haben, Rache geübt!«

Penelope glaubte, die treue Alte treibe ihren Spott mit ihr, und wollte sie unwillig zurechtweisen.

»Wie sollte ich wohl meinen Spott mit dir treiben, Herrin?« versetzte Eurykleia. »Odysseus ist wirklich und leibhaftig heimgekehrt; der Fremde, den alle im Saale mit

Spottreden verhöhnt haben, war niemand anders als er. Telemach hat von allem gewußt, doch klug hat er des Vaters Vorhaben geheimgehalten.«

Da sprang Penelope voller Freude vom Lager auf und umarmte die Alte unter Tränen. Sie stieg zum Saale hinab und setzte sich Odysseus gegenüber in den Schein des Feuers. Aber ihr Mund blieb stumm. Bald meinte sie, sein Gesicht zu erkennen, bald schien es ihr fremd. Erst als Odysseus ihr Wahrzeichen nannte, die nur ihr bekannt waren, konnte sie nicht mehr an der Wahrheit zweifeln. Weinend hielt sie ihn umschlungen und bedeckte sein Haupt mit Küssen.

Da wußte Odysseus, daß er endlich heimgekehrt war.

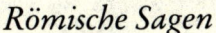

Römische Sagen

Äneas

In loderndem Brand und blutigem Kampfgetümmel war Troja, die herrliche Stadt am Ufer des Flusses Skamandros, in den Staub gesunken. Wer von den Trojanern dem Verderben entronnen war, den traf das harte Los der Sklaverei bei den siegreichen Griechen. Und nur wenige fanden das Glück der Rettung.

Unter ihnen war der trojanische Held Äneas. In jener verhängnisvollen Nacht, kurz bevor die Vaterstadt durch Sinons Betrug und durch Odysseus' List mit dem hölzernen Pferd so schrecklich unterging, erschien ihm in einem wirren Traum der gefallene Hektor. Der tote Waffengenosse mahnte ihn, eilig die bedrohte Stadt zu verlassen: »Nimm deine Hausgötter, die Penaten, vom Altar und führe sie mit dir; denn es ist dir beschieden, in weiter Ferne eine neue Heimat zu finden.«

Jäh aus dem Schlafe erwachend, hörte Äneas den Kampfeslärm der eingedrungenen Feinde. Er eilte auf die Straße, sah die Stadt brennen und in den Gassen die Leichen der Erschlagenen liegen. Jeder Widerstand erschien sinnlos.

Äneas stürzte ins Haus, um seinen Vater Anchises, seine Frau Creusa und den kleinen Sohn Askanius aus der brennenden Stadt zu retten. Der alte Anchises weigerte sich zu fliehen und wollte Trojas Zusammenbruch nicht überleben. Da fiel vom Himmel eine Flamme auf das Haupt des Knaben – ohne ihm das Haar zu versengen! Dieses Wunderzeichen überzeugte den Greis, daß die Götter ihn zur Flucht mahnten, und willig ließ er sich, die Hausgötter im

Arm, vom Sohn Äneas auf die Schultern heben. Den grei-
sen Vater auf dem Rücken, seinen Sohn Askanius an der
Hand, gefolgt von seinem Weibe Creusa, so entkam
Äneas dem Brande seiner eroberten Vaterstadt.

Venus, die göttliche Mutter des Helden, bahnte ihnen
den Weg durch die vom Kampfeslärm erfüllte Stadt. In
dem Gewirr der brennenden Gassen verlor Äneas seine
Frau Creusa aus den Augen, und es gelang ihm nicht
mehr, sie wiederzufinden.

Mit den wenigen überlebenden Gefährten, die sich auf
der Flucht um ihn scharten, gelangte Äneas an das Gestade des Meeres. In einer kleinen Hafenstadt am Fuße
des Idagebirges zimmerten die Flüchtlinge sich eine
Flotte, und Äneas trat mit ihnen den bitteren Weg in die
Fremde an, um die neue Heimat, die ihm verheißen war,
zu suchen.

Im Tempel Apollons auf der Insel Delos flehte Äneas
um Rat, und der Gott wies ihn in das Land der Italer, das
von seinen Bewohnern Italien benannt wurde. In diesem
Lande der Verheißung sollte Äneas mit den Seinen einen
neuen Wohnsitz bauen.

Es wurde für die Troer sehr schwierig, die Fahrt in die
neue Heimat glücklich zu beenden. Lange irrten sie umher, mancherlei Abenteuer hatten sie zu bestehen, und
viele der tapferen Gefährten büßten bei den schweren
Mühsalen der Seereise das Leben ein. Auch seinen alten
Vater mußte Äneas unterwegs begraben.

Als die Flüchtlinge endlich der verheißenen Küste nahe
waren, erhob sich ein furchtbarer Sturm und verschlug
sie an den Strand Nordafrikas. Die Seefahrer gingen an
Land, um es zu erkunden. Von einem Hügel aus sahen sie
in der Ferne eine prächtige Stadt, die sich mit gewaltigen

Mauern und einer festen Burg zum Himmel erhob. Es war Karthago, die »Neue Stadt«; denn erst vor kurzer Zeit hatten Phönizier aus Tyrus und Sidon, Flüchtlinge wie Äneas und seine Landsleute, sie gegründet. Die Königin dieser Eingewanderten war die schöne Dido, die mit klugem Sinn und starker Hand das Geschick ihres Volkes lenkte.

Sie gewährte den Schiffbrüchigen die erbetene Hilfe und bot ihnen gastfreundliche Aufnahme. Es währte nicht lange, da entbrannte die schöne Königin in so heftiger Liebe zu dem Helden Äneas, daß er den Schmerz um die verlorene Heimat, die erlittenen Mühen – und das Land Italien vergaß, in dem er nach dem Geheiß der Götter der Begründer eines neuen Volkes werden sollte.

Da rief Jupiter, der Höchste der Götter, seinen Boten zu sich, seinen Sohn Merkurius: »Eile hinab zur Erde und erinnere den pflichtvergessenen Äneas an seine Aufgabe! Nicht darum habe ich ihn aus den Nöten des Krieges und der langjährigen Irrfahrt errettet, damit er hier nun als Sklave eines Weibes lebe. Erinnere ihn daran, daß ich ihn zum Stammvater eines Volkes berufen habe, dem ich die Herrschaft über die Erde geben will!«

Die göttliche Botschaft, die Merkurius überbrachte, riß Äneas aus seinem Liebestraum. Als er sich von seiner Bestürzung erholt hatte, rüstete er sogleich alles zur Abfahrt. Voller Verzweiflung sah Dido, daß der Geliebte sie verlassen wollte, und als er trotz ihres Flehens mit seinen Getreuen heimlich davonfuhr, erschien ihr das Dasein nicht mehr lebenswert. Sie ließ einen Scheiterhaufen errichten und gab sich selber den Tod.

Äneas landete mit den Gefährten an Italiens Westküste, nahe der Tibermündung, in der Landschaft Latium, die vom König Latinus beherrscht wurde. Dieser fand Gefallen

an den Fremden, deren Führer göttlicher Abkunft war und
die so herrlicher Kriegsruhm zierte. Er nahm sie gastfrei
auf, und gern gewährte er ihre Bitte, im Lande bleiben
zu dürfen. Einer alten Weissagung eingedenk, versprach
König Latinus, seine Tochter, die schöne Lavinia, dem
Helden Äneas zur Frau zu geben.

Doch eifersüchtig und voller Rachegefühle blickte Turnus, der König der benachbarten Rutuler, auf den Nebenbuhler, der ihm vorgezogen wurde. Turnus war vorher mit
Lavinia verlobt gewesen, und die Mutter Lavinias stand auf
seiner Seite, und sie säte Mißtrauen zwischen Äneas und
ihrem Gatten Latinus. Ein schwerer Krieg entbrannte. Es
gelang Äneas und seinen Troern, mit Hilfe der Götter die
Latiner und die Rutuler zu besiegen; König Turnus wurde
von Äneas im Zweikampf getötet. Nach der Versöhnung
mit König Latinus gewann Äneas die schöne Lavinia zur
Frau. Er baute eine Stadt, die er ihr zu Ehren Lavinium
nannte. Latinus setzte den troischen Helden zu seinem
Erben ein.

So wurde Äneas König in Latium, und nicht lange währte
es, da waren Troer und Latiner in einem Volke aufs engste
verbunden. Deshalb konnte Äneas dem neuen Kriege, zu
dem die Rutuler rüsteten, ohne Besorgnis entgegensehen.
In ihrem hartnäckigen Haß auf die Eingewanderten waren
die Rutuler nicht bereit, die Niederlage, die sie erlitten hatten, hinzunehmen. Sie verbanden sich mit den benachbarten Etruskern, und bald standen die feindlichen Heere
drohend an der Grenze des neuen Staates.

Auch in diesem Kriege blieben die Latiner und Troer
siegreich; doch sie hatten einen schweren Preis dafür zu
bezahlen. Der Sieg kostete sie den Tod ihres geliebten Königs. Äneas wurde von dem reißenden Strom Numikus, der

über die Ufer getreten war, mit fortgerissen und nie wieder gesehen.

Sein Volk erwies dem unsterblichen Helden göttliche Ehren und machte seinen Sohn Askanius, der nach seiner troischen Heimat Ilion den Namen Ilos und bald darauf Iulus trug, zum König. Unter seiner weisen Herrschaft kam endlich der Friede zwischen Latinern und Etruskern zustande; fortan bildete der Tiber die Grenze zwischen beiden Völkern. Die Stadt Lavinium entwickelte sich zu herrlicher Blüte und wuchs so mächtig an, daß ihre Mauern in kurzer Zeit nicht mehr die Menge ihrer Bewohner faßten.

Da überließ Iulus die von Äneas gegründete Stadt Lavinium seiner Mutter Lavinia; am Fuße der Albanerberge erbaute er eine »lange weiße« Stadt, Alba Longa. Über dreihundert Jahre haben hier seine Nachkommen als Könige über die weite Landschaft in den Flußniederungen des Tiber geherrscht.

Romulus und Remus

Einer der königlichen Nachkommen aus des Äneas Stamm war der Albanerkönig Prokas, der bei seinem Tode zwei Söhne, Numitor und Amulius, hinterließ. Selten sah man so große Unterschiede zwischen zwei Brüdern; Numitor, der Ältere, hatte ein sanftes und gutmütiges Wesen, während Amulius aufbrausend und herrschsüchtig war. Ehrgeiz und diese Herrschsucht trieben Amulius, den Bruder vom Throne zu stoßen und aus dem Lande zu verbannen. Aus Furcht vor der Vergeltung ließ er des Bruders

Sohn auf der Jagd meuchlings töten. Die Tochter Numitors, Rhea Silvia, machte er zur Priesterin der Vesta, in deren Dienst sie unvermählt bleiben mußte. So schien jede
Bedrohung seines Thrones beseitigt. Da begab es sich, daß
der Kriegsgott Mars die schöne vestalische Jungfrau erblickte und sich heimlich mit ihr vermählte. Als Rhea Silvia
ein Zwillingspaar gebar, kannte der Zorn ihres Oheims
Amulius keine Grenzen; denn er fürchtete, daß die Kinder,
Enkel des rechtmäßigen Königs Numitor, sich einst an
ihm rächen könnten. Nach dem strengen Gesetz der Göttin
Vesta mußte Rhea Silvia wegen ihres Vergehens mit dem
Tode bestraft werden. Die Zwillinge aber sollte ein Diener
nach des Königs Gebot in den Tiber werfen.

Nun war der Fluß gerade in jenen Tagen über seine Ufer
getreten, und so überließen des Königs Beauftragte die Kinder ihrem Schicksal in einem Körbchen, das sie in das strö-
mende Wasser setzten. Der Korb schaukelte auf den Wellen
dahin und gelangte in eine Landschaft, die von sieben
Hügeln gekrönt wird. Dort blieb er im Geäst eines Feigen-
baumes hängen, und als das Wasser gefallen war, stand er
mit seiner wimmernden Fracht auf dem Trockenen.

Der Kriegsgott Mars war besorgt um das Schicksal seiner
Söhne und sandte ihnen die ihm geheiligten Tiere. Von der
Höhe des Berges Palatinus kam eine Wölfin, die ihren
Durst im Flusse löschen wollte, und bemerkte die hilflosen
Kinder; sie schleppte sie in ihre Höhle, bettete sie weich und
säugte sie. Später flog auch der Specht herbei, der heilige
Vogel des Mars, und brachte Körner und wohlschmek-
kende Samen. So wurden die Zwillinge mit kräftiger Nah-
rung am Leben gehalten.

Eines Tages kam Faustulus, ein einfacher Ziegenhirt, auf
der Suche nach einem seiner Tiere des Weges und gewahrte

das wundersame Schauspiel in der Höhle. Er empfand Mitleid mit den Knaben und brachte sie zu seiner Frau, die eben ihr Söhnchen durch den Tod verloren hatte. Aus Mitleid nahm Acca Larentia, die Hirtenfrau, sich der Zwillinge an. Die Pflegeeltern gaben ihnen die Namen Romulus und Remus. Als die Kunde von dem Schicksal Rhea Silvias und ihrer Kinder auch in diese Einsamkeit gelangte, wurde es Faustulus offenbar, wie es mit der Herkunft der beiden Knaben bestellt sei. Er erkannte, daß er Numitors Enkel gerettet hatte; doch aus Furcht vor der Rache des Königs Amulius behielt er sein Geheimnis bei sich.

In der ländlichen Freiheit wuchsen die Zwillinge zu kräftigen Jünglingen heran, durchstreiften mit ihren Altersgenossen Wald und Flur und bauten sich auf dem Palatinischen Berge ihre Hütten. Häufig mußten sie, jeder an der Spitze einer Schar von Getreuen, ihre Kraft mit wilden Tieren messen, welche die Herden bedrängten. Oft lagen sie auch im Streit mit anderen Hirten, besonders mit denen des vertriebenen Königs Numitor, der auf einem kleinen Gehöft ein zurückgezogenes, stilles Leben führte.

Einst geschah es bei solchen Streitigkeiten, daß Remus sich der Übermacht der feindlichen Hirten nicht erwehren konnte und von ihnen gefangen weggeschleppt wurde. Sie brachten ihn vor ihren Herrn, den greisen Numitor.

Tief betroffen blickte dieser auf den Jüngling, die Ähnlichkeit mit seinem Sohn schien ihm unverkennbar. Bald darauf stellten sich auch, getrieben von der Sorge um Remus, der treue Faustulus und Romulus ein, um den Gefangenen freizubitten. Faustulus offenbarte dem Alten nun die ganze Wahrheit, und überglücklich umarmte Numitor, der rechtmäßige König, seine beiden jungen Enkel. Vor allem Volk, das herbeigeströmt war, schworen Romulus und

Remus den Eid, die ihnen zustehende Herrschaft zu gewinnen. Die beiden Jünglinge riefen ihre Gefährten und die andern Männer zum Vergeltungsfeldzug auf, zogen nach Alba Longa und drangen mit List in die Königsburg ein. Im Kampf um die Burg fand Amulius den Tod, und unter dem Jubel des Volkes setzten Romulus und Remus ihren greisen Großvater wieder in seine königlichen Rechte ein. Numitor liebte seine Enkel zärtlich, und er war glücklich bei dem Gedanken, daß sie nach seinem Tode als Doppelkönige die Geschicke Alba Longas lenken würden. Doch die Götter fügten es anders.

Die Gründung Roms

Die beiden Brüder Romulus und Remus beschlossen, an der Stelle, wo sie ausgesetzt und vom heiligen Tiber vor dem Tode bewahrt worden waren, eine Stadt zu gründen.

Romulus spannte zwei weiße Rinder vor seinen Pflug und führte sie im Viereck um den Palatin herum. Das aufgeworfene Erdreich und die Furche sollten Wall und Graben kennzeichnen, und an den Stellen, wo dereinst die Tore stehen sollten, hob Romulus seinen Pflug auf und trug ihn.

Doch wer sollte der neuen Stadt den Namen geben, und wer sollte König sein? Beide Brüder erhoben Anspruch darauf; aber da sie Zwillinge waren, konnte keiner von beiden das Recht der Erstgeburt geltend machen.

»Ihr müßt nach der Weisung der Götter handeln und ihren Willen durch den Vogelflug erkunden«, antwortete

Numitor, als die Brüder ihn um Rat fragten. Da folgten sie den Worten des Großvaters und einigten sich. Wem die Schicksalsvögel zuerst ein glückliches Zeichen geben würden, der sollte König sein.

Lange warteten die beiden, Romulus auf dem Berge Palatin und Remus auf dem Aventin, auf die göttliche Weisung. Endlich zeigten sich Remus sechs Geier, die den Berg umkreisten.

»Heil unserm König Remus!« riefen seine Begleiter voller Freude, und sogleich eilten sie zu seinem Bruder, um ihm die Kunde zu bringen, daß Remus der Erwählte sei. Doch bei ihrer Ankunft auf dem Palatin erschienen zwölf Geier, die unter Blitz und Donner vorüberflogen.

»Mir steht die Königswürde zu!« erklärte nun Romulus selbstbewußt; »denn mir ist die doppelte Zahl der göttlichen Vögel erschienen, dazu unter besonderem Himmelszeichen!«

Remus achtete des Bruders Einwände gering, und schließlich scheute er sich nicht, ihn zu verspotten. Er sprang über die niedrige Mauer der neuen Stadt, um zu beweisen, wie wertlos sie sei. Das Sinnbild des Geborgenseins zu verhöhnen, erschien Romulus als ein so ungeheurer Frevel, daß er auf der Stelle das Gericht vollzog und den Bruder mit dem Schwerte tötete. »So möge es jedem ergehen«, rief er aus, »der diese Mauer zu übersteigen wagt!«

Romulus wurde König der jungen Stadt. Nach seinem eigenen Namen nannte er sie Rom. Um den Schatten des Toten zu versöhnen, ließ er einen zweiten Thron neben seinem eigenen aufstellen, gleichsam als teile er die Herrschaft mit dem erschlagenen Remus.

Der Raub der Sabinerinnen

Rings um den Palatin wuchs das junge Rom. Um die Zahl der Einwohner zu mehren, eröffnete Romulus eine Freistätte für jedermann, und nun strömten von allen Seiten Verbannte, Heimatlose und Verfolgte herbei.

Romulus nahm sie alle als Bürger seiner Stadt auf. Er gab ihnen Gesetze, und aus dem Volke wählte er die hundert Ältesten aus, die ihm im Senat, dem Ältestenrat, bei der Regierung zur Seite standen. Allmählich blühten neben der Ackerwirtschaft auch Handel und Gewerbe auf.

Bei aller Kraft und allem Fleiß der Umsiedler machte sich jedoch ein Mangel immer deutlicher bemerkbar: Es fehlte der neuen Stadtgemeinde an Frauen. Wie sollte sie ohne Nachkommen bestehen können?

Aus dieser Sorge um die Zukunft schickte Romulus Gesandte zu den Nachbarvölkern, um mit ihnen Eheschließungen zu vereinbaren. Aber überall wies man sie mit höhnenden Reden ab.

Tiefgekränkt über solche Schmähung beschloß Romulus, mit List und mit Gewalt durchzusetzen, was man ihm freiwillig nicht gewähren wollte. Er veranstaltete feierliche Spiele zu Ehren des Meeresgottes Neptun und ließ alle Nachbarstämme einladen. Besonders aus dem Sabinervolke kamen viele Besucher mit Frauen und Töchtern, um die neue Hügelstadt kennenzulernen.

Die einfachen Hütten der Römer waren festlich geschmückt, und die Spiele nahmen einen prächtigen Verlauf. Als sich die Besucher an den folgenden Tagen auf den Märkten drängten und nur Augen hatten für die Waren und Kostbarkeiten in den Ständen der Händler, erscholl plötzlich ein verabredetes Zeichen, und im selben Augenblick

stürzten sich die römischen Jünglinge mit gezogenem
Schwert in die dichtgedrängte Menge der Kauflustigen –
und jeder raubte sich eine Jungfrau, die er, allen Widerstand der empörten Gäste mit dem Schwerte abweisend,
gewaltsam in sein Haus trug.

So schnell hatte sich alles abgespielt, daß die Angehöri-
gen der so frech Entführten kaum begriffen hatten, was
geschehen war. Nach allen Seiten stoben sie voll Bestürzung auseinander, und mit Wehklagen verließen sie die
Stadt, die das heilige Gastrecht so schmählich verletzt
hatte.

Voller Empörung rüstete man zum Rachefeldzug
gegen die frechen Räuber. Die meisten der geraubten
Jungfrauen stammten aus dem Volke der Sabiner, die
nach ihrer Hauptstadt Cures auch Quiriten genannt wurden, und bald erschienen die Sabiner, geführt von ihrem
König Titus Tatius, vor den Mauern der Stadt Rom. In
einem Tale, das sich zum Fuße des kapitolinischen Hü-
gels hin erstreckt, standen sich die beiden Heere in erbittertem Kampfe gegenüber. Die Schlacht wogte hin und
her, ohne daß eine Entscheidung abzusehen war – plötzlich hielten beide Parteien im Kampf inne; denn mitten
zwischen die Reihen der Kämpfenden stürzten sich mit
fliegenden Haaren die römischen Frauen, die geraubten
Sabinerinnen! Furchtlos drängten sie sich zwischen die
Kriegsparteien.

»Haltet ein!« riefen sie und wandten sich nach beiden
Seiten – zu den Sabinern, in deren Reihen ihre Väter und
Brüder standen, und zu den Römern, die inzwischen ihre
Ehemänner geworden waren.

»Haltet ein! Wer immer siegen mag, er mordet unsere
Lieben. Macht uns nicht zu Witwen und zu Waisen!« Und

so flehentlich klangen ihre Rufe über das Schlachtfeld hin, daß Sabiner wie Römer, Bogenschützen und Steinschleuderer, die Waffen sinken ließen.

Tiefe beklemmende Stille lag über dem Kampfplatz. Doch dann brauste das Jubelgeschrei auf – Sabiner und Römer hatten erkannt, daß die Stunde der Versöhnung gekommen war, da die jungen Sabinerinnen sich als Stammmütter eines neuen Volkes bekannten.

Romulus und Titus Tatius traten in die Mitte und reichten sich die Hand. »Laßt uns einen Vertrag schließen«, erklärte der Römerkönig, und gern willigte der Sabiner ein.

Beide Völker taten sich nun zu einem zusammen unter der Bedingung, daß ihre beiden Herrscher gemeinschaftlich in Rom die Regierung ausüben sollten.

Das war der Anfang von Roms Macht, die sich nun stetig erweiterte. Bald zogen die Sabiner oder Quiriten in großer Zahl in die Nähe des Palatin und besetzten den gegenüberliegenden Hügel, den sie Quirinal nannten.

Der Sabinerkönig machte sich später freilich durch Gewalttätigkeit beim Volke verhaßt, und als in Lavinium ein Aufstand ausbrach, wurde Titus Tatius von der empörten Volksmenge erschlagen. Romulus regierte von nun ab allein in Rom.

Manchen Streit hatte er während seiner Regierung mit den Völkern ringsum zu bestehen, die der jungen, aufblühenden Stadt das Wachstum nicht gönnten. Aus allen Kämpfen aber ging Romulus mit seiner wehrhaften Mannschaft, die er in Legionen eingeteilt hatte, siegreich hervor. Die Stadt wuchs stetig an Macht und Landbesitz.

Romulus regierte in Gerechtigkeit und Weisheit, er gab dem Volke Ordnung und Gesetz und wurde in langen Friedensjahren ein wahrer Vater des Vaterlandes.

Als der König sich altern fühlte, rief er sein Volk auf dem großen Feld zwischen Palatin und Kapitol zusammen, um den Römern noch einmal die strenge Beherzigung der Gesetze ans Herz zu legen. Da erhob sich plötzlich unter Donner und Blitz ein schrecklicher Sturm, im Tosen der Elemente senkte sich eine Wetterwolke herab und hüllte Romulus, der auf einem goldenen Thronsessel saß, in undurchdringliches Dunkel. Als das Volk, das bei Ausbruch des Unwetters geflohen war, zurückkehrte, war des Königs Thron leer. Niemandem war zweifelhaft, daß der Kriegsgott Mars seinen Sohn zu den Unsterblichen entrückt hatte.

Einem von allem Volk hochgeachteten Römer, Prokulus Julius mit Namen, erschien Romulus im Traum in göttlicher Gestalt und verkündete, er wolle als Schutzgott Quirinus gnädig über das Geschick seiner Stadt Rom wachen. Sein Vermächtnis an die Römer lautete: »Nach dem Willen der Götter werden die Römer die höchste Macht erreichen, wenn sie Tapferkeit und Mäßigung üben!«

Als der edle Prokulus Julius seinen Traum öffentlich kundgab, fiel das Volk auf die Knie und gelobte, dem Gott Quirinus einen herrlichen Tempel zu bauen, der auf dem Gipfel des Quirinalis erstehen sollte.

Der Kampf der Horatier und Kuriatier

Auf Romulus folgte Numa Pompilius, der mit Milde und Friedfertigkeit regierte und das rauhe Römervolk zu sanfteren Sitten und zu gläubiger Götterverehrung zu erziehen versuchte. Nach ihm bestieg Tullus Hostilius

den Thron, ein König von leicht aufbrausender Sinnesart.
Er liebte den Krieg und gedachte sein Land durch Macht-
kämpfe zu vergrößern. Durch Streifzüge in die Umgebung
reizte er Alba Longa, Roms Mutterstadt, so sehr, daß sich
die beiden Völker bald mit Waffen in der Hand gegenüberstanden.

Schon schwirrten die ersten Geschosse, da trat Mettus
Fufetius, der Feldherr der Albaner, vor die Reihen und verlangte Gehör.

»Ist es nicht sinnlos, daß wir, zwei so nahe verwandte
Völker, uns hier in blutigen Kämpfen Tod und Verderben
bringen – nur zur Freude unserer gemeinsamen Feinde?«
rief er.

Alle stimmten ihm zu, und so beschloß man, ein Zweikampf einzelner Krieger solle den Völkerstreit entscheiden. Das Schicksal selbst schien diesen Vorschlag zu begün-
stigen; denn im Römerheere dienten damals drei Söhne des
Horatius, die man die Horatier nannte, und in den Reihen
der Albaner standen ebenfalls drei Brüder, die Kuriatier.
Diese sollten gegeneinander kämpfen und damit den Krieg
entscheiden.

Die Priester bestätigten mit feierlichen Opfern den Vertrag, und beide Heere lagerten sich, um dem Entscheidungskampf zuzuschauen.

Mutig stürzten sich die auserkorenen Streiter in den
Kampf. Erbarmungslos fielen die Streiche, und bald lag
einer der Horatier, kurz darauf ein zweiter, tot in seinem
Blute. Nur noch einer stand den drei Albanern gegenüber,
doch diese waren alle schwer verwundet.

Jubelnd feuerten die Albaner ihre drei Kämpfer an. Trotz
ihrer Wunden rafften diese sich auf, da wandte sich der
letzte Horatier plötzlich zur Flucht, obwohl er noch unver-

wundet war. Verbissen machten sich die drei Kuriatier an die Verfolgung, soweit es ihre Kräfte zuließen. Das war die schlaue Kriegslist des Römers; denn als er sah, wie sie weit voneinander getrennt waren, wandte er sich plötzlich um, trat dem Feind, der ihm am dichtesten auf den Fersen war, entgegen und streckte ihn nach kurzem Kampfe zu Boden. Angefeuert vom Geschrei seiner römischen Landsleute, besiegte er auch den zweiten Gegner, und als der dritte, der am schwersten verwundet war, herankeuchte, hatte der Römer leichtes Spiel. Auch der letzte Kuriatier hauchte nach kurzem Kampfe sein Leben aus.

Mit Jubelrufen begrüßten die Römer den Sieger. Die Albaner aber fügten sich dem Vertrage und unterwarfen sich der römischen Herrschaft.

Im Triumph zog Publius Horatius, der Sieger, an der Spitze des Heeres in Rom ein; stolz trug er die Rüstungen der drei Erschlagenen zur Schau.

Da trat ihm am Tore seine Schwester entgegen. Sie war mit einem der Kuriatier verlobt, und als sie nun auf des Bruders Schulter den Mantel des Verlobten erblickte, den sie selber gewirkt hatte, begann sie zu wehklagen. In wildem Schmerz rang sie die Hände, löste ihr Haar und rief laut den Namen des Geliebten.

Da empörte sich der Bruder; denn inmitten der Siegesfreude schienen ihm Trauer und Tränen ein Verbrechen am Vaterlande zu sein. In besinnungslosem Zorn riß er sein noch blutiges Schwert aus der Scheide und stieß es der eigenen Schwester in das Herz.

»Unwürdig bist du mit deiner heillosen Liebe«, rief er aus, »daß du deine gefallenen Brüder und das Vaterland vergessen kannst! So soll künftig jede Römerin sterben, die einen Feind betrauert!«

Nach dieser schrecklichen Tat verstummte jede Siegesfreude. Wenn Publius Horatius sich auch um das Vaterland hoch verdient gemacht hatte, der Mord an der eigenen Schwester durfte nicht ungesühnt bleiben, und ein Zwei-Männer-Gericht verurteilte ihn zum Tode. Da machte der Vater, der greise Horatius, von dem äußersten Rechtsmittel Gebrauch. Er wandte sich an die gesamte Bürgerschaft und bat um Gnade für seinen letzten Sohn. Die Meinung der Bürgerschaft blieb geteilt; die einen wollten den Verurteilten begnadigen, die andern riefen: »Blut fordert Blut!«

Ein alter Römer fand schließlich einen Ausweg aus diesem Zwiespalt, indem er einen Vorschlag zur Abstimmung stellte: »Laßt die Strafe vollziehen, Bürger, die dem Publius Horatius von Rechts wegen gebührt! Er möge unter ein Joch treten, das sinnbildlich den Galgen darstellt. Damit soll bekundet werden, daß kein Verdienst die Gleichheit vor dem Gesetz aufheben kann. Nach dieser Demütigung soll der Held des Albanerkrieges frei sein.«

Einmütige Zustimmung billigte diesen klugen Rat, und der Horatier war gerettet. Bis in die späteren Jahrhunderte noch zeigte man in Rom dieses Joch, das »Schwesternbalken« genannt wurde.

Die Sibyllinischen Bücher

Als sechster König regierte in Rom Tarquinius Priskus, »der Alte«. Er hat nicht nur durch glückliche Kriege die Stellung Roms weiter befestigt, sondern ist auch durch seine Friedenswerke, die Trockenlegung der Pontinischen

Sümpfe, die Anlage von Kanälen und die Errichtung großer Bauwerke zu hohem Ruhm gelangt.

Im letzten Jahr seiner Regierung erschien eines Tages eine uralte Frau im Palast, die niemand je vorher gesehen hatte. Sie bot neun Bücherrollen für einen überaus hohen Preis zum Verkauf an.

»Das Buch muß erst geschrieben werden«, lachte der König, »für das ich hunderttausend As auszugeben gedenke«, und er wies das Angebot ab. Die alte Frau trat an den Altar der Hausgötter und verbrannte im Opferfeuer drei Bücherrollen von den neun.

»Sage uns nun den neuen Preis«, scherzte der König; »vielleicht werden wir doch noch handelseins!«

»Die sechs kosten so viel wie die neun«, kicherte die Alte. »Bezahle nur, o König, hunderttausend As.«

»Welche Närrin«, rief der König, der über diesen scheinbaren Unverstand in Zorn geriet. Die Alte ließ sich nicht irremachen und warf noch einmal drei Bücherrollen ins Feuer. »Nenne den neuen Preis«, sagte der König, verwirrt durch das seltsame Gebaren der alten Frau. Die Greisin richtete sich hoch auf und sprach mit ruhiger, fester Stimme:

»Du wirst mir, Tarquinius, hunderttausend As zahlen für die drei letzten Bücher, oder die Flamme wird auch diese verzehren.«

Nunmehr wurde Tarquinius von leidenschaftlicher Neugier ergriffen und wollte wissen, was es mit den Bücherrollen auf sich habe, von denen drei so viel kosten sollten wie neun. Er ließ seine weisen Ratgeber, die Auguren, kommen, die aus dem Vogelflug und aus den Eingeweiden der Opfertiere die Zukunft zu deuten wußten. Diese prüften die Bücher und erkannten sie als Weissagungen der

Sibylle von Kumä, einer der größten Wahrsagerinnen der
alten Zeit. Deshalb zögerte der König nicht länger, die verlangte hohe Summe zu zahlen. Das alte Weib aber wurde nie
mehr gesehen.

Die Sibyllinischen Bücher wurden im Jupitertempel auf
dem Kapitol aufbewahrt und sorgsam gehütet, und ihre
Orakelsprüche haben den Römern in späteren Zeiten
schwerer Bedrängnis oft guten Rat gespendet.

Brutus, der erste römische Konsul

Die Söhne des Tarquinius Priskus waren ganz anders
geartet als der weise und gerechte Vater, der vom
Volke verehrt wurde. Tarquinius Superbus, der »Stolze«,
errichtete eine Gewaltherrschaft des Königtums, nachdem
er seinen Bruder ermordet hatte, um dessen Frau zu ehelichen. Er regierte das Land nach seiner Willkür und achtete
wenig auf die Gesetze. Da erhob sich das römische Volk
und vertrieb ihn aus der Stadt. Rom wurde Republik, und
Konsuln traten an die Spitze der Stadtgemeinde. Tarquinius fand in Etrurien Unterschlupf, und es gelang ihm sogar, die Freundschaft des Tuskerkönigs Porsena zu gewinnen. Er gab seine Sache nicht verloren und hoffte, sich
durch Schlauheit und List des Zepters wieder zu bemäch-
tigen.

Tarquinius Superbus besaß noch Anhänger in Rom. Sogar die Söhne des Konsuls Brutus, der ihn vom Throne
gestoßen hatte, fühlten sich, am Hofe aufgewachsen, ihm
innerlich mehr verbunden als den neuen Konsuln. Darauf

baute Tarquinius seinen Plan. Er schickte Gesandte nach Rom, die öffentlich über die Rückgabe seines Privateigentums verhandeln sollten, insgeheim gab er ihnen den Auftrag, eine Verschwörung anzuzetteln und das Konsulat zu beseitigen.

Die Verschwörung wurde jedoch vorzeitig entdeckt. Den Gesandten des Tarquinius, die unter dem Schutz des geheiligten Gastrechts standen, wurde die sofortige Abreise nahegelegt; die beteiligten Römer, auch die Söhne des Brutus, kamen vor das Konsulargericht.

Kopf an Kopf stand die Menge auf dem Forum, als die beiden Konsuln, Brutus und Collatinus, am nächsten Morgen den Prozeß eröffneten.

»Ich frage euch, Titus und Tiberius«, rief Brutus, indem er die schriftlichen Beweise ihrer Schuld in die Höhe hielt, »ob ihr willens seid, das Verbrechen des Hochverrats einzugestehen?«

Als von den Söhnen keine Antwort kam, fällte er das Urteil: »Euer Schweigen nehme ich als Geständnis. Titus und Tiberius, die Söhne des Konsuls Lucius Junius Brutus, werden zum Tod durch das Beil verurteilt. Liktoren, waltet eures Amtes!«

Viele aus dem Volke schrieen auf und baten um Gnade für die Verurteilten, während die Jünglinge von den Liktoren ergriffen und zum Richtblock geschleppt wurden. Manch einer unter der Menge barg sein Gesicht in den Händen, Brutus aber stand regungslos da, wie zu einer Bildsäule erstarrt, und sah unverwandten Blickes zu, wie seine Söhne enthauptet wurden.

Auch die Neffen des Collatinus, der die Volksversammlung für die Jünglinge um Gnade bat, wurden hingerichtet. Jetzt erst gab sich Brutus seinem Schmerze hin. Er zerriß als

Zeichen tiefster Trauer sein Gewand und ließ die heilige
Opferflamme entzünden.

Brutus hatte zwei Söhne verloren, Rom aber die Zuversicht gewonnen, daß die neuen Konsuln die Bürde ihres
Amtes zu tragen würdig seien.

Als der erste Konsul später im Kampfe gegen Tarquinius
fiel, trugen die Frauen Roms ein ganzes Jahr Trauerkleider
für Brutus, den Vater der Freiheit.

Horatius Kokles

Der vertriebene Tarquinius Superbus versuchte, mit
Hilfe des Etruskerkönigs Porsena die Königswürde
zurückzugewinnen, und brachte Rom in schwere Gefahr.

Sicherlich wäre es den Feinden gelungen, über die hölzerne Tiberbrücke in die Stadt einzudringen, wenn nicht
Horatius, ein alter Legionär mit dem Beinamen Kokles, das
heißt »der Einäugige«, unerschrocken sein Leben eingesetzt hätte.

»Zieht euch über die Brücke zurück und brecht sie sogleich hinter euch ab!« befahl er seinen Landsleuten. Als sie
ihn verspotteten, erbot er sich, ihre Arbeit mit seinem
Schwerte zu decken. Mit noch zwei Gefährten hielt er dem
Ansturm der Tusker stand. Als die Brücke in seinem Rük-
ken fast ganz abgetragen war, entließ er auch seine Mitkämpfer, die glücklich waren, ihr Leben zu retten. Ganz
allein wehrte er die andrängenden Feinde ab, und erst als die
letzten Balken zusammenbrachen, sprang er bewaffnet in
die Fluten. »Hilf mir, Gott des Stromes!« rief er, und wirk-

lich führte Gott Tiberinus ihn sicher hinüber. Das Andenken des braven Legionärs ehrte eine bronzene Statue auf dem Kapitol.

Mucius Scävola

König Porsena mußte seinen Plan, Rom in einem einzigen Ansturm zu erobern, aufgeben. Er schloß die Stadt von allen Seiten ein, so daß die Bürger sich schließlich vor Mangel und Bedrängnis nicht mehr zu helfen wußten, immer bedrohlicher lastete die Hungersnot auf der Stadt.

Da faßte ein mutiger Jüngling namens Mucius einen heldenhaften Entschluß. Er wollte den feindlichen König töten, um die Vaterstadt zu befreien. Als Etrusker verkleidet, schlich er sich in Porsenas Kriegslager.

Vor des Königs Zelt drängten sich die Krieger in dichten Scharen. Dort war ein vornehm gekleideter Mann, der auf einem hohen Stuhle thronte, damit beschäftigt, den Kriegern den Sold auszubezahlen. Für den biederen Römer war es nicht zweifelhaft, daß er den König vor sich habe. Er drängte sich durch die Reihen, zog den Dolch, den er unter dem Gewande trug, und führte den tödlichen Stoß.

Erst als die Wachen ihn festnahmen, erfuhr er, daß er des Königs Schreiber niedergestoßen hatte. Man schleppte ihn vor Porsena.

Unerschrocken bekannte sich der Jüngling zu seiner Tat. Porsena wollte ihn zwingen, seine Helfer anzugeben, und drohte mit der Folter; aber Mucius schüttelte abwehrend den Kopf.

»Ich verachte deine Drohungen«, sagte er ruhig, und zum Zeichen, daß er die Wahrheit spreche, hielt er seine Rechte mitten in die Flamme des Opferfeuers, das neben ihm brannte. Kein Muskel zuckte in dem Gesicht des jungen Römers.

Den Etruskerkönig schauderte vor einem Volk, dessen Söhne, ohne einem König zu gehorchen, solche Proben ihres Mutes ablegen konnten.

»Ich schenke dir dein Leben«, sagte er.

»Zum Dank will ich dir verraten«, versetzte Mucius, »daß viele römische Männer bereit sind, das gleiche wie ich zu tun. Sie alle wollen durch deinen Tod ihre Vaterstadt von der Belagerung befreien!«

Als Porsena sein Leben von solchen Gefahren bedroht sah, hob er die Belagerung auf, und bald kam der Friede zustande. Für Tarquinius Superbus schwand damit die letzte Hoffnung, den Königsthron zurückzugewinnen.

Mucius aber, der seine Vaterstadt errettet hatte, lebte bis in sein Alter in hohen Ehren. Nach dem Verlust seiner Rechten nannten seine Mitbürger ihn »Linkshand«, Mucius Scävola.

Der Auszug zum Heiligen Berg

Die Nachkommen der alten Geschlechter in Rom waren die Patrizier, die nach der Vertreibung der Könige die höchsten Ämter im Staat besetzten und viele Vorrechte besaßen. Aus den Nachkommen der später Zugewanderten war der Stand der Plebejer erwachsen.

Diese hatten keinen Anteil an der Regierung und keinen Zugang zu den Beamtenstellen, waren aber zum Kriegsdienst und zur Steuerzahlung verpflichtet. Da die Römer viele Kriege führen mußten, waren Roms Bürger oft lange Zeit von zu Hause fort, konnten ihre Äcker nicht bestellen und gerieten in Verschuldung.

Immer drückender wurden diese Mißstände, immer belastender die Schulden, in die sich die Plebejer verstrickten, und immer größer wurde die Unzufriedenheit. Als sie wieder einmal von einem beschwerlichen Kriegszug heimkehrten und die Hoffnung auf Befreiung von den drückenden Steuerlasten enttäuscht wurde, kam es zu einem Aufstand. Bewaffnet, wie die Plebejer noch vom Kriegszuge waren, rotteten sie sich zusammen und zogen zur Stadt hinaus auf eine Anhöhe nicht weit von Rom. Dort auf dem »Heiligen Berge« ließen sie sich nieder.

Mit Bestürzung erlebten Senat und Patrizier diesen Auszug; denn ohne die Masse der Plebejer schien der römische Staat nicht lebensfähig. Alle waren sich darin einig, daß man sie zurückholen müsse. Man betraute Menenius Agrippa, einen erfahrenen Senator, der als Freund des Volkes galt, mit der Führung der Gesandtschaft, die mit den Plebejern verhandeln sollte.

Murrend wurde er empfangen, man wollte von seinen Vorschlägen nichts wissen. Doch dann gelang es ihm, die Aufmerksamkeit der Ausgewanderten zu gewinnen. Menenius Agrippa erzählte ihnen eine Fabel: »Einst empörten sich die Glieder des Körpers gegen den Magen, weil sie glaubten, er allein sei untätig, während sie alle arbeiteten. So weigerten sie sich, weiterhin ihren Dienst zu tun. Die Hände wollten keine Speise mehr zum Munde führen, der Mund sie nicht mehr aufnehmen und die Zähne sie nicht zermahlen.

Doch als die Glieder nun ihren Plan ausführten, spürten sie allzubald, daß sie durch solche Weigerung sich selbst am meisten schadeten. Jetzt erst erkannten sie nämlich, welche Bedeutung der Magen für sie habe: daß er die empfangene Speise verdaue und dadurch allen Gliedern Leben und Kraft verleihe. So hielten die Glieder es doch für besser, sich mit dem Magen zu versöhnen. – Und was will meine Fabel euch sagen?« schloß der kluge Agrippa. »Daß auch im Staate keiner ohne den andern bestehen kann, nur in der Eintracht liegt die Kraft.«

Diese Rede überzeugte die Plebejer, daß auch sie die reiche Erfahrung und die Staatskunst des Senats auf die Dauer nicht gut entbehren könnten. Doch nicht eher kehrten sie zurück, als bis die Patrizier ihnen ihre Forderungen zugestanden hatten. Von nun an wurden Volkstribunen gewählt, die jedes gegen die Plebejer gerichtete Gesetz für ungültig erklären und auch in die Gerichtsverhandlungen eingreifen konnten. Die Volkstribunen wurden bald nicht minder geachtet als die Konsuln.

Die Gallier in Rom

In jener Zeit geschah es, daß vom Norden her gallische Völkerscharen gegen Rom vordrangen. An der Allia, einem kleinen Flüßchen, erlitten die Römer eine so furchtbare Niederlage, daß sich nur Reste ihres Heeres in den Schutz der Mauern retten konnten. Etwa tausend streitbare

Männer bezogen unter dem Befehl des Markus Manlius als letzte Zuflucht das Kapitol, den Burgberg von Rom.

Einer der Gallier hatte einen geheimen Zugang zur steilen Höhe entdeckt, und dort stieg des Nachts nun eine auserwählte Mannschaft hinauf, um die Römer im Schlafe zu überfallen. Da kein Posten an dieser Stelle stand, konnte die Spitze der lautlos vordringenden Gallier den Mauerrand erreichen.

Da begannen plötzlich die der Juno geheiligten Gänse, die sich auf dem Kapitol befanden, ängstlich zu schnattern und weckten den Markus Manlius. Aufgeschreckt stürzte er eilig zu der unbewachten Stelle und stieß den vordersten Gallier vom Felsrand hinunter. Im Sturz riß dieser die Nachfolgenden mit in die Tiefe.

Zur Erinnerung an die wachsamen und treuen Tiere wurde alljährlich eine Gans im feierlichen Aufzug durch die Straßen Roms getragen, ihr zur Seite jedoch ein ans Kreuz geschlagener Hund, weil die Hunde in jener denkwürdigen Nacht geschwiegen hatten.

Trotz dieser wundersamen Rettung konnte die tapfere Besatzung sich auf die Dauer nicht halten. Brennus, der Führer der Gallier, erklärte sich jedoch zum Abzug bereit, wenn man ihm tausend Pfund Gold auszahle. Die Römer mußten schweren Herzens solche Bedingungen annehmen. Als man nun daranging, das kostbare Metall abzuwiegen, bemerkten die Römer plötzlich, daß die Gallier falsches Gewicht verwendeten, und erhoben Einspruch gegen diesen Betrug. Doch da ergriff Brennus mit höhnischem Lachen sein Schwert und warf es mit auf die Waagschale, indem er ausrief: »Wehe den Besiegten!« Er wollte damit sagen, daß die Besiegten keinen Anspruch mehr auf eine gerechte Behandlung hätten.

Gerade in diesem Augenblick zog das Ersatzheer in die verwüstete Stadt ein. »Mit Eisen, nicht mit Gold wollen wir die Freiheit zurückgewinnen!« rief der römische Feldherr Camillus und forderte die Gallier auf, sich zur Schlacht zu stellen.

Die Gallier wurden blutig geschlagen; Brennus aber, der lebend in die Hand der Römer fiel, wurde mit dem Schwerte gerichtet. So erfüllte sich auch an ihm das erbarmungslose Gesetz: »Vae victis!« Wehe den Besiegten!

In den folgenden Zeiten wuchs der römische Staat in tatkräftigem und wagemutigem Handeln, und das Schicksalswort, das einst Jupiter für die Stadt Rom ausgesprochen hatte, sollte sich erfüllen:

»Ihr setze ich im Raum nicht, noch in der Zeit eine Grenze: Herrschaft ohne Ende habe ich ihr gegeben!«

Nordische Sagen

Vom Anfang der Welt

Es gab eine Zeit, da alles nicht war. Da war nicht Sand noch See, nicht das Meer und die Erde, nicht der Himmel mit seinen Sternen. Im Anfang war nur Ginnungagap, das gähnende, lautlose Nichts. Da schuf Allvaters Geist das Sein, und es entstand im Süden Muspelheim, das Land der Glut und des Feuers, und im Norden Niflheim, das Land der Nebel, der Kälte und Finsternis. Aus dem Norden, in Niflheim, entsprang ein tosender Quell, aus dem zwölf Ströme hervorbrachen. Die stürzten in den Abgrund, der Norden und Süden trennte, und erstarrten zu Eis.

Aus Muspelheim flogen Funken auf das Eis, die Starre begann zu schmelzen, und der Riese Ymir taute daraus hervor und danach Audhumbla, eine riesige Kuh, von deren Milch Ymir sich nährte. Eines Tages sank Ymir, nachdem er sich satt getrunken hatte, in tiefen Schlaf, und aus seinen Achselhöhlen wuchsen zwei Riesenwesen, Mann und Weib. Diesen beiden entstammt das Geschlecht der Frost- und Reifriesen.

Audhumbla, die nirgends Gras fand, leckte an den salzigen Eisblöcken, und ihre Zunge löste am dritten Tage einen Mann aus dem Eise. Der war stark und schön und nannte sich Buri. Er erschuf aus eigener Kraft einen Sohn, der hieß Bör, und nahm Bestla, die Tochter des Riesen Bölthorn, zum Weibe.

Bör zeugte mit Bestla drei Söhne: Odin, Wili und We. Mit ihnen kam das Göttergeschlecht der Asen in die Welt.

Odin, Wili und We zogen aus, um die Herrschaft über die

Schöpfung zu gewinnen. Sie erschlugen den alten Riesen Ymir. Die Blutströme aus Ymirs Wunden überfluteten die Welt, und alle Frostriesen ertranken. Nur ein einziger, Bergelmir, rettete sich mit seinem Weibe in einem Boot. Diese beiden wurden die Ahnen der späteren Riesengeschlechter.

Den toten Leib Ymirs warfen die Brüder Odin, Wili und We in den Abgrund zwischen Muspelheim und Niflheim und schufen aus ihm die Erde. Aus Ymirs Blut entstanden die Wasser der Ströme und Meere, aus seinem Fleisch die Erde, aus Knochen und Zähnen Berge und Felsen, aus seinem Schädel wurde die Wölbung des Himmels geschaffen. Als die Asen das Hirn des Riesen in den Himmel schleuderten, blieb es als Wolken in den Lüften hängen. Die Haare wurden zu Bäumen, die Augenbrauen bildeten einen Wall, der Midgard, das Land der Menschen, gegen das Meer und die Riesen schützen sollte.

Aus Funken, die von Muspelheims Feuer herüberstoben, schufen die Götter die Sterne, denen sie Namen gaben, und jedem wiesen sie seine Bahn.

Die Erde ward trocken und war vom Meere umgeben, und die Erde begann zu grünen.

Als Odin und seine Brüder einst am Ufer des Meeres wanderten, sahen sie am Strande zwei Bäume, die Esche und die Ulme. Die gefielen ihnen sehr.

Odin formte aus dem einen Baum, der Esche, den ersten Menschen, einen Mann. Aus der Ulme aber wurde ein Weib geschaffen. Odin hauchte ihnen Leben und Geist ein, Wili gab ihnen Verstand und Gefühl, und We schenkte ihnen die Sinne des Gesichts und des Gehörs, dazu die Sprache.

Neun Reiche erschufen die Götter in der Welt, drei unterirdische, drei irdische und drei himmlische.

Tief im Innern der Erde liegt Niflheim, das Land des

Eises und der Toten. Niflhel ist der tiefste Abgrund, in dem die Verbrecher und Meineidigen ihre Strafe erleiden. Schwarzalfenheim heißt das Land der Nachtzwerge, die verwachsen und häßlich sind, so daß von ihnen in der Edda gesagt wird, es sei besser, sie nicht zu beschreiben. Sie sind vieler Künste kundig, schmieden köstliche Kleinodien und scharfe Schwerter und Waffen. Sie schrecken und quälen bei Nacht die Menschen, sind aber auch dankbar, wenn jemand ihnen in der Not geholfen hat.

Auf der Erde liegen Midgard, das von den Menschen bewohnt wird, und Riesenland, in dem die Frost- und Reifriesen hausen, dann Wanenheim, das Reich der Erd- und Wassergötter, die sich das Geschlecht der Wanen nennen.

Im Himmel ist Muspelheim, das Feuerland, gelegen, und Lichtalfenheim, wo die Lichtzwerge leben, schön von Gestalt und immer fröhlich. Sie sind Freunde der Menschen. Vor allem aber ist Asgard zu nennen, das heilige Land der Asen. Dort wohnen die Götter in zwölf Schlössern, die sie sich erbaut haben. Eine gewaltige Brücke, Bifröst, der Regenbogen, verbindet Erde und Himmel. Nur die Götter können die Brücke überschreiten, die von dem klugen Heimdall bewacht wird. Er trägt ein Horn, Giallar genannt, mit dem er am Tage der Götterdämmerung die Asen zum Kampf rufen wird.

Aus Leib und Blut des gewaltigen Riesen Ymir haben Odin und seine Brüder die Welt erschaffen. Midgard heißt die Erde, wo die Menschen wohnen. Niflheim ist das Reich der Toten. Genau in der Mitte der Welt, in Asgard, bauten sich die Götter, die Asen, ihre eigenen Wohnungen.

Dort thront Odin, der höchste Gott, den die Menschen auch Wodan nennen, in Walhalla, der größten und prächtigsten Halle, und waltet über der Welt und über den Menschen. Auf seinen Schultern sitzen zwei Raben, Hugin, der Gedanke, und Munin, das Gedächtnis, die auf sein Geheiß täglich ausfliegen, und raunen ihm ins Ohr, was sie gesehen und gehört haben.

In heiligen Nächten sprengt Odin auf weißem Rosse mit seinem Gefolge in wilder Jagd über die sturmgepeitschten Baumwipfel durch die Lüfte dahin. Oft steigt er auch in menschlicher Gestalt, einen blauen sternbesäten Mantel um die Schultern und einen breitkrempigen Hut auf dem Haupt, zur Erde hinab, um den Sterblichen sein Mitgefühl zu zeigen, ihnen zu helfen und ihre Gastfreundschaft zu erproben.

Im Getümmel des Kampfes trägt der Waffengewaltige eine strahlende Rüstung und Gungnir, seinen mächtigen Speer. Er nimmt am Kampfe nicht selbst teil, sondern reitet auf seinem achtfüßigen Roß Sleipnir über die Walstatt und zeichnet mit dem Speer die Männer, denen er den Tod bestimmt hat. Die Walküren, Schlachtenjungfrauen von herrlicher Schönheit, begleiten ihn und tragen die Gefallenen auf ihren feurigen Rossen nach Walhalla empor.

Odins Sohn Thor, der auch Donar heißt, ist der kraftvolle Donnergott. Er hilft Göttern und Menschen und gewährt besonders den Schwachen seinen Beistand; er hat Gewalt über Wind und Wogen, über Blitz und Donner. Im rollenden Wagen, der von Böcken gezogen wird, fährt er auf den Wolken dahin, in der Rechten Mjöllnir, den Hammer, der nach dem Wurfe in seine Hand zurückkehrt. Wie alle Götter, wird auch er von den Menschen nicht in Tempeln verehrt, sondern in Hainen, von den Bäumen ist ihm die sturmfeste Eiche heilig.

In der Reihe der Göttinnen ist Odins Gemahlin Frigga, die mit Walvater den Thron in Asgard teilt, die Königin der

Götter und Menschen; sie wird verehrt als gütige Frau, die für die Menschen sorgt, als Beschützerin der Ehe und der häuslichen Arbeit, sie gilt als Spenderin des Kindersegens. Der Wagen, auf dem sie durch die Lande fährt, wird von Katzen gezogen, diese und andere häusliche Tiere, auch Schwalbe und Storch, sind ihr geheiligt, und der wahrsagende Kuckuck.

Segenspendend und Licht schenkend schreitet Baldur, der Gott der Frühlingssonne, der für das Gute und Gerechte kämpft, über die Erde. Sein Bruder ist der blinde Hödur, der Gott des Winters, der Finsternis und Kälte. Niemand liebt ihn unter den Menschen, und überall, wo er herrschen darf, erstickt das Leben.

Odins Bruder Loki, der Gott des Feuers, das die Leichen verzehrt, zeigt wankelmütigen, oft tückischen Sinn und hält es bald mit den Asen, bald mit den Riesen, die im rauhen Nordland hausen und den Frieden in der Welt zu stören trachten; der Fenriswolf und die Midgardschlange sind Lokis furchtbare Kinder.

Ein alter Wahrspruch kündete den Asen, daß der Wolf Fenris ihren Untergang herbeiführen werde. Da fesselten die Götter ihn mit List, banden das Untier an einen Felsen im Meer und sperrten ihm den Rachen mit einem Schwert. Schauerlich heulte der Wolf in Schmerz und Wut. Am Tage der Götterdämmerung aber wird er sich befreien und gegen die Asen kämpfen, ebenso wie die Midgardschlange, die auf dem Grunde des Meeres ruht und die ganze Erde mit ihrem Leib umschlingt.

In der Mitte von Asgard steht Yggdrasil, die immergrünende Weltesche, die mit ihrer Krone hoch über das Himmelsgewölbe hinausragt und ihre Äste über die ganze Welt hin breitet und mit ihren Wurzeln die Hel, das Reich der

Gewesenen, deckt. Am Urdbrunnen, an dem die Esche steht, wohnen die Nornen, sie heißen Urd, Werdandi und Skuld und wissen um das Schicksal aller Götter und Menschen. Denn niemand sonst kennt ganz das zukünftige Geschick, selbst Odins Wissen ist Stückwerk.

Nicht immer wird Yggdrasil grünen, denn Nidhogg, der Drache, nagt an ihren Wurzeln, und einst wird der Tag kommen, da die Weltesche welken muß. Dann bricht Ragnarök, der Tag der Götterdämmerung, über Asgard herein; der Fenriswolf reißt sich von seinen Fesseln los, die Midgardschlange erhebt sich aus dem Meer, und die Riesen kommen, Götter und Helden sammeln sich zum letzten Kampf. Dann werden Asgard und Midgard vergehen, und alles Leben erlischt.

Thor holt seinen Hammer

Eines Morgens bemerkte Thor mit Schrecken, daß sein Hammer fehlte. Vergebens durchsuchte er, wild sich den Bart raufend, alle Räume seines Hauses.

Da kam Loki, der listenreiche Gott, daher. Er konnte sein schadenfrohes Lächeln kaum verbergen, als Thor ihm sein Mißgeschick erzählte. »Die Riesen werden ihn gestohlen haben«, versetzte Loki jedoch gleichmütig. »Wenn du willst, werde ich bei ihnen nachforschen.« Und Thor willigte ein.

Von Frigga entlieh sich der verschlagene Loki das Federgewand, flog nach Riesenheim und brachte schnell in Erfahrung, daß der Riese Thrym, der König der Unholde, den

Hammer gestohlen und acht Meilen tief unter der Erde verborgen habe.

»Nur um einen Preis werde ich den Hammer herausgeben«, rief der Riese hohnlachend; »nur wenn Frigga, die schönste Göttin, meine Frau wird!«

Als Loki den Asen diese Forderung überbrachte, schrie Frigga auf vor Scham und Zorn, und in großer Sorge versammelten sich die Götter und hielten Rat; denn wenn Thor den Hammer nicht zurückerhielt, so drohte für Asgard der Untergang.

Widerstrebend ließ Thor sich schließlich durch Odins klugen Sohn Heimdall, der als Gott des Frühlichts auch der Wächter des Himmels ist, zu einer List überreden. Als Braut verkleidet, sollte er in Friggas Gewand und Schmuck nach Riesenheim ziehen und selber den Hammer holen. Loki, der verschlagene Gott, erbot sich, ihn als seine Dienerin zu begleiten.

Voller Freude empfing der Riese Thrym die Braut, die tief verschleiert vor ihn trat. Er ließ sogleich ein Festmahl herrichten. Man nahm mit den Gästen in der Halle Platz und tat sich gütlich bei fettem Ochsenbraten und schäumendem Met. Mit Verwunderung sahen Thrym und seine Gäste, wie die vermeintliche Braut einen ganzen Ochsen, dazu acht Lachse verzehrte und drei Kufen Met hinuntergoß.

»Acht Tage lang hat meine Herrin nicht gegessen, so sehr quälte sie die Sehnsucht nach dir!« sagte der kluge Loki zur Erklärung des seltsamen Gebarens.

Das hörte der Riese gern. Mit plumpen Fingern lüftete er ein wenig den Schleier, um das holde Antlitz der Braut zu sehen. Doch entsetzt fuhr er zurück vor den Augen, die wie loderndes Feuer blitzten. »Meine Herrin«, versetzte der als

Magd verkleidete Loki, »hat acht Nächte kein Auge geschlossen, so sehr verzehrte sie das Verlangen nach dir.«

Solche Worte erfreuten Thrym über alle Maßen, darum
rief er befehlend: »Bringt jetzt den Hammer des mächtigen
Thor!«

Wie frohlockte Thor in seinem Herzen, als man ihm, der
vermeintlichen Braut, feierlich den Hammer als Hoch-
zeitsgabe in den Schoß legte!

Mit ingrimmiger Wut ergriff er den Hammer, wog ihn in
der Hand und schleuderte ihn gegen den Riesen Thrym, so
daß dieser mit zerschmettertem Schädel von seinem Sitz
sank. Ein wildes Getümmel erhob sich, als Thor nun mit
dem Hammer Mjöllnir auf die übrigen Riesen einhieb, bis
keiner aus Thryms Geschlecht mehr am Leben war.

Der Himmel lachte und donnerte zugleich, als Thor und
Loki vom rauhen Riesenheim hinauffuhren zu Asgards
leuchtenden Höhen.

Baldurs Tod

Baldur, Odins und Friggas Sohn, war der schönste und
edelste unter den Göttern. Der blühende Jüngling, der
Gott des Lichtes und des Frühlings, des Guten und des
Gerechten, wurde von allen Asen am meisten geliebt.

Eines Tages träumte die Göttermutter Frigga einen
bösen Traum. Sie sah, wie Hel, die Todesgöttin, ihren Lieb-
lingssohn Baldur entführte. Auch Baldur träumte, daß sein
junges Leben von Gefahren bedroht sei. Da beschwor Odin
die uralte Wala, die Seherin der Hel, aus ihrem Grab, um

sichere Kunde zu erfahren. Auf die Frage, wen man im Reiche der Hel erwarte, erhielt er die Antwort: »Baldur, den Guten, erwartet man. Hödur, sein blinder Bruder, wird ihn töten.«

Die Asen und Göttinnen hielten, voll Sorge um das Leben ihres Lieblings, Rat und faßten den Beschluß, daß alle Geschöpfe, die im Himmel und auf Erden sind, einen heiligen Eid schwören sollten, Baldur niemals etwas anzutun. Frigga selbst nahm Feuer und Wasser, Riesen und Elben, Menschen, Tiere und Pflanzen, in strenge Eidespflicht.

Von nun an verfehlte jede Waffe, die man, um den neuen Bund zu erproben, gegen Baldur richtete, ihr Ziel. Ja, es wurde zu fröhlicher Kurzweil unter den Asen, nach Baldur Geschosse zu werfen; doch keines traf ihn.

Am Rate der Götter hatte auch der verschlagene und ränkesüchtige Loki teilgenommen. Während die Götter nun mit Baldur ihr Spiel trieben, wandte er sich, als Bettlerin verkleidet, an die gütige Frigga und entlockte ihr ein Geheimnis: Auf einer Eiche vor Walhallas Tor wuchs der Mistelstrauch. Diesen, so verriet Frigga, hatte sie nicht schwören lassen, weil er ihr zu schwach und unbedeutend erschienen war.

Schnell entfernte sich Loki, nahm seine wahre Gestalt an und eilte zur Eiche. Er schnitt ein Zweiglein der Mistelstaude ab und kehrte in den Kreis der Götter, die immer noch ihr fröhliches Spiel trieben, zurück. Untätig abseits stand nur Baldurs Bruder, der blinde Hödur. »Wie soll ich mitspielen, da ich doch des Augenlichts beraubt bin?« versetzte er mißmutig auf Lokis Frage.

»Spanne den Bogen, hier ist ein Pfeil«, sagte Loki und reichte ihm den Mistelzweig, »ich werde für dich zielen!«

Der blinde Hödur tat nach dem Geheiß des bösen Gottes, und, wie vom Blitz getroffen, sank Baldur entseelt zu Boden.

So hatte sich die Weissagung der Wala grausam erfüllt.

Nur Odins Wort, daß Hödur ein dem Baldur vorherbestimmtes Schicksal vollzogen habe, schützte den Mörder vor der Rache der Götter.

Dann schickten sie sich auf Geheiß des Göttervaters an, Baldurs Leichnam zu bestatten.

Nie zuvor hatte in Asgard und auf der Menschenerde so tiefe Trauer geherrscht wie jetzt um Baldur, den lieblichen Gott.

Am Strande des Meeres hatten die Asen Baldurs Schiff aufgestellt und auf ihm den Scheiterhaufen errichtet. Als sie den Leichnam obenauf legten, konnte Nanna, die Gattin Baldurs, den Anblick nicht länger ertragen, und ihr Herz brach vor Gram. So betteten die Asen sie an Baldurs Seite.

Alle Götter gaben dem toten Sonnengott Worte der Hoffnung mit auf den Weg. Niemand jedoch weiß, was Odin dem edlen Toten ins Ohr flüsterte.

Thor legte die Flamme an den mächtigen Scheiterhaufen. Dabei stieß er ein Zwerglein, Lit mit Namen, das ihm vor die Füße kam, mit einem Tritt in die Flamme, daß es verbrannte.

Dann schoben die Riesen das Schiff in die Fluten und ließen es die hohe See gewinnen. Immer mächtiger griff in dem wilden Fahrtwind die Flamme um sich, und einer riesigen Opferfackel gleich jagte Baldurs Schiff zum letzten Male über das Meer.

Als die Springflut gierig nach den brennenden Balken griff und ihre Glut in die Tiefe zog, war es den am Gestade harrenden Asen, als versinke die ganze Welt ringsum in Dämmerung.

Niemand trauerte mehr um Baldurs Tod als seine Mutter Frigga. Mußte Baldur, der Frühlingsgott, den Asen und der Menschenwelt für immer entrissen sein? Sollte Hel, die Göttin des Totenreichs, sich nicht erweichen lassen, den Götterliebling freizugeben?

Auf Friggas inständige Bitten entschloß sich Hermodur, der Götterbote, seinen Bruder zu befreien.

»Ich gebe dir Sleipnir, mein Roß, für die lange Wegstrecke«, sagte Odin zu seinem Sohne, »es wird dich sicher ans Ziel führen, denn ihm ist der Weg bekannt.«

Neun Nächte ritt der Götterbote, bis der achtfüßige windschnelle Renner die Brücke, die zur Hel hinabführt, erreichte.

Hermodur wagte es kühn, in das Reich der Toten einzudringen. Bald sah er Baldur, den geliebten Bruder, schlafbefangen und bleich, an Nannas Seite sitzen. Er flüsterte ihm Worte des Trostes zu. Aber lange mühte sich der Götterbote vergeblich, die düstere Hel zur Milde zu stimmen. Mit eisiger Kälte blickte sie ihn an. Dann ließ sie ihre Stimme vernehmen: »Wer gestorben ist, bleibt meinem Reiche verfallen. Auch Baldur gehört der Hel. Trotzdem will ich die Bitte der Götter erfüllen und ihm die Freiheit wiedergeben, wenn alle Geschöpfe der Welt, ob lebende oder tote, ihn beweinen. Verweigert auch nur ein einziges Geschöpf diesen Anteil der Tränen, so bleibt Baldur für alle Zeit im Reiche der Toten!«

Hermodur eilte, zum Asenhof zurückzukehren. Baldur und Nanna gaben ihm Geschenke mit auf den Weg, die er Odin und Frigga mitbringen sollte.

Dort in Walhalla warteten alle voller Spannung auf den abgesandten Boten. Und voller Hoffnung sandte Frigga sogleich die Alben, ihre Boten, in die Welt hinaus, um alle

Geschöpfe für Baldurs Heimkehr zu gewinnen. »Denkt an meinen geliebten Sohn, den Frühlingsgott«, ließ sie ihnen sagen, »und weinet über seinen Tod, so wird die Göttin der Unterwelt ihm die Heimkehr gewähren.«

Friggas Mühen schien nicht umsonst: Alle Geschöpfe, zu denen ihre Boten kamen, waren voller Erbarmen und weinten um den toten Lichtgott. Schon machten sich die Alben auf den Heimweg.

Alle Wesen, sogar die starren Steine, hatten Anteil an Baldurs Schicksal gezeigt. Da trafen die Alben in düsterer Felsenhöhle eine grimmige Riesin, Thögg mit Namen, die hatte um Baldurs Tod keine Träne geweint, und kein Bitten und Flehen konnte sie rühren.

So blieb Baldur im Reiche der Hel.

Nicht wenige der Asen, die mit Betroffenheit die Weigerung des finsteren Weibes vernahmen, glaubten, daß hier Loki sein haßerfülltes Werk fortsetze.

Wo war der hinterhältige Mörder geblieben? Inmitten des Entsetzens, das bei Baldurs Ermordung alle gepackt hielt, hatte der heimtückische Loki entkommen können. Er floh nach Riesenheim und verbarg sich dort in einem einsamen Versteck. Die Götter aber fanden seine Spur. Doch als sie sich dem Hause, dessen vier Fenster nach allen Himmelsrichtungen gingen, näherten, machte sich Loki eilig davon. Er verwandelte sich, wie so oft, in einen Lachs und verbarg sich unter einem Wasserfall. Vorher hatte er ein Netz, das er sich eben fertigte, um zu erproben, ob man ihn damit fangen könne, ins Feuer geworfen.

Das wurde ihm zum Verhängnis, denn in der Asche noch erkannten die Götter die Form des Netzes und wußten nun, wo und mit welchem Mittel sie ihn fangen sollten. Mochte Loki sich auch immer wieder der Verfolgung entziehen, die

Götter fingen ihn schließlich in den Maschen des von ihm erfundenen Netzes.

Die Rache der Asen war so schrecklich wie das Verbrechen, das Loki begangen hatte. Sie führten ihn auf eine Insel im Reiche der Hel und schmiedeten ihn dort an einen scharfkantigen Felsen, daß er kein Glied regen konnte. Über dem Haupte des Verräters befestigten die Rächer eine Natter, die ihm unablässig ihr Gift aufs Antlitz träufelte. Zwar teilte Sigyn, Lokis Gattin, das schwere Los des Verdammten. Tag und Nacht saß sie neben dem Gefangenen und fing das Natterngift in einer Schale auf. Doch wenn die Schale voll war und das treue Weib sich erhob, um sie auszuleeren, wurde Loki von brennendem Schmerz gequält, dann streckte und wand er sich, daß nicht nur die Felsen, sondern ganz Midgard erschüttert wurde und die Erde erzitterte. Dieses Erzittern nennen die Menschen Erdbeben. In solchen grausigen Nächten heult der Fenriswolf, und die Midgardschlange regt sich in der Tiefe des Meeres, die Wogen rauschen wild empor, und Sturmfluten branden wider den Wall, mit dem die Götter Midgard gegen die See geschützt haben.

Die Götterdämmerung

Bei Menschen und Göttern herrschte tiefe Trauer, seit der Todespfeil Baldur ins Herz getroffen hatte. Nur die finsteren Riesen, die Unholde und die mißgestalteten Zwerge frohlockten, denn mit dem Erlöschen des Sonnenglanzes wuchs ihre Macht der Finsternis.

Böse Zeichen kündeten dem Walvater das Ende der goldenen Zeit, die Blätter der Weltesche Yggdrasil wurden welk, und die Asen begannen zu altern. Denn die schöne Iduna, die Göttin der Jugend, tränkte Yggdrasil nicht mehr mit lebenspendendem Met.

Die Göttin Iduna war vermählt mit Odins Sohn Bragi, dem Skalden, der die Gabe der Weisheit und der Dichtkunst besaß. Wenn er in Asgard im Kreise der Götter die Harfe erklingen ließ, dann hingen alle an den Lippen des edlen Sängers und priesen die hohe, bezwingende Macht seines göttlichen Gesanges. Und wie Bragi, den liebenswürdigen Odinssohn, verehrten die Asen seine Gemahlin Iduna, deren Name »Immergrün« bedeutet und die im wundertätigen Met den Zauberschatz ewiger Jugend bewahrte.

Auf Iduna und ihre Hilfe setzte Odin seine Hoffnung. Er sandte nach ihr, doch mit Schrecken erfuhr er, daß die schöne Göttin verschwunden sei. Vergebens ließ Odin seine Raben ausfliegen, um nach der Entschwundenen zu suchen. Als sie nach langer, langer Zeit zurückkehrten, brachten sie schlimme Kunde: Iduna, die strahlende Göttin, weilte im Totenreich der Hel, von wo es keine Rückkehr gibt, und auch Bragi, ihr Gatte, war ihr dorthin gefolgt, und noch andere unheilvolle Zeichen wußten die Raben zu berichten. Den Geschöpfen auf der Erde entschwinde die Lebenskraft, und in Mimirs heiligem Brunnen beginne die Weisheit zu versiegen.

Voll düsterer Ahnungen hatte Walvater die unheilschwere Botschaft vernommen. Er erkannte, daß das schicksalhafte Verhängnis unaufhaltsam seinen Lauf nehmen werde, nachdem der lichte Baldur und die jugendfrische Iduna zur Hel gefahren waren. In den Nächten hörten

die Asen aus den Abgründen der Unterwelt den Fenriswolf
heulen, Lokis schrecklicher Sohn zerrte gierig an seinen
Ketten, denn er witterte, daß die Stunde seiner Befreiung
nahe.

Als mit Baldurs Tod die Sonne ihren Glanz verlor, fiel ein
harter langer Winter, der Fimbulwinter, ins Land. Schnee-
gestöber dauerte an und starker Frost, rauhe Winde tobten,
und der Winter schien kein Ende mehr zu nehmen.

In dem Wüten der Elemente war es, als liege Dämmerung
auch in den Seelen der Menschen. Arges geschah unter Göttern und Menschen. Krieg erfüllte die Welt, Brüder töteten
einander aus Habgier, Meineid und Mord, Ehebruch und
Verletzung der Gastfreundschaft geschahen, und Gier und
Gottlosigkeit herrschten.

Mit bitterer Sorge sahen die Götter im hohen Asgard, wie
alle Ordnungen sich auflösten. Vergeblich schleuderte
Thor seinen Hammer Mjöllnir gegen die Riesen; denn un-
verletzlich saßen sie hinter den schützenden Eiswänden des
Fimbulwinters. Vergebens ritt Odin auf pfeilschnellem
Roß zum alten Mimir, dem Weisen; der Weisheitsbrunnen
war wie von wildem Sturm bewegt – in ratloser Ohnmacht
stand Mimir vor dem Verhängnis.

Da sprengt der Göttervater auf windschnellem Renner
zurück nach Walhall, um Götter und Helden zum Kampfe
zu rufen; denn das Unheil naht. Laut kräht der hellrote
Hahn auf Asgards Dach, und krächzend antwortet der
dunkelrote auf Hels Halle. Die Midgardschlange erhebt ihr
furchtbares Haupt aus den Fluten des Meeres, und der
Grenzwall, der Midgard schützt, bricht. In Todesangst fliehen die Menschen in die Gebirge und bergen sich in Höhlen, denn nun reißt sich der Fenriswolf aus seinen Banden
los, daß die Erde im Innersten erbebt. Stürmisch braust das

Meer über seine Ufer, und es kommt ein Schiff gefahren, das von Loki gesteuert wird, und alle Riesen sind bei ihm. Es ist Naglfari, das Nägelfahrzeug: Es ist aus Finger- und Zehennägeln der Toten erbaut, welche die Menschen ehrfurchtslos seit langem zu schneiden unterlassen hatten. Der Fenriswolf, dessen gähnender Rachen Himmel und Erde berührt, verschlingt Sonne und Mond, und Finsternis breitet sich über die Welt.

Ragnarök, der Tag der Entscheidung, bricht an. Es birst der Himmel, und in unendlichen Scharen kommen Muspelheims Söhne geritten. Sutur, der Urweltriese, reitet an der Spitze, und rings um ihn her lodert alles von Brandfackeln. Wild entschlossen ziehen sie nun hinaus auf das Feld Wigrid, die Kampfebene, und mit ihrem Heereszuge sammeln sich zum Streite alle Mächte der Finsternis.

Da dröhnt über Asgard hin das Giallarhorn, mit dem Heimdall die Götter zum Kampfe ruft. Wenn es zum drittenmal gellt, öffnen sich Walhalls Tore weit, und der glänzende Heerwurm der Götter und Helden reitet hervor. Die Spitze führt Walvater in leuchtender Rüstung, den Goldhelm auf dem Haupte, und Gungnir, den nie fehlenden Speer, in der Faust.

Auf Wigrid, der Walstatt des Weltenringens, beginnt die letzte entsetzliche Schlacht. Wodans Waffe wütet unter den herandrängenden Riesen, und gleich dem herabsausenden Blitz fährt Thors Hammer gegen die Scharen der Unholde; in den Reihen der Asen wütet, Schrecken verbreitend, Lokis Sohn, der grimmige Fenriswolf; unverwundbar zeigt er sich gegen alle Waffen der Götter. Loki und Heimdall töten sich gegenseitig. Mit Mjöllnir, dem Hammer, zerschmettert Thor den Kopf der Midgardschlange; doch der Gifthauch des sterbenden Drachen reißt den gewaltigen Asen mit in den Tod.

Tyr stößt auf Garm, den Höllenhund; doch während dieser dem Kriegsgott die Kehle zerreißt, führt der Ase mit seinem Schwerte gegen das Untier den Todesstoß.

Lange kämpft Odin mit dem Fenriswolf, der sich mit entfesselter Kampfesgier auf den Göttervater stürzt, und am Ende verschlingt der Weltenwolf Walvater.

Was hilft es, daß Widar, Odins gewaltiger Sohn, zur Rache herbeieilt und den Wolf zermalmt? Walvater, der Herr von Asgard, ist tot! Für die Asen ist das Ende gekommen.

Sutur dringt in Asgard ein und schleudert den Feuerbrand in die Halle, daß ringsum die glühende Lohe zum Himmel emporschlägt, und auch Midgard geht in der gierigen Flamme auf. Der Abgrund der Hel öffnet sich und verschlingt die Toten.

> Schwarz wird die Sonne, die Erde versinkt.
> Vom Himmel fallen die heiteren Sterne.
> Glutwirbel umwühlen die allnährende Weltesche.
> Die heiße Lohe bedeckt den Himmel.

So heißt es in dem Liede aus altersgrauer Zeit, und wenn Yggdrasil, der Weltenbaum, donnernd zusammenstürzt, ist die Welt der Götter und der Menschen in den Wassern versunken.

Doch bedeutet nach der Sage der ungeheure Weltenbrand, der Asgard und Midgard vernichtet hat, nicht das Ende. Aus dem Meere, dessen Wogen die Welt der Asen verschlungen haben, erhebt sich eine neue Erde mit grünen Fluren, die keines Menschen Hand besät hat.

Auch die Sonne hat eine Tochter geboren, die nicht minder schön ist als die Mutter und die nun in ihrer Bahn wandelt.

Und unter den Wurzeln der Weltesche in Urds Brunnen haben sich zwei Menschenkinder verborgen gehalten, Lif und Lifthrasir, das Leben und die Lebenskraft. Aus ihnen erwächst ein neues Geschlecht, das die Erde bewohnt.

Ein neues Asgard ersteht. Baldur, der strahlende Lichtgott, und sein Bruder Hödur, der Gott der lichtlosen Winterzeit, kehren aus Hels Totenreich zurück. Auch Thors Söhne, die ihres Vaters gewaltigen Hammer auf dem Schlachtfelde fanden, nehmen Besitz von den goldenen Götterstühlen. Nicht gilt es mehr, die Frost- und Eisriesen zu zermalmen; denn das finstere Riesengeschlecht ist nicht zu neuem Leben erstanden, nur friedlichem Tun dient der Hammer. Ungetrübter Friede herrscht von nun an in den himmlischen Höhen.

Deutsche Heldensagen

Wieland der Schmied

In Seeland am Ostmeer lebte einstmals der Riese Wate, der aus königlichem Geschlecht stammte, seine Mutter Waghild aber war eine Meerfrau. Wate besaß drei starke Söhne. Die beiden älteren Slagfider und Egil wurden Krieger; Wieland, den Jüngsten, aber tat der Vater in die Handwerkslehre, damit er ein tüchtiger Schmied werde. Mime, der berühmte Meister in Nordland, unterwies den geschickten Knaben drei Jahre, und nachdem Wieland lange bei kunstfertigen Zwergen gearbeitet hatte, galt er im Lande als ein unübertrefflicher Meister seines Handwerks.

Mit seinen beiden Brüdern zog Wieland in die Einsamkeit; sie hausten gemeinsam am Wolfsee in einem Tal, das ihnen bei Jagd und Fischfang alles Nötige zum Leben bot. Eines Tages gewahrten sie über dem See drei Schwäne, die sich herabsenkten. Als die Schwäne das Ufer des Sees erreicht hatten, warfen sie ihr Federkleid ab und standen da als drei wunderschöne Jungfrauen. Es waren Walküren.

In schnellem Entschluß schlichen die drei Brüder hinzu und nahmen die Schwanenhemden an sich. So hatten sie die Jungfrauen, die sich ohne Hemden nicht verwandeln konnten, in ihrer Gewalt; die Walküren mußten in Menschengestalt bei den Brüdern bleiben, und diese vermählten sich mit ihnen.

Sieben Jahre lebten die drei Paare in ungetrübtem Glück, und die Brüder ahnten nicht, wie sehr sich die Walküren nach ihrem früheren Leben zurücksehnten. Wielands Weib Herwör schenkte ihrem Gatten einen kostbaren Ring, der

die Kraft haben sollte, ewige Liebe zu erhalten. Der kunstfertige Mann schmiedete nach diesem Muster andere, und
reihte sie alle auf eine Schnur.

Eines Tages aber, als die Brüder von der Jagd heimkehrten, war das Haus leer. Die drei Frauen hatten ihre
Federhemden, die ihre Gatten vor ihnen versteckt gehalten
hatten, gefunden und waren davongeflogen. Da zogen
Wielands Brüder bekümmert in die Welt hinaus, um die
verlorenen Geliebten zu suchen; Wieland aber blieb zurück, denn er vertraute auf die Kraft des Ringes.

Nidung, der König der Njaren, hörte von Wielands
Kunstfertigkeit und sann darauf, ihn sich dienstbar zu ma-
chen und seinen Reichtum zu gewinnen. Heimlich ließ er
Wieland in seinem einsamen Hause gefangennehmen.

Er raubte den Ring der Schwanenjungfrau samt den
Kostbarkeiten und entführte Wieland in sein Reich.

Zornbebend fügte sich dieser der Gewalt.

»Hüte dich vor seiner Rache! Sieh nur, wie seine Augen
glühen!« raunte die Königin ihrem Gatten zu. »Zer-
schneide ihm die Sehnen, damit er nicht entfliehen kann.«

Da folgte König Nidung dem heimtückischen Rat seiner
Frau und ließ den Unglücklichen danach auf eine nahe Insel
bringen. Lange dauerte es, bis die schrecklichen Wunden
heilten. »Nun wirst du deine Kunstfertigkeit zeigen«, sagte
der König, »und für mich alles schmieden, was in deinen
Kräften steht.«

Tagsüber stand der einst kraftvolle, nun verkrüppelte
Mann am Amboß und mußte für den König arbeiten; doch
im Schutze der Nacht schuf er ein Werk, das noch keinem
Menschen gelungen war: ein Federkleid, das ihn befähigte,
sich in die Luft zu erheben.

Eines Morgens kamen die beiden jungen Königssöhne,

ohne daß es jemand wußte, auf Wielands Insel, um seine Werkstatt anzusehen. Nun fand der so schändlich Verstümmelte endlich die Gelegenheit zur Rache. Er erschlug die beiden Knaben und warf sie in die Grube unter der Esse. Mit den Schädeln aber vollbrachte er ein grausiges Werk. Er faßte sie in Silber und fertigte Trinkschalen daraus, die er König Nidung zum Geschenk machte.

Bald darauf geschah es, daß die Königstochter Bathild den Ring der Herwör, den sie als ihren schönsten Schmuck trug, aus Unachtsamkeit zerbrach. Niemand anders als Wieland konnte, wie sie wohl wußte, das Kleinod wiederherstellen, und so vertraute sie sich aus Furcht vor des Vaters Zorn dem kunstfertigen Schmiede an. Mit heuchlerischer Freundlichkeit empfing Wieland die schöne Bathild und beschwichtigte ihre Sorge. Dann betörte er die Königstochter mit einem Zaubertrank, daß sie zu heimlichem Ehebund mit ihm bereit war.

Damit sah Wieland seine Rache erfüllt. Während die verführte Königstochter weinend sein Haus verließ, schlüpfte er in sein Federkleid und flog auf König Nidungs Burg. Auf der höchsten Zinne ließ er sich nieder.

»Wie? Bist du ein Vogel geworden?« rief Nidung aus, als er den Schmied mit Entsetzen dort oben gewahrte. Er ahnte jetzt, wer ihn seiner Söhne beraubt hatte.

Aber bevor Wieland ihm auf seine Frage die letzte Gewißheit gab, ließ er den König schwören: »Bei Schildes Rand und Rosses Bug, bei Schwertes Schärfe und Schiffes Bord sollst du mir geloben, daß nicht Wielands Weib noch seinem Kind ein Leid geschieht!«

König Nidung leistete den Eid, und nun ließ Wieland ihn das Schicksal seiner Söhne wissen. »Verstehst du nun, was es mit den silbernen Trinkbechern auf sich hat?« rief er mit

Hohnlachen. »Da du einen Eid geschworen hast«, fügte er
hinzu, »sollst du auch wissen, daß deine Tochter heimlich
mein Weib geworden ist und dir einen Enkel schenken
wird!«

Diese Nachricht dünkte den stolzen König die schwerste
Schmach. In ohnmächtigem Zorne richtete er die Waffe auf
den Schmied, der sich so grausam an ihm gerächt hatte;
doch kein Pfeil erreichte den flügelbewehrten Wieland, der
sich in die Lüfte hob und in den Wolken entschwand.

Das ist die Sage von Wieland dem Schmied. Sein Sohn,
den die Königstochter gebar, wurde Witege genannt. Als
Witege groß und stark geworden war, sandte ihn seine Mutter Bathild in die Ferne zu seinem Vater, der ihn freundlich
aufnahm und in allen Fertigkeiten unterwies, deren ein
Held bedurfte, um in Ehren zu bestehen.

In einer prächtigen Rüstung, die sein Vater ihm geschmiedet hatte, zog Witege in die Welt hinaus und wurde
später Kampfgefährte des Helden Dietrich von Bern, dessen Tatenruhm schon damals die Lande erfüllte.

Gudrun

Vor Zeiten lebten in Irland der König Hagen und seine
Gemahlin Hilde; sie hatten eine liebliche Tochter, die
den Namen ihrer Mutter trug. Jedermann pries ihre Anmut
und ihren Liebreiz, und bald drang der Ruf von Hildes
Schönheit über Meer und Land, und viele edle Freier aus
königlichem Blut kamen an den Hof, um sie zum Weibe zu
gewinnen.

»Ich werde nur dem die Hand meiner Tochter geben«, erklärte König Hagen hart, »der mich selber im Wettkampf besiegt.« Viele Bewerber hatte er schon im Kampfe bezwungen und erschlagen.

Damals herrschte im Hegelingenland König Hetel, dessen Reich sich von Jütland bis zu den Niederlanden erstreckte. Sein Wunsch war es, die schönste Fürstentochter als Gemahlin an seiner Seite zu haben, und so entsandte er drei getreue Helden zur Brautwerbung: seinen Waffenmeister Wate, den gewaltigen Recken, den sangeskundigen Horand, seinen Schwestersohn aus Dänemark, und den klugen Frute, dessen Rat dem König schon so manches Mal aus der Bedrängnis geholfen hatte.

»Nicht mit Waffengewalt, nur durch List werden wir zum Ziele kommen«, mahnte Frute, »denn König Hagen pflegt die Boten derer, die seine schöne Tochter gewinnen wollen, sehr übel aufzunehmen.« Auf seinen Rat reisten die Helden darum als fremde Kaufleute verkleidet nach Irland.

Am Strande von Baljan gingen sie an Land, baten um Gastfreundschaft, die man ihnen gewährte, und schlugen die Zelte auf, um ihre Waren feilzubieten: Waffen und Geräte, wertvolle Stoffe und kostbaren Schmuck an Spangen und Ringen.

Die Leute aus Hagens Burg strömten voll Neugierde herbei, und bald zog das Lob der köstlichen Waren und Kleinodien auch die Königin mit ihrer schönen Tochter in die Zelte der Fremden. Selbst König Hagen fand Gefallen an den Kaufleuten, die gar nicht wie gewöhnliche Krämer erschienen, und eines Tages lud er Wade und seine Gefährten an den Hof.

Im Königssaale saßen die Gäste aus dem Hegelingenlande der Königin und ihren Edelfrauen gegenüber. Mit welcher Freude schauten sie auf Hilde, die liebliche Königstochter, der ihre Reise galt; doch ließen sie nichts von ihrem Vorhaben verlauten und gebärdeten sich weiterhin, als wären sie Kaufleute. »Nicht Krämer, sondern edle Recken sind sie«, flüsterte Hagen seinem Marschall zu und blickte dabei wohlgefällig auf den starken Wate mit dem breiten Bart.

Lächelnd trat Königin Hilde vor Wate hin: »Sagt ehrlich Eure Meinung«, fragte sie scherzend. »Behagt Euch mehr der Umgang mit schönen Frauen, oder blickt Ihr lieber im Waffenspiel dem Gegner ins Auge?«

Der wackere Streiter ließ sich durch die Scherzfrage überrumpeln und gestand freimütig ein, jeder Gesellschaft schöner Frauen ziehe er den harten Waffenstreit vor. Da gab es fröhliches Gelächter, und als Hagen den Gast, der ein Kaufmann sein wollte, zum Wettkampf herausforderte, mußte er ihn bald voller Erstaunen und Beschämung als seinen Meister anerkennen.

Besonderes Gefallen aber fanden Frauen und Recken des Königshofes an Horand, dem Sänger, der durch seine Stimme aller Herzen gewann. Er sang so bezwingend, daß die Waldvögel in ihrem Gesang innehielten und die schöne Hilde in ihrer einsamen Kemenate voll heimlichen Entzückens seiner Stimme lauschte. Niemals hatte sie solch bezaubernden Gesang vernommen. Schließlich konnte sie den lockenden Tönen nicht länger widerstehen und ließ den Sänger zu sich kommen.

Dort in ihrem Frauengemach sang Horand für sie eine Weise, die er noch niemandem gesungen hatte, auf der Meerfahrt hatte er sie von einem Nix vernommen, der schöner sang als jedes Menschenwesen.

Jetzt offenbarte Horand der Königstochter die volle

Wahrheit und berichtete ihr von Hetel, seinem Herrn, der nichts sehnlicher wünschte, als sie zur Frau zu gewinnen.

Die schöne Hilde schien nicht abgeneigt, ihr Jawort zu geben. »Mein Vater wird niemals darein willigen, daß ich mit Euch in die Ferne ziehe«, meinte sie jedoch zögernd.

»Gerade darum haben wir ja vorgetäuscht, Kaufleute zu sein«, versetzte Horand, und so lockend wußte der kluge Sänger ihr seines Herrn Werbung vorzutragen, daß Hilde schließlich einwilligte. Auch ohne die Zustimmung ihres Vaters wollte sie Horand folgen, und sie war bereit, sich von ihm und seinen Gefährten entführen zu lassen.

»Erbitte dir deines Vaters Erlaubnis, unsere Schiffe zu besichtigen«, schlug er ihr vor, »dann werden wir die Anker lichten und in König Hetels Land fahren.«

Die Flucht gelang. Ein günstiger Fahrtwind führte die Hegelingen zur Heimatküste, und König Hetel, dem Boten den glücklichen Ausgang der Fahrt berichtet hatten, nahte mit seinen Recken und einem glänzenden Brautgeleite, um die schöne Hilde heimzuführen. In fröhlichem Einverständnis gelobten sich beide Liebe und Treue. Aber noch ehe es Abend wurde, kam erschreckende Botschaft: König Hagen war mit seiner kampfstarken Flotte bereits nahe der Küste, um die geraubte Tochter zurückzuholen. Denn nicht anders glaubte der Irenkönig, als daß Hilde von Seeräubern entführt worden sei.

»Rüstet euch alle zum Kampfe!« gebot Hetel seinen Mannen, und so standen die Hegelingen zur Abwehr bereit, als König Hagen mit seinen Recken an Land ging.

Ein hartes, erbittertes Ringen begann. Wild flogen die schweren Speere, und dann standen die Kämpfer, das Schwert in der Faust, einander gegenüber. Hagen drang grimmig auf König Hetel ein und traf ihn schwer, und als man den Verwundeten vom Kampfplatz führte, ging Hagen kühn den starken Wate an. Zwei ebenbürtige Gegner standen einander gegenüber, Hagen durchschlug Wates Helm und verwundete ihn schwer. Der alte Recke ließ aber nicht vom Kampfe ab und brachte den König in harte Bedrängnis.

»Trenne, wenn du mich liebst, die beiden erbitterten Kämpfer!« bat Hilde, die alles mit angesehen hatte, König Hetel; »sie werden nicht ablassen von ihrem furchtbaren Streit, bis sie beide zugleich erschlagen zu Boden sinken.«

Da raffte Hetel, trotz seiner Verwundung, sich auf und eilte auf die Walstatt. »Laßt es genug sein der Toten, König Hagen!« rief er, »und stellt den unnützen Kampf ein, ihr Helden!« König Hagen, der Achtung hatte vor der Tapferkeit seines Gegners, folgte der Aufforderung König Hetels. Die beiden starken Streiter senkten die Waffen, und König Hetel bekannte, daß er Hagens Tochter habe entführen lassen, um sich mit ihr zu vermählen. »Als Königin der Hegelingen soll sie über Land und Meer herrschen«, gelobte König Hetel.

Da willigte Hagen ein und erklärte sich zur Versöhnung bereit. Er geleitete selber seine schöne Tochter in die neue Heimat und feierte auf Hetels Burg Matelane ihre Hochzeit mit dem König der Hegelingen: in guter Freundschaft und mit vielen Gastgeschenken schied Hagen von dannen.

In hohen Ehren lebte die schöne Hilde viele Jahre an der Seite König Hetels, der sein Reich in Gerechtigkeit und Kraft regierte und schirmte. Sie hatten zwei Kinder, Ortwin, der unter der Obhut des alten Wate zu einem edlen Recken heranwuchs, und Gudrun, die an Schönheit sogar ihre Mutter überstrahlte.

Wie einst Hagen über seine Tochter Hilde, so wachte nun

König Hetel über die schöne Gudrun. Nur dem sollte sie gehören, den er ihrer würdig erachtete. Vergeblich warb Sigfrid von Morland, der über sieben Reiche gebot, um sie; vergeblich bat auch Hartmut, der Sohn König Ludwigs von der Normandie, um ihre Hand.

Gudrun selber hätte sich dem edlen Recken, der sich durch stattlichen Wuchs und ritterliches Wesen auszeichnete, vielleicht wohl anvertraut; denn er brachte ihr aufrichtige Liebe entgegen. Doch ihr Vater Hetel wies den Freier stolz und hochfahrend ab, als bedeute dessen Werbung eine Kränkung seiner Ehre; Hartmuts Vater Ludwig nämlich war ein Lehnsmann von König Hagen von Irland, und somit galt Hartmut ihm als nicht ebenbürtig.

Voller Zorn nahm der junge Normannenfürst die Abweisung hin, er fühlte sich in seiner Ehre gekränkt und sann auf Rache.

Während Hartmut unverrichteter Dinge heimkehrte, erschien König Herwig von Seeland mit einem Heere vor Hetels Burg. Die Hegelingen mußten der Übermacht der Feinde weichen, und Herwig gelang es, mit seinen Mannen in die Burg einzudringen. König Hetel stellte sich Herwig im Burghof zum Kampfe. Aber als die schöne Gudrun Herwigs Heldenkraft und den Ernst seiner Werbung sah, entbrannte ihr Herz in Liebe zu ihm, und sie bat ihren Vater, um ihretwillen Frieden zu schließen. König Hetel gewährte ihr die Bitte, weil er erkannt hatte, daß Herwig seiner Tochter würdig war.

So wurden Gudrun und Herwig miteinander verlobt. Aber ein Jahr sollte die Brautzeit währen; denn Hetel und Hilde wollten sich nicht so bald von ihrem geliebten Kinde trennen.

Doch ehe Herwig daran denken konnte, seine Braut

heimzuführen, hatte er einen schweren Krieg zu bestehen. Der mächtige König Sigfrid von Morland hatte in seinem Zorn über die Abweisung am Hegelingenhofe Rache geschworen und wandte sich nun gegen Herwig von Seeland, der glücklicher gewesen war als er. Herwig war nicht zum Kampfe gerüstet und geriet in schwere Not. Nur mit Hetels Hilfe, in dessen Heer auch der junge Ortwin, dazu Wate, Frute und Horand kämpften, wurde der mißgünstige Nebenbuhler in seine Burg zurückgeworfen. Dort belagerten ihn die Heere der Hegelingen und der Seeländer. »Nicht eher werde ich von hier weichen«, rief König Hetel drohend, »als bis Sigfrid, der Friedensbrecher, gefangen vor mir steht!«

In dieser Zeit aber, da die wehrhaften Männer fern der Heimat waren, brach das Verhängnis über Hetels Sippe herein. Hartmut, den jungen Normannenfürsten, trieb die Rache wegen der demütigenden Abweisung, die er an Hetels Hof erfahren hatte, wie auch die Liebe zu Gudrun zu schnellem Entschluß. Seine Späher meldeten ihm, daß König Hetel auf Heerfahrt sei.

Doch ehe Hartmut ins Hegelingenreich einfiel, sandte er noch einmal Brautwerber nach Matelane. »Ich bin Herwig anverlobt«, erklärte die stolze Gudrun, »und mit keinem anderen werde ich mich vermählen.«

Da griff der junge Normannenfürst zur Gewalt, wie er es angedroht hatte, berannte mit seinen Mannen die unbewehrte Königsburg und ließ Gudrun mit mehreren ihrer Jungfrauen, zu denen auch ihre Gespielin Hildburg gehörte, ergreifen und zu den Schiffen schleppen.

Nur Königin Hilde blieb in einsamem Schmerz zurück. Sie sandte Boten mit der Trauerkunde an König Hetel, und als dieser vernahm, was sich ereignet hatte, wollte ihn der

Schmerz überwältigen. Aber Herwig rief: »Wir müssen sogleich den frechen Räuber verfolgen und ihm seine Beute
abjagen.« Auch Wate stimmte ihm zu, und er drängte darauf, mit Sigfrid Frieden zu schließen. Der hartbedrängte
König von Morland war auch dazu bereit, und als er erfuhr,
daß Hartmut die schöne Gudrun geraubt habe, entschloß er
sich, an der Verfolgung teilzunehmen. Ohne zu säumen,
bestiegen sie die Schiffe, setzten die Segel und nahmen unter
Wates Führung die Verfolgung auf.

Die Normannenkrieger dachten nicht an Gefahr und
rasteten auf einer Insel, dem Wülpensande. Plötzlich entdeckten die ausgestellten Wächter Segel auf dem Meer. Die
Normannen hatten kaum Zeit, sich zu rüsten, so schnell
waren die Schiffe heran. Die bewaffneten Hegelingen
sprangen an Land, und die Schlacht begann.

In wütendem Ringen wogte das Kampfglück hin und
her. Die Wellen röteten sich vom Blute der Erschlagenen,
und rot färbte sich auch das Gras der Dünen, ringsum war
die Walstatt von Toten und Verwundeten bedeckt. Hetel
stellte in wildem Zorn den Normannenkönig Ludwig,
Hartmuts Vater zum Zweikampf; aber nach schwerem
Ringen traf ihn Ludwigs Schwert, daß er sterbend zu Boden
sank. Da wurde der Zorn des alten Wate zum Grimm eines
reißenden Tieres. Brüllend vor Kampfeswut stürzte er sich
in die Reihen der Kämpfer, um seinen Herrn zu rächen,
zahlreiche Normannen fielen unter seinen Streichen.

Als der Abend herabsank, war die Schlacht immer noch
nicht entschieden. Erst die hereinbrechende Finsternis
trennte die Kämpfenden. In tiefer Ermattung sanken hüben
und drüben die Streiter in den Schlaf. König Ludwig wußte,
daß er mit seinen Mannen auf die Dauer den Hegelingen
nicht werde standhalten können. Deshalb führte er im

Schutze der Nacht seine Krieger lautlos zu den Schiffen, gewann unbehindert die See und steuerte mit günstigem Wind der normannischen Heimat entgegen.

Als Wate in der Morgenfrühe das Heerhorn ertönen ließ, um den Kampf von neuem zu beginnen, war ringsum kein Feind mehr zu erblicken. Nur seine Toten bedeckten den Strand. Groß war die Enttäuschung der Hegelingen; denn sie mußten erkennen, daß sie nicht mehr die Kraft besaßen, den entwichenen Feinden zu folgen.

Da begruben die Überlebenden in tiefem Schmerz ihre Toten; auf das Grab des erschlagenen Königs Hetel wälzten sie einen gewaltigen Stein. Sechs Tage währte es, bis die Toten auf der breiten Meeresdüne bestattet waren. Auch die gefallenen Feinde begruben sie, damit die Leichen nicht den Raben zum Fraß dienten.

Dann ging die Fahrt heimwärts ins Hegelingenland. Ohne den Heerkönig, den starken Hetel, und ohne die schöne Gudrun, um deretwegen sie ausgezogen waren, mußten Wate und Herwig vor die Königin Hilde treten, fast die ganze waffenfähige Mannschaft hatte den Tod gefunden.

Laut klagte Königin Hilde, als sie diese Kunde vernahm. »Wir müssen sogleich zum Kampf gegen die räuberischen Normannen rüsten!« rief sie; doch Herwig zögerte, und Wate, der starke Kämpfer, wiegte bedächtig das Haupt: »Allzusehr sind von dem zweifachen Kriegszuge unsere Kräfte erschöpft; erst wenn eine neue Waffenjugend herangewachsen ist, können wir daran denken, gegen die Normannen den Kampf zu erneuern.« Auch Herwig versprach, nicht eher zu ruhen, als bis er Gudrun befreit und an Hartmut gerächt habe.

Währenddessen rauschten die Schiffe der Normannen durch das Meer nach Süden. »Seht jene Burgen, Herrin«, sagte Hartmut zu der von Kummer gebeugten Gudrun, »über sie und all meine Lande sollt Ihr gebieten, wenn Ihr mich erhöret.« Und auch König Ludwig redete ihr gut zu.

»Lieber will ich sterben, als meinem Verlobten die Treue brechen«, erwiderte Gudrun. In jähem Zorn ergriff sie der alte König und stieß sie ins Meer. Aber Hartmut sprang ihr nach und rettete sie aus den Wellen. Drohend trat er vor seinen Vater. »Hätte ein anderer sich solchen Tuns er-kühnt«, rief er, »so hätte er es mit dem Leben büßen müs-sen!« Da reute den rauhen König, was er getan hatte, und er tat Abbitte bei Gudrun.

Als die Schiffe in den Heimathafen einliefen, standen Hartmuts Mutter, die Königin Gerlind, und seine Schwe-ster Ortrun am Strande, um Gudrun freundlich zu empfan-gen. Doch diese wehrte weinend jeden Gruß ab. Trotzdem versuchte die Königin zunächst, die Entführte versöhnlich zu stimmen. Aber gegen sie wie auch gegen Hartmut und alle andern blieb Gudrun abweisend und unzugänglich; nur zu Ortrun, die ihr stets freundlich und liebreich entge-genkam, fühlte sie sich hingezogen.

Hartmuts Hoffnung, daß Gudrun ihm allmählich ihre Liebe zuwenden werde, erfüllte sich nicht. Zu sehr zürnte Gudrun dem Manne, der die Schuld an ihrem Unglück trug, und sie zeigte sich unversöhnlich, obwohl sie durch Ortrun wußte, daß Hartmuts Liebe aufrichtig war.

Als Gudrun sich fernerhin weigerte, mit Hartmut Hoch-zeit zu halten, riet Gerlind dem Sohne, die Widerspenstige ihrer Zucht zu übergeben, so werde sich alles wohl fügen. Da willigte Hartmut ein, bat jedoch die Mutter, Gudrun in Ehren zu halten, wie es ihr zustehe. So kam Gudrun, die

Königstochter, in Frau Gerlinds Zucht und mußte schwere Magddienste verrichten. Gerlind quälte sie auch durch kränkende Worte und durch Strafen und gab ihr kärgliche Nahrung.

In schweigendem Stolz nahm Gudrun alle Pein geduldig auf sich. Aber die bittere Not verscheuchte die frische Farbe ihrer Wangen. Als Hartmut von Gudruns Behandlung durch seine Mutter erfuhr, stellte er diese zur Rede, und Frau Gerlind versprach, Gudruns Los zu mildern. Trotzdem trug sie der Königstochter immer härtere Arbeiten auf.

Fortan mußte Gudrun am Strande die Wäsche waschen. Der einzige Trost für die gequälte Gudrun war, daß Hildburg, ihre Gespielin, die Not mit ihr teilte. Mitten im Winter standen die beiden Mädchen am Meeresstrande und gingen ihrer schweren Arbeit nach.

Immer wieder richtete die Königstochter den Blick über die weite See, dorthin, wo sie die ferne Heimat wußte. Hatte man sie denn dort ganz vergessen, glitt kein Segel von Norden her, kam nicht der Verlobte, sie zu suchen und ihr Rettung zu bringen?

Die Jahre gingen hin. Immer quälender und drückender wurde Gudruns Los in der Fremde, und immer mehr schwand ihre Hoffnung auf Rettung und Heimkehr. Ob Herwig, ihr Verlobter, und ihr Bruder Ortwin und ihre Mutter Hilde nicht mehr am Leben waren?

Einst standen Gudrun und Hildburg wieder bei ihrer harten Arbeit am Strande. Das Wetter war rauh und kalt; aber die grausame Gerlind hatte sich nicht gescheut, den beiden Jungfrauen sogar die Schuhe zu versagen; barfüßig, halb erstarrt vor Schmerz und Erschöpfung, so standen sie im Schnee am Meeresufer. Da sahen sie einen Seevogel in den Wellen treiben, und in ihrer Sehnsucht riefen die Jungfrauen ihn an. Der Vogel aber antwortete ihnen mit Menschenstimme: »Harret mutig aus, ihr beiden Dulderinnen; die Rettung ist nahe!« Dann hob er sich in die Luft und flog davon.

Hatte der Vogel wahr gesprochen? Gudrun und Hildburg faßten neuen Mut.

Als sie tags darauf wieder am Strande die Wäsche spülten, schraken sie auf; ein Boot, in dem zwei Männer standen, näherte sich dem Ufer. Gudrun schämte sich und wollte sich verbergen, aber Hildburg überredete sie zu bleiben.

»Wessen Wäsche wascht ihr denn?« fragten die Männer; sie schienen Mitleid zu haben mit den beiden Mädchen, die zitternd und windzerzaust so schwere Arbeit verrichten mußten. Bereitwillig gaben die Jungfrauen Auskunft; doch eine Belohnung, die man ihnen anbot, schlugen sie aus.

»Ihr seid im Normannenlande«, sagte Gudrun, »und die Burg, die ihr dort seht, gehört dem König Ludwig und seinem Sohne Hartmut.«

Begierig vernahmen die Fremden alles, was Gudrun ihnen über die Bewohner der Burg zu berichten wußte.

»Habt ihr etwas gehört von den Jungfrauen, die vor Jahren als Gefangene hierher verschleppt worden sind und von denen die eine Gudrun heißt?« fragte der eine der beiden Männer.

»Ich kannte sie, denn ich gehöre selber zu den Gefangenen, die einst hierher gebracht wurden«, antwortete Gudrun.

Da vernahm sie, wie der eine der beiden von seinem Gefährten Ortwin genannt wurde. »Ihr fragt nach der armen Gudrun«, sagte sie dann; »ich muß euch kundtun, daß sie schon längst ihrer Qual und Mühsal erlegen ist.«

Da wurden die Augen der beiden Helden naß. »Bis an

mein Lebensende«, rief Herwig, »muß ich nun klagen um
sie, die mir zur Ehe versprochen war!«

»Ihr wollt mich täuschen, wenn Ihr Gudrun Eure Braut
nennt«, sagte die Jungfrau da. »Denn wäre Herwig am Leben, längst wäre er gekommen, mich zu befreien!«

Damit hatte Gudrun sich verraten. Nun wußten Ortwin
und Herwig, daß Gudrun vor ihnen stand. Herwig zeigte
ihr den Ring, den er einst aus ihrer Hand empfangen hatte,
und sah an ihrer Hand den gleichen, den er ihr einst gegeben
hatte.

Da umarmten und küßten sich die beiden Verlobten in
unendlichem Glück. Ohne Verzug wollte Herwig die Mädchen mit sich zu den Schiffen führen. Dem widersetzte sich
Ortwin: »Nicht feige wegstehlen wollen wir sie«, sagte er,
»sondern nach ehrlichem Kampfe werden wir Gudrun und
die Mädchen befreien!«

»Sollen wir sie auch nur eine Stunde länger in der Knechtschaft leben lassen?« brauste Herwig auf. »Ich habe meine
geliebte Braut wiedergefunden! Nun bringe ich sie in
Sicherheit, und dann soll der Rachekampf beginnen, der
Kampf um die Gefährtinnen Gudruns und Hildburgs!«

Aber der edle Ortwin bestand auf seiner Forderung:
»Eher bleibe ich selber hier«, rief er, »und lasse mich an der
Schwester Seite von den normannischen Feinden nieder-
strecken. Nur in Ehren, Gudrun, sollst du befreit werden!
Aber vertrau auf unsere Treue!« Da fügte Herwig sich dem
Willen des Schwagers, das Versprechen der beiden Tapfe-
ren war für Gudrun Trost genug. Mit herzlichem Abschied
gingen sie auseinander.

Freudige Hoffnung hatte Gudrun ergriffen, ihr Antlitz
gewann wieder die blühende Farbe, und die Augen erhielten
leuchtenden Glanz. »Wir müssen an die Arbeit gehen, sonst

erwartet uns Strafe«, mahnte Hildburg; aber Gudrun wollte
vom Waschen nichts mehr wissen. »Bin ich etwa eine Magd,
die niedrige Dienste zu leisten hat?« rief sie, und lachend warf
sie die Wäsche, die für sie das Zeichen der Knechtschaft war,
ins Meer. Königin Gerlind geriet in großen Zorn, als sie
erfuhr, was Gudrun mit der Wäsche gemacht hatte. Sie ließ
eine Rute binden und befahl, die Jungfrau zu züchtigen. Da
antwortete Gudrun: »Ehe ich die Strafe erdulde, will ich zum
Manne nehmen, den ich bisher nicht nahm. Bald wird das
Normannenland mir, der Königin, dienen!«

Durch solche Worte ließ sich die Königin in ihrem Zorn
besänftigen. Sie glaubte wirklich, Gudrun habe nun endlich
ihren Sinn geändert und sei entschlossen, Hartmut die
Hand zum Ehebunde zu reichen. Sogleich ließ Gerlind ihn
rufen. Doch als Hartmut in ungläubiger Freude herbeieilte
und die stolze Gudrun als seine Braut in die Arme schließen
wollte, wies sie ihn zurück: »Seht, wie ich hier stehe, barfuß
und im nassen Gewand, wie ich soeben vom Strande heim-
gekommen bin. Nicht eher sollt Ihr mich berühren, als bis
ich Euch ebenbürtig bin und die Krone auf meinem Haupte
trage!«

Hartmut fügte sich ihrem Willen und fragte nach ihren
Wünschen. Da verlangte Gudrun königliche Gewänder für
sich und angemessene Kleidung für ihre Jungfrauen. »Als
Fürstin will ich morgen meinen Bräutigam empfangen!«
sagte sie bedeutungsvoll.

Gerlinds Dienerinnen waren nun voller Eifer bereit, der
eben noch so schmählich Mißhandelten behilflich zu sein.
Nur Gerlind mißtraute Gudruns Sinneswandlung, als sie
die Königstochter so fröhlich mit den Jungfrauen aus ihrer
Heimat scherzen sah, und sie glaubte, ihren Sohn Hartmut
warnen zu müssen. Doch seine Liebeshoffnung hatte Hart-

mut blind gemacht, und unbesorgt schlug er alle Mahnungen der Mutter in den Wind.

Als die Frauen aus dem Hegelingenlande dann zu später Abendzeit allein waren, offenbarte Gudrun ihnen die Wahrheit. »Habt Geduld bis morgen«, sagte sie tröstend, »dann wird unser Leid endlich in Freude verwandelt werden!«

Ortwin und Herwig waren inzwischen zur Flotte der Hegelingen zurückgekehrt und hatten mit ihrem Bericht überall frohe Hoffnung erweckt. Nun mußte das kühne Wagnis gelingen! Als die Nacht herabsank, lichteten sie die Anker und steuerten bei Mondenschein zur Felsenbucht, wo die Normannenburg herüberdrohte. Glücklich gelangten die Helden ans Ufer, und voller Tatendurst rüsteten sie sich zum Kampfe. Gudrun selber, von einer ihrer Jungfrauen geweckt, sah mit heller Freude vom Fenster aus, wie die ganze Bucht von Schiffen voll war und wie die Schlachthaufen der Hegelingen sich zum Sturme bereitstellten. Die Burg war von allen Seiten umstellt. Erst jetzt ließ der normannische Wächter sein Horn erschallen, um die schlafenden Recken zum Kampfe zu rufen; doch zugleich tönte Wates Heerhorn schreckenerregend durch die Morgenfrühe.

Ein harter Kampf entbrannte. Kühn hatten die Normannen die Tore geöffnet, um den Feinden draußen vor den Burgmauern entgegenzutreten; doch bald zeigte es sich, daß sie der Kampfeswut der Hegelingen nicht gewachsen waren. König Ludwig stieß auf Herwig, aber der junge König von Seeland, dem der Gedanke an die wiedergefundene Gudrun die Kraft verdoppelte, schlug so wuchtig drein, daß König Ludwig ihm unterlag: Sterbend sank er zu Boden, und Herwig schlug ihm das Haupt ab.

Hoch auf den Zinnen der Burg stand Gudrun inmitten ihrer Jungfrauen und sah dem wechselvollen Kampfe mit fliegendem Atem zu. Immer stärker wurde die Überlegenheit der vordringenden Hegelingen. Selbst den tapferen Hartmut, der überall im Vorkampfe gestanden hatte, verlangte es nach Rast. Aber als er sich mit seinen Mannen ins Tor zurückziehen wollte, versperrte der starke Wate ihm den Weg und stellte ihn zum Kampfe. Schwer fielen die Streiche der beiden gewaltigen Helden.

Da hörte Hartmut, der noch nicht wußte, daß König Ludwig gefallen war, seine Mutter laut den Tod des Gemahls beklagen. Zugleich äußerte sie das Verlangen, Gudrun tot vor sich zu sehen, und entsandte einen ihrer Knechte auf die Burgzinne. Gudrun schrie auf, als sie den Mann mit dem blanken Schwert auf sich zukommen sah, und mit diesem Notschrei aus Todesfurcht zog sie Hartmuts Blicke auf sich, der immer noch in schwerem Zweikampfe mit dem grimmen Wate stand. Hartmut eilte herbei, und furchtbar drohte der Normannenfürst, sich an dem gedungenen Mörder zu rächen; da ließ dieser das Schwert sinken und entfloh.

So hatte Hartmut, obwohl selber in Todesnot, Gudrun das Leben gerettet, der immer noch seine Liebe galt.

Bedrängter wurde seine Lage, schon schien er verloren; da eilte Ortrun herbei und warf sich Gudrun zu Füßen. »Wende den Tod von meinem Bruder ab!« bat sie flehend. »Mein Vater ist erschlagen und all die Meinen, nun erspare mir ein Schicksal, wie du es selber erlebt hast!«

Da hatte Gudrun Erbarmen mit der Königstochter, die stets freundlich zu ihr gewesen war, und von der Höhe herab winkte sie Herwig heran und bat ihn, die Kämpfenden zu trennen. Nur mit Mühe konnte Herwig ihre Bitte

erfüllen. Zwar wurde Hartmut dem Zorne des unbezwinglichen Wate entrissen; aber gefesselt führten Herwigs Mannen ihn zu den Schiffen.

Damit war das Geschick der normannischen Königsburg
entschieden. Furchtbar wütete Wate, der sich den Eingang
erzwungen hatte, durch alle Gemächer. Er wollte Gericht
halten mit Gerlind, die die Tochter seines Königs so grausam behandelt hatte. In ihrer Verzweiflung suchte die Königin Hilfe bei Gudrun, die schon Ortrun vor der Wut der
Hegelingen beigestanden hatte. Voller Großmut gewährte
die edle Gudrun auch ihrer Feindin Schutz und versteckte
sie hinter sich. Aber Wate, furchtbar anzuschauen in seiner
Kampfeswut, zerrte Gerlind hervor und ließ die Königin
mit dem Tode büßen, was sie seiner Herrin angetan hatte.

Damit hatte der erbitterte Kampf ein Ende gefunden. In
unendlichem Glück umarmte Gudrun den Verlobten und
den Bruder, die ihr die Freiheit gebracht hatten.

Mit reicher Siegesbeute ging es sodann auf die Heimfahrt, Hartmut und Ortrun wurden als Gefangene mitgeführt.

Frau Hilde, die Hegelingenkönigin, hatte schon durch
Boten den glückhaften Ausgang vernommen. Bald lag
Gudrun in den Armen der Mutter. Nun endlich wußte sie,
daß ihre lange Leidenszeit ein Ende gefunden hatte.

Die beiden normannischen Königskinder verwies Hilde
zunächst streng aus ihren Augen; später jedoch fügte sie
sich Gudruns Fürsprache. Ortwin nämlich hatte die schöne
Ortrun liebgewonnen und warb um ihre Liebe, und auch
Hartmut gegenüber ließ die Königin von ihrem Groll und
gewährte ihm Verzeihung und Freiheit. Da bat der junge
Normannenfürst die treue Hildburg um ihre Hand, und als
bald darauf Gudrun und Herwig den Lebensbund schlos-

sen, für den Gudrun sich neun Jahre lang bereitgehalten
hatte, da sah die Hochzeitsfeier im Hegelingenlande drei
glückliche Brautpaare.

Eine lange Friedenszeit folgte nach den schrecklichen
Jahren der Entbehrung und des Krieges. Gudruns Schönheit erblühte von neuem, und ihre Treue, die sie so viele
Jahre hindurch bewahrt hatte, wurde in allen Landen
besungen.

Walther und Hildegund

Als Etzel, der König der Hunnen, mit seinen Heerscharen die Völker unter seine Macht zwang, stellten viele
Könige ihm Geiseln, damit er ihr Land verschone. So gab
Gibich, der Frankenkönig zu Worms am Rhein, den adeli-
gen Knaben Hagen von Tronje zugleich mit vielen Schätzen
als Unterpfand ins Land der Hunnen; in Châlons lieferte
der Burgundenkönig Herrich sein Töchterchen Hildegund
als Geisel an Etzel aus, und auch der König der Goten,
Alpherr von Aquitanien, erkaufte sich den Frieden seines
Landes, indem er seinen jungen Sohn Walther an den Hunnenhof sandte. Walther und Hildegund waren nach dem
Willen der Eltern miteinander verlobt.

König Etzel und seine Frau Helche hielten die Geiseln in
Ehren.

Die jungen Menschen führten in der Verbannung ein Dasein voller Lebensfreude, das nur durch die Trennung von
der Heimat getrübt war. Hagen und Walther wuchsen zu
kräftigen Männern heran, und die Erziehung, die Etzel

ihnen angedeihen ließ, machte sie zu streitbaren Recken, bald übertrafen sie des Königs Mannen an Kraft und Kühnheit, und in den wilden Kriegen, die Etzel zu führen hatte, taten sie sich durch Tapferkeit und Klugheit hervor. Hildegund erblühte zu einer schönen Jungfrau, und in allen Frauenarbeiten zeigte sie sich so geschickt, daß Königin Helche ihr bald volles Vertrauen schenkte und ihr die Verwaltung der Schatzkammer übertrug.

In jener Zeit starb König Gibich in Worms. Auf dem Throne folgte ihm sein Sohn Gunther, der zur Zeit des Hunneneinfalls noch ein Kind gewesen war. Da wollte Hagen von Tronje nicht länger als Geisel bei König Etzel bleiben. Heimlich entwich er vom Hunnenhofe und erreichte glücklich den Rhein und die Heimat.

»Wir müssen verhindern, daß auch Walther flüchtet«, sagte Etzel zu seiner Gemahlin, und um ihn zu binden, versuchten sie ihn mit einer hunnischen Fürstentochter zu vermählen. Doch Walther wich diesem Anerbieten klug aus.

Als er bald darauf ruhmbedeckt von einem Kriegszuge heimkehrte, traf er Hildegund einmal allein in ihrem Gemach. Da gestanden sich beide ihre Liebe und gelobten sich die Treue. Und von nun an suchten auch sie die Gelegenheit zur Flucht.

Auf einem Festmahl, zu dem Walther das Königspaar und die hunnischen Fürsten eingeladen hatte, setzte er seinen Gästen soviel schweren Wein vor, daß bald alle Hunnen in tiefen Schlaf sanken. Währenddessen hatte Hildegund auf Walthers Geheiß zwei große Kästen mit goldenen Armringen und Edelsteinen aus der Schatzkammer gefüllt und sich zur Flucht aus Etzels Burg gerüstet.

Walther hängte beide Kästen seinem starken Roß, das

Hildegund führte, über den Rücken. In der Hand trug sie
Angel und Leimrute, die ihnen auf dem langen Wege die
Nahrung liefern sollten. Heimlich verließen die beiden den
Königspalast. Walther, der Etzels kostbare Rüstung ange-
legt hatte, schritt voraus. Und so gefürchtet war der junge
Held unter den Hunnen, daß keiner von ihnen den Flüchti-
gen nachzureiten wagte.

Durch einsame Wälder führte der Weg das Paar dem fernen Ziel entgegen. Vom Wildbret, das der Recke erlegte,
und von Fischen fristeten Walther und Hildegund das Leben. Nach vierzig Tagen gelangten sie auf ihrer Flucht endlich an den Rhein und in die Nähe von Worms. Dem Fährmann, der sie übersetzte, gab Walther zur Entlohnung zwei
Fische, die er unterwegs gefangen hatte.

Anderntags verkaufte der Mann seinen Fergensold am
Königshofe zu Worms, und verwundert über die seltsame
Speise fragte König Gunther beim Mahle nach der Herkunft
der fremdartigen Fische. So erfuhr er von dem reisigen Rek-
ken und der schönen Jungfrau, die der Fährmann überge-
setzt hatte. »Bei jedem Tritt des Rosses«, erzählte der Ferge,
»erklang es in den Truhen wie von Gold und Edelsteinen!«

»Das kann nur mein Blutsbruder Walther sein, der aus
dem Hunnenlande mit Hildegund in die Heimat zurückkehrt«, rief Hagen froh, als er das hörte. König Gunther
aber empfand eine Freude anderer Art. »Nun ist durch
Schicksalsfügung der Schatz, den mein Vater einst ins Hunnenland gesandt hat, in mein Reich zurückgekehrt!« rief er,
und sogleich wählte er zwölf seiner Recken aus, die ihm
helfen sollten, dem Heimkehrer das Gold abzujagen. Vergeblich riet Hagen ab und warnte vor Walthers Recken-
kraft; voller Betrübnis zog er mit aus zum Kampf gegen
seinen alten Waffengefährten.

Unterdessen war Walther in den wilden Wasgenwald gelangt, der jenseits des Rheins liegt. Am Wasgenstein, in
einer Schlucht, die so eng war, daß nicht zwei nebeneinander reiten konnten, gedachte er zu rasten. Auf der langen
Flucht hatte Walther nie anders geschlafen als gewappnet
und gestützt auf seinen Schild. Jetzt tat er die Rüstung ab
und legte sein Haupt in Hildegunds Schoß, und die Jungfrau wachte für ihn.

Doch schon nach kurzer Zeit mußte sie seinen Schlaf stören; denn in der Ferne bemerkte sie eine Staubwolke und
den blinkenden Schein von Waffen. Schnell legte Walther
seine Waffenrüstung wieder an und trat vor den Eingang
der Felsenschlucht.

Gunther folgte Hagens Rat und schickte zunächst einen
Boten hinüber, ließ nach Namen und Weg fragen und an
den jungen Recken die Forderung stellen, den Schatz freiwillig herauszugeben. Vergebens bot Walther hundert
Goldringe und noch weitere hundert als Lösegeld, Gunther
forderte den ganzen Schatz. Da ergrimmte Walther und
tötete den Boten.

So kam es zum Kampf. In der engen Schlucht mußte einer
nach dem andern gegen Walther anreiten; doch niemand
war seiner Heldenkraft gewachsen. Alle elf Streiter aus König Gunthers Gefolge erschlug Walther mit dem Schwert.

Da wandte sich Gunther in seinem Zorn an Hagen, der
sich vom Kampfe gegen seinen alten Waffenfreund fern-
gehalten hatte. Erst als der von Tronje vernahm, daß sein
eigener Neffe von Walther erschlagen sei, war er zum
Kampfe bereit.

»Wir müssen ihn aus der schützenden Schlucht hervor-
locken«, sagte er, und so ritt er mit Gunther fort, um sich
mit ihm auf die Lauer zu legen.

Unterdessen war es Abend geworden. »In Worms soll man mir nicht nachsagen, ich sei wie ein Dieb in der Nacht entwichen«, stieß Walther grimmig hervor, legte einen Zaun von Dornen vor den Eingang der Schlucht und halfterte die erbeuteten Rosse an. Todmüde nach dem schweren Kampfe warf sich der Recke auf seinen Schild, und Hildegund wachte über seinen Schlaf. Nachdem Walther sich ausgeruht hatte, übernahm er die Wache für den Rest der Nacht.

Als der Morgen dämmerte, belud er vier der erbeuteten Rosse mit den Waffenrüstungen der Erschlagenen, hob Hildegund auf das fünfte und ritt mit ihr davon. Aber sie waren noch nicht weit vom Wasgenstein entfernt, als sie Gunther und Hagen heranstürmen sahen. »Reite in den Wald«, gebot der Held der verängstigten Hildegund und gab ihr das Roß mit, das die Goldschreine aus dem Hunnenlande trug. Dann stellte er sich den beiden Angreifern zum Kampf.

Traurig sah Walther seinen alten Blutsbruder gegen sich anreiten, und auch Hagen ging schweren Herzens in diesen Streit; doch er mußte seinem König Folge leisten. Mehr als sieben Stunden währte nun der ungleiche Kampf, den Walther gegen die beiden Helden zu bestehen hatte. Schließlich schleuderte er seinen Speer mit unwiderstehlicher Gewalt auf Hagen, und gleich darauf stürzte er sich mit dem Schwert auf Gunther und schlug ihm das Bein von der Hüfte. Schon wollte er zum Todesstreich ausholen, da warf Hagen sich vor seinen König. In dem wütenden Schlagwechsel zersprang Walthers Schwert, und Hagen hieb ihm die rechte Hand ab. Mit der Linken griff Walther zu seinem krummen Hunnenschwert und schlug dem Tronjer ein Auge und sechs Zähne aus.

Da waren die drei grimmigen Recken kampfesmüde und ließen die Waffen ruhen, gemeinsam verbanden Hagen und Walther den schwerverwundeten Gunther. Hildegund, die herbeigeeilt war, reichte ihnen Wein zur Stärkung. Die Kämpfer schlossen Frieden miteinander, und Walther und Hagen erneuerten bei labendem Trunk und grimmigen Scherzen die alte Waffenbrüderschaft, bevor sie sich trennten. Gunther und Hagen kehrten in die Königsstadt am Rhein zurück, während Walther sich nach Süden wandte.

Bald nach der Rückkehr in die Heimat feierte Walther Hochzeit mit der schönen Hildegund, und nach seines Vaters Tode lenkte er sein Volk noch viele Jahre als König von Aquitanien mit Weisheit und Kraft.

Dietrich von Bern

In den Zeiten, da Germanen als die Herren im Römerreich lebten, regierte in der Stadt Verona, die auch Bern genannt wurde, der mächtige Gotenkönig Dietrich. Er hatte sein Reich als Vatererbe von König Dietmar übernommen und war von Hildebrand, einem tapferen Recken, erzogen und in allen Tugenden des Kampfes wohl unterwiesen worden. Schon bei Dietrichs Geburt war geweissagt worden, daß er zu großen Taten berufen sei. Als Zeichen der Wahrheit dieses Spruches sollte Feuer aus seinem Munde sprühen, sobald er zornig werde. Als diese Vorhersage wirklich eintraf, glaubten alle an Dietrichs künftigen Ruhm.

Mit dem alten Waffenmeister Hildebrand zog der junge Recke auf Abenteuer aus und bewährte sich im Kampfe mit

Grim und Hilde, einem räuberischen Riesenpaar, das im Lande ringsum Schrecken verbreitete. Als unüberwindliche Waffe trug der junge Held seither das herrliche Schwert Nagelring, das kunstfertige Zwerge geschmiedet hatten.

Seit Dietrich den Thron seines Vaters übernommen hatte, kamen von weither tapfere Helden nach Bern gezogen, um dem König als Gefolgsleute zu dienen; denn sein Ruhm war weit über des Landes Grenzen gedrungen. Da war der starke Heime, der sich nicht eher zum Waffendienst bereit erklärte, als bis er Dietrichs Überlegenheit im Kampfe anerkennen mußte. Auch der kühne Witege wurde Dietrichs Gefolgsmann, obwohl er sich mit seinem kostbaren Schwerte Mimung, das sein Vater, Wieland der Schmied, ihm vererbt hatte, stärker als der Berner gezeigt hatte.

Noch andere Helden kamen nach Bern, um sich mit Dietrich im Kampfe zu messen. Unter ihnen war der Riese Ecke, der Gesittung und Lebensweise der Menschen angenommen hatte und bestrebt war, Ruhm und Ehre zu erwerben. Drei königliche Jungfrauen, von denen eine ihm ihre Hand versprochen hatte, wenn er den mächtigen Berner bezwinge und ihr zuführe, hatten ihn zum Kampfe aufgestachelt.

Ecke fand seinen Gegner nicht in Bern und ruhte nicht, bis er ihn zu später Nachtstunde im Walde traf. Trotz der Dunkelheit mußte Dietrich sich zum Kampfe stellen, und so heftig folgten nun Streich auf Gegenstreich, daß das Feuer, das sie aus ihren Helmen schlugen, weithin leuchtete. Endlich gelang es dem Berner, den Riesen zu Boden zu zwingen, und da Ecke eher sterben als sich gefangen geben wollte, mußte Dietrich ihn töten.

Traurig bestattete Dietrich den tapferen Gegner, der ihn zum Streite gezwungen hatte. Er mußte bald darauf noch weitere schwere Kämpfe bestehen mit Eckes Bruder Fasolt und dem ganzen Riesengeschlechte, das Eckes Tod rächen wollte. Dann zog er zur Burg der drei grausamen Königstöchter, um ihnen das Haupt des toten Ecke zu bringen, den sie in den Tod getrieben hatten.

Als Wohltäter der Bedrängten lebte Dietrich zu Bern, niemand bat ihn vergebens um Hilfe, und weithin verbreitete sich der Ruhm seiner Taten.

Eines Tages berichtete der alte Hildebrand von einem Zwergenvolk, das tief im Innern der Berge hause und dessen König Laurin, obwohl nur drei Spannen groß, so stark sei, daß niemand ihm widerstehen könne. »Er besitzt in Tirol einen Rosengarten mit goldener Pforte«, sprach der kundige Waffenmeister, »und statt der Mauer umspannt ihn ein Seidenfaden. Wer diesen zu zerreißen wagt, den läßt Laurin furchtbare Rache spüren, denn er nimmt dem Frevler Hand und Fuß als Pfand.«

Da beschloß Dietrich, sogleich mit seinen Mannen aufzubrechen, um sich mit dem Zwergenkönig Laurin im Kampfe zu messen. Sie kamen nach Tirol und fanden auch den Rosengarten, die Rosen dufteten ihnen entgegen, als sie aus dem Walde traten. Witege war der erste, der in den Garten einbrach und unbekümmert die Rosen zerstampfte. In wildem Zorn stürmte der Zwerg Laurin, mit Speer und Schwert gewaffnet, heran, und der Held hätte sich des Zwerges nicht erwehren können, wenn nicht Dietrich ihm zu Hilfe gekommen wäre.

»Schlagt mit dem Schwertknaufe drein!« riet Hildebrand seinem Herrn. Doch der Zwergenkönig zog seine Tarnkappe hervor und streifte sie über. Unsichtbar für den Gegner, ließ er nun Schlag auf Schlag auf den Berner niedersausen und bedrängte ihn hart. »Faßt ihn um den Leib und entreißt ihm den Gürtel!« rief der alte Waffenmeister in der höchsten Not, und Dietrich folgte, wie immer, seinem Rat. So gelang es ihm, den furchtbaren Gegner, dem der Gürtel die Stärke von zwölf Männern verliehen hatte, zu Boden zu zwingen.

Da bat Laurin um Gnade, die ihm auch gewährt wurde, und als er die Recken in sein Reich einlud, folgten sie ihm in das Innere des Berges. Fröhliches Leben herrschte in König Laurins Reich. Die Gäste wurden bewirtet und mit allerlei Kurzweil, mit Gesang und Tanz und ritterlichen Kampfspielen, die das Zwergenvolk zeigte, unterhalten.

Laurin aber hatte die Rache nicht vergessen, die er im stillen den Recken geschworen hatte. Mit einem betäubenden Trank senkte er sie alle in tiefen Schlaf; dann ließ er die Wehrlosen fesseln und in einen finsteren Kerker werfen.

Über solchen Verrat geriet Dietrich, als er aus dem Zauberschlaf erwachte, in unbändigen Zorn. Flammen sprühten aus seinem Munde und verbrannten die Fesseln. So ward er frei und konnte die Bande seiner Gefährten lösen. Den Kerker vermochten die Helden jedoch nicht zu öffnen. Dietrichs Waffengefährte Dietleib, dessen Schwester Künhild König Laurin in den Berg entführt hatte, um sich mit ihr zu vermählen, lag in einer besonderen Kammer gefangen. Künhild, die nichts sehnlicher wünschte, als Laurins Reich zu verlassen, befreite den Bruder und trug ihm Waffen zu. Dann half Dietleib dem König Dietrich und seinen Mannen aus ihrer Haft heraus.

Vergeblich rüsteten sich die Zwerge zu Tausenden, sie erlagen der Kraft der Helden, König Laurin wurde gefangengenommen, und Dietrich gedachte, ihn wegen seiner Treulosigkeit zu töten. Aber Künhild, Dietleib und Hildebrand baten für ihn, so daß Dietrich ihm Gnade gewährte.

Er führte den Zwergenkönig mit sich nach Bern. Später versöhnte sich Dietrich mit Laurin und ließ ihn in den Berg zurückkehren.

Die Schlacht vor Raben

Im Streite um das Vatererbe war Dietrich vor seinem Oheim Ermenrich aus dem Lande gewichen und hatte an König Etzels Hof gastfreie Aufnahme gefunden. »Ich werde dir einst helfen, dein Reich zurückzuerobern«, versprach ihm der Hunnenkönig, und Dietrich dankte ihm die Gastfreundschaft, indem er Etzel auf seinen Kriegsfahrten begleitete und ihm im Kampfe tapfer zur Seite stand.

Als das Heer sich nun zum Rachezug rüstete, um Dietrich die Herrschaft zurückzugewinnen, ließen Etzels zwei Söhne nicht ab zu bitten, man möge sie doch mitreisen lassen. Ihre Mutter wollte nicht zustimmen, denn sie hatte geträumt, ein Drache habe die beiden Jünglinge entführt und vor ihren Augen zerrissen. Da bat Dietrich, die unerfahrenen Knaben seiner Hut anzuvertrauen: »Ich werde treu auf eure beiden Söhne achtgeben«, versprach Dietrich den Eltern. So gab Etzel nach, weil auch Königin Helche Dietrichs Worten vertraute, und ließ sie ziehen.

Als der heimkehrende Dietrich die Grenzen seines Landes überschritt, zeigte es sich, daß die Heimat ihn nicht vergessen hatte. Seine Königsstadt Bern öffnete ihm willig die Tore, und viele Getreue scharten sich um ihn. Man rüstete sich zum Kampfe gegen Ermenrich, der sich bei der Stadt Raben mit seinem Heere zur Entscheidung stellte.

Etzels Söhne, Ort und Scharf, dazu seinen jungen Bruder
Dieter hatte Dietrich dem kühnen Elsan anvertraut. Mit
seinem Leben mußte dieser dafür bürgen, sie nicht vor die
Stadt ziehen zu lassen. Doch heimlich übertraten die küh-
nen Jünglinge das Verbot und ritten ohne Elsan davon.
Ohne es zu wissen, gerieten sie auf die Straße nach Raben.
Vor dieser Stadt stießen sie auf den starken Witege, der einst
Dietrichs Gefolgsmann gewesen und in Ermenrichs Dienst
getreten war.

»Wir müssen unsern Herrn Dietrich an dem Verräter
rächen!« riefen die drei Jünglinge voller Kampfeseifer und
drangen auf den Helden ein. Vergeblich mahnte Witege sie,
vom Streite abzulassen, da sie ihn doch nicht bestehen
könnten. Er mußte sich jedoch ihres Ungestüms erwehren
und erschlug mit Mimung, seinem guten Schwerte, König
Etzels beide Söhne, sodann auch Dieter, den jungen Bruder
des Berners.

Während Dieter und die Etzelsöhne mit Witege kämpften und sich ihr Schicksal vollzog, entbrannte vor der Stadt
Raben eine schwere Schlacht zwischen den Mannen Dietrichs und König Ermenrichs. Lange Zeit tobte der Kampf
hin und her. Dann gelang es Dietrich und seinen Recken,
den Widerstand von Ermenrichs Scharen zu brechen. Der
harterkämpfte Sieg hatte schwere Opfer gekostet. Viele Erschlagene und Verwundete lagen in ihrem Blute, und Dietrich befahl, die Verwundeten zu pflegen und die Toten zu
bestatten.

Da sah er, wie eben Elsan auf die Walstatt geritten kam.
Dietrich fragte sogleich nach den Jünglingen, die er dem
Schutz des Recken anvertraut hatte. Er erfuhr, Schlimmes
fürchtend, Elsan habe sie aus den Augen verloren, und bald
darauf kamen Boten, die meldeten, Dieter und die Söhne
Etzels lägen erschlagen auf der Heide.

»Habe ich sie dir, Elsan, nicht auf Leben und Tod übergeben?« rief Dietrich klagend aus. Dann übermannte ihn
der Zorn, und er erschlug Elsan auf der Stelle. Als er die
Toten fand und ihre Wunden untersuchte, erkannte er den
Täter. Nur das Schwert Mimung schlug solche Wunden,
und Witege war es, der dieses Schwert führte. Das Verlangen, den Tod der Jünglinge zu rächen, wurde übermächtig
in ihm. Aber wo sollte er den Mörder finden?

Der treue Rüdeger von Bechelaren, dessen junger Sohn
in der Rabenschlacht gefallen war, hatte Dietrich zur To-
desstätte begleitet. Er war es auch, der Witege und seinen
Neffen Rienold über die Heide reiten sah.

Dietrich nahm sofort die Verfolgung auf, als beide vor
dem berserkerhaft wütenden Feinde flohen. Schließlich
stellte sich der junge Rienold Dietrich entgegen und griff
ihn mutig an. Er konnte jedoch Dietrichs rasendem Zorn
nicht widerstehen und fiel nach kurzem Kampfe.

Witege, von furchtbarem Schrecken erfüllt, vergaß das
Gebot der Ehre und suchte das Heil in der Flucht, auf die
Schnelligkeit seines Pferdes vertrauend.

Aber der Abstand zwischen Witege und seinem Verfolger wurde immer kleiner, und da der Fliehende die Richtung auf das Meer zu nahm, hoffte Dietrich ihn am Strande
zum Kampfe zu stellen. Schon verzweifelte Witege selbst
an der Rettung, da erhob sich aus den Fluten eine Meerfrau,
seine Urahne Waghild, die den letzten Sproß ihres Ge-
schlechtes samt seinem Roß mit sich in die Tiefe zog. Vergeblich harrte Dietrich lange am Strande, in der Hoffnung,
der Feind werde wieder auftauchen. Aber nichts zeigte sich
über der weiten Flut, und Dietrich mußte erkennen, daß
Witege seiner Rache für immer entzogen war.

Trotz des Sieges über Ermenrich blieb Dietrich bei den

harten Verlusten seines Heeres nichts anderes übrig, als an
Etzels Hof zurückzukehren. Durfte er aber wagen, nach
dem Tode der Königssöhne, für deren Leben er sich ver-
bürgt hatte, vor König Etzel und Königin Helche hinzu-
treten? In dieser Not bat er Rüdeger von Bechelaren um
Beistand, und der wackere Kampfgenosse übernahm es, das
hunnische Hilfsheer zurückzuführen und die Verzeihung
des Königspaares zu erwirken.

Noch bevor er eintraf, erschienen die herrenlosen Rosse
der beiden Königssöhne vor dem Palast. Sie hatten allein
den Weg in die Heimat gefunden. Die blutigen Sättel kündeten von unheilvollem Geschehen.

Der Schmerz übermannte Etzel und Helche, als sie durch
Rüdeger über das Schicksal der Söhne Gewißheit erlangten.
Den Zorn des Königspaares über Dietrichs Wortbruch
wußte Rüdeger jedoch zu besänftigen, indem er auf die un-
glückselige Fügung hinwies, die das Zusammentreffen der
Jünglinge mit Witege bewirkt hatte.

Als Dietrich bald darauf vor Etzel und Helche erschien,
neigte er sich bis zur Erde und bat, der König möge sein
Leid an ihm rächen und ihn töten. Da Helche die Erniedri-
gung des Helden sah, brach sie in Tränen aus. König Etzel
aber nannte ihn schuldlos und versicherte ihn seiner Huld.
Lange Jahre lebte Dietrich noch an Etzels Hof, wegen seiner Tapferkeit und seines klugen Rates hoch geehrt und geachtet. Als Etzel nach Frau Helches Tod die schöne Kriemhild als Gattin heimführte und diese, voll Rachedurst gegen
Sigfrids Mörder, die Burgunden ins Land lockte, um sie zu
verderben, war es Dietrich, der König Gunther und den
starken Hagen von Tronje im letzten Kampf überwand.

Nach dem Untergang der Burgunden war das Leben an
Etzels Hofe grau und trostlos geworden. Etzels Lebensmut

war gebrochen. Seine besten Mannen, unter ihnen Markgraf Rüdeger, waren im Kampfe gegen die Burgunden gefallen. Der einzige Sohn aus der Ehe mit Kriemhild hatte
durch Hagens Schwert den Tod gefunden. Dietrich hielt
nichts mehr im Hunnenlande zurück.

Er verließ Etzels Hof, um die Herrschaft in Bern zu übernehmen. Den alten Hildebrand, seinen getreuen Waffenmeister, schickte er voraus. An der Landesgrenze trat Hildebrand ein wehrhafter Recke entgegen; der Alte erkannte
ihn nicht. Drohende Reden flogen hin und her, und bald
ritten die beiden Kämpfer erbittert aufeinander los. Die
Speere zersplitterten, die Schilde krachten, die Recken
sprangen von den Pferden und begannen den Schwertkampf. Keiner konnte den andern überwinden, und
schließlich wurden sie so müde, daß sie rasten mußten.

»Nenne mir deinen Namen und gib deine Waffen heraus!« rief Hildebrands Gegner zornig. Der Alte lachte höhnisch und verlangte von dem andern das gleiche. Da griffen
beide wieder zum Schwerte und hieben aufeinander ein, bis
ihnen die Kräfte schwanden.

Schließlich schlug Hildebrand dem jungen Recken mit
seinem Schwerte eine schwere Wunde, und endlich schien
sich dieser besiegt zu bekennen. »Hier, nimm mein
Schwert, denn du bist stärker als ich«, sagte er und reichte es
dem Alten. Doch als Hildebrand danach griff, schlug der
Junge zu. »Diesen Schlag lehrte dich ein Weib!« schrie der
Alte voller Zorn und drang auf den andern ein. Er warf ihn
zu Boden und richtete das Schwert dem Liegenden auf die
Brust, dann nannte er ihm seinen Namen. Nun gab auch der
Unterlegene den eigenen preis: Es war Hadubrand, Hilde-
brands Sohn.

Da warf der Alte das Schwert von sich, schloß den Sohn

voller Freude in die Arme und küßte ihn unter Tränen. Gemeinsam ritten sie zu Frau Ute. Die wunderte sich über den fremden Gast. »Ich bringe dir meinen Vater Hildebrand«, sagte Hadubrand. Da umarmte Ute den Gatten, den sie über drei Jahrzehnte nicht gesehen hatte.

Nur kurze Zeit rasteten Vater und Sohn, dann ritten sie zusammen nach Bern an König Dietrichs Hof. Ermenrich, der ihm so lange die Herrschaft streitig gemacht hatte, war im Kampfe gefallen, und nun endlich konnte Dietrich sich in Rom, der ewigen Stadt, mit der Königskrone schmücken lassen, die ihm rechtmäßig zustand. Die lange Zeit der Trennung von der Heimat hatte ihn erfahren und weise gemacht.

Viele Jahre trug der Gotenkönig in strahlendem Ruhm die Krone auf dem Haupte, und alles Volk verehrte seine Macht und seine Gerechtigkeit, seine Milde und wahre Mannestugend.

Sigfrid und Kriemhild
Am Hofe zu Worms

Im Lande der Burgunden zu Worms am Rhein herrschte König Gunther mit seinen Brüdern Gernot und Giselher, sie hatten eine Schwester namens Kriemhild, die mit ihrer Mutter Ute am Hofe lebte. Viele Helden warben um die schöne Kriemhild; doch sie wies alle ab, weil sie durch Liebe niemals Leid erfahren wollte, wie ihr ein Traum verkündet hatte.

Damals lebte zu Xanten am Niederrhein Sigfrid, der

Sohn des Königs Sigmund. Schon in früher Jugend hatte der
junge Held sich durch Kühnheit und Kraft Tatenruhm erworben. Einen giftigen Drachen hatte er im Kampfe besiegt, und als er sich in dessen Blute badete, war seine Haut
hörnern geworden, so daß keine Waffe ihn verwunden
konnte. Dem Zwergenvolke der Nibelungen hatte er einen
unermeßlichen Schatz an Gold und Edelsteinen abgewon-
nen, und in diesem Kampfe hatte er auch eine Tarnkappe
erbeutet, die ihn unsichtbar machte, dazu das herrliche
Schwert Balmung.

Als Sigfrid nun von der schönen Kriemhild hörte, hielt es
ihn nicht länger mehr an des Vaters Hof. Mit zwölf seiner
Kampfgefährten zog er nach Worms am Rhein, um die liebliche Jungfrau zum Weibe zu gewinnen.

Als sie vor die Königsburg kamen, erkannte niemand in
Gunthers Gefolge weder die Mannen noch ihren Führer.
Da ließ König Gunther den weitgereisten Hagen kommen,
doch auch der wußte nicht, wer die Ankömmlinge seien.
»Ich möchte wohl glauben, daß es Sigfrid ist«, meinte er
schließlich, »der Held aus Niederland, der die Söhne des
Zwergenkönigs Nibelung erschlagen hat und den Nibelun-
genhort besitzt. Ich rate, wir sollten ihn gut empfangen.«

In Ehren nahm man die Gäste auf, und Sigfrid blieb ein
ganzes Jahr am Hofe zu Worms. Doch die Jungfrau, um
deretwillen er gekommen war, bekam er nicht zu Gesicht.
Kriemhild aber blickte oft heimlich aus dem Fenster ihres
Gemachs, wenn die Recken auf dem Burghofe ihre Kampfspiele trieben, und lobte in vertrautem Kreise den herrlichen Helden.

Sigfrid war gern gesehen bei jedermann am Burgunden-
hofe, und die Gastfreundschaft, die man ihm erwies, entgalt
er nach Reckenart, indem er dem König auf seinen Kriegs-

zügen Beistand leistete. Als die Könige von Sachsen und Dänemark das Land der Burgunden bedrohten, verdankte Gunther seinen Sieg allein seinem starken Gast vom Niederrhein, der beide feindlichen Könige nach heißem Zweikampf gefangennahm.

Als Gunther nach Sigfrids Rückkehr ein prächtiges Fest zur Feier des Sieges veranstaltete, war auch Kriemhild anwesend. Zum erstenmal sah Sigfrid die schöne Jungfrau, der sein ganzes Sehnen galt. Als sie an der Hand ihrer Mutter, der Königin Ute, geleitet von ihren Jungfrauen und hundert Mannen, in den Festsaal trat, verneigte sich Sigfrid in tiefer Ehrerbietung vor den Frauen. Nie in seinem Leben hatte Sigfrid solche Freude empfunden wie in diesem Augenblick, da er Kriemhild an seiner Hand führen durfte und mit ihr durch den Palast schritt.

Die Fahrt nach Island

Fern über der grauen See, auf der Insel Island, wohnte die schöne Königin Brunhild. Viele begehrten ihre Liebe und freiten um sie, doch Brunhild stellte harte Bedingungen. Wer sich mit ihr vermählen wollte, mußte sie dreifach besiegen: im Speerwurf, im Steinschleudern und im Sprung. Wer auch nur in einem dieser Wettkämpfe unterlag, hatte sein Leben verwirkt.

König Gunther wünschte nichts sehnlicher, als die begehrenswerte Königin zum Weibe zu gewinnen. »Wenn du mir beistehst, sie zu erringen«, sagte er zu Sigfrid, »so werde auch ich Leben und Ehre für dich wagen.« Da antwortete Sigfrid: »Die Fahrt zur Königin Brunhild will ich mit dir wagen, so du mir deine Schwester Kriemhild zum Weibe gibst. Anderen Lohn begehre ich nicht!« Da gelobte ihm Gunther die schöne Kriemhild zur Frau, wenn Brunhild als Königin ins Burgundenland einzöge.

Nur der starke Hagen und sein Bruder Dankwart fuhren als Begleiter mit, als Gunther und Sigfrid das Schiff bestiegen, das sie von Worms den Rhein hinab zu Brunhilds Burg Isenstein führen sollte. Zwölf lange Tage und Nächte fuhren die Weggefährten über See. Als sie endlich an Land gingen, führte Sigfrid des Königs Roß am Zügel, damit man ihn für Gunthers Lehnsmann halte. Sie bestiegen ihre Rosse und ritten, in schwarzen Rüstungen und in prächtiger Wehr, zur Burg. Die Tore wurden ihnen weit aufgetan, und Brunhilds Mannen eilten ihnen entgegen, sie zu empfangen.

Brunhild hieß sie freundlich willkommen. Den kühnen Sigfrid, den sie bereits kannte, begrüßte sie vor König Gunther.

Am nächsten Tage begannen die Kampfspiele. Gunther war nicht stark genug, die schweren Waffen, die Brunhild ihm reichen ließ, zu führen; doch Sigfrid, unsichtbar durch seine Tarnkappe, übernahm den Wettkampf, während Gunther zum Schein die Gebärden ausführte. Mit übermenschlicher Kraft faßte Brunhild den Schild, den vier Männer in die Kampfbahn getragen hatten, nahm den schweren Wurfspeer und schleuderte ihn auf ihren Gegner. Die Waffe drang durch den Schild, so daß Gunther strauchelte und Sigfrid das Blut aus dem Munde brach. Trotzdem ermannte sich Sigfrid sogleich, er faßte den Speer und warf ihn mit solcher Wucht zurück, daß Brunhild zu Boden stürzte.

Doch schnell sprang Brunhild wieder auf die Füße, sie ergriff einen mächtigen Stein und schleuderte ihn an die zwölf Klafter weit, und in voller Waffenrüstung sprang sie über den Wurf hinaus. Doch wieder zeigte sich Sigfrid, unter der Tarnkappe verborgen, ihr überlegen. Er warf den Stein noch weiter als Brunhild und sprang über das Ziel hinaus. Durch die Tarnkappe hatte er die Kraft, König Gunther dabei mit sich zu tragen. Da mußte Brunhild sich besiegt bekennen. »Tretet herzu, ihr Mannen«, gebot sie ihren Recken, »und huldigt eurem neuen Herrn!«

So konnte Gunther die stolze Brunhild als seine Gemahlin heimführen, und mit großem Prunk wurde zu Worms die Doppelhochzeit gefeiert. Aber als Brunhild die liebliche Kriemhild beim festlichen Mahle an Sigfrids Seite sitzen sah, vergoß sie bittere Tränen.

»Es betrübt mich sehr«, versetzte sie auf Gunthers Frage, »daß du deine Schwester einem deiner Dienstmannen zur Frau gegeben hast!«

Vergeblich suchte der König sie zu beschwichtigen. Aber nicht eher wollte sie ihm als Gattin angehören, als bis sie genau wüßte, wie alles sich zugetragen habe. Als Gunther am Abend sein Weib umarmen wollte, wehrte sich Brunhild, fesselte ihm mit ihrem Gürtel Füße und Hände und hängte den Wehrlosen an einen starken Nagel hoch an der Wand. Dort mußte er bleiben bis in die Morgenstunden.

Tags darauf erfuhr Sigfrid von der unwürdigen Behandlung, die Gunther hatte auf sich nehmen müssen. »Ich werde dir helfen«, versprach er dem Freunde, und mit Hilfe seiner Tarnkappe stand er Gunther bei, die Widerstrebende zu bezwingen. Er nahm Brunhilds Gürtel und einen Ring, den er ihr heimlich vom Finger zog, mit sich, als er sie verließ.

Nicht lange danach zog Sigfrid mit Kriemhild, seinem

jungen Weibe, in seine Heimat nach Xanten am Niederrhein und bestieg den Thron seines Vaters Sigmund.

Der Streit der Königinnen

Zehn Jahre gingen ins Land, Brunhild aber sann über vieles
nach.

»Warum leistet Sigfrid, der doch dein Lehnsmann ist, dir
keine Dienste?« fragte Brunhild ihren Gatten immer wieder. »Warum weilt er ständig in der Ferne und stellt sich
niemals an deinem Hofe ein?« Vergeblich suchte Gunther
Ausflüchte. Um ihren Willen dennoch durchzusetzen, be-
redete sie den königlichen Gemahl, zur nächsten Sonnenwende ein großes Fest zu bereiten.

Auch Sigfrid und Kriemhild, begleitet von dem greisen
Sigmund, folgten der Einladung König Gunthers, zusammen mit vielen Recken ihres Landes. Trotz der Festesfreude aber, die alle erfüllte, sah Brunhild voll Neid auf Sigfrids und Kriemhilds großes Gefolge, und sie wunderte
sich, daß ein Lehnsmann König Gunthers zu so großem
Ansehen gelangen könne. Unwillig hörte sie Kriemhilds
Worte, als beide Königinnen am elften Tage vor dem
Vespergottesdienst zusammensaßen.

»Sieh doch nur«, rief Kriemhild glücklich, »wie herrlich
Sigfrid vor allen Helden einherschreitet und wie niemand
ihm im Kampfe ebenbürtig ist!«

»Er ist doch nur meines Gatten Eigenmann«, unterbrach
Brunhild sie, »und deshalb mußt du Gunther den Vorrang
geben!«

Kriemhild wollte solchen Vorwurf nicht gelten lassen;
immer heftiger wurde der Wortstreit, und die Frauen

trennten sich im Zorn. Als die Stunde des Gottesdienstes gekommen war, ging jede der beiden Königinnen, die sonst stets einträchtig beisammen gesehen wurden, allein mit ihren Jungfrauen zum Münster.

»Bleib stehen, Kriemhild!« rief Brunhild scharf. »Ich habe den Vortritt! Die Frau eines Dienstmannes darf niemals vor ihres Königs Gattin gehen!«

Da entbrannte wilder Haß in Kriemhilds Herzen. Sie warf Brunhild vor, nicht Gunther, sondern Sigfrid habe sie bezwungen. In bitteren Tränen stand Brunhild da, während Kriemhild erhobenen Hauptes an ihr vorbei ins Münster schritt.

Nach dem Messedienst verlangte die tiefgekränkte Königin Beweise für Kriemhilds beleidigende Worte. Da zeigte diese ihr Gürtel und Ring, die Sigfrid ihr in der Nacht der Vermählung genommen hatte. Hagen von Tronje aber, der Brunhild weinen sah, suchte seine Herrin zu beruhigen und gelobte, die bittere Schmach, die ihr angetan war, an Sigfrid zu rächen, der das Geheimnis von Gunthers Brautwerbung an seine Gattin preisgegeben hatte.

Falsche Boten, die man bestellt hatte, erschienen in Worms, um neuen Krieg der Dänen und Sachsen anzusagen. Sofort erbot sich Sigfrid, mit den Burgunden in den Kampf zu ziehen.

Als das Heer zum Aufbruch bereitstand, begab sich Hagen zu Kriemhild, um Abschied von ihr zu nehmen.

»Laß Sigfrid nicht entgelten, was ich Brunhild angetan habe«, bat ihn die schöne Frau, »längst quält mich die Reue.«

Da versprach Hagen, über Sigfrids Leben in der Schlacht zu wachen.

»An einer Stelle ist er verwundbar«, sagte Kriemhild in

arglosem Vertrauen, und sie verriet Hagen, was sonst niemand wußte. Als Sigfrid sich im Blute des erschlagenen Drachen gebadet hatte, war ihm ein Lindenblatt zwischen die Schultern gefallen, so daß er an dieser Stelle verwundbar blieb, weil nur hier seine Haut nicht hörnern geworden war.

Da bat Hagen die Königin, die verwundbare Stelle durch ein auf das Gewand genähtes Kreuz zu bezeichnen, damit er ihren Gatten recht schützen könne.

Sigfrids Tod

Kaum war Sigfrid mit seinen Mannen zum Kampfe ausgezogen, da kamen neue Boten, die den Krieg widerriefen. Nach der Rückkehr an den Hof zu Worms beschloß man, in den Wasgenwald zu ziehen, um eine große Jagd abzuhalten. Unter Tränen nahm Kriemhild Abschied von dem geliebten Gatten. Sie hatte geträumt, wie zwei wilde Eber Sigfrid anfielen und das Gras sich vom Blute rötete. Sigfrid tröstete die schöne Kriemhild mit freundlichen Worten, umarmte und küßte sie und ritt unbekümmert mit dem Gefolge davon.

Auf der Jagd machte Sigfrid von allen die reichste Beute, er fing sogar mit eigener Hand einen Bären und brachte ihn, als das Horn das Ende der Jagd verkündete, lebend und gefesselt zum Sammelplatz.

Nach den Mühen der Jagd setzte man sich zum Mahle. Speisen in reicher Auswahl standen bereit, doch es fehlte der Trank. Irrtümlich, so sagte Hagen entschuldigend, sei der Wein in den Spessart geschickt worden. »Doch ich weiß hier ganz in der Nähe eine Quelle, die im Schatten einer

Linde liegt«, fuhr er fort. »Wollen wir nicht dorthin um die Wette laufen?«

Gunther und Sigfrid waren einverstanden. Wie Panther liefen sie durch den Klee. Sigfrid trug Wehr und Waffen bei sich, und dennoch erreichte er den Brunnen als erster. Doch er trank nicht vor König Gunther. Dem König ließ er den Vortritt. Dann erst beugte er sich selbst über die Quelle, um seinen Durst zu löschen.

Da ergriff Hagen den Speer, den Sigfrid arglos an die Linde gelehnt hatte, und stieß ihn dem Helden in den Rücken.

Mit Bedacht traf er ihn genau an der Stelle, die Kriemhild durch das aufgenähte Kreuz kenntlich gemacht hatte.

Das Blut sprang sogleich so heftig aus der Wunde, daß auch Hagen befleckt wurde. Da ließ er den Speer im Rücken Sigfrids stecken und wandte sich zur Flucht.

Als Sigfrid die schwere Wunde fühlte, sprang er rasend vor Wut auf und stürzte dem Mörder nach. Hagen floh davon, wie er noch vor keinem Manne gelaufen war. Doch Sigfrid erreichte ihn, und mit dem Schilde – der Tronjer hatte mit Vorbedacht alle Waffen an der Linde entfernt – schlug Sigfrid auf Hagen ein, so daß dieser zu Boden stürzte. Doch dann entwich alle Farbe aus dem Antlitz des todwunden Helden. Seine Kraft verließ ihn, und sterbend sank er ins Gras.

Kriemhilds Trauer

In der Nacht brachte man den erschlagenen Recken über den Rhein nach Worms zurück. Hagen ließ den Leichnam vor Kriemhilds Kammer tragen und dort niederlegen. Als beim Messeläuten in früher Morgenstunde der Kämmerer kam, um Kriemhild auf ihrem Wege zum Münster zu leuchten, entdeckte er als erster den Toten.

»Herrin«, meldete er ihr entsetzt, »draußen liegt ein toter Recke!«

Kriemhild begann sogleich laut zu klagen; denn sie erkannte die grausige Wahrheit, noch ehe sie den erschlagenen Gatten gesehen hatte. Als man ihr den Toten wies, sank sie ohnmächtig zu Boden.

Voller Bestürzung eilte der greise König Sigmund herbei, und bald hallte die Burg wider von der Klage um den herrlichen Helden. Sigfrids Mannen verlangten Rache, und auch König Sigmund war bereit zu kämpfen. Doch Kriemhild bat, von diesem Vorhaben abzustehen und einen besseren Zeitpunkt abzuwarten. Sie wollte nicht, daß Sigfrids Mannen sich gegen die Übermacht der Burgunden nutzlos opferten.

Sigfrids Leichnam wurde im Münster aufgebahrt.

Als Gunther mit Hagen an die Bahre trat, erhob er laute Klage.

»Räuber haben den Helden im Walde erschlagen«, sagte er.

»Wollt ihr eure Unschuld erweisen«, erwiderte Kriemhild, »so tretet nahe herzu!«

Gunther folgte der Aufforderung. Doch als Hagen an die Bahre trat, brach die Wunde des Toten auf und begann zu bluten. Jetzt hatte Kriemhild die Bestätigung, wer der Mörder war. Drei Tage und drei Nächte wachte sie an Sigfrids Leiche; aber vergebens hoffte sie, daß der Tod sie zu sich nehmen würde.

Mit großen Ehren wurde Sigfrid zu Grabe getragen. Bevor der Tote ins Grab gesenkt wurde, ließ Kriemhild den

Sarg noch einmal öffnen, so schwer fiel ihr die Trennung
von dem geliebten Gatten.

Nachdem alles vollbracht war, kehrte König Sigmund
in sein verwaistes Königreich zurück. Kriemhild aber
blieb in Worms; denn sie wollte täglich am Grabe des
geliebten Gatten sein. Jahrelang sprach sie kein Wort mit
König Gunther, ihrem Bruder, und Hagen, ihren Feind,
sah sie niemals. Erst Gernots und Giselhers Zureden
konnten sie bestimmen, mit Gunther Frieden zu
schließen.

Auf Gunthers Bitte ließ die Königin später den Nibelungenhort, den Sigfrid einst dem Zwergenkönig abge-
wonnen und ihr als Morgengabe übereignet hatte, nach
Worms bringen. Freigebig teilte Kriemhild nun aus ihrem
unermeßlichen Schatz Gaben aus unter die Armen. Da
Hagen fürchtete, sie könne dadurch zu großen Anhang
im Volke gewinnen, erwirkte er es, daß man ihr die
Schlüssel zur Schatzkammer nahm. Kriemhild zürnte
sehr und beklagte sich bitter bei ihrem Bruder über die
Gewalt, die ihr angetan ward.

Hagen aber nahm entschlossen den Schatz an sich und
versenkte ihn in den Rhein.

Kriemhilds Vermählung

Dreizehn Jahre hatte Kriemhild um Sigfrids Tod getrauert.
Da erschien eines Tages am Hofe zu Worms der Markgraf
Rüdeger von Bechelaren mit prächtigem Geleite und über-
brachte eine Botschaft von König Etzel.

»Ich komme von König Etzel aus dem Hunnenlande«,
sprach er zu Kriemhild. »Frau Helche ist gestorben, und

nun wagt es der mächtige König, um dich, edle Herrin, zu werben. In seinem Namen bitte ich um deine Hand.«

Gunther und auch seinen Brüdern war dieser Antrag hoch willkommen; sie wünschten sehr, ihre schöne Schwester möchte sich dem Leben wieder zuwenden. Nur Hagen erhob Widerspruch und warnte, Kriemhild mit König Etzel zu vermählen; denn er fürchtete, Kriemhild werde ihre neue Macht ausnützen und für das ihr angetane Leid an den Burgunden Rache nehmen.

Lange widerstrebte die schöne Kriemhild der Werbung: »Mir geziemt nur zu weinen und weiter nichts«, sagte sie. Doch als Rüdeger ihr gelobte, jedes Leid, das ihr widerfahre, blutig zu rächen, gab sie nach langem Zögern ihr Jawort zum neuen Ehebund mit König Etzel.

Mit ihrem Gefolge und unter dem Schutze Markgraf Rüdegers zog Kriemhild ins Hunnenland. König Etzel kam ihr bei Tulln entgegen mit allen Rittern, Heiden und Christen, die an seinem Hofe dienten. An einem Pfingsttage wurde in Wien die prunkvolle Hochzeit, die siebzehn Tage währte, gefeiert, und dann fuhr das Paar die Donau hinab in Etzels Reich.

Kriemhild lebte in glücklicher Ehe mit dem mächtigen Hunnenkönig und schenkte ihm bald einen Sohn, der Ortlieb genannt wurde. Aber auch im Glück verließ sie nie der Gedanke an Sigfrids Tod und an die Rache, die sie geschworen hatte. Viele Jahre waren vergangen, da klagte Kriemhild eines Nachts in vertrautem Gespräch ihrem Gatten, daß sie nie ihre Brüder und Verwandten bei sich sehen könne. Gerne versprach König Etzel, ihren Wunsch zu erfüllen. So erschienen denn Etzels Sendboten am Königshofe zu Worms und luden Gunther und seine Mannen auf die nächste Sonnenwende zum Fest an Etzels Hof.

Die Burgunden am Hunnenhofe

Der Tronjer riet ab, der Einladung des Hunnenkönigs zu folgen, da er wußte, daß Kriemhild unversöhnlich war in ihrem Hasse. Doch als ihre Brüder Gernot und der junge Giselher ihm Furcht vorwarfen, erklärte er sich zur Mitfahrt bereit und versprach, ihnen den Weg zu weisen.

Durch Ostfranken ging die reisige Fahrt bis an die Donau, sodann durch Baiernland über Passau nach Bechelaren, wo der Markgraf Rüdeger lebte. Mit seiner Hausfrau Gotelind nahm er die Burgunden in herzlicher Gastfreundschaft auf und beschenkte sie reichlich. Giselher, der Junge, verlobte sich mit Dietlind, der lieblichen Tochter des Markgrafen. Rüdeger selbst geleitete mit fünfhundert Mannen die Burgunden zum Feste an den Hunnenhof.

Dietrich von Bern, der an Etzels Hof lebte, ritt mit seinen Recken den Gästen entgegen. Als er Hagen die Hand zum Gruße bot, raunte er ihm zu: »Seid auf der Hut; denn Kriemhild, unsere Königin, weint noch jeden Morgen um Sigfrid!«

Da wußten auch die Brüder Kriemhilds, daß den Burgunden schwere Gefahr drohte.

Trotzig ritten die Burgunden an Etzels Hofe ein. Kriemhild begrüßte zuerst den jungen Giselher, ihren Lieblingsbruder, der als einziger sie umarmte und küßte.

»Habt Ihr mir den Nibelungenhort mitgebracht?« fragte sie Hagen, ohne ihn willkommen zu heißen.

»Ich hatte an Schild und Brünne, an Helm und Schwert genug zu tragen«, versetzte der Held in bitterem Hohn. Und auch als sie ihre Gäste aufforderte, die Waffen abzulegen, gab Hagen ihr höhnische Antwort. Da erkannte sie, daß man die Burgunden gewarnt hatte.

»Wüßte ich, wer es getan hat, der sollte es mir mit dem Tode büßen!« rief sie voller Zorn. Doch ebenso zornig bekannte Dietrich von Bern sich als Warner. Da schämte die Königin sich und schwieg. Denn sie fürchtete Dietrich sehr.

Während die wegmüden burgundischen Recken sich ausruhten, übernahm Hagen von Tronje mit Volker, dem wehrhaften Sänger, die Schildwacht. Die beiden Recken setzten sich Kriemhilds Kemenate gegenüber auf eine Bank. Als die Königin die beiden vom Fenster aus sah, wurde sie durch Hagens Anblick an ihren Kummer gemahnt, und sie flehte Etzels Mannen mit dringenden Bitten an, sie an Hagen zu rächen. Sechzig von ihnen rüsteten sich. »Ihr seid zu wenige!« rief aber Kriemhild. »So leicht ist das Spiel nicht!« Da wappneten sich vierhundert.

Die Krone auf dem Haupte schritt Kriemhild mit dieser Schar vom Saal hinab in den Hof. Hagen legte, als er die Königin daherkommen sah, sein Schwert, an dessen Knauf ein Edelstein glänzte, quer über die Knie. Kriemhild wußte, es war Sigfrids Waffe.

Ohne Furcht saßen die beiden Recken da. Keiner erhob sich, als die Königin vor sie hintrat. Sie fragte Hagen, warum er ungeladen an den Hunnenhof gekommen sei. Doch der finstere Recke blieb ihr die Antwort nicht schuldig: »Drei Könige hat man hierher zu Gaste geladen, das sind meine Herren. Wenn meine Herren ausziehen, so fehle ich nie, und wer sie einlädt, der lädt auch mich ein!«

Da fuhr es aus Kriemhild heraus: »Sagt an, warum habt Ihr die Tat vollbracht, um die ich Euch hasse? Ihr habt Sigfrid erschlagen, meinen geliebten, edlen Mann!«

»Genug des Geredes!« rief der grimme Tronjer. »Ich bin es, Hagen, der ihn erschlagen hat. Mit dieser Hand

habe ich es getan. Er mußte entgelten, daß Frau Kriemhild
die schöne Brunhild schmähte.«

Furchtlos blickte er sich im Kreise um, als fordere er die
Hunnen auf, den Kampf zu beginnen. Doch diese sahen
einander an und zogen sich zurück; so sehr fürchteten sie
den gewaltigen Helden.

König Etzel wußte nichts von diesem Zusammenstoß
und bewirtete die Gäste aus dem Burgundenland am nächsten Tage aufs beste. Zur Nachtruhe ließ er sie in einen
weiten Saal führen, wo man ihnen bequeme Lager bereit-
gestellt hatte. Wieder hielten Hagen und Volker vor dem
Hause Wacht. Der schwertgewaltige Sänger nahm seine
Fiedel und ließ die Saiten erklingen, daß die Recken
im Saale trotz aller Sorgen in erquickenden Schlummer
sanken.

Mitten in der Nacht sahen die Wächter vor dem Saal
Helme und Waffen im Hofe blinken. Es waren Kriemhilds
Mannen, die einen Überfall auf die Schlafenden planten.
Doch als sie die Tür in sicherer Hut sahen, kehrten sie wie-
der um; bittere Scheltworte gab Volker, der Sänger, ihnen
mit auf den Weg.

Der Entscheidungskampf

In der Frühe, als die Glocken zur Messe läuteten, riet Hagen
seinen Waffengefährten, statt der seidenen Gewänder den
Harnisch anzulegen und sich zu wappnen; denn auf Kampf
müsse man vorbereitet sein.

Etzel, der immer noch arglos war, fragte, als er die Gäste
in Waffen sah, unwillig, ob man ihnen etwa ein Leid zugefügt habe. Da verschwieg Hagen seinen Argwohn. »Meine

Herren haben die Sitte«, versetzte er, »bei allen Festen drei Tage gewappnet zu gehen.«

Vergeblich wandte sich Kriemhild, ehe man sich zu Tische setzte, an Dietrich um Hilfe; der edle Held wies es weit von sich, das Gastrecht zu verletzen. Mehr Gehör fand sie bei Etzels Bruder Blödelin, dem sie reichen Lohn versprach. Mit tausend Mannen drang er in das Gästehaus ein, wo Hagens Bruder Dankwart, König Gunthers Marschalk, mit seinen Knechten bei Tische saß.

»Endlich können wir an den Burgunden Rache nehmen! Ihr müßt nun entgelten, daß Hagen Sigfrid erschlagen hat«, begann er unvermittelt und drang auf Dankwart ein. Da sprang dieser vom Tische auf und führte einen so schweren Schwertschlag, daß Blödelins Haupt ihm vor die Füße rollte. Ein furchtbarer Kampf hub an. Mehr als die Hälfte der Hunnen fanden den Tod. Als Etzels Ritter von Blödelins Tode hörten, wappneten sie sich ohne Wissen des Königs, und nicht eher endete das wütende Morden, als bis alle Knechte der Burgunden tot am Boden lagen. Dankwart allein bahnte sich eine Gasse durch die Hunnenkrieger und gelangte in den Saal, wo die Herren beim Festmahl saßen.

Das blutige Schwert in der Faust, trat er in den Saal: »Alle Ritter und Knechte liegen erschlagen in ihrer Herberge!« rief er laut. Entsetzt vernahmen die Burgunden seine Worte.

»Verwahret die Tür!« rief Hagen, als er den Hergang vernommen hatte, und nun erhob sich ein grausiges Gemetzel. Der Tronjer erschlug Ortlieb, Kriemhilds Sohn, daß sein Haupt in den Schoß der Königin sprang, dazu den Erzieher des Kindes.

Vergeblich mühte sich Gunther mit seinen Brüdern, den Streit zu schlichten; dann mußten sie jedoch Hagen zu

Hilfe eilen. In ihrer Not bat Kriemhild den starken Dietrich um Beistand. Doch der wollte nichts als freien Abzug für sich und seine Mannen. Man gewährte ihm die Bitte. Da nahm der Berner die Königin und König Etzel bei der Hand und verließ mit seinen sechshundert Recken den Saal. Auch Markgraf Rüdeger bat, ihn mit seinen Mannen ziehen zu lassen. Das gestand ihm Giselher, der mit des Markgrafen Tochter verlobt war, mit freundlichen Worten zu. Wer dann noch von den Hunnen im Saal verblieb, fand erbarmungslos den Tod. Die Erschlagenen warf man über die Stiege hinab.

Vor dem Hause drängten sich viele bewaffnete Hunnen. Hagen und Volker spotteten verächtlich über ihre Feigheit. »Etzels Schild voll von rotem Golde biete ich dem als Preis, der mir Hagens Haupt bringt!« rief Kriemhild; doch ihre Worte fanden kein Gehör. Kein Hunne wagte den grimmen Helden im Kampfe zu bestehen.

Schließlich ließen sich drei Recken, die an Etzels Hof dienten, erbitten. Es waren Hawart von Dänemark, sein Markgraf Iring und der Landgraf Irnfried von Thüringen. Aber alle drei erlagen nacheinander dem Schwert der Burgunden.

Dann wurde es still im Saale. Auf den Toten sitzend, suchten die Burgunden Ruhe nach dem furchtbaren Kampf. Doch noch vor Abend standen wiederum viele Hunnen zum Kampfe bereit und stürmten den Saal. Bis in die Nacht hinein dauerte die erbitterte Schlacht. Vergeblich versuchten die Könige, noch Sühne zu erlangen. Doch Kriemhild verlangte, daß Hagen ihr ausgeliefert werde. Dann wollte sie den Brüdern das Leben schenken. »Niemand wird solcher Untreue fähig sein«, antwortete Giselher. »Deshalb müssen wir sterben. Wer mit uns kämpfen will, der findet uns bereit!«

Da ließ Kriemhild den mächtigen Saalbau an allen vier Ecken anzünden. Vom Winde entfacht, ergriff das Feuer das ganze Haus, und glühende Asche fiel dicht auf die Helden nieder. Mit den Schilden schützten sie sich und versuchten, die Feuerbrände in dem Blut der Erschlagenen zu löschen. Unerträglich war die Qual, die Rauch und Hitze und Durst ihnen zufügten.

Noch sechshundert Burgunden sahen die Morgenröte und spürten den kühlen Morgenwind, der ihnen Linderung gab. Dann begann der Kampf von neuem. Kriemhild ließ Gold in Schilden herbeitragen, die Streiter zu entlohnen. Auf den Knien flehte das Königspaar den Markgrafen Rüdeger um Hilfe an. Kriemhild mahnte ihn an sein Wort, das er ihr bei der Werbung gegeben hatte.

Schwere Not war für den ehrlichen Recken der Zwiespalt im Herzen. Durfte er an den Gastfreunden, die er seinem Herrn zugeführt hatte, Untreue üben? Mußte er nicht den Schwur halten, den er einst Kriemhild bei seiner Werbung geleistet hatte?

Rüdeger erkannte, daß er seine Ehre nicht mehr retten könne, gleichviel, wie er sich entschied; da ließ er seine Mannen sich zum Kampfe rüsten.

Als Giselher den Markgrafen kommen sah, war er voller Freude; denn nicht anders dachte er, als daß Rüdeger den Frieden brächte. Dieser stellte jedoch den Schild vor die Füße und kündigte den Burgunden die Freundschaft auf. Vergeblich mahnte ihn Gunther, der alten Liebe und Treue zu gedenken. »Wollte Gott, ihr wäret am Rhein und ich wäre in Ehren tot!« antwortete Rüdeger. Noch nie hatten Helden von einem Freunde solche Not erfahren müssen!

Schon hoben sie die Schilde zu dem unausweichlichen

Kampf, da gebot Hagen noch einmal Einhalt. Der Schild, den Frau Gotelind ihm als Gastgeschenk überreicht hatte, war zerhauen. Er bat Rüdeger daher um einen neuen, und der Markgraf gab ihm den eigenen. Das war der letzte Freundesdienst, den er leisten konnte. Hagen und Volker gelobten, Rüdeger im Streite nicht zu berühren, und wenn er alle Burgunden erschlüge.

Dann stürmte Rüdeger mit den Seinen in den Saal. Viele der Burgunden sanken von den Streichen des Markgrafen dahin. Das konnte Gernot nicht mehr länger mit ansehen. Er forderte Rüdeger zum Kampfe und empfing von dessen Hand die tödliche Wunde. Doch mit letzter Kraft streckte er den Gegner mit dem Schwerte, Rüdegers Gastgeschenk, nieder. So ereilte beide zugleich der Tod. In wilder Wut übten die Burgunden ihre Rache, und nicht einer von Rüdegers Mannen kam mit dem Leben davon.

Laute Klage erhob sich in Etzels Palast über Rüdegers Tod. Einer von Dietrichs Recken überbrachte seinem Herrn die traurige Kunde. Der gebot seinem Waffenmeister Hildebrand, die Burgunden nach dem Hergang zu befragen. Sogleich rüsteten sich ohne Dietrichs Wissen alle seine Recken, um Hildebrand zu begleiten.

Als Hagen ihnen den Ausgang des Kampfes mit Rüdeger bestätigte, beklagten Dietrichs Mannen laut den Tod des Freundes.

»Gebt uns seinen Leichnam heraus!« bat Hildebrand. »Wir wollen ihm nach seinem Tode die Treue entgelten, die er uns stets bezeugt hat.«

Gunther wollte zustimmen, doch die Burgunden gerieten darüber in einen Wortwechsel mit Dietrichs Mannen. »Holt ihn euch doch!« rief Volker voller Spott. »Das wäre erst der richtige Dank, den ihr Rüdeger erweisen könnt!«

Da ließ sich Wolfhart, Hildebrands Neffe, nicht länger halten und drang in den Saal, ihm folgten Dietrichs Mannen. Vergeblich suchte Meister Hildebrand den Streit zu schlichten. In dem Kampfe, der nun entbrannte, fanden die besten der burgundischen Recken den Tod. Volker, der Dietrichs Neffen erschlagen hatte, fiel von Hildebrands Schwert. Auch Dankwart fand den Tod. Der junge Giselher und Wolfhart töteten sich im Kampfe gegenseitig.

Nun lebte von den Burgunden niemand mehr als Gunther und Hagen. Von Dietrichs Mannen war nur noch der starke Waffenmeister Hildebrand, der sich vor Hagens Waffe retten konnte, am Leben geblieben.

Blutüberströmt trat er vor seinen Herrn. »Ich ganz allein bin übrig«, sagte Hildebrand. Von Gram und Entsetzen wurde Dietrich ergriffen, als er vom Tode all seiner Mannen erfuhr. Noch niemals in seinem Leben war ihm so schlimme Kunde geworden.

Stumm nahm er Rüstung und Schwert, und Hildebrand half ihm, sich zu wappnen. So ging Dietrich vor den Saal, um von Gunther und Hagen Sühne zu verlangen. »Ergebt euch mir als Geiseln«, forderte er, »so werde ich euch selber heimgeleiten ins Burgundenland.«

Hagen lehnte solches Verlangen schroff ab und sprach: »Das wolle Gott im Himmel nicht, daß zwei gewappnete, freie Männer sich dir ergeben.«

Da griff der Berner mit dem Schwerte an. Der lange Kampf hatte Hagen ermattet, und so mußte er dem starken Dietrich erliegen. Der verwundete ihn schwer; aber den Todesstreich führte er nicht. Er umschlang den Tronjer mit den Armen, band ihn und führte ihn zu Kriemhild.

Wie freute sich die Königin, als sie Hagen gebunden vor sich sah, und sie versprach, Dietrich diesen Dienst nie zu vergessen. Der Berner aber verlangte, daß sie Hagen am Leben lasse. Die Königin sagte es zu und ließ ihren Gefangenen in den Kerker führen, während Dietrich in den Saal zurückeilte, um Gunther zum Kampfe zu stellen. Nach heißem Ringen bezwang er ihn und führte auch ihn, den König, gebunden zu Kriemhild.

»Handelt gut an den beiden und gewährt ihnen Eure Gnade«, mahnte Dietrich die Königin, und sie versprach es wieder.

Aber kalt blieb ihr Herz. Sie trat in Hagens Kerker, mit stählernem Blick, und fragte den Helden nach dem Nibelungenhort. Sie gelobte ihm, wenn auch mit feindseligen Worten, sein Leben, wenn er den Schatz herausgebe.

Doch Hagen wehrte ab. Niemals werde er den Hort ausliefern, solange einer seiner Herren am Leben sei.

Da ließ Kriemhild ihrem Bruder das Haupt abschlagen und trug es an den Haaren zu Hagen.

Zum ersten Male in seinem Leben zeigte sich der grimme Held gebrochen: »Nun ist nach deinem Willen der edle König Gunther tot und ebenso Giselher und Gernot! Den Schatz, den weiß nun niemand als Gott und ich. Und dir soll er auf ewig, du Teufelin, verborgen bleiben!«

Da zog Kriemhild aus der Scheide das Schwert, das Hagen trug. Es war Sigfrids Schwert Balmung. Sie hob es hoch empor und schlug Hagen das Haupt ab.

Der alte Hildebrand, der Waffenmeister, sprang herzu. Als er sah, daß der beste Held, der je ein Schwert getragen hatte, von Weibes Hand erschlagen war, zog er in jähem Zorne sein Schwert und durchbohrte Kriemhild, daß sie entseelt zu Boden sank.

So endete das Fest am Hunnenhofe, und in einsamem Schmerze blieben Etzel und Dietrich unter allen zurück. Trauer breitete sich aus in Etzels Reich und pflanzte sich fort bis ins Land der Burgunden. Das stolze Königsgeschlecht zu Worms bezahlte den begangenen Frevel mit dem eigenen Untergang. Der wilde Brand, den der Mord an dem tapferen Sigfrid entflammte, hatte schonungslos Schuldige und Unschuldige zugleich hinweggerafft.

Deutsche Rittersagen

Parzival
Parzival der reine Tor

Nach dem Tod des Königs Gamdin hatte der Älteste Krone und Thron mit allen Burgen und Besitzungen geerbt. Dem jüngeren Sproß blieb nur, was ihm der Bruder nach dem Gesetz überließ: ein Streitroß mit der herrlichen Rüstung sowie die Knappen zu seiner Bedienung. Was aber die Erbgesetze ihm nicht rauben konnten, war sein ritterlicher Mut und seine überlegene Waffenkunst, dazu sein edler Anstand. So war Gachmuret nach Ritterart hinausgezogen.

Als er auf seiner reisigen Fahrt einst in der spanischen Stadt Toledo landete, vernahm er von einem Ritterturnier, das die Königin Herzeleide ausgeschrieben hatte. Dem Sieger hatte sie ihre Hand und des Königs Zepter über ihre beiden Reiche geboten. Da meldete sich Gachmuret zum Wettkampf; er warf alle Gegner in den Sand, und einhellig wurde ihm der Siegespreis zuerkannt.

Doch nach der glänzenden Hochzeit hielt es den Helden nicht lange in der neuen Heimat. Sein ritterlicher Tatendrang trieb ihn zu kühnen Abenteuern in die Ferne. Vergeblich waren die Bitten der Gattin. Blutenden Herzens ließ Herzeleide ihn ziehen.

Sein Heimkehrversprechen konnte Gachmuret jedoch nicht halten, denn nach quälenden Monden des Wartens und Hoffens erschien als Bote aus dem fernen Morgenland einer von Gachmurets Knappen mit der Trauerbotschaft: Der edle Gachmuret war im Kampf vor Bagdad zu Tode

getroffen worden. Als Zeichen legte der Mann die blutige
Speerspitze vor. Die Königin war in ihrem Schmerz um
den geliebten Gatten wie erstarrt.

Einige Zeit darauf brachte sie ein Knäblein zur Welt.
Sie gab ihm den Namen Parzival. Das bedeutet eine Mahnung: »Stets-gerade-hindurch«.

Frau Herzeleide mußte bald darauf Reichtum und
Macht ihrer Königreiche verlassen, denn der gewaltsame
Nachbar stieß die schutzlose Frau vom Thron und nahm
ihn frech in Besitz. Da zog Frau Herzeleide in die Einsamkeit des Waldes Soltane; dort auf einer Lichtung ließ
sie ein einfaches Haus bauen. All ihre Sorge galt fortan
dem heranwachsenden Parzival. So erbittert war die Mutter in ihrer Abneigung gegen Krieg und Männerkampf,
daß sie den Jungen von aller Gewalttätigkeit fernzuhalten
suchte, die ihr das Liebste auf der Welt genommen hatte.
Sie verbot ihren Dienstleuten, ihm gegenüber jemals ein
Wort von Ritterschaft und ritterlichem Wesen auszusprechen.

So wuchs Parzival einsam und ohne Kenntnis seiner
königlichen Herkunft auf. Was ihm an ritterlichen
Waffen verblieb, waren Bogen und Schießbolzen, die er
sich mit eigener Hand zur Jagd auf die Vögel im Wald
fertigte. Hatte er aber das gefiederte Wild erlegt, so packten ihn Mitleid und Reue, und in bitterer Selbstanklage
beschuldigte er sich selber. Und wenn er über sich in den
Wipfeln den Sang der Vögel hörte, empfand er ein Gefühl, als wollte das süße Klingen ihm das Herz und die
Brust zersprengen. Dann klagte er der Mutter weinend
sein Leid, und dabei wußte er nicht zu deuten, was ihn so
traurig stimmte.

Frau Herzeleide wies ihn auf Gottes Gnade, die ihm

Trost bringen solle. Er wußte keine Deutung. »Oh, Mutter, was ist denn das: Gott?« Und sie antwortete: »Gott, der um unseretwillen einst Menschengestalt annahm, ist noch lichter als all das helle Tageslicht. Parzival, mein Sohn, dies merk dir als Lebensweisheit: Ruf ihn an in jeder Not; er wird dir immer getreulich helfen.«

Jung-Parzival war groß und kräftig. Er lernte den Wurfspeer schleudern und brachte der Mutter manchen Hirsch als Jagdbeute. Nicht Wind noch Unwetter hinderten ihn, auf die Pirsch zu gehen, und alle bewunderten seine männliche Körperkraft, wenn er das schwere Wild, an dem ein Maultier seine Last gehabt hätte, allein auf den Schultern heimtrug.

Einst durchstreifte der junge Waidmann nach Jägerart den Wald, da vernahm er vor sich auf dem schmalen Pfad Hufschläge. Schon kamen drei Ritter dahergesprengt, herrlich anzusehen. Von Kopf bis Fuß waren sie in blankem Stahl gewappnet. Der unwissende Parzival glaubte in seiner Einfalt allen Ernstes, jeder von den dreien sei ein Gott. Geblendet von der strahlenden Rüstung, warf er sich mitten auf den Weg vor ihnen auf die Knie. »Hilf, Gott!« rief er und erhob die Hände.

Es war wie in einem Traum. Noch nie, so deuchte ihn, hatte er so viel lichten Glanz geschaut. »Das muß Gott sein«, ging es ihm in seiner Einfalt wieder durch den Sinn. Inbrünstig schickte er ein Stoßgebet zum Himmel: »Oh, hilf mir, hilfreicher Gott, der du allein helfen kannst!«

Der Ritter lächelte: »Ich bin nicht Gott«, gab er zur Antwort. »Was du hier vor dir siehst, das sind Ritter, die in seinem hohen Dienst leben.«

»Ritter«, rief der Knabe. »So sag mir doch, wer denn Ritterschaft gibt!«

Die Ritter mußten lachen über seine einfältigen Fragen. Der vornehmste unter ihnen aber gab geduldig Antwort: »Das tut unser König Artus. Kommt an seinen Hof, Junker, er wird Euch den Wunsch gern erfüllen, denn Ihr scheint mir von ritterlicher Herkunft zu sein!«

Neugierig betrachtete Parzival Harnisch und Waffen der Ritter und weckte durch sein einfältiges Gebaren wieder ihr Lachen. Panzerringe und Brünne, Harnisch und Schild – alles war ihm ja völlig unbekannt.

Nachsichtig erklärten die Ritter ihm den Gebrauch von Schild und Schwert. Doch dann überkam sie die Ungeduld über so viel Narretei. »Gott sei mit dir, schöner Jüngling«, riefen sie ihm zu, und mit stampfenden Hufen galoppierten sie davon. In tiefe Gedanken versunken über dieses Erlebnis, blickte der Junge ihnen nach.

Frau Herzeleides Dienstleute, die dem reisigen Zug auch begegnet waren, klagten bitter, daß sie in ihrer Unachtsamkeit das Gebot der Herrin so mißachtet hatten. »Jetzt ist es um Jung-Parzival geschehen«, erkannten sie betrübt, »seit er den Blick ins Reich der Ritterschaft getan hat, der ihm vorenthalten werden sollte.«

So war es in der Tat. Parzival hatte keinen anderen Wunsch, als an König Artus' Hof zu ziehen. Voller Sorge sann die Königin auf Mittel und Wege, den Sohn von seinem Wunsch abzubringen. Wie konnte sie ihn nur zurückhalten? Schließlich glaubte sie, einen Ausweg gefunden zu haben: Sie würde den Sohn so lächerlich ausstaffieren, daß der Spott der Welt ihn zurückstoßen würde. So müßte er bald zu ihr zurückkehren. Sie nahm grobes Sackleinen zur Hand und fertigte dem Jüngling daraus Wams und Kniehose; eine Narrenkappe stülpte sie ihm auf den Kopf und ließ ihm, um das Bild der Lächerlichkeit zu vollenden,

ungefüges Schuhzeug aus ungegerbtem Kalbsfell anfertigen. Recht wie ein Tölpel war er gekleidet. Und war doch
ein Königssohn.

Bevor der unerfahrene Junge von ihr schied, gab Frau
Herzeleide ihm wohlmeinend Lebenslehren mit auf den
Weg. »Höre, was ich dir sage, mein Sohn: Wenn du ohne
Pfad daherziehst, so meide dunkle Furten; aber in die seich-
ten und lauteren Furten kannst du kühnlich hineinreiten.
Zum zweiten: Sei höflich gegen jedermann und entbiete jedem deinen Gruß! Zum dritten: Hab Achtung vor dem
grauen Haupt und folge dem Rat des erfahrenen Alters! Und
zuletzt: Wenn eine edle Jungfrau dir Ring und Gruß bietet,
da greif getrost zu: Ein Kuß in Ehren bringt gutes Glück.
Und du sollst wissen, mein Sohn Parzival, daß du von königlichen Ahnen stammst und daß es der gewaltsame Lähelin
war, der dir dein angestammtes Erbe entrissen hat!«

Da umarmte er die Mutter voller Liebe und küßte sie zum
Abschied. Frau Herzeleide lief ihm nach, bis er ihren Blik-
ken entschwand. Da sank die edle Frau tot zur Erde; der
Abschiedsschmerz hatte ihr das Herz gebrochen.

Getreu den mütterlichen Lehren

Inzwischen ritt der schöne Junker fürbaß, ohne von dem
Tod der geliebten Mutter zu wissen. Der Weg führte ihn an
einen Bach, den wohl ein Hahn hätte durchschreiten können; doch weil das Wasser dunkel aussah, achtete er das
Wort der Mutter und mied den Übergang. Erst der helle
Morgen ließ das seichte Wasser klarsichtig erscheinen. »So
will ich stets den Rat meiner Mutter befolgen«, sagte er zu
sich, als er unbedenklich die Furt durchquerte.

Bald darauf gelangte er an eine Wiese, auf der stand ein reichgeschmücktes Zelt. Einfältig trat der junge Mensch herzu und wagte einen Blick ins Innere. Da sah er ein wunderschönes Weib im Schlaf liegen; es war Jeschute, die Frau des Herzogs Orilus.

Parzival erblickte an ihrem Finger einen goldenen Ring. Da dachte er an die Worte seiner Mutter, und ohne zu zaudern beugte er sich über die Schlafende, küßte sie auf den Mund und zog ihr dabei den Ring vom Finger; auch eine Spange an ihrem Gewand riß er unbedenklich los. Voll Zorn und Scham fuhr Frau Jeschute auf: »Was erlaubt Ihr Euch, Junker, mich durch Euren Kuß zu entehren?«

Aber Parzival gab wenig acht auf ihren Unwillen. »Meine Mutter lehrte mich so«, sagte er unbeeindruckt; »und außerdem habe ich Hunger.«

Da mußte die Herzogin trotz der Kränkung lächeln. »Hier hast du Speise und Trank«, sagte sie, und unbekümmert setzte sich der ungebetene Gast zum Mahl und sprach auch dem Wein redlich zu.

Die edle Frau aber mochte aus seinem Gebaren schließen, er sei nicht ganz bei klaren Sinnen. »Junker«, bat sie, »gebt mir mein Ringlein und meine Spange zurück und macht Euch eilig davon. Denn wenn mein Gatte Euch hier anträfe – es würde Euch schlecht ergehen!«

Aber Parzival ließ sich nicht beunruhigen. »Was sollte ich mich wohl vor dem Zorn Eures Gemahls fürchten, edle Frau?« Und ehe die Herzogin entsetzt abwehren konnte, küßte er sie wieder auf den Mund. »Der Kuß einer edlen Frau bringt Glück, hat mich meine Mutter gelehrt«, so sagte er treuherzig, grüßte die Dame ehrerbietig und ritt davon.

Dankbar dachte er an die Mutter und ihren Rat, den er so trefflich befolgt zu haben meinte.

Der Frau Jeschute aber brachte seine Tat viel bitteres
Leid; denn der Herzog erkannte an der Spur im Gras, daß
sie in seiner Abwesenheit Besuch gehabt hatte, und ihre bekümmerte Miene verhieß ihm nichts Gutes. Blinde Eifersucht machte den stolzen Herzog taub gegen alle Beteuerungen der Gattin; er wollte sie hinfort nicht mehr als seine
Ehegemahlin achten.

Welches Herzeleid hatte Parzival der edlen Frau durch
seine Unbedachtsamkeit gebracht!

Unbefangen ritt er unterdessen durch das sonnenbeschienene Land. Wer seinen Weg kreuzte, den grüßte der
gute Junge höflich und setzte treuherzig hinzu: »So hat es
mich meine Mutter gelehrt.«

Als Parzival nun eine Halde hinabritt, hörte er von einem
Felsabhang die Stimme einer Frau, die schrie wie in tiefster
Not. Eilig ritt er dem Klagelaut nach und fand eine wunderschöne Jungfrau an der Felswand sitzen, sie hielt in ihrem
Schoß einen toten Ritter. Es stellte sich heraus, daß er Sigune, die Schwestertochter seiner Mutter, vor sich hatte
und daß ihr Verlobter, Graf Schionatulander, durch Herzog Orilus ums Leben gekommen war. Von ihr erfuhr Parzival auch die Geschichte seines Vaters und daß Herzog
Orilus und dessen Bruder Lähelin es waren, die seiner Mutter, und damit ihm, das königliche Erbe geraubt hatten.

»Liebe Base«, sagte der junge Mensch voll Zorn und Mitleid, »ich werde dich an dem Herzog Orilus rächen. Zeig
mir den Weg, den er geritten ist, so will ich ihn sogleich zum
Zweikampf stellen!«

Aber der Jungfrau war es schon leid, seine Kampfeswut
geweckt zu haben, denn sie mußte fürchten, der Unerfahrene werde den Kampf gegen den grimmen Ritter nicht
bestehen. So wies sie ihm den falschen Weg.

Parzival aber machte sich voll Eifer an die Verfolgung und ritt die Straße, die ins Bretonenland führt. Und wer ihm begegnete, ob Ritter oder Bauersmann, den grüßte er freundlich, und immer setzte er arglos hinzu: »So hat es mich meine Mutter gelehrt.«

So kam Jung-Parzival vor die Stadt Nantes ins Reich des Königs Artus. Wie würde es dem einfältigen Jungen dort ergehen, der nichts von ritterlicher Art und nichts von höfischer Sitte wußte? Wie würde man ihn aufnehmen, der gekleidet war wie ein Narr und gewappnet wie ein Strauchdieb? Vor der Stadt begegnete ihm ein Ritter, dem er freundlichen Gruß bot. Er vergaß auch nicht, wie immer arglos hinzuzusetzen: »So hat es mich meine Mutter gelehrt.«

Es war Ither von Gahawieß, den man den Roten Ritter nannte, König Artus' Vetter. In seiner Faust hielt er einen goldenen Becher, den er von des Königs Tafel genommen hatte.

Mit Wohlgefallen blickte der Rote Ither auf den schönen Jüngling. Er lebte im Erbstreit mit dem königlichen Vetter und dachte nun, den Jungen als Boten zu benutzen. »Reitet zum König Artus und den Rittern seiner Tafelrunde und meldet dort, der Rote Ither habe nicht im Sinn, von seinem angestammten Recht zu lassen. Ich verlange das Erbland, das mir zusteht. Wollen die Ritter ihren königlichen Herrn nicht verdursten lassen, so mögen sie ihm den Becher, den ich von der Tafel nahm, zurückholen!«

Parzival versprach, König Artus zu melden, was der Ritter ihm aufgetragen hatte. So spornte er sein Rößlein an und trabte wohlgemut in die Stadt hinein. Aber sein wunderlicher Aufzug erregte allzuviel Aufsehen; die

Kinder begleiteten ihn mit lauten Spottrufen, so daß ein gefährliches Gedränge entstand.

Bei dem Anblick der vielen reichgeschmückten Ritter im Königsschloß rief Parzival ganz verwundert: »So viele Artusse sehe ich hier! Welcher von ihnen ist es, der mich zum Ritter schlagen wird?«

Natürlich rief das einfältige Wort unter den Rittern und Knappen ringsum allgemeines Gelächter hervor. Man führte den Jüngling in den Palas, wo die edle Hofgesellschaft, König Artus' berühmte Tafelrunde, versammelt saß.

Unbekümmert rief Parzival seinen Gruß »Gott beschütze euch, ihr edlen Ritter und besonders Euch, Herr König, mit Eurer hohen Gemahlin!« Und wie immer setzte er treuherzig hinzu: »So hat es mich meine Mutter gelehrt.«

Erstaunt wandten sich die Ritter dem Ankömmling zu. Doch als er seinen Auftrag ausrichtete, verging ihnen das Lachen; denn der Rote Ither war von allen gefürchtet. Da erbot sich der junge Tölpel, ihn selber im Kampfe zu bestehen. »Ich will die Rüstung des Roten Ritters mit eigener Hand erwerben, damit Ihr mich zum Ritter schlagen könnt!«

Nur widerwillig gab Artus seine Zustimmung; er hatte Gefallen an dem seltsamen Jungen gefunden und fürchtete nun für dessen Leben.

Die Königin hatte sich mit ihren Jungfrauen und dem ritterlichen Gefolge ans Fenster begeben, um dem Schauspiel zuzuschauen. Unter den Damen saß die stolze und schöne Frau Kunneware, Herzog Orilus' Schwester; sie hatte ein Gelübde getan, nie zu lachen, bis sie den Mann erblickte, dem es bestimmt sei, den höchsten Heldenruhm zu erwerben. Jetzt aber, als sie den kühnen Junker in dem narrenhaften Gewand vorüberreiten sah, da lachte sie plötzlich hell auf.

Das verdroß Herrn Keye, den Oberhofmeister, so sehr, daß er sie in zorniger Aufwallung anfuhr und diesem Schimpf sogar einen Schlag hinzufügte.

Der junge Parzival war Zeuge der Schmach, die der Dame um seinetwillen widerfuhr. Der Wurfspieß zuckte ihm in der Hand, doch um der Königin willen verschob er die Vergeltung auf spätere Zeit.

Laut lachte der Rote Ither, als Parzival auf seinem elenden Klepper ihm entgegenritt.

»Ich habe Eure Botschaft ausgerichtet«, rief der Knabe ihm entgegen, »aber keinen der Ritter gelüstet, mit Euch zu streiten. So trete ich denn für den König ein; er hat mir Eure Rüstung und Waffen zugesprochen. Und so fordere ich von Euch Pferd und Rüstung; denn ich will selber ein Ritter sein!«

Der Rote Ritter fand natürlich nur Spottworte für die kecke Herausforderung, und als Parzival treuherzig und kühn darauf beharrte, stieß er den Jungen mit umgekehrtem Lanzenschaft vom Gaul, daß er rücklings ins Gras fiel. Aber schon stand Parzival auf den Füßen, schleuderte seinen Wurfspieß und traf in dem Eisenhelm des Ritters so geschickt die Spaltöffnung im Visier, daß die Waffe tief ins Haupt eindrang. Ither sank tot zu Boden.

Der junge Sieger war selber überrascht von solchem Erfolg. »Er ist wirklich tot!« stieß er hervor. Doch dann zog er die prächtige Rüstung des Besiegten über sein sackleinenes Narrengewand, legte die Beinschienen an und schnallte die Sporen fest.

»Nun habe ich erreicht, was ich erstrebte«, rief Parzival

froh. »Ich will mich von König Artus zum Ritter schlagen lassen und in die Welt hinausziehen.«

Frohgemut zog der als Ritter verkleidete Tor nun auf neue Abenteuer aus. Mit welchem Stolz trug er die erbeutete Rüstung, und mit welcher Freude hielt er das Streitroß am Zügel!

Den Erschlagenen ließ er unbestattet liegen. Später, als Parzival ritterliches Leben recht verstand, reute ihn die Tat zutiefst.

Gegen Abend gelangte er zu einer herrlichen Ritterburg. Der Burgherr selber, der Ritter Gurnemanz, saß im Schatten einer breitästigen Linde auf grünem Anger davor und blickte dem Ankömmling entgegen. Er war im Lande ringsum ob seiner Lebenserfahrung und seiner Altersweisheit sowie wegen seiner ritterlichen Tugenden geachtet und hochgeehrt.

Der unerfahrene Jüngling grüßte den Ehrwürdigen, doch nicht nach Ritterart: »So hieß mich meine Mutter tun«, sagte er dabei; und er setzte hinzu: »Und sie gebot mir, ein greises Haupt zu achten und die weisen Lehren des Alters anzunehmen. So bitte ich Euch um Euren Rat; ich werde ihn gern befolgen.« Gurnemanz grüßte den Gast nach ritterlichem Brauch und geleitete ihn in seine Burg.

Erstaunt entdeckten die Knappen, die Parzival entwappneten, die Narrenkleider unter der Rüstung. Ebenso bestürzt empfand auch der Burgherr diese peinliche Überraschung. Doch weil er an dem schönen Jüngling Gefallen gefunden hatte, nahm er ihn fortan in seine Zucht. Mit freundlicher Nachsicht unterwies Gurnemanz den unerfahrenen Jüngling in ritterlichem Anstand. Parzival, der einfältige Tor, der bisher jedes Gebot seiner Mutter in treuherziger Wörtlichkeit aufgefaßt hatte, lernte in jenen Ta-

gen, da er bei Gurnemanz zu Gast war, feine Ritterart und
gottgefälliges Leben, das den Menschen zum Seelenheil
führt.

»Wie ein kleines Kind sprecht Ihr von Eurer Mutter«,
belehrte ihn der Alte, »das erhöht nicht Eure Ritterehre.
Wann wollt Ihr endlich wie ein Mann denken?

Bewahrt Euch edle Scham! Das ist mein zweites Gebot
an Euch. Schamlosigkeit führt den geraden Weg zur
Hölle.

Nach Art und Haltung taugt Ihr gar wohl zum Ritter;
vergeßt dabei aber nicht das Hauptgebot ritterlicher
Pflicht: Habt Erbarmen mit den Bedrängten! Auch Milde
und Güte zu erweisen ist Ritterpflicht!

Bewahrt Euch stets ein demütiges Herz und helfet dem
schuldlos Verarmten. Der weise Mann versteht den rechten Mittelweg einzuhalten zwischen Geiz und Ver-
schwendung!«

Parzival hörte schweigend zu. Er erkannte wohl, daß
die Worte des Alten aus weiser Erfahrung und aus mitfüh-
lendem Herzen gesprochen wurden, und er war ehrlich
bestrebt, die Lehren anzunehmen.

»Ich habe bemerkt, daß Ihr Belehrung benötigt«, fuhr
der Alte fort. »So hört mich weiter: Ich rate Euch, laßt das
unziemliche Daherreden und haltet Eure Gedanken in
Zucht.

Fragt nicht zu viel! Und wenn man an Euch Fragen richtet, so antwortet bedächtig und überleget wohl!

Im ritterlichen Kampf sollt Ihr tapfer streiten – und großmütig verzeihen. Dem besiegten Gegner, der Euch Sicherheit gibt, gewähret ritterlich Schonung.

Und achtet auf alles, was höfische Sitte, Zucht und Anstand gebieten! Vergeßt nicht, Euer Äußeres nach ritter-

lichen Formen zu pflegen, so wie wir es den Frauen schuldig sind!

Ja, ehret und liebet die Frauen! Mit Unaufrichtigkeit mag ein Ehrloser wohl manche Frau betrügen; doch wer edle Männer betrügt, der erntet nur Schande und muß peinliche Scham erleiden.«

Parzival dankte dem weisen Alten für seine Lehren und nahm sich alles ernstlich zu Herzen. Mit großer Freude folgte er sodann Gurnemanz' Unterweisung im ritterlichen Zweikampf, dem Tjost; der Alte erwies sich als ein trefflicher Lehrmeister in der kunstgerechten Führung der Waffen. Unermüdlich nahm er den Gast mit auf den Turnierplatz und ließ ihn mit seinen Mannen üben. Wenn sie sodann kampfesmüde den Saal wieder betraten, wartete schon der festlich gedeckte Tisch.

Des Burgherrn holdselige Tochter Liasse wußte dem Gast gegenüber so reizend und anmutig die Hausfrau zu vertreten, daß Parzival ihr mit viel Gefallen begegnete. Aber was man Liebe nennt, das regte sich nicht in seinem Herzen.

Es trieb ihn zu neuen Abenteuern hinaus in die Welt. Ritter Gurnemanz hatte den Jüngling von Herzen liebgewonnen und ließ ihn nur mit Betrübnis von dannen ziehen.

Parzival der Held

Gedankenverloren ritt Parzival seinen Weg. Er fühlte, wie sein Herz von Gefühlen zerrissen war. War es, weil er sein kindliches Gemüt abgelegt hatte?

Sein treues Roß trug ihn sicher durch die Wildnis. Über Berg und Tal ging es durch unwegsame Gebirgsketten und

waldige Einöde. Parzival folgte dem Lauf eines Flusses, bis
er im Schein des Abendrotes am anderen Flußufer eine viel-
türmige Stadt auftauchen sah. Es war Belrapeire, die Stadt
der Königin Kondwiramur. Dort herrschte große Not,
denn das Heer des Königs Klamide hielt die feste Stadt belagert und bedrängte sie in wilder Angriffswut immer wieder
vom Lande und von der Wasserseite her.

Quälenden Hunger litten die Belagerten. Welch Bild des
Jammers boten all die Männer, die zu ihrer Verteidigung
bereitstanden! Schlaf- und kraftlos schlichen die Bürger
unter der Last ihrer Waffen daher, und die Ritter, die dem
Ankömmling entgegentraten, blickten bleich und abge-
zehrt aus aschgrauen Gesichtern.

Ja, in der Stadt herrschte Hungersnot, denn jegliche Zu-
fuhr war ihr durch das feindliche Belagerungsheer abge-
schnitten.

Parzival ließ sich zum Palas führten, wo ihn die jungfräuliche Königin Kondwiramur empfing. Ein unnennbares
Gefühl ergriff ihn, als er ihre herrliche Erscheinung sah.
Nie zuvor, so meinte er, hatten seine Augen soviel
Frauenschönheit erblickt. Von zwei Herzögen ihres Landes geleitet, trat sie dem jungen Ritter entgegen, gab ihm
den Willkommensgruß und führte ihn in den Saal. War es
die Ritterlehre des greisen Gurnemanz, die ihn schweigen
ließ, oder lähmte ihm Kondwiramurs Schönheit die Zunge?
Parzival redete kein Wort.

Ob ich ihm wohl mißfalle, weil ich so verhungert aus-
sehe? dachte die Königin befangen. Schließlich brach sie das
Schweigen, das belastend zu werden drohte: »Edler Ritter,
als Hausherrin habe ich Euch den Willkommensgruß geboten. So will ich als Herrin der Stadt auch das erste Wort
sprechen. Wie mir eine meiner Frauen berichtet, habt Ihr

mir Euren Beistand verheißen. Solches Angebot wurde mir in meiner bedrängten Lage noch niemals gemacht. So sagt mir, wer Ihr seid und woher Ihr kommt!«

Mit Staunen hörte sie seinen Namen und seine Erlebnisse. Hoffnungsfroh, daß seine Ankunft das Schicksal ihrer bedrängten Stadt wenden könne, teilte Kondwiramur mit ihm ihren letzten Bissen Brot und ließ ihm sodann im Fremdengemach ein prächtiges Bett herrichten. Knappen entkleideten ihn, und alsbald war der müde Gast eingeschlafen.

Doch mitten in der Nacht schrak er auf. Vor seinem Bett stand die Königin in leichtem Nachtgewand. Die Sorge um ihre Stadt hatte sie zu Parzival getrieben. Würde sich ihre neuerwachte Hoffnung erfüllen, daß Parzival den Belagerern Trotz bieten könne?

Sie berichtete ihm von König Klamide, der sie gewaltsam zu seiner Frau machen wolle und von dem Tod so vieler tapferer Ritter. »Ach«, rief sie voller Verzweiflung, »welche Hoffnung gibt es noch für mich Arme!«

Parzival hatte schweigend die Klage angehört. Sein Herz war voll Mitleid mit der schönen Königin, deren Tränen auf ihn herabbrannten. »Sagt, edle Herrin«, rief er entschlossen, »was ich Euch zum Trost und zur Rettung tun kann!«

Unter Tränen gab sie ihm Antwort: »Wenn Ihr mich erlösen wollt von dem schrecklichen Kingrun, Herrn Klamides Seneschall, der mir im Kampf schon so manchen meiner treuen Ritter getötet hat!«

»Vieledle Herrin«, versetzte er schlicht, »seid versichert, daß Ihr in mir einen Helfer habt gegen jeden Eurer Feinde!«

Zierlich verneigte sie sich vor Parzival und schlich leise in ihr Schlafgemach zurück. Niemand hatte den nächtlichen Besuch bemerkt.

Parzival aber konnte nicht wieder einschlafen; zu sehr bewegten ihn die Worte der schönen Königin. Er war fest entschlossen, ihr in ihrem Unglück beizustehen.

In aller Frühe schon wurde gemeldet, daß der grimme Kingrun sich vor dem Tor zeigte. Weit war er Klamides Heer, das mit vielen Streitbannern drohend heranrückte, vorausgeritten.

Inbrünstig geleiteten die Gebete der Bürger den tapferen Parzival, als er ohne Zaudern zum Stadttor hinaussprengte.

Es war sein erster Schwertkampf, und dem Gegner, der ihm gegenüberstand, ging der Ruhm voraus, sechs Ritter zugleich seien ihm im Kampf unterlegen. Doch dieser Zweikampf lehrte ihn schnell auf seinen angemaßten Ruhm verzichten. Parzival zeigte ihm, was er bei Gurnemanz gelernt hatte, und bezwang den Gegner nach erbittertem Kampf. Als er ihm den Fuß auf die Brust setzte, bat Herr Kingrun um sein Leben.

»Als Sühne biete ich Euch, was Ihr verlangt«, rief er, und Parzival, der nicht nach Rache strebte, gewährte ihm die Bitte. Er gebot ihm, an König Artus' Hof zur Jungfrau Kunneware zu reiten, die einst um Parzivals willen von dem Seneschall Keye zu gröblich beleidigt worden war.

»Und sagt der edlen Jungfrau«, fügte er hinzu, »sie wird mich nimmer froh sehen, bis ich jene üble Tat gerächt und dort einen Schild durchbohrt habe!«

Der Seneschall Kingrun gab ihm sein ritterliches Wort.

Das feindliche Heer aber wagte keinen weiteren Angriff gegen die Stadt oder gar einen Zweikampf mit dem wundersamen Recken, der ihren erlesensten Streiter niedergeworfen hatte. So kehrte Parzival siegesfroh zurück und wurde von den Bürgern mit festlichem Jubel empfangen.

Freudig begrüßte ihn auch Kondwiramur, umarmte ihn

vor allen Leuten und half ihm selber, Waffen und Harnisch abzulegen. »Nie auf Erden will ich eines anderen Weib werden als dessen, den ich hier umarmt habe«, sagte sie mit glückseligem Lächeln.

Da zeigten sich zwei braune Segel auf dem Meer, und schnell trieb der Wind die beiden mächtigen Kauffahrteischiffe in den Hafen; der Sturm hatte sie dorthin verschlagen. Zwei Schiffe, wohlbeladen mit Nahrung! Gott selber mochte es in seiner Weisheit so gefügt haben.

Parzival bot den Kaufleuten doppelten Preis für ihre Habe und sorgte für gerechte Verteilung an das hungernde Volk. Die ganze Stadt nahm sodann jubelnd Anteil, als die Hochzeit des jungen Paares gefeiert wurde.

Parzival war jetzt Ehegatte der schönen Kondwiramur und König von Belrapeire.

Neuer Mut beseelte damit die Belagerten. Parzival ließ die Tore zu einem Ausfall öffnen und stritt allen tapfer voran. Wo er im Kampfgemenge erschien, da brachen die Speere, und endlich gelang es ihm, den König selber, der seiner jungen Gemahlin so viel Leid zugefügt hatte, zum Zweikampf zu stellen. Der Sieg in diesem Streit der beiden Könige, so wurde nach Ritterart vereinbart, sollte über den Ausgang des ganzen Krieges entscheiden.

Mit ungeheurer Wucht prallten die beiden Gegner aufeinander. Nie hatte einer von ihnen einem so erbitterten Feind gegenübergestanden. Die Pferde stampften in furchtbarer Anstrengung. Als sie unter ihren Reitern zusammenbrachen, griffen beide Männer zu den Schwertern und setzten mit grimmer Erbitterung den Kampf zu Fuß fort.

Klamide besaß nicht die Ausdauer des starken Parzival. Schließlich traf ihn ein so mächtiger Schwertstreich, daß er zu Boden stürzte und Parzival ihm den Helm vom Kopf

reißen konnte. Zitternd erwartete der Besiegte den Todesstreich; er bat mit demütigen Worten um Gnade.

Parzival schonte in seinem Edelmut auch diesen Besiegten. Auch ihm gab er auf, an König Artus' Hof zu ziehen
und sich der Jungfrau Kunneware als besiegt zu stellen und
ihr zu dienen. »Und sagt dem Seneschall Keye«, fügte Parzival hinzu, »daß meine Rache nicht auf sich warten lassen
wird.«

So war das Land durch Parzivals Tapferkeit von der Not
der Belagerung befreit.

Die beiden Besiegten ritten an den Artushof in die Bretagne und richteten der Jungfrau Kunneware getreulich
aus, was Parzival ihnen aufgetragen hatte. Wie staunte man
dort über die Waffenerfolge des jungen Helden!

Unter König Parzivals weiser Regierung blühte das Land
in kurzer Frist wieder auf. Er war beliebt bei jedermann,
Feinde fürchteten die Kraft seines Schwertes, und mit seiner schönen Gemahlin lebte er in der glücklichsten Ehe.
Trotzdem konnte die heitere Ruhe nicht von Dauer sein. Es
trieb den Helden hinaus auf Abenteuer. Traurig blickte
Kondwiramur ihm nach, als er eines Tages von dannen ritt.

Auf der Gralsburg

Der Abschied von der geliebten Frau war dem jungen Ritter
recht schwer geworden. Frei ließ er seinem Pferd den Zügel,
und es trug ihn sicher durch Wildnis und pfadloses Moor.
Die Sonne stand bereits tief im Westen, als er an einen See
kam. Dort ankerte ein Boot in Ufernähe, und Männer
waren dabei, die auf Fischfang ausgingen und Wasservögel
jagten. Es war einer unter ihnen, der hatte ein bleiches, ern-

stes Antlitz; er trug eine Pfauenfeder am Hut und auf dem
Jagdrock prächtigen Pelzbesatz. An diesen wandte sich der
junge Ritter nun und fragte, wo er für die Nacht wohl Herberge finden könne.

Die Stimme des vornehmen Fischers klang tieftraurig, als
er Antwort gab. Er wies ihn zu einer Ritterburg, die auf dem
nächsten Felsvorsprung emporragte, und als der wegmüde
Parzival dem freundlichen Rat folgte, fand er dort gastfreie
Aufnahme.

Wie tat es wohl, nach dem heißen Ritt, sich der Rüstung
zu entledigen und Gesicht und Hände von Staub und Eisen-
rost zu reinigen! Wohlig hüllte er sich in den Seidenmantel,
den die Schwester des Burgherrn ihm durch den Kämmerer
hatte reichen lassen. Dann meldete man, der Burgherr sei
zurückgekehrt, und der Gast werde gebeten, der Einladung
zum Mahl zu folgen.

Blendende Helle strahlte Parzival entgegen, als er, von
Knappen geführt, den Rittersaal betrat. Hundert Kron-
leuchter erstrahlten in diesem prächtigen Raum; rings-
umher waren die Wände mit Kerzen besteckt. Davor standen hundert Ruhepolster, die Platz für je vier Ritter boten.

Der Burgherr hatte sich auf seinem Ruhebett vor einer
Feuerstätte niedergelassen. Dort empfing er den Gast.
Ganz überrascht erkannte Parzival in ihm den Fischer vom
See.

Welch ein Gegensatz war zwischen dem Hausherrn und
seinem Gast! Der kranke Ritter, in kostbare, pelzbesetzte
Gewänder gehüllt, schien noch siecher, sein Antlitz noch
gramvoller, als Parzival es am See bemerkt hatte. Und vor
ihm stand der strahlende Recke in der Fülle seiner Jugendkraft, daß alle Ritter voller Bewunderung auf ihn blickten.

Freundlich winkte der von Leid und Krankheit gebeugte

Burgherr den Besucher zu sich heran und lud ihn ein, an der
Tafel Platz zu nehmen.

Der heilige Gral

Dann öffnete sich die Tür des Saals, die Parzival bisher nicht
bemerkt hatte, und ein Knappe trat ein. In der Hand trug er
eine Lanze, an deren Schaft Blut herabtroff. Lautes Wehklagen erscholl nun durch den weiten Saal, als der Knappe
mit der blutbefleckten Waffe an allen Rittern vorbeischritt;
in tiefer Trauer hielten sie das Haupt gesenkt, bis er den Saal
wieder verlassen hatte.

Parzival stand stumm vor Staunen und verfolgte wie gebannt die feierliche Handlung, die sich ihm geboten hatte.

Da öffnete sich auf der anderen Seite des Saals eine stäh-
lerne Tür; vier liebliche Jungfrauen, goldene Leuchter in
den Händen, setzten schweigend zwei Bänklein von Elfenbein vor dem Burgherrn nieder. Ihnen folgten vier
Frauenpaare. Sie trugen Kerzen in den Händen und legten
eine Tischplatte aus funkelndem Granat auf die elfenbeinernen Bänkchen.

Wieder öffnete sich die Stahltür. Diesmal erschienen
sechs schöne Jungfrauen, die trugen kostbares Tafelgeschirr in den Händen, richteten sorgsam den Tisch und
wandten sich in edlem Anstand zu den zwölfen, die sich auf
der Seite aufgestellt hatten.

Mit wachsendem Staunen blickte Parzival auf das wundersame Bild; doch er brach mit keinem Wort das feierliche
Schweigen, das über dem weiten Saal lag. Als sich die Tür
zum letzten Mal öffnete, traten sechs Jungfrauen in kostbaren, golddurchwirkten Gewändern hervor. Sie waren

das Ehrengeleit für die Königin. Denn nun erschien die schönste der Schönen. Ihr Antlitz erstrahlte wie die Morgensonne im ersten Frühlicht. Auf grünseidenem Kissen trug sie eine Schale aus wundersam funkelndem Edelstein. Das war der heilige Gral, der Wunderhort der Christenheit.

Die Trägerin dieses Heiligtums war die Schwester des Burgherrn, Repanse de Schoye; denn das Wunderwesen des Grals gebietet, daß nur eine reine Hand ihn berührt. Es ist das heilige Gefäß, aus dem einst Christus beim letzten Abendmahl mit seinen Jüngern trank und in dem Joseph von Arimathia das Blut des Heilands auffing, als die rohen Kriegsknechte dem Gekreuzigten die Seite öffneten.

Die edle Jungfrau verneigte sich züchtig vor dem königlichen Bruder, setzte das heilige Gefäß vor ihn und zog sich mit ihren kerzentragenden Jungfrauen zu den übrigen zurück.

Nun rüstete man sich zur festlichen Bewirtung der vierhundert Ritter. Flinke Knappen trugen hundert Tische herbei, deckten sie mit weißem Linnen und setzten sie vor die Ruhepolster.

Für jeden der Tische standen vier Knappen zur Bedienung bereit. Goldene Gefäße und kostbares Tafelgeschirr wurden auf zierlichen Wagen herbeigeführt.

Und jetzt geschah das Wunder: Was jeder der ritterlichen Gäste sich wünschte an Speisen erlesenster Art, das spendete der heilige Gral, und das wurde nun von den bedienenden Knappen eilfertig herbeigetragen. Und was sie auch zu trinken begehrten, das floß in die ausgestreckten Becher, alles durch die Wunderkraft des Grals.

Die edlen Ritter waren beim heiligen Gral zu Gast.

Wie staunte Parzival über all diese Wunder! Aber eingedenk der Ritterlehre des edlen Gurnemanz unterließ er jede

Frage; er hoffte, auch ohne diese zu erfahren, was das seltsame Fest bedeute.

Während er so in tiefen Gedanken saß, brachte ein
Knappe auf einen Wink des Burgherrn ein Schwert herbei.
Griff und Klinge waren von meisterlicher Arbeit. »Nehmt
diese Waffe als mein Gastgeschenk«, sagte der Alte zu Par-
zival; »tragt sie in Ehren, die mir in so manchem Streit zur
Seite stand, ehe die tückische Krankheit mich packte.«

Parzival nahm die kostbare Waffe entgegen. Daß er nicht
den tieferen Sinn der feierlichen Umgebung erkannte! Er
ahnte nicht, der junge Tor, daß es in seine Hand gegeben
war, den Gastgeber von aller Last zu befreien! An Parzival
lag es, das rechte Wort als Frage auszusprechen.

In seiner höfischen Einfalt sprach er kein Wort des Dankes oder des Mitleids; keine Frage nach der Ursache des
Leidens seines Gastgebers kam ihm über die Lippen.

Da gab der Kranke das Zeichen, das Mahl zu beenden.
Eilfertig trugen die Knappen die Tafelgeräte hinaus, und in
feierlichem Zug führte die schöne Königin, geleitet von
ihren Ehrenjungfrauen, den heiligen Gral aus dem Saal.

Parzival schaute dem Kleinod schweigend nach.

Aber auch jetzt stellte der Jüngling keine Frage.

»Ihr werdet müde sein«, wandte sich der Burgherr nun
wieder seinem Gast zu. »Das Schlafgemach ist für Euch bereitet. So wünsche ich Euch eine gesegnete Nachtruhe!«

Parzival verneigte sich zum Dank züchtig nach Ritterart,
aber immer noch blieb er in törichter Verblendung
schweigsam. Man führte ihn in eine prächtig hergerichtete
Kemenate, in der ein prunkvolles Bett bereitstand. Ritter,
Knappen und edle Jungfrauen wetteiferten, ihm zu Diensten zu sein. Die ersehnte Ruhe wollte jedoch bei ihm nicht
einkehren. Wirre Träume schreckten ihn. Schweißgebadet

wachte er auf. Es war heller Tag. Erschrocken fuhr er in die Höhe und rief nach den Knappen. Aber niemand war zu seinem Dienst bereit. Auf dem Teppich vor seinem Bett lag neben seinem Schwert das Gastgeschenk des Burgherrn, daneben seine Rüstung. An der Treppe fand er sein Roß angebunden; daneben lehnten Schild und Speer. Vergeblich blickte er sich nach den Bewohnern der Burg um. Niemand zeigte sich. Das Burgtor stand weit offen, und Spuren vieler Hufe wiesen hinaus. Da wußte Parzival, daß er allein in der Burg war.

Entschlossen folgte er den Spuren zum Tor hinaus. Kaum aber hatte er die Zugbrücke verlassen, da wurde sie hinter ihm in die Höhe gezogen, und ein Knappe, der sich vorher versteckt gehalten hatte, rief ihm höhnisch nach: »Solchen Tölpel wie Euch erlebt man nicht alle Tage! Nach Ritterruhm scheint Ihr nicht zu verlangen! Hättet Ihr Euer Mundwerk nur einmal gerührt, um den Herrn zu fragen! Nun habt Ihr alle Ritterehre verspielt!«

Parzival blickte sich bei dieser unerwarteten Beschimpfung ganz erstaunt um und verlangte nach einer Erklärung. Doch der Knappe würdigte ihn keiner Antwort.

In tiefen Gedanken war Parzival den Spuren der Ritter gefolgt. Doch bald verloren sie sich im dichten Wald.

Als er so unschlüssigen Sinnes dahinritt, stutzte er plötzlich vor einer eigenartigen Erscheinung, die sich ihm im Waldschatten bot: Unter einer breitästigen Linde saß eine schöne Frau, in ihren Armen hielt sie einen toten Ritter.

Jetzt erkannte Parzival die Jungfrau. Es war seine Base Sigune, die immer noch um den erschlagenen Ritter, ihren Verlobten, trauerte. Sie hatte den Leichnam einbalsamieren lassen. Die starre Gestalt des Geliebten im Arm, bot sie ein Bild des Grauens.

»Du bist Parzival, der Sohn meiner Mutterschwester«,
rief sie ihn an; »sag mir doch, was du in diesem Wald
suchst!«

Von Sigune erfuhr er nun, was es mit der Gralsburg auf
sich habe. »Sie ist an aller irdischen Vollkommenheit reich.
Aber nicht jedem Sterblichen ist sie zugänglich. Wer sie mit
Fleiß sucht, wird niemals zum Ziel gelangen. Wer aber ohne
Wissen und ohne Absicht zu ihr gelangt, dem wird sie sich
öffnen, und aller Erdensegen und alle irdische Glückseligkeit werden dem Finder zuteil werden.«

Parzival hörte schweigend zu. Sollte er je des Rätsels
Lösung erfahren?

»Du wirst von dieser Burg nichts wissen, Parzival«, fuhr
Sigune fort. »Munsalwäsche ist ihr Name. Dort auf dem
›Berg des Heils‹ – denn das bedeutet der Name – regiert als
Gralskönig der edle Amfortas, den Gott mit schwerer
Krankheit geschlagen hat. Er kann nicht gehen noch reiten,
nicht liegen noch stehen und muß immerfort in einem Sessel
lehnen.«

Unschuldig schuldig geworden

»Wärest du dorthin gelangt«, fuhr Sigune fort, »zu Amfortas und seinen trauernden Rittern, so wäre der Burgherr
von seinem Leid befreit worden – dir aber winkte höchster
Ritterruhm und alle irdische Erfüllung im Leben!«

»Ich war auf der Burg und habe vielerlei Wunder geschaut«, entgegnete Parzival ruhig.

»Du warst auf der Burg! Oh, sage mir: Hast du den Gral
gesehen? Den unglückseligen Amfortas?« Sigune war
außer sich vor Erregung. »Oh, wenn du sein Leid gewandt

hast – Gott wird deine Reise dann segnen! Denn alles, was die Himmelsluft berührt, steht alsdann unter deiner Hoheit, und dir ist bestimmt, höchste Macht in Fülle zu erwerben!«

Parzival schwieg.

»Wenn du ihn von seinem Siechtum befreit hast, ehe du schiedest«, fuhr Sigune fort, »so bist du allerhöchsten Ruhmes wert. Ich sehe, du trägst sein Schwert – so wirst du seinen Segen kennenlernen. Hast du die Frage recht getan?« fuhr sie auf, als Parzival sie immer noch schweigend anblickte.

»Ich habe nicht gefragt«, entgegnete er düster.

»Oh, du Unseliger«, rief die Jungfrau voll Entsetzen und bedeckte mit den Händen die Augen. »Du sahst das heilige Wunder und hattest nicht den Mut zu fragen! Geh mir aus den Augen; du Mann, den das Schicksal verstoßen hat! Der du kein Erbarmen mit der Not deines Gastgebers hattest! Für alle Zeiten hast du dein Lebensglück verscherzt!«

»Sigune«, bat er, »ich erkenne meine Verfehlung. Ich glaubte, ritterliches Zuchtgebot zu befolgen, so wie Gurnemanz es mich gelehrt hat, und nun bin ich so sehr schuldig geworden. So zeige mir doch, ich bitte dich, den Weg, wie ich büßen und bessern kann!«

»Es ist zu spät«, versetzte sie düster. »Auf Munsalwäsche schwand deine Ritterehre dahin. Fortan wirst du von mir kein Wort mehr vernehmen.«

So schied Parzival von seiner Base. Er fühlte sich im Innersten von widerstreitenden Stimmungen, von Reue und Selbstanklage zerrissen, als er seinen Ritt fortsetzte. Wie hatte es nur geschehen können, daß er diesen entscheidendsten Augenblick seines Daseins so hatte verspielen können!

Traurig ritt er durch den sommerlichen Wald. Da stieß er

auf eine frische Hufspur, und bald erblickte er vor sich ein seltsames Paar. Auf stattlichem Pferd ritt ein wohlgerüsteter Ritter daher und in demütigem Abstand hinter ihm eine junge Frau. Auf elendem, halb verhungertem Klepper hockte sie, in der Hand einen Baststrick als Zügel. Lumpen bedeckten dürftig ihren schönen Körper, und Dornen und Sonnenbrand hatten ihrer ungeschützten Haut übel zugesetzt.

Als Parzival die Dame mit ritterlichem Anstand grüßte, erkannte sie ihn sofort: »Wieviel Leid habe ich um Euretwillen erleiden müssen«, stieß sie hervor, »denn Ihr seid es, dem ich dieses armselige Schicksal verdanke.« Es war die unglückliche Frau Jeschute, der Parzival einst in gedankenlosem Übermut Ring und Kuß geraubt hatte und die dafür von ihrem Gemahl, dem Herzog Orilus, fortan aufs Schimpflichste behandelt wurde.

Parzival war sofort entschlossen, die Ehre der schönen Frau wiederherzustellen und das Unrecht gutzumachen, das er an ihr begangen hatte. Ein furchtbarer Ritterkampf entbrannte, als die beiden Recken aufeinanderprallten.

Doch Parzival erwies sich als stärker. »Ich werde dein Leben, um das du bittest, schonen«, rief der junge Sieger, »wenn du mir in die Hand gelobst, deine Ehegemahlin wieder in ritterlichen Ehren aufzunehmen und ihr alles zu verzeihen.«

Herzog Orilus versprach die geforderte Sühne und nahm seine so lange verstoßene Frau wieder in aller Liebe auf.

Begegnung mit den Artusrittern

Parzivals Lob erklang ringsum im Lande, und dem König Artus, der die besten und tapfersten Ritter in seiner Tafelrunde zählte, ließ es nun keine Ruhe mehr: Koste es, was es wolle, er mußte den jungen Ritter für sich gewinnen. So machte er sich mit seinen Vasallen auf die Suche.

Parzival irrte indessen immer noch in der unendlichen Waldeinsamkeit umher. Sein Gewissen wollte sich nicht beruhigen und riß ihn in Selbstvorwürfen und Zweifeln hin und her.

Eines Morgens, als er sich von dem harten Lager auf dem nackten Erdboden erhob, war ringsum alles verschneit. Da scheuchte ein Falke von König Artus' Rittern, die ganz in der Nähe ihr Zeltlager aufgeschlagen hatten, eine Schar Wildgänse auf. Eine von ihnen schlug der Falke im Flug unmittelbar über Parzival. Dabei fielen drei Blutstropfen vor ihm in den Schnee.

Drei Tropfen Blut!

Nachdenklich blickte der junge Recke auf das Bild: Rot und weiß, wer ist es, an den mich diese Farben gemahnen?

Er starrte vor sich hin, und aus den drei Tropfen wurde Kondwiramurs Bild, das liebliche Antlitz seiner Gattin, weiß und rot wie Milch und Blut. Gedankenverloren verhielt er auf seinem Roß, die Umgebung versank ihm; mit erhobenem Speer stand er da, als wäre er im Schlaf.

So erblickte ihn Segramur, König Artus' Neffe. Parzival vernahm nicht seine kränkenden Worte, mit denen er ihn aufforderte, sich zu ergeben. Erst als der Artusritter gegen ihn anritt, erwachte Parzival aus seinen Träumen. Er schlug den Gegner aus dem Sattel. Dann wandte er sich, ohne dem Besiegten einen weiteren Blick zu schenken, wieder den drei Blutstropfen zu und ließ sich von ihrem Anblick in das Reich seiner Sehnsucht entführen.

Da machte sich Keye, des Königs Seneschall, auf, die Schmach Segramurs an dem seltsamen Ritter zu rächen. Auch ihn traf Parzival wie im Traum so schwer, daß der Seneschall mit gebrochenem Arm und Bein zu Boden stürzte; sein Pferd aber brach tot zusammen.

Parzival wandte sich schon wieder den drei Blutstropfen zu. Um den Besiegten kümmerte er sich nicht. Er kannte ja nicht einmal seinen Namen, und er ahnte nicht, daß er in diesem ritterlichen Zweikampf den Schimpf gerächt hatte, den Kunneware einst um seinetwillen von dem hochfahrenden Oberhofmeister erlitten hatte.

Endlich gelang es Gawain, König Artus' Neffen, Parzival aus seinen Träumen zu wecken, denn er warf seinen Mantel über die Blutstropfen. Da ließ Parzival sich zum Zeltlager der Ritter führen, und König Artus selber eilte herbei, den berühmten Helden willkommen zu heißen.

Wie ein Vogel ohne Flügel, so wird berichtet, stand der jugendschöne Recke vor dem König. Da drängten sich Artus' ruhmreiche Vasallen um den Gast, boten ihm ritterliche Freundschaft an und baten ihn, in die Gesellschaft ihrer Tafelrunde einzutreten. In heiterer Festesfreude nahm man sodann an der Tafel Platz. Ein kreisrundes Stück Seide – kreisrund deswegen, damit alle Sitze gleich ehrenvoll waren – war dort auf grünem Rasen ausgebreitet. Edle Ritter und schöne Damen taten sich gütlich am Gastmahl.

Doch plötzlich wurde das fröhliche Feiern jäh unterbrochen. Auf gespenstigem Maultier, das hoch wie ein Streitroß und klapperdürr war, prunkvolles Zaumzeug und aufgeschlitzte Nüstern hatte, kam eine Jungfrau dahergesprengt. Eine Jungfrau, doch von erschreckendem

Aussehen! Eine Nase hatte sie wie ein Hund, ihr Antlitz war struppig, und zwei Eberzähne ragten ihr wohl spannenlang aus dem Mund. Ohren hatte sie wie ein Bär, und unter ihrem Hut, der von golddurchwirkter Seide war, hing ein Kopf von Schweinsborsten bis auf den Rücken des Maultiers herab. Es war Kundrie, ein Bild weiblicher Häßlichkeit trotz der Pracht ihrer prunkvollen und modischen Gewänder. Aber sie war hochgelehrt und kundig aller Sprachen – sie war die Fluchbotin des Grals!

Die Tafelrunde erstarrte in Grauen, als das gräßliche Weib vor dem König haltmachte. »Weh über Euch, König Artus!« schrie sie ihn gellend an; »weh über Euch! Der Ruhm Eurer Tafelrunde, der durch die Lande erschallt, ist geschändet durch den Unwürdigen, den Ihr in Eure Mitte aufgenommen habt. Die Ehre Eurer Tafelrunde ist dahin!«

Dann wandte sie sich an Parzival: »Fluch über Euch, sage ich, Fluch über Eure Jugendschönheit und Eure ritterliche Gestalt! Fluch über Euch! Warum, so frage ich Euch, warum habt Ihr die Seufzer des traurigen Fischers am See nicht beachtet, warum habt Ihr ihn nicht von seinen Leiden erlöst? Ihr sahet den heiligen Gral und den blutigen Speer und habt dennoch keine Frage getan? Habt Ihr denn kein Erbarmen mit Amfortas' Not gehabt? Eine einzige Frage hätte Euch zu aller irdischen Glückseligkeit erheben können!« Kundrie rang weinend die Hände. Dann riß sie jäh ihr Maultier herum, warf Parzival einen haßerfüllten Blick zu und jagte ohne Abschiedsgruß von dannen.

Parzival starrte in finsterem Brüten vor sich hin. Warum hatte Gott ihn so hart gestraft, da er doch recht zu handeln gemeint hatte, als er dort auf der Gralsburg nicht ungefragt hatte sprechen wollen! In König Artus' Tafelrunde konnte seines Bleibens nun nicht länger sein.

Nicht durch Bitten noch Trostworte der schönen Frauen, die sein Unglück beklagten, ließ er sich bewegen. »Durch Unwissenheit habe ich schwere Schuld auf mich geladen«, sagte er; »nun bleibt mir nichts als die Pflicht, das Versäumte zu sühnen. Ich will nicht ruhen noch rasten, bis ich den heiligen Gral gefunden und den unglücklichen Amfortas von seinen Qualen erlöst habe!«

Alle Ritter der Tafelrunde sahen mit Schmerz den edlen Recken Parzival scheiden. Traurig und mit seinem Gott verfallen, ritt er in die Welt hinaus. Würde es seinem Streben gelingen, den Gral zu gewinnen?

Auch König Artus und seine Ritter hielt es nicht länger in der Tafelrunde, seit Frohsinn und Festesfreude so jäh erstorben waren. So zogen die Ritter – jeder für sich – nach allen vier Winden hinaus in die Ferne, um sich neuen Heldenruhm zu erwerben.

Jahr um Jahr verging, ohne daß es Parzival gelingen wollte, zum Ziel seiner Mühen zu gelangen. Der Gral blieb für ihn unauffindbar. So manches Land hatte er durchstreift, und keinem Kampf war er ausgewichen. Und wer mit ihm die Waffe kreuzte, den hielt es nicht im Sattel. Würde Gott sein Streben nicht endlich belohnen?

Als er eines Tages so durch die weglose Waldeseinsamkeit dahinritt, stieß er auf eine Einsiedlerklause, die an einer Quelle erbaut war. Dort hauste seine Base Sigune, die immer noch um ihren erschlagenen Verlobten trauerte.

»Seit Jahren«, berichtete er ihr traurig, »irre ich umher, den Gral zu gewinnen. Krone und Weib – oh, welche Sehnsucht plagt mich nach der Liebe meines Weibes! – habe ich im Stich gelassen, um meine Aufgabe zu erfüllen! Doch all mein Suchen war vergebens. Aber ich will nicht ruhen noch rasten, bis ich am Ziel bin und Amfortas erlöst habe. Oh, sage mir, Sigune, bei der Verwandtschaft, die uns verbindet: Wie kann ich den Gnadenhort von Munsalwäsche gewinnen? Sieh mich an, wie sehr die Not mich bedrückt!«

Von Sigune erhielt er die Wegweisung, denn Frau Kundrie, die Gralsbotin, pflegte ihr allwöchentlich Nahrung zu bringen: »Sieh dort die Spur, die Frau Kundries Maultier hinterlassen hat. Sollte es dir nicht gelingen, auf dieser Spur zur Gralsburg zu gelangen?«

Begierig folgte Parzival diesem Fingerzeig und nahm sogleich Abschied. Aber bald verlor sich die Spur im Gesträuch, und alles Suchen war wiederum vergeblich.

Wochen vergingen, ohne daß der umherirrende Parzival seinem Ziel näher kam. An einem kalten Märzmorgen – leichter Schnee bedeckte die Erde – ritt der Held, Verzweiflung im Herzen, durch den Wald. Da begegnete ihm ein seltsamer Zug. Barfuß und im Büßergewand kam ein graubärtiger Ritter daher, ihm zur Seite seine Gemahlin und zwei zarte Kinder in gleicher Kleidung. Gesenkten Hauptes folgten Ritter und Knappen, alle in Bußgewändern und ohne Waffen. Parzival lenkte sein Pferd höflich beiseite und begrüßte den Pilgerzug mit edlem Anstand.

»Ihr tut Unrecht, edler Herr, daß Ihr am heiligsten Tag des Jahres im Schmuck Eurer Waffen daherreitet«, redete der Alte ihn milde an.

Parzival verstand seinen Tadel nicht. »Was kümmert mich des Jahres oder der Wochen Lauf«, entgegnete er bitter, »was die Namen der Tage? Es gab eine Zeit, da diente ich einem, der heißt Gott. Stets war ich beständig in diesem Dienst und bewahrte ihm die Treue. Aber er entgalt mir's mit Schmach und verhängte schmählichen Spott über mich!«

»Wenn Ihr Christus meint mit Euren bösen Worten,

Herr, so versündigt Ihr Euch schwer und tragt zu Unrecht den Harnisch des Ritters. Wißt Ihr nicht, daß heute der heilige Karfreitag ist, der Tag, an dem unser Heiland für die sündige Menschheit den Kreuzestod erlitt? Wenn Ihr kein Heide seid, Herr, so achtet die Heiligkeit dieses Tages! Folget unserer Spur, so kommt Ihr zur Behausung des frommen Trevrizent. Der ist ein heiliger Mann, der Euch auf den rechten Weg zurückweisen wird!«

Doch Parzivals Herz blieb verstockt; er war keineswegs bereit, dem Rat des Alten zu folgen. Unwillig riß er sein Roß herum und ließ ihm die Zügel.

Doch wie staunte er, als er erkennen mußte, daß das edle Pferd eigenwillig den Weg suchte und ihn geradewegs vor Trevrizents Behausung führte! Hier bei dem würdigen Greis, der ihn mit ernster Mahnung empfing, erfuhr Parzival die verborgenen Dinge um den Gral. Hier fand Parzival endlich den Weg zu Gott. Er ließ sich von dem frommen Einsiedler zu Reue und Buße führen und erkannte, wie sündig er gehandelt hatte, an Gott zu verzweifeln, kein Gebet zu sprechen und den Gottesdienst zu meiden.

»Ich habe stets gemeint, ihm in Treue zu dienen«, sagte Parzival dumpf; »aber meine Treue hat mich in tiefstes Leid gestoßen!«

Voller Güte redete Trevrizent dem jungen Ritter zu und gab ihm willig Auskunft über den Gral. »Nur wer gläubig und reinen Herzens ist«, sagte er, »wer frei ist von Hochmut und schwächlichem Zweifel, erscheint würdig, die Glücksfahrt dorthin anzutreten.«

Mit ungläubigem Staunen vernahm der Alte sodann, wen er vor sich hatte. »Parzival, Sohn meiner geliebten Schwester«, rief er, »oh, laß dich von mir umarmen! Ach, Parzival, welche Schuld hast du auf dich geladen, als du den Roten

Ither erschlugst! Und welch unsagbares Leid hast du über deine Mutter Herzeleide gebracht, daß der Gram um dich sie so früh ins Grab sinken ließ!«

In tiefster Trauer hörte Parzival diese Nachricht, die ihm ja nicht bekannt war. Milden Trost sprach der Oheim ihm zu und gab ihm treuen Rat: »Als erstes sage ich dir, Gott hat dich nicht verlassen. Vertraue ihm mit gläubigem Herzen, so wird er dich aus aller Bedrückung befreien!«

Viele Tage verweilte Parzival als Gast des Oheims. Freudig nahm er alle Entbehrung auf sich und ließ seine Seele sich an den frommen Lehren seines Meisters erheben. Hier fand er in ehrlicher Reue Befreiung von allen Seelennöten, denn Trevrizent wies ihn, wie er sich von Sünde fernhalten und ein guter Ritter sein könne.

Als die Scheidestunde schlug, umarmte der fromme Klausner den wiedergewonnenen Neffen in Liebe: »Durch meinen Mund spricht Gott dich von allen Erdensünden frei. Bleibe weiterhin bußfertig und unverzagt, so wird Gott stets mit dir sein!«

Versöhnt mit seinem Gott und frei von allen Zweifelsfragen ritt Parzival neuem Leben entgegen. Aber noch war der Weg seiner Prüfungen nicht durchmessen.

Auf seinem reisigen Zug stieß er mit einem Ritter zusammen. Noch nie hatte er einen so schweren Kampf zu bestehen. Erst als beide ermattet die Waffen sinken ließen, erkannten sie erschrocken und zu ihrer Überraschung, daß sie leibliche Brüder seien.

Es war Feirefis, ein heidnischer König aus dem Mohrenland, wo König Gachmuret einst, ehe er Herzeleide heiratete, eine Heidenkönigin zur Frau genommen hatte. Gern folgte Feirefis der Aufforderung des Bruders, ihn an König Artus' Hof zu begleiten. Mit freudigem Jubel wurde der

ruhmvolle Parzival dort begrüßt. Mit Ehrerbietung nahm
man auch den mächtigen Recken aus dem fernen Heiden-
land auf. Ein prunkvolles Festgelage wurde ihnen ver-
anstaltet und Feirefis mit allen Ehren in König Artus'
Tafelrunde aufgenommen.

Parzivals Berufung

Die Recken saßen beim festlichen Mahl und feierten den
Ruhm aller tapferen Helden, die nach Kampf und Abenteuer zum Artushof zurückgekehrt waren.

Da kam auf klapperdürrem Maultier eine Jungfrau dahergesprengt; eine Jungfrau, aber von welch erschreckendem Aussehen! Eine Nase hatte sie wie ein Hund, das Antlitz war von struppiger Haut bedeckt, und zwei Eberzähne
ragten ihr wohl spannenlang aus dem Munde . . .

Ja, es war Kundrie, die Gralsbotin, die einst Parzival den
grimmigen Fluch überbracht hatte! Wie Eiseskälte wirkte
ihr Anblick auf die fröhliche Stimmung des Festes. Kam sie,
dem leidgeprüften Parzival einen neuen Fluch zu verkünden? Behende schwang sich die Unholde von ihrem Maultier, verneigte sich ehrerbietig vor König Artus und wandte
sich sodann Parzival zu.

»Ich grüße dich, Sohn König Gachmurets«, rief sie.
»Heil dir, du Kind der Königin Herzeleide! Du darfst wissen, daß Gott der Herr deine Herzensdemut erkannt hat.
Die Zeit der Prüfung, die er dir auferlegt hat, geht zu Ende.
So höre, Gott hat dich zum Gralskönig erkoren! Eine
leuchtende Umschrift auf dem heiligen Gefäß offenbarte
uns deinen Namen. Du sollst Hüter des Grals sein, und die
liebenswerte Kondwiramur, deine reine Gattin, und dein

Sohn Lohengrin sind mit dir dorthin berufen; sie sollen mit dir den höchsten Thron der Menschheit zieren! Der edle Lohengrin wird dir einst auf diesem Thron folgen. Denn durch mich darfst du wissen, Parzival, daß du zwei Söhne dein eigen nennst. Als du von deiner Gemahlin fortgeritten warst, hat sie dir ein Zwillingspaar geboren. Kardeis, dein anderer Sohn, soll Erbe deiner weltlichen Reiche sein. Aber als Krone aller Menschenseligkeit wird es dir erscheinen, daß es dir bestimmt ist, den armen Amfortas von der Qual seiner Leiden zu erlösen. Wir ehren dich, edler Parzival, weil du um des Lebens Seligkeit so beharrlich gerungen hast!«

Unendliche Rührung ergriff den also Angeredeten. So war er am Ziel all seines menschlichen Ringens und Strebens! Gott, von dem er sich einst in Verblendung abgewendet hatte, hatte ihm das Übermaß seiner Gnade zuteil werden lassen und ihn seiner Segnungen für würdig erachtet. Mit demütigen Worten antwortete Parzival der Gralsbotin.

»Wie dankbar bin ich Gott, meinem Herrn, daß er mich sündigen Menschen und mit mir Weib und Sohn solcher Ehre für wert erachtet. Habt Dank für die edle Treue, mit der Ihr mein Streben belohnt, Frau Kundrie!« Dann drängte der edle Parzival zum Aufbruch, um Amfortas von seinem Leiden zu erlösen. Kundrie sollte ihn führen, sein Bruder Feirefis durfte ihn als einziger begleiten.

Mit Jubel begrüßten die Gralsritter Kundrie und ihre beiden Begleiter, als diese in Munsalwäsche einritten. Ehrerbietig näherten sie sich dem jungen Parzival und begrüßten entblößten Hauptes in ihm den künftigen König des heiligen Grals. In ehrenvollem Zuge geleiteten die edlen Ritter dann das Bruderpaar zur Burg und in den hohen Rittersaal.

Wieder war alles hergerichtet wie damals. Der sieche

Amfortas lag auf seinem Leidenslager. Seine Schmerzen waren ihm ins Unerträgliche gewachsen. Neue Lebenshoffnung durchfuhr den Todwunden, als er den so lange ersehnten Ritter erblickte. »Sei mir willkommen, lieber Neffe«, rief er freundlich; »willkommen auf Munsalwäsche! Wenn du ein Herz voll menschlichen Erbarmens hast, so mach ein Ende mit all meiner Not!«

Parzival fühlte die Größe des Augenblicks. Er warf sich vor dem Gral auf die Knie und betete inbrünstig für Amfortas. Dann richtete er sich ruhig und gesammelt auf, trat an Amfortas' Lager und fragte voller Teilnahme: »Sag, lieber Oheim, was ist, was dir Schmerzen bereitet?«

Das war die erlösende Frage. Wie himmlischer Schein umstrahlte es das Antlitz des Siechen und ließ es in solcher Schönheit aufleuchten, daß selbst Parzivals herrliche Erscheinung daneben verblassen mußte. Voll Dankbarkeit erhob er sich und reichte dem Neffen beide Hände. Dann schritt er an Parzivals Seite aus dem Saal. Alle Gralsritter erhoben sich voll Ehrfurcht und leisteten Parzival den Treueid.

Inzwischen hatte Kundrie der edlen Kondwiramur die Nachricht von der königlichen Berufung ihres Gatten überbracht. Sogleich begab sie sich mit ihren beiden Söhnen auf den Weg nach Munsalwäsche, dem »Berg des Heils«.

Als man Parzival meldete, daß seine Gattin nicht mehr fern sei, zog er ihr sogleich mit einer Zahl von Gralsrittern entgegen. Die ganze Nacht ritten sie durch den Wald dahin. Am Morgen öffnete sich vor ihnen ein Blachfeld, auf dem sich ein Zeltlager befand. Leise betrat Parzival das Zelt, in dem die geliebte Gattin mit ihren Knäblein schlief. Wie glücklich blickte er auf das liebliche Bild, das sich ihm dort bot! Und er dachte an den Tag zurück, da er traumverloren vor den drei Blutstropfen im Schnee gestanden hatte – hier an dieser Stelle, wo er nun die Geliebte wiedersah.

So fügte es das Schicksal.

Kondwiramur wußte das Glück nicht zu fassen, als der geliebte Gatte vor ihr stand. Nun erwachten auch die Kinder, Kardeis und Lohengrin. Parzival nahm sie auf den Arm und herzte und küßte sie in zärtlicher Vaterliebe.

In ehrenvollem Geleit der Gralsritter zog der junge König mit seiner Gattin und seinem zweiten Sohn, Lohengrin dem Gralserben, zum Gnadenort von Munsalwäsche. Es war tiefe Nacht, als das Ehrengeleit auf der Burg eintraf. Doch Feirefis hatte Fackeln und Kerzen in solcher Menge zum festlichen Empfang anzünden lassen, daß es aus der Ferne schien, die Burg stünde in Flammen.

Bald fanden sich die Ritter und edlen Frauen im großen Festsaal ein, um beim heiligen Gral zu Gast zu sein. Aber nicht wie einst, da der blutige Speer durch den Saal getragen wurde, herrschte Klage und Trauerlaut – nein, Freude lag über dem weiten Saal, seit man aller Sorgen ledig war.

Feirefis, der Heide aus dem Morgenland, bat um die christliche Taufe, und in feierlicher Messe sprach der Priester über ihm den Segen. Feirefis hatte sein Herz an die liebliche Königin Repanse de Schoye verloren, und bald feierte er in aller Pracht Hochzeit mit der schönen Gralshüterin. Am zwölften Tag zog er dann heim in sein Königreich. In der glücklichen Ehe der beiden Liebenden wurde später ein Sohn geboren, dem Feirefis den Namen Johannes gab.

Johannes lebte getreu seinem christlichen Namen als Jünger des Herrn und wurde der Stammvater eines priesterlichen Königsgeschlechts, das nach dem Vorbild des Grals weise über das Land regierte.

An der Seite der schönen Kondwiramur aber herrschte Parzival als Gralskönig viele Jahre lang in weiser Ritterkraft und frommer Demut.

Lohengrin

An das Tor des Palastportals pochte der Tod. Herzog Gottfried von Brabant lag im Sterben. In dem Land am Niederrhein ringsum erklang das Lob seiner weisen, gerechten Regierung und seiner Heldentaten im Felde. Doch längst war der Klang der Kriegstrompete verhallt, weit lagen die Zeiten zurück, da der starke Herzog mit wehendem Banner im Dienst seines kaiserlichen Herrn gegen die Feinde des Reiches angeritten war, denn Herzog Gottfried war alt geworden, und allzu fordernd meldeten sich die Beschwerden der langen Kriegszeit. Er wußte auch selber, daß seine Lebenstage gezählt seien.

»Ruft mir Graf Telramund«, befahl der Fürst eines Tages, als ihn wieder die Schatten des Todes bedrängten; unter den Vasallen hatte Friedrich von Telramund sein besonderes Vertrauen, stets hatte er sich als treuester Helfer seiner Krone erwiesen. Gehorsam trat der Lehnsmann vor seinen Herzog: »Was steht Euch zu Diensten?«

Forschend ruhten Gottfrieds Augen auf dem starken Mann. »In wilden Schlachten habt Ihr mir treu gedient«, fuhr er fort, »und in der Regierung meines brabantischen Kronlandes konnte ich mich auf keinen Ratgeber verlassen wie auf Euch. Jetzt schlägt für mich die Stunde des Abschiednehmens ...«

Der Graf schien tief erschrocken. »Gnädiger Herr Herzog...« Seine Stimme ging in ein Stammeln über.

Doch Gottfried ließ sich nicht unterbrechen. »So nicht«, sagte er; »für jeden von uns kommt einmal die Zeit, die Gott ihm gesetzt hat. Das ist Menschenlos, und für mich ist es mehr als eine dumpfe Ahnung: Meine Stunden auf dieser Erde sind gezählt. Der Tod hätte für mich keine Schrekken...«

Wieder wollte der Graf ihn unterbrechen, doch Gottfried fuhr fort: »Dem Tod sähe ich ohne Schrecken entgegen, hielte mich nicht die Sorge um Elsas Zukunft gefangen, meiner Tochter, denn ich hinterlasse keinen männlichen Erben!«

»Herzoglicher Herr!« rief Graf Telramund, »Ihr habt mir Lob gezollt für meine Hilfe mit Rat und Tat, und so will ich es gelten lassen als Anerkennung meiner Treue zu Euch. Aber brauche ich zu beteuern, daß diese Treue unwandelbar ist? Und sollte es sich nach Gottes Rat so fügen, daß Euer Stündlein gekommen ist, so...« Er stockte.

»Sprecht weiter, Graf Friedrich«, sagte der Herzog; »es tut wohl, solches Bekenntnis zu vernehmen!«

»...so gelobe ich diese unwandelbare Treue nicht weniger dem, der nach Euch Euren Herzogsthron einnehmen wird!«

Aufatmend blickte der alte Herzog seinen Vasallen an. »Solche Worte sind Labsal für einen Sterbenden«, sagte er leise; »ich habe Euer Wort, Telramund.«

Herzog Gottfried ließ seine Tochter Elsa kommen. »Du weißt, weswegen ich dich gerufen habe«, hauchte er mit brechender Stimme. Ihre hervorquellenden Tränen waren ihm Antwort genug.

»Du darfst nicht von mir gehen, geliebter Vater«, rief sie

aufschluchzend und bedeckte des Vaters Wangen mit ihren Tränen.

Mit inniger Rührung blickte er auf die jugendschöne Tochter. »Weine nicht, mein liebes Kind«, sagte er milde, »gegen den Tod sind wir Menschen machtlos, und für mich hat er seine Schrecken verloren, seit mich die drückende Sorge verlassen hat. Diese Sorge galt dir, Tochter...«

»Sprich nicht weiter, lieber Vater«, rief Elsa unter wildem Schluchzen, »was tue ich ohne deinen väterlichen Schutz...«

»Eben diese Sorge ist es, die mir geschwunden ist«, sagte der Herzog fest. »Denn ich weiß dich beschützt von edlen Männern. Soeben hat mir Graf Friedrich von Telramund in die Hand gelobt, dir in Treue als dein Schutzherr zu dienen, so wie er bisher die Stütze meines Thrones war. Er soll seines Amtes walten, solange du unvermählt bleibst. Ich weiß, er ist aufbrausend und von anmaßendem Stolz, aber nie wird seine Vasallentreue zu dir wankend werden.« Zärtlich fuhren des Herzogs welke Hände über das blonde Haar der schönen Tochter. »Als Schirmherr des Staates über uns alle steht unser kaiserlicher Herr Heinrich«, sagte er; »mächtig und gerecht ist er, und solltest du jemals in Bedrängnis geraten, so wirst du bei ihm Hilfe finden.«

Des Herzogs Todesahnungen waren nicht trügerisch gewesen, denn nur kurze Zeit verging, da standen seine Getreuen an seinem letzten Lager. Lange ruhten die Augen des Sterbenden auf der Tochter, die, vom Schmerz ganz aufgelöst, vor ihm kniete; dann wandte sich sein Blick zum Grafen von Telramund hinüber, der mit verschlossener Miene am Fußende des Totenbettes stand. Wie ein Hoffnungsschimmer glitt es über das Gesicht des verscheidenden Herzogs. Er öffnete den Mund, um zu sprechen, doch

die Kräfte versagten. Als Elsa den Blick erhob, waren des
Vaters Augen gebrochen.

In dem goldschimmernden Thronsaal der Herzöge von
Brabant hatte Elsa, die Herzogskrone auf dem Blondhaar,
die Vasallen ihres Vaters um sich versammelt, um sie in
neuen Lehnseid zu nehmen. Mit Heilrufen umringten diese
die schöne Herrin, und mancher mochte wohl wünschen,
an ihrer Seite als ihr Gemahl zu leben.

»Beugt Euer Knie und schwöret mir Vasallentreue, so
wie Ihr meinem verblichenen Vater in Treue gedient habt«,
sagte die neue Herzogin. Da taten sie nach ihrem Geheiß:
Sie beugten vor den Stufen des Throns das Knie und hoben
die Schwurhand.

Doch mit finsterem, undurchdringlichem Blick, gestützt
auf sein mächtiges Schwert, stand Graf Friedrich von Telramund; er sprach nicht das Treuegelöbnis, das sie als Herzogin rechtmäßig verlangte, und zeigte sich nicht bereit, ihr zu
huldigen.

Elsa hob rasch die Thronsitzung auf und winkte dem
Grafen zu bleiben.

»Wißt Ihr nicht, was Eure Pflicht ist, Graf Friedrich?«
fuhr Elsa ihn an. »Wollt Ihr mich nicht als Herzogin anerkennen?«

»Ich kenne meine Pflicht«, versetzte er selbstsicher, »und
habe Anspruch auf die Krone. An Eurer Seite als Euer Gemahl werde ich stets für Euer Wohlergehen und für den
Wohlstand unseres Volkes bestrebt sein.«

Elsa wurde bleich, entsetzt fuhr sie zurück. »Wer gibt
Euch das Recht zu solch anmaßender Rede?« rief sie.

»Anmaßend?« fragte er mit höhnischem Lächeln zurück. »Hat nicht Euer herzoglicher Vater selber mir dieses
Recht verliehen und mich zum Nachfolger auf seinem

Thron in Brabant und zum Gemahl seiner schönen Tochter ausersehen?«

Fassungslos blickte Elsa auf den Grafen, der solche freche Behauptung wagte. »Ihr sprecht eine Lüge aus«, rief sie mit fester Stimme. »Mein Vater hat Euch stets für einen ehrlichen Vasallen gehalten, Graf Friedrich«, fügte sie leise hinzu; »Schande über den Lehnsmann, der die Schwäche seiner Herrin so schmählich auszunutzen sucht. Und damit Ihr es wißt: Nicht ein Funken Liebe für Euch brennt in meiner Brust, Eure Gemahlin zu werden.« Damit wandte sie sich zum Gehen.

»Ich werde mein Recht zu erzwingen wissen«, rief Graf Telramund ihr nach.

»Und ich nicht minder«, beharrte sie auf ihrer Abweisung. »Noch leben Recht und Gerechtigkeit, und mein seliger Vater selber hat mich gemahnt, in meiner Bedrängnis bei unserem kaiserlichen Herrn Schutz zu suchen. Ja, Kaiser Heinrich soll richten über Eure schändliche Forderung!«

Der Graf höhnte: »Verlaßt Euch nicht auf ihn! Er muß ein Gottesgericht anrufen, um solchen schwierigen Rechtsstreit zu entscheiden!«

So selbstbewußt Elsa auch dem treulosen Vasallen entgegengetreten war, so unsicher war sie in ihrem Herzen, denn Graf Telramund war ein mächtiger, in Kämpfen bewährter Mann, der beim Kaiser in hohem Ansehen stand. Jedermann wußte, daß Kaiser Heinrich, der Vogeler, gerecht war – aber würde er dem Grafen mißtrauen, wenn dieser seine Worte eidlich bekräftigte? Und wenn es ein Gottesgericht geben würde – wer wollte gegen den starken Telramund in die Schranken treten?

In tiefem Kummer saß die junge Herzogin in ihrem

Burggarten. Sie faltete die Hände zum Gebet, daß Gott ihr einen Retter senden möge. Ihr Blick ging ins Weite über den Rheinstrom hinaus, der sich als glitzerndes Band durch die Landschaft zog.

Da löste sich am fernen Äther ein feines Pünktchen, wuchs und wurde größer, immer größer – und nun sauste vom Himmel herab ein Falke auf sie zu, ein Jagdfalke mit einem Glöckchen um den Hals. Zutraulich ließ er sich auf der Hand der Jungfrau nieder.

»Bringst du mir einen Gruß«, sagte sie leise, »von einem ritterlichen Mann, der für meine Ehre eintreten, von einem Helden, der mich aus dieser furchtbaren Bedrängnis befreien wird?«

Ihre Gedanken schweiften in die Ferne. Sie sah vor sich den Kaiser als Richter, daneben den grimmen Telramund mit abweisender Miene, und Kaiser Heinrich gebot ein Gottesgericht und ließ ausrufen, wer für Elsa von Brabant in die Schranken treten wolle. Und dann erschien ein Ritter, herrlich anzuschauen, und beugte in Ehrfurcht vor ihr das Knie. »Ich will für dich kämpfen«, sagte er. »Und ich will dir stets als dein liebendes Weib gehören«, versetzte sie sogleich . . .

Elsa fuhr auf. Es war nur ein Traum gewesen, der sie entführt hatte. Sollte es ein Traum bleiben, oder würde der Retter, auf den sie in tiefstem Herzen hoffte, sich einstellen?

Nicht lange sollte Elsa auf den Richterspruch warten, denn Kaiser Heinrich kam just zu jener Zeit in die Gegend, wo der Rhein sich in das weite Meer ergießt, und schlug am Scheldeufer sein Heerlager auf.

Unter der tausendjährigen Linde wurde der Gerichtstag abgehalten. Aber Elsas Sache stand unter schlechtem Stern. Denn Graf Telramund wartete nicht etwa ihre Anklage ab,

sondern trat selber mit seiner frechen Forderung vor des
Königs Thron.

»Ich heische Recht«, sagte der Falsche, »und klage gegen
Elsa von Brabant, die mir Herzog Gottfried vor seinem Tod
als eheliche Gemahlin zugesagt hat.«

»Und die Herzogin?« fragte Kaiser Heinrich zurück.

»Sie verweigert mir die Ehe«, versetzte er finster, »und
sieht in mir nicht mehr als den Vasallen.«

»An dem Wort eines Ritters, der sich in so vielen Schlachten bewährt hat, kann ich nicht Zweifel hegen«, versetzte
der Herrscher schnell. »Trotzdem gebietet die Gerechtigkeit, daß ich auch die andere Seite höre.«

Geführt von des Königs Herold, betrat Elsa das Hoflager. »Ich grüße Euch, mein königlicher Herr, auf dem
Boden meines Landes. Auch ungerufen wäre ich vor Euch
erschienen.«

Kaiser Heinrich stand betroffen vor der liebreizenden
reinen Schönheit. Wie er überzeugt war, daß ein tapferer
Kämpe wie Graf Telramund nicht falsches Zeugnis ablege,
so stand es für ihn außer Zweifel, daß eine Jungfrau wie die
schöne Elsa von Brabant die lautere Wahrheit spreche.

Wie sollte er hier gerechtes Urteil sprechen? Auch als er
Elsa dem Grafen gegenüberstellte, verharrte Graf Telramund bei seiner Forderung. »Möge Gott mich strafen,
wenn ich eine Lüge ausspreche«, schloß er.

Elsa blieb ebenfalls bei ihrem Wort: »Niemals hat mein
Vater diesem Lügner solches Versprechen gegeben!« erklärte sie fest.

»So muß Gott der Höchste, der alles weiß, richten«, be-
stimmte der Kaiser in tiefem Ernst. »Menschenwitz wird es
hier nicht vergönnt sein, Richteramt zu üben: Ein Gottesurteil muß die Entscheidung fällen.«

Der Kaiser wandte sich an den Kläger: »Seid Ihr einverstanden, Graf Telramund?«

»Ich bin einverstanden«, versetzte er selbstsicher.

»Und Ihr, Elsa von Brabant?« wandte sich nun Kaiser Heinrich der schönen Herzogin zu, »seid auch Ihr gewillt, Eure Sache dem Höchsten zu überantworten?«

Elsas Antwort klang durchaus nicht stark und bewußt wie die des falschen Klägers: »Ich stimme dem Gottesurteil zu«, erwiderte sie leise.

Ehrerbietig trat der Herold vor sie hin: »Nennt, Herrin, den Streiter, der Eure Sache vertritt.«

In tiefer Verlegenheit schlug die junge Herzogin die Augen nieder. Wen sollte sie wohl nennen? Wer würde es wagen, für sie gegen Telramund, den kampfbewährten Recken, in die Schranken zu treten?

»Stell die Anfrage«, gebot der Kaiser seinem Herold. Da nahm der Mann seine Trompete, setzte sie an und blies gewaltig, nach Osten und Westen, nach Norden und Süden.

»Ich gebiete Schweigen im Namen des Kaisers«, rief der Herold und berichtete den versammelten Edlen sodann von dem Rechtsstreit. »Ist jemand unter den Rittern, der für die Herzogin zu kämpfen bereit ist, der trete vor!« rief er.

In dem weiten Rund blieb es totenstill. Niemand regte sich im Kreise der Ritter. Zum zweiten Mal erklang des Herolds Trompetenruf, und zum zweiten Mal rief er zum freiwilligen Kampf auf. Wieder war sein Rufen vergeblich, denn keiner der Ritter wagte es, gegen Telramund das Schwert zu ziehen. Nach der Gerichtsordnung mußte der Aufruf dreimal erfolgen, und so setzte der Herold zum dritten Mal seine Trompete an, und wieder klang ein Aufruf in alle vier Winde über die Menge hin. Sollte sich das Gottesgericht so schmählich gegen Elsa entscheiden?

»Da, da!« schrien ein paar Stimmen voller Erregung. Man wies zum Strom hinüber. Und siehe: Dort auf der Schelde nahte ein Kahn, auf dem stand ein Ritter in strahlender Waffenrüstung. Und – o Wunder! – nicht Segel noch Ruder trieben den Kahn, sondern gezogen wurde er von einem silberglänzenden Schwan!

Ungläubig und staunend blickte die Menge auf die überraschende Erscheinung. Das also war der Ritter, der für die schöne Elsa eintreten wollte? Er sprang ans Ufer, entließ den Schwan mit freundlichen Worten und trat in den Kreis der Ritter. Vor dem Kaiser beugte er sein Knie, wandte sich sodann mit ehrfurchtsvoller Verneigung an Elsa. Ergriffen von ihrer Schönheit und reinen Anmut bat er sie um die Gunst, für sie streiten zu dürfen.

»Ich bin gekommen«, sagte er, »dir in deiner Not beizustehen.«

So wußte Elsa, daß ihr Traum sie nicht getäuscht hatte.

»Ich danke Euch, Herr Ritter, für Euer Kommen«, sagte sie leise. »Ich vertraue mich Euch an in dem Gottesgericht, das meiner harrt.«

Auch Kaiser Heinrich war mit dem Recken einverstanden, der gegen den Grafen Telramund für Elsas Ehre in die Schranken treten wollte. »So nennt Euren Namen, Herr Ritter«, sagte er.

Der andere verneigte sich. »Ich bin Lohengrin«, versetzte er; »doch darf ich Euch, Herr Kaiser und allen schönen Damen und hohen Herren ringsum, über meine Herkunft nichts kundtun; gebunden bin ich durch die Gebote meines Ordens, die ich beschworen habe.«

Kaiser Heinrich blickte den stattlichen Mann wohlgefällig an: »Auch ohne Ahnentafel dürft Ihr, will mir scheinen, als würdiger Gegner gelten.«

Damit wandte er sich an den Herold: »Der Kampf mag beginnen.« Und während man geschäftig die Kampfbahn vermaß, drängte sich die Menge der Ritter und der edlen Damen an die Schranken, um dem Waffengang zuzuschauen, aus dem das Gottesurteil sprechen sollte. In Heinrichs Kaiserloge nahm Elsa von Brabant Platz.

Tiefe Blässe lag auf dem Gesicht der schönen Jungfrau, als die beiden einander gegenübertraten. Finsteren Haß und Verachtung in seinem Blick, so stand Graf Telramund, strahlend in unbekümmerter Jugendkraft Lohengrin, der auf seinem blinkenden Helm die Wappenzier des Schwans trug. Würde er, der Unbekannte, den riesenstarken Grafen bestehen, der sich in ungezählten Kämpfen bewährt hatte?

Furchtbar war der Zusammenprall, als sie auf das Zeichen des Herolds den Tjost begannen. Mit verbissener Wut ließ Telramund sein Schwert niedersausen, und nie hatte bisher ein Gegner solchem Streich widerstanden. Aber mit behender adliger Gewandtheit wußte der Schwanenritter auszuweichen, und mit zweifacher Kraft fuhr seine Waffe auf Telramunds Panzer, daß der starke Mann strauchelte. Hieb und Abwehr folgten in rasendem Wechsel. Beide Kämpfer schienen ebenbürtig. Ein Raunen der Bewunderung ging durch die Menge, die sich an die Schranken drängte. Freudiges Rot glitt über Elsas Wangen, als der Streiter, der ihre Sache vertrat, sich so herrlich bewährte.

Bald war niemandem zweifelhaft, wem der Sieg zufallen werde. Graf Telramund mußte erkennen, daß er seinen Meister gefunden habe, und nur mit Mühe erwehrte er sich dem Drängen seines übermächtigen Gegners.

Doch nicht nur seine überlegene Kraft, sondern seinen ritterlichen Edelmut zeigte Lohengrin. Nicht den Tod des Grafen wollte er, und so führte der geheimnisvolle Fremde nun, da Telramunds Widerstand erlahmte, einen Hieb, der ihn betäubt zu Boden warf. Das war das Ende des Kampfes – und das war das Gottesgericht: Gott hatte gegen den Grafen Friedrich von Telramund entschieden. Dessen Wort war als Lüge entlarvt!

Ringsum im Kreise brandete es auf von Heilrufen für den Sieger, Schmachworte über den trügerischen Grafen klangen dazwischen. Als Telramund sich aus seiner Ohnmacht erhob, folgten ihm nur Blicke der Verachtung. Der Landesherr sprach über ihn die große Reichsacht aus.

Lohengrin schritt durch die jubelnde Menge, trat vor Elsa von Brabant und beugte das Knie vor ihr. »Herzogin«, sagte er, »der Kampf ist beendet. Gott hat gerichtet. Ihr seid im Recht.«

»Ihr habt mir die Ehre wiedergegeben«, versetzte sie in tiefer Rührung. »Wie soll ich Euch danken?«

Glückstrahlend blickte die schöne Herzogin zu ihrem Retter auf, lächelnd blickten mit Kaiser Heinrich die Umstehenden auf das schöne Paar. Jeder erkannte, daß sie füreinander wie geschaffen waren, und jeder sah, daß es nur eines Wortes bedurfte, sie in ritterlicher Minne zusammenzuführen. Lohengrin sprach dieses Wort, als er mit züchtigen Worten um Elsas Hand anhielt.

»Ich liebe dich, Elsa«, sagte er und nahm die Jungfrau in seine Arme. Der Kaiser selber weihte den Liebesbund, als er die Hände der schönen Herzogin und des edlen Ritters zusammenfügte. Mit unendlichem Jubel begrüßte die Menge der Umstehenden das schöne Paar.

Doch dann nahm Lohengrin seine holde Braut beiseite und erinnerte sie an das Gelöbnis, an das er gebunden sei durch das Gebot seines Ritterordens. »Niemals darfst du mich nach meiner Herkunft, nach meinen Eltern fragen«, sagte er mahnend, »niemals. Brichst du dieses Gelöbnis der verbotenen Frage, so bin ich dir auf immer verloren!«

»Ich glaube an dich«, versetzte Elsa vertrauend. »Ein Traum hat dich mir angekündigt. Dein Geheimnis ist mir heilig.«

In ungetrübtem Eheglück lebten Lohengrin und Elsa auf ihrer Schwanenburg im schönen Land Brabant. Zwei Kinder, an denen ihr ganzes Herz hing, hatte das Schicksal ihnen geschenkt. Das Land erblühte unter der weisen und gerechten Herrschaft des edlen Paares, und kein Feind wagte es, die Landesgrenzen zu überschreiten, so sehr war Lohengrins starker Arm gefürchtet.

Oft zog er als des Kaisers Lehnsmann aus zum Schutz des Reiches, und ringsum erklang das Ruhmeslied des Ritters, der das Schwanenbanner führte.

Einst geschah es, daß Kaiser Heinrich am Mittelrhein sein Hoflager hielt. Von weit her waren die Besucher gekommen, und auch Elsa hatte sich mit ihren beiden Kindern eingestellt. Und als dann die prächtigen Waffenspiele begannen, war wieder das Lob des Schwanenritters in aller Munde. Wer sich seiner Lanze entgegenstellte, fand in ihm seinen Meister. In Elsas Ohren waren alle Worte, die zum Lob des Schwanenritters erklangen, wie liebliche Musik.

Doch da vernahm sie im Jubel der zuschauenden Damen, unter denen sie saß, eine Stimme, die sie tief verletzte: »Wer ist denn dieser von allen so gepriesene Ritter, wenn wir nicht seines Vaters Namen wissen? Nur unedle Menschen dunkler Herkunft verschweigen ihre Abstammung. Oder sollte er gar mit Zauberern im Bunde sein und ihnen seine Erfolge verdanken?«

War es Neid, der solche Verdächtigungen aussprach? In

Wirklichkeit war der Frager ein Abgesandter Telramunds, der in der Verbannung lebte. Wie ein giftiger Pfeil hafteten die bösen Worte in Elsas Seele. Sie bohrten und nagten und streuten Zweifel über Zweifel. Sie raubten ihr die Herzensruhe und verdunkelten allen Sonnenschein, der über ihrem jungen Eheglück gestrahlt hatte.

Lohengrin sah wohl die Unruhe, die sie bedrängte, doch er schwieg. Schließlich wußte Elsa sich vor bitteren Zweifeln nicht mehr zu retten. »Geliebter«, begann sie zagend, »muß nicht, wer liebt, auch volles Vertrauen schenken?«

»Das frage ich dich, Elsa!« versetzte er abweisend.

Doch sie wollte ihn nicht verstehen. »So sage mir, Geliebter...«

Beschwörend blickte er sie an. »Elsa!« rief er, »Elsa!«

Aber das Wort war nicht mehr zurückzuhalten. »Sage mir, welcher Herkunft du bist...«

Das Furchtbare war geschehen. Lohengrin erbleichte. Aus seinen Augen sprach unendliche Trauer. »Nun ist das verhängnisvolle Wort gesprochen«, sagte er hart. »Elsa, mit deinem Zweifel hast du unser Glück zerbrochen!«

Fassungslos, gebrochen in ihrem Schmerz, blickte Elsa ins Weite. Da – was sah sie? – Dort drüben auf dem Strom kam ein Schwan geschwommen, der einen Kahn hinter sich zog. »Der Schwan!« stieß sie tonlos hervor und brach zusammen.

»Ja, der Schwan«, wiederholte er; »meines Bleibens ist nicht länger. Die Scheidestunde ist da.« Liebevoll zog er sie wieder empor.

Die Ritter und die Menge der edlen Damen, auch Kaiser Heinrich, umringten voller Betrübnis das Paar. »Die Abschiedsstunde schlägt, Herr Kaiser«, erklärte Lohengrin mit fester Stimme. »Mein Weib hat töricht das Gelübde gebrochen, das sie unserer Liebe gegeben hat. Nun muß ich von hinnen. Doch höret, ehe ich scheide, die Frage nach meiner Herkunft beantwortet: Mein Vater ist Parzival, der Hüter des heiligen Grals und der Hochmeister des Templeisen-Ordens, dem auch ich angehöre; unsere Aufgabe ist es, edlen Menschen in ihrer Bedrängnis beizustehen. Wenn jetzt meines Bleibens nicht länger ist, so bitte ich Euch, Herr Kaiser, meinem geliebten Weib und meinen vaterlosen Kindern beizustehen.«

»Ihr habt mein Wort«, rief der Kaiser.

»Parzivals Sohn, der Höchste der Gralsritter!« erscholl es bewundernd von allen Seiten. Vom Ufer her hörte man den Ruf des Schwans.

»Ich komme«, sagte Lohengrin fest. In inniger Liebe umarmte er die untröstliche Elsa, legte seine Hand segnend aufs Haupt seiner Kinder, grüßte in ritterlicher Art den Kaiser samt den Edlen, die im Kreise standen, dann sprang er in den Kahn. Schnell gewann der Riesenvogel mit seiner Last die Mitte des Stroms und entführte den herrlichen Ritter zu Munsalwäsche, dem Heilsberg. Das ihm vorbestimmte Schicksal erhob Lohengrin auf den Thron des Gralskönigs.

Der Tannhäuser

Zu Zeiten des hochbedeutenden Hohenstauffers Friedrich II., der als Enkel Kaiser Rotbarts auch über Italien herrschte, erlebten die Künste eine hohe Blüte. Besonders die Poesie, das gesungene Lied wurde sehr gepflegt und

stand in großem Ansehen. Es war die Epoche der Minnesänger, Walther von der Vogelweide, Wolfram von
Eschenbach, Herr von Kürenberg und viele weitere hochberühmte Namen. Diese fahrenden Sänger genossen die
Gunst von Fürsten und Schloßherren und waren stets deren
willkommene Gäste, doch besonders gern gesehen waren
sie natürlich bei den Damen, die sie mit ihren herrlichen
Liedern besangen.

Zu den Förderern dieser Kunst zählte auch der Landgraf
Hermann, der Herr der Wartburg. Stets willkommen
waren diesem kunstsinnigen Fürsten die fahrenden Sänger,
die von Frauenschönheit und züchtiger Minne, von Waf-
fenlärm und Männerstreit zu berichten wußten und den
Schatz der Sagen aus altersgrauer Vorzeit aufleben ließen.

Damals lebte ein Ritter namens Tannhäuser, der hatte
den Kaiser verdienstvoll auf dem Zug ins Heilige Land begleitet und viele Mühen und Abenteuer ausgestanden.

Aber ob er auch aus ritterlichem Geschlecht stammte, so
hatte er doch wenig von dem kampffrohen Geist seiner
Vorfahren geerbt. Im Grunde seines Herzens hielt er nichts
von rauhem Männerstreit und ritterlicher Heerfahrt. Er
zog es vor, als Sänger durch die Lande zu reiten, und wo er
sich als Gast einstellte und um ritterliche Herberge bat,
wurde er freudig aufgenommen. Denn überall war die
Kunst des weitgereisten Mannes von schönen Frauen ge-
schätzt und stand in der Gunst edler Herren.

Der Tannhäuser wußte die Erwartungen wohl zu erfül-
len, und beglückt lauschten die Bewohner der Burg seinem
Gesang. Vor allem aber fand Elisabeth, die Nichte des
Landgrafen, Gefallen an dem süßen Saitenspiel seiner Lie-
der, und wenn der Tannhäuser von Minne und getreuer
Liebe sang, so glaubte die schöne Jungfrau, daß er mit sei-

nem Lob der Frauen niemanden anders als sie selber be-
singe.

Die schöne Elisabeth täuschte sich nicht in solchem
Glauben, denn das Herz des ritterlichen Sängers war in der
Tat in Liebe zu ihr entbrannt – zugleich stürzte ihn diese
Liebe in wilde Verzweiflung, denn wie sollte er, der mittel-
lose Ritter, je hoffen dürfen, die Nichte des hochgeborenen
mächtigen Landgrafen zur Ehe zu gewinnen!

Eines Tages wartete man beim festlichen Mahl vergeblich
auf den Hausgast; als der Burgherr nach ihm schickte, fanden die Diener seine Kammer leer. Ohne Grußwort an den
gastfreien Landgrafen war Tannhäuser verschwunden –
und ohne Abschied von der Nichte des Landgrafen, die alle
Neigung ihres jungfräulichen Herzens dem bezwingenden
Sänger zugewandt hatte.

Vergeblich wartete man in der Burg auf ihn, denn was
war ein Festmahl ohne Tannhäusers Lieder, vergeblich
auch wartete, sehnsuchtsvollen Kummer im Herzen, die
schöne Elisabeth auf seine Rückkehr. Tannhäuser blieb
verschwunden.

Wie die Ahnen seines Geschlechts – denn der Tannhäuser ist »der im Tann haust« – zog der Minnesänger, liebes-
krank und das Herz voller Unruhe, durch Thüringens
unendliche Wälder. Die Einsamkeit werde ihm den Herzensfrieden zurückgeben, so hatte er gehofft, doch sie er-
höhte nur seinen untröstlichen Liebesschmerz, und Tannhäuser, den einst alle Menschen wegen seines fröhlichen
Gemüts so gern zu Gast sahen, hatte keinen anderen
Wunsch, als daß der Tod ihn von aller Seelenqual erlöse.
Irrend ritt er weiter durch die Waldeseinsamkeit.

»Holla, Gesell!« rief ihn plötzlich eine Stimme an, und
aus dem Waldesgrün erschien ein Reiter, der ein Fahrender

schien wie er, denn auch jener trug die Spielmannsfiedel
auf dem Rücken. Doch wie verschieden war das Aussehen
der beiden! Der Tannhäuser mit lichtblondem Haar und
dem Kleid in hellfrohen Farben, der andere war gehüllt in
einen schwarzen Umhang, kohlschwarz waren auch Haar
und Bart, und die dunklen Augen hatten stechenden
Glanz.

»Woher des Wegs?« rief der Fremde.

Tannhäuser blickte ihn ohne Freundlichkeit an. »Ich
habe kein Ziel«, versetzte er düster.

»So laßt uns zusammen gehen«, sagte der andere leicht-
hin, »denn mein Weg geht auch ins Irgendwo.«

Sie schritten nebeneinander her, doch Tannhäuser unterbrach nicht das Schweigen.

»Ich heiße Klingsor«, versuchte der andere das Gespräch
zu beleben, aber ihm wurde keine Antwort gegeben.

In sich gekehrt, in düsterem Grübeln, ging Tannhäuser
an der Seite des Begleiters durch das Waldesrauschen.
Plötzlich wurde er aufmerksam und packte den Begleiter
am Arm. »Horch!« sagte er tief betroffen. Über sein Gesicht, das von dem herben Leid gezeichnet gewesen war,
glitt es wie ein Schein überirdischer Seligkeit. »Horch!«
sagte er wieder. »Was sind das für wundersame Töne – was
ist das für ein himmlisches Klingen und Singen?«

Der Begleiter wußte Bescheid und gab lächelnd Antwort: »Die waldige Höhe, die Ihr dort vor uns seht, ist der
Hörselberg, und jedermann weiß von seinem Zauber-
wesen: Dort wohnt die göttliche Venus, die Liebesgöttin,
die dem Menschen alle Wonnen dieser Erde zu schenken
weiß!«

Unwillig wandte Tannhäuser sich ab. Wer sollte ihm von
Liebesseligkeit reden, da er doch gerade seiner Minne zu

entfliehen suchte und ihn nach nichts als Trost und Vergessen verlangte?

Da bot sich seinen Augen eine jähe Erscheinung. Der Berg vor ihm öffnete sich und gab einen Blick ins Innere frei. Von dort brach sich ein Glanz wie Feuerschein. Im Innern der Grotte erblickte der Tannhäuser nun liebliche Mädchengestalten von überirdischer Schönheit, die schwebten im Tanz dahin, riefen und lockten ihn mit bezaubernden Tönen.

»Ein Wunder!« stammelte er geblendet von dem Anblick; ihm war, als schaute er mitten hinein ins Paradies.

Klingsors Worte klangen verlockend: »Vertraut Euch der Frau Venus an, Gesell, so schwindet aller Herzenskummer, himmlisches Vergessen winkt Euch – in neuer paradiesischer Liebesseligkeit!«

Der Tannhäuser blickte ihn in tiefer Betroffenheit an. Sollte ihm hier der ersehnte Trost und die Erlösung aus seiner Herzensqual winken? Er erhob sich, um näher zu treten, da fiel sein Blick voller Überraschung auf eine Gestalt, die den Waldweg entlang geschritten kam.

Ein Greis war es, uralt wie die Baumriesen ringsum, doch von aufrechter Haltung, als wäre er ein kraftvoller Jüngling. Väterliche Milde strahlte aus seinem Blick. Offenbar war er ein Pilgersmann, denn er trug Pilgerstab und Pilgertasche.

Der Alte hob warnend den Finger. »Folge nicht der lokkenden Verführung!« rief er mahnend. »Verderben droht denen, die den Venusberg betreten!«

»Wer seid Ihr, guter Alter?« wandte sich der Tannhäuser ihm verwundert zu. »Sehe ich in Euch einen Waldgeist?«

Der andere schüttelte mit nachsichtigem Lächeln das eisgraue Haupt. »Den getreuen Eckart heißt man mich. Meine Lebensaufgabe ist es, die irrenden Menschen vor den Ge fahren des Hörselbergs zu bewahren. Vernimm meine Warnung, Tannhäuser: Betritt nicht den Berg hier vor dir, denn dort herrscht die höllische Venus! Denk an den Frieden deiner Seele und geh ungesäumt von hinnen! Wer in diesen Berg eintritt und dessen Freuden genießt, darf nimmermehr zurückkehren! Er wird die ewige Seligkeit verlieren!«

Der Sänger blickte sich nach seinem schwarzen Begleiter um, als wollte er von ihm eine Deutung der warnenden Worte. Doch Klingsor war von seiner Seite verschwunden.

»Dank für deinen Rat, guter Eckart!« rief Tannhäuser dem Alten zu und wandte sich zum Gehen.

»Denkt an Euer Seelenheil, Ritter Tannhäuser«, rief nochmal warnend der Greis dem Sänger nach.

Immer lockender, berückender wurden die Töne, die aus dem Zauberberg hervor ertönten. »O komm, o komm doch!« riefen die Schönen. Ob er wollte oder nicht – der Ritter verhielt den Schritt – nun hielt er inne und blickte in unwiderstehlichem Verlangen zur Höhe hinauf. Galt nicht ihm die Einladung? Warum sollte er ihr nicht folgen?

»Denk an dein Seelenheil!« klang warnend wieder Eckarts Stimme, doch zu stark waren die betörenden Töne, die den Lauschenden lockend umschmeichelten und in liebliche Träume wiegten. Jetzt wurde deutlich eine Stimme vernehmbar: »So komm doch in mein paradiesisches Reich!«

Vor Tannhäusers Blicken hatte sich die Burg weit geöffnet. Nun löste sich eins der Mädchen aus den Wolkenschleiern. Selig träumend stand er da, als sie ihn an der Hand faßte und in den Berg hineinführte. Er ließ es willig geschehen und betrat einen zauberhaft erleuchteten Saal, wo auf buntem Rosenpfühl das herrlichste Weib ruhte.

Tannhäuser vernahm nicht mehr Eckarts mahnenden Warnruf, der ihm traurig nachblickte. Vergessen war vor dem lockenden Zauberbild auch die Minne der schönen Elisabeth. Mit unwiderstehlicher Gewalt zog es den Sänger in das Reich der Göttin; sie empfing ihn mit weitgeöffneten Liebesarmen.

Währenddessen verzehrte sich Elisabeth, die schöne Nichte des Landgrafen, in ihrer Sehnsucht nach dem geliebten Sänger, dem ihr ganzes Herz gehörte. Vergeblich blickte sie vom Bergfried weit ins Land hinaus, vergeblich befragte sie die Fahrenden, die auf der Burg des Oheims einkehrten, doch niemand wußte von dem ritterlichen Sänger zu berichten. Und niemand wußte das Leid zu stillen, das in der Seele des Edelfräuleins nagte.

Ihrem besorgten Oheim, dem gütigen Landgrafen, konnte Elisabeths Herzenskummer nicht verborgen bleiben. Freundlich ließ er sie spüren, welches Verständnis er für ihr Liebesweh besaß, und trostvoll sprach er ihr zu: »Ich weiß einen Weg, ihn zu uns zurückzuführen, und den werde ich beschreiten.«

Beschwörend, voll jungfräulicher Scham, bat Elisabeth den Oheim, niemandem das Geheimnis ihrer Minne zu offenbaren, aber der Landgraf Hermann wußte die Nichte mit seinem Plan ungefährdet.

Er rief die berühmtesten Sänger in deutschen Landen auf, sich auf seiner Burg zu einem Wettstreit zu stellen. Solchem Aufruf wird sich der Tannhäuser nicht entziehen, sagte der Herr der Wartburg bei sich; denn er kannte den selbstbewußten Stolz des Sängers und wußte, wie hoch ihm die Ehre seines Standes galt.

Bei diesem Mittlerdienst ahnte er nichts von Tannhäusers Irrweg, er wußte nicht, daß er in den Armen der Venus

gefangen lag und dort alle Wonnen glutvollen Liebes-
zaubers genossen hatte – und er ahnte nicht, daß sich der
Sänger längst voll Überdruß von ihr abgewandt hatte. Enttäuscht war der Tannhäuser aus dem Zauberberg der
Liebesgöttin entwichen, der sich ihm einst als die Welt aller
irdischen Wonnen dargeboten hatte. Längst hatte er erkannt, daß dieses Reich sinnlicher Verführung den Weg ins
Verderben weise.

Aber durfte er, der sich so schwer in Schuld und Sünde
verstrickt hatte, durfte er mit unbefangenem Blick vor Elisabeth treten, deren reine Liebe er verraten hatte? Bei seinem Umherirren fühlte der arme Tannhäuser in tiefstem
Herzen die Schwere seiner Verfehlung. Als er das Betglöck-
lein einer nahen Kirche läuten hörte, wanderte er dem
Klang nach. In der Waldkapelle, zu der er gelangte, warf er
sich vor dem Priester auf die Knie und beichtete ihm all
seine Sünden.

Doch als der Geistliche vernahm, daß der Beichtende geradewegs aus dem Hörselberg komme, bekreuzigte er sich
voll Entsetzen. »Wenn du auch von Reue zerknirscht bist«,
sagte der geistliche Vater, »so bin ich doch nicht in der Lage,
dich von deiner Sünde loszusprechen.«

So ging Tannhäuser ungetröstet von hinnen und irrte
verzweifelt im weiten Wald umher. Gegen Abend gelangte
er an ein Kloster. Doch als der Abt Tannhäusers Beichte
vernahm, verbot er ihm, die geweihte Stätte zu betreten.

In der Waldeseinsamkeit, in der Tannhäuser in qualvoller Unruhe umherstreifte, wußte er nichts von dem Sängerkrieg, zu dem Landgraf Hermann aufgerufen hatte – aber
wie hätte er, der sich als Verworfener fühlte, es gewagt, sich
dort im Kreis der edlen Menschen auf der Wartburg zu
zeigen.

Bis in die Nähe der Burg, wo er so viele Stunden edler Minne hatte erleben dürfen, führte ihn die Dornenqual seines Gewissens und zugleich die heiße Sehnsucht. In reuevollem Gebet suchte er Befreiung von dem sündigen Leben, zu dem ihn der Irrweg geführt hatte.

Da geschah es, daß das Schicksal ihn zum Leben zurückführte. Denn mit den ritterlichen Sängern, die dem Aufruf zum Wettstreit auf der Wartburg gefolgt waren, war der Landgraf zu fröhlicher Jagd ausgezogen. Wie staunte er mitsamt seinen Gästen, als sie plötzlich den Sänger Tannhäuser erblickten, den sie so sehr in ihrem Kreis vermißten – und wie betroffen und bestürzt zeigte sich der Sänger selber bei dieser Begegnung, die er so ernstlich hatte vermeiden wollen!

»Willkommen, edler Sänger!« grüßte ihn der Landgraf Hermann, und herzlichen Willkommensgruß riefen ihm auch dessen ritterliche Gäste zu, Wolfram von Eschenbach, der derbfrohe Landedelmann, und Walther von der Vogelweide, der Sänger edler Minne und stolzer Heimatliebe, Reiner von Zweter und die anderen wackeren Meister der Sangeskunst. Sie alle spürten nicht, was den Wiedergefundenen so schuldhaft bedrückte, und führten ihn im Triumph zur Wartburg hinauf.

»Nun mag der Sängerkrieg beginnen!« rief Landgraf Hermann, der Burgherr, und blickte sich frohgemut im Kreis um. In festlicher Erwartung scharten sich die Gäste im Saal um den Prunksessel, in dem er, die schöne Elisabeth an seiner Seite, thronte.

»Im Namen des Landgrafen eröffne ich den Sängerkrieg auf der Wartburg«, rief der Herold. »Es singt der Edle von Eschenbach«, klang seine Stimme durch den Saal.

Herr Wolfram trat vor, verneigte sich vor dem Burgherrn

und vor den Gästen und sang seine Minnelieder. »In Anbe-
tung möchte ich mich opfernd üben«, so sang er, und sein
Lob galt der Reinheit und der edlen Keuschheit, aus der
alles Gute in dieser Menschenwelt erwächst.

Als sein Lied verklungen war, trat unter dem Lob der
Gäste, die ihm lauten Beifall zollten, Herr Walther auf, der
edle Minnesänger. Auch ihn, den von der Vogelweide, wie
die anderen, so den ritterlichen Herrn Biterolf, lohnte aner-
kennender Beifall, doch gespannt sahen alle Gäste dem
Tannhäuser entgegen. »Nie wirst du dein Heil finden!«
hatte die Göttin des Venusberges ihm zornig nachgerufen,
als er sich ihren Lockungen entzog. Sollte das Wort ihn als
Fluch begleiten?

Als er vor der festlichen Versammlung stand, packte ihn
unwiderstehlich die Erinnerung an jene betörenden Erlebnisse im Zauberberg der Venus. War es aufbegehrender
Trotz – war es Verachtung für die mit ihm Wettstreitenden?
Wie konnte er Elisabeth vergessen, die in hoher Erwartung
vor ihm saß?

Der Tannhäuser schlug in die Saiten und sang von einer
Liebe, die nur nach Wonnen und nach Genuß verlangt,
triebhaften Genuß begehrt. »Armselig nenne ich Euch und
Eure tugendhaften Worte«, so rief er in vermessener Ver-
wegenheit dem Herrn von Eschenbach zu, »denn Ihr habt
die Liebe nie genossen! Wer sie kennenlernen will, der ziehe
in den Berg der Venus ein!«

In tiefer Betroffenheit hatten alle Teilnehmer die un-
ziemlichen, frevelnden Worte vernommen. Wilde Bewegung ging durch den Festsaal. Edle Frauen, in ihrer Ehre tief
verletzt, stürzten davon, die ritterlichen Herren griffen
zum Schwert und drangen in Zorneswut auf den Unge-
bührlichen ein.

»Haltet ein!« rief eine Stimme wie in tiefster Seelenqual. Es war Elisabeth, die sich jäh zum Richter der Kämpfenden aufwarf.

»Wer wird hier urteilen dürfen?« rief sie und wurde ganz offen: »Verletzt ist niemand so sehr wie ich – doch ich bitte um Tannhäusers Leben. Soll er als Verworfener in die Ewigkeit gehen? Laßt ihm sein Dasein, damit er seine Seele von dem ewigen Verderben errette!«

In tiefer Scham blickte Tannhäuser auf die hochsinnige Jungfrau, die in ihrem Edelmut für ihn eintrat. »Wir wissen von Eurer Schuld«, wandte sie sich ihm zu; »nur wenn Ihr echter Reue fähig seid, dürft Ihr das göttliche Heil schauen!«

Ehrfurchtsvolles Schweigen lag über der festlichen Halle. »Nehmet echte Buße auf Euch!« fuhr Elisabeth fort. »Ziehet als Pilger ins ewige Rom und laßt Euch dort entsühnen von dem, der auf Petri Stuhl dazu berufen ist. Mir Armen aber bleibt nichts, als für Euer Seelenheil zu beten.«

Gebrochen, wie ein Verfemter, war Tannhäuser aus dem Saal gewankt. Nun folgte er dem Weg, den die edle Jungfrau ihm angeraten hatte; als Bußpilger zog er gen Süden, schleppte sich barfüßig über die tiefverschneiten Pässe der Alpen, er mied die Wohnungen der Menschen und nächtigte in Felsspalten und in hohlen Bäumen, bis sich vor ihm die Hauptstadt der Christenheit auftat. Als ein Bild unsagbaren Menschenjammers war Tannhäuser anzusehen, als er sich vor den Heiligen Vater führen ließ. Es war im päpstlichen Garten, wo der Papst zur Mittagsstunde lustwandelte.

»Ihr seht mich hier zu Euren Füßen«, rief Tannhäuser bebend, »habt Erbarmen mit mir verworfenem Sünder!« Er berichtete von der Verfehlung, die er im Venusberg auf sich

geladen hatte. »Ihr habt die Macht, Heiliger Vater, mich im
Namen des Höchsten zu entsühnen.« Bittend hob er die
Hände: »So sprecht das Wort vergebender Gnade!«

Doch vergeblich hatte der Sünder auf Trost und Vergebung gehofft. »Wer gefehlt hat wie du, bleibt in ewiger Ver-
dammung verworfen«, sagte der Heilige Vater hart und unzugänglich. »Sieh diesen Krummstab, den ich trage: Wie er
niemals wieder in frischem Grün erprießen wird, so muß
auch dir die Erlösung versagt bleiben!« Mit diesen Worten
hatte der Heilige Vater seinen Stab in die Erde seines Gartens gestoßen. Ungetröstet, aller Hoffnung beraubt, taumelte Tannhäuser vondannen.

Wenige Tage später wandelte der Papst wieder durch die
Gartenpracht, wo er das Bekenntnis des fremden Pilgrims
vernommen hatte. Wie ein Blitzstrahl durchfuhr es ihn urplötzlich, als sein Auge auf den im Boden steckenden
Krummstab fiel: Das dürre Holz hatte ausgeschlagen, es
hatte Triebe gesetzt und keimende Blätter! Er erlebte es:
Ein Gotteswunder war hier geschehen. Der Höchste selber
hatte seinem Vertreter auf Erden gezeigt, was es mit dem
Zeugnis seines Verdammungsurteils auf sich habe; und er
hatte in göttlicher Offenbarung dargetan, daß er dem reuigen Sünder seine Vergebung schenke.

Umsonst ließ der Papst nach dem Pilger aus dem Norden
suchen. Niemand wußte ihn aufzuspüren.

Tannhäuser hatte sich, ganz zerschmettert in seiner Verzweiflung über das gnadenlose Urteil, der Heimat zugewandt. Wieder schleppte er sich über die unendlichen Straßen und über die Schneepässe der Alpen. In fieberndem
Verlangen trieb es ihn zum Hörselberg, wo ihn einst Venus
in Liebe umfangen hatte. Ihrem Zauber wollte er sich wieder ergeben, mochte ihn auch die Welt verworfen nennen.

Schon stand er in dem lieblichen Waldtal, aus dem sich
der schicksalhafte Berg erhob, schon umschmeichelten ihn
die betörenden Klänge mit unwiderstehlicher Verlockung
– da sah er wiederum einen Waldwanderer auf sich zukommen. War es wieder ein Warner, der ihn zurückhalten
wollte?

Wolfram war es, den Tannhäuser so sehr verletzt hatte.
Mit tiefem, nachsichtigem Ernst blickte der von Eschenbach den gebrochenen Mann an: »Wohin führt dich denn
dein Weg?«

Wortlos wies Tannhäuser auf die bewaldete Höhe des
Zauberbergs.

Da faßte Wolfram ihn tiefbetroffen am Arm. »Dem Verderben willst du dich hingeben und weißt nicht, was sich
ereignet hat?« Tannhäuser verneinte schweigend. »So ist
dir nicht bekannt«, fuhr Wolfram in tiefer Erregung fort,
»daß der Heilige Vater dich auf allen Wegen suchen läßt?«

Wortlos starrte der andere ihn an. »Um dir sagen zu las-
sen, daß Gott dir deine Schuld vergeben hat!« berichtete
Wolfram tief bewegt. »Und diese Vergebung verdankst du
dem Gebet der jungfräulichen Elisabeth, die dir in reiner
Minne zugetan war. Sie ist für dich gestorben! Bereits zu
Lebzeiten galt sie als eine Heilige!«

Da warf sich Tannhäuser auf die Knie und sandte ein in-
brünstiges Gebet zum Himmel. Er wußte sich mit ihm
versöhnt.

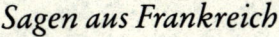

Sagen aus Frankreich

Die Sage von Roland

Der mächtige Frankenkaiser Karl, Herr des Abendlandes, regierte vom Nordseestrand bis zu den Gipfeln der Alpen, von der Elbe bis an die Grenze Spaniens. Treue Helfer waren ihm seine Paladine, zwölf an der Zahl. Die stärksten unter ihnen waren der Held Roland, sein Schwestersohn, dessen Schwert Durandart, das heißt unzerbrechlicher Stahl, und sein meilenweit dröhnendes Horn Olifant, die hochberühmt waren. Ihm zur Seite stand sein Freund, der treue Oliver, dazu Graf Turpin, der – als Erzbischof – eine gewaltige Klinge führte. Das riesige abendländische Reich hielt gottesfürchtiger Christenglaube zusammen, und deshalb sah der Kaiser seinen ärgsten Widersacher in den heidnischen Mauren, deren Vordrängen in Spanien er zurückzuweisen hatte. Der Islam hatte das Kreuz Christi des Landes in schwere Bedrängnis gebracht.

Sieben Jahre war der Kaiser jetzt südlich des Pyrenäengebirges gewesen und hatte alle festen Plätze und Burgen unter seine Herrschaft gezwungen. Nur die Stadt Zaragossa, im fruchtbaren Tal des Ebro gelegen, hatte bis zuletzt widerstanden.

Doch als der Kaiser nun mit großer Heeresmacht heranrückte, entsank den Heiden der Mut. Marsilias, ihr König, sandte Boten an den Hof des Frankenkaisers, die um Frieden baten. Siebenhundert Kamele und vierhundert Maultiere, beladen mit Gold und kostbarem Gerät, dazu dreitausend Fässer Wein bot der Heidenfürst, wenn Kaiser Karl mit seinem Heer abziehe. »Mit meinen Kriegern werde ich dir zur Kaiserpfalz Aachen folgen«, gelobte der Heidenfürst, »und dort den christlichen Glauben annehmen.«

Karl hatte seine getreuen Waffengefährten zusammengerufen, um ihren Rat zu hören. Manche dieser Paladine sprachen dafür, doch Roland, der starke Held, wollte nichts wissen von einem Vertrag mit dem Heidenkönig; er ahnte Verrat.

Karl aber, der sonst gewohnt war, Rolands Rat zu folgen, ließ sich von den Vorschlägen bestimmen, die die anderen Reichsbarone und besonders Graf Ganelon ihm machten. Unwillig ließ sich Roland überstimmen. »Als Abgesandten, der mit König Marsilias alles Erforderliche besprechen soll, das ist mein Rat«, sagte er, »nimm Ganelon.« Der war als Eifrigster dafür eingetreten, dem Vorschlag des Sarazenenfürsten zuzustimmen.

Roland, stets aufrecht und ehrlich, ahnte nicht, daß er sich mit seinem Rat einen Todfeind gemacht hatte: Ganelon war Rolands Stiefvater und argwöhnte, der Stiefsohn trachte ihm nach dem Leben, um in den Besitz seines Erbes zu gelangen. So verzieh er Roland nicht, daß dieser ihn durch seine Entsendung ins Sarazenenlager tödlicher Gefahr aussetzte. Die Mauren hatten bereits einmal tückischen Mord verübt, als sie das heilige Gesandtenrecht verletzten.

In seinem Haß gegen den Paladin des Kaisers ließ sich Ganelon nun verleiten, üblen Verrat zu spinnen: Durch den glänzenden Empfang, den Marsilias dem Kaiserboten bereitete, verband er sich mit den Feinden und vereinbarte mit ihnen, den herrlichen Recken Roland beim Rückmarsch des Heeres in eine tödliche Falle zu locken.

So klug war der arglistige Plan gesponnen, daß Kaiser Karl und mit ihm sein Kriegsrat sich täuschen ließen. Der

Heidenkönig lieferte den Schlüssel der Stadt Zaragossa aus, stellte Geiseln und versprach den geforderten Tribut. Da rüstete das kaiserliche Heer zum Zug in die Heimat. Roland, Erzbischof Turpin sowie der junge Oliver wollten mit einer auserlesenen Schar zurückbleiben und darüber wachen, daß die Mauren Wort hielten. Als Nachhut sollten sie dann dem gewaltigen Heereszug folgen.

Da erscholl froher Jubelruf, es wehten die Kriegswimpel, und tausend Hörner erklangen beim Abmarsch. Karl hatte seinem Neffen das halbe Heer geben wollen, doch Roland wies ihn ab: »Ich benötige nicht mehr als zwanzigtausend Mannen unter der Führung Eurer Paladine, dann habt Ihr niemanden zu fürchten, solange ich lebe.«

Schon nach wenigen Tagen hatte der heimwärtsziehende Heerbann die Pässe der Pyrenäen erreicht. Hoch und abschüssig ragten die Bergwände, die man überqueren mußte, und dunkel und eng waren die Täler, die sie durchzogen.

Am letzten Paß im Tal von Ronceval ließ Kaiser Karl das Heer an sich vorüberziehen. Düstere Vorahnungen quälten ihn, denn ein Traum hatte ihn erschreckt: Ihm war ein Engel des Herrn erschienen, der ihn vor Ganelon warnte. »Er riß mir den Speer aus der Hand und zertrümmerte ihn an einer Felswand, daß die Splitter zum Himmel hinaufflogen«, berichtete Karl voller Sorge seinem vertrauten Paladin, dem Herzog von Naimes. Nun plötzlich war dem Herrscher klar, daß Ganelon auf Verrat sinne und Roland mit Hilfe der Sarazenen verderben wolle. »Wie konnte ich so sorglos sein, nur zwanzigtausend Mannen bei ihm und den Paladinen zu belassen«, klagte er in bitterem Selbstvorwurf.

Doch nun war es zu spät. Als der Kaiser mit seinem Heer den Paß hinter sich hatte, ließ Roland am Ausgang ein befestigtes Lager aufschlagen. Er war sich nicht sicher, ob der Maurenkönig sein Wort halten oder die Gelegenheit zu einem Überfall benutzen werde. Sorgsam ließ er die Umgebung besetzen und sandte Graf Walther auf einen Felskegel; er sollte die Nachhut gegen unvermuteten Angriff sichern.

Marsilias, der Sarazenenkönig, hatte die Menge seiner kampffähigen Krieger aufgeboten, mehr als hunderttausend Mannen. Er besprach mit den Heerführern seinen Plan. »Wenn Allah mit uns ist«, rief er, »so muß der Sieg unser sein, denn wir sind in der Überzahl, und der Prophet Mohammed vermag mehr als Sankt Peter zu Rom. Ich selber will euch führen und in der Bedrängnis des Kampfes nicht von euch weichen, das schwöre ich euch bei meinem Schwert! Seht hier die blanke Klinge aus Toledo! Sie werde ich im Kampf mit Rolands Schwert kreuzen, und bald sollt ihr erkennen, wessen Waffe einen bessern Streich führt!«

In diesem Augenblick überbrachte ein Bote Graf Walthers atemlos die Meldung, daß sich ein riesiger Heerbann auf das Tal zuwälze. Roland und der junge Oliver eilten auf die Warte; in der Ferne sahen sie, soweit das Auge reichte, Schwerter in der Sonne blitzen, und sie hörten Klirren von Waffen- und Hörnerschall.

»Ich glaube«, sagte Rolands treuer Waffengefährte, »wir werden unsere Schwerter noch einmal färben müssen. So reiten nicht Männer, die ihren Herrn nach Aachen zur Christentaufe begleiten!« rief Oliver. »Das ist ein Kriegsheer, das uns überwältigen will. Blast Euer Horn Olifant, Freund Roland! Kaiser Karl wird es vernehmen und mit seinem Heer umkehren, um uns Hilfe zu bringen.«

»Nur ein Feigling täte so etwas«, versetzte der Recke ingrimmig. »Solange wir unverwundet sind und kämpfen können, muß das Horn schweigen. Für immer wäre mein Ruhm dahin, wenn wir es nicht wagten, den Kampf mit den Heiden aufzunehmen!« Er war voller Vertrauen auf sein gutes Schwert Durandart.

In Olivers Antlitz schoß heiße Röte. »Verzeiht meine unbedachte Äußerung. Mich befiel eine Schwäche, da ich an Auda, meine Schwester, dachte, die mit Euch verlobt ist.« Die beiden Freunde reichten einander die Hand.

Jeden der Paladine wies Roland an, wie die Heerscharen gegen den übermächtigen Feind zu verteilen seien. Der kampfgewaltige Erzbischof Turpin breitete segnend seine Hände über die Scharen der Krieger; dann stiegen alle zum Entscheidungskampf entschlossen zu Pferde.

Roland und Oliver, die Seite an Seite ritten, sahen mit Sorge, wie sich der Ring der Feinde enger und enger um sie schloß. »Mir will scheinen«, sagte Oliver bitter, »es ist die letzte Nachhut unseres Lebens, die wir führen werden.«

Jetzt mußte auch Roland an Ganelons Verrat glauben. Entschlossen ritt er den Sarazenen entgegen, um ihrem Angriff zuvorzukommen und sie in offenem Feld zu treffen. »Reitet an, ihr Freunde!« rief er den Mitstreitern zu. »Die Sarazenen sind gekommen, sich den Tod zu holen. Ruhm und Beute warten auf euch!«

Wie der Sturmwind sprengten die Franken auf die Feinde los. Es war nur die Vorhut ihrer Streitmacht, aber schon diese war den Franken an Zahl weit überlegen. An ihrer Spitze ritt auf feurigem Berberhengst König Marsilias' Neffe Adolart, der in früheren Kämpfen schon manchen von Karls Kriegern aus dem Sattel geworfen hatte. In seiner Siegesgewißheit hatte er seinem Oheim das Versprechen gegeben, ihm das Haupt Rolands als Siegesbeute zu überbringen.

»Allah il Allah!« brauste der Kampfruf der Sarazenen zum Himmel. Die Ebene schien unter dem donnernden Stampfen der Hufe zu zittern. »Monjoie, monjoie!« erscholl der Schlachtruf der Franken über die Ebene hin. »Heute wird das Frankenreich seinen Kriegsruhm einbüßen!« schrie Adolart in wildem Siegestaumel.

Wortlos gab Roland seinem edlen Roß, das die besten Sarazenenpferde übertraf, die Sporen und sprengte mit eingelegter Lanze auf den prahlenden Gegner ein. Furchtbar war der Zusammenstoß der beiden Kämpfer. Roland traf den Gegner mit seinem Speer so gewaltig, daß Adolart mit gebrochenem Rückgrat auf den Fels stürzte.

»Kaiser Karl wird seinen Ruhm nicht verlieren!« rief der Franke voll ingrimmiger Kampfeswut. »Schlagt mit euren Schwertern drein, ihr Freunde!« rief er den Waffengefährten zu. »Nur uns winkt der Sieg!«

Mit dem Schlachtruf des Kaisers stürzten sie sich in die Reihen der feindlichen Sarazenen. Krachend zerbrachen die Rundschilde unter den wuchtigen Schlägen der fränkischen Schwerter. Oliver traf im Kampfgewühl auf Falsaron, einen der kampfstärksten Mauren, und warf ihn tot aus dem Sattel. Ein grausiges Kämpfen setzte sich nun fort, auf beiden Seiten mit Erbitterung geführt. Das ganze Tal erbebte von Waffengetöse und von wildem Kampfgeschrei; es verdoppelte sich gräßlich durch den Widerhall von den Felswänden her.

Viele Stunden währte der furchtbare Kampf. Wer von den Feinden nicht weichen wollte, starb unter dem Ansturm der Frankenhelden; ihre Rosse traten bis über die Knöchel in Blut. Doch immer neue Kämpfer drangen nach, und auch manch tapferer Franke mußte der Übermacht erliegen.

Herrlich taten sich die Paladine hervor. Roland selber vollführte mit seinem guten Schwert Durandart Wunder der Tapferkeit. Erst als sich ihr Feldherr Magaris selbst, von einem Lanzenstoß schwer getroffen, nur noch mühsam im Sattel halten konnte, wichen die Sarazenen zurück, wandten sich dann zur Flucht und überließen den Franken das Schlachtfeld. Sie sammelten sich dann im Schutz der Felswände.

Doch König Marsilias hatte neue Krieger von fern herbeigerufen, und mit dem Sonnenaufgang standen frische Kämpfer in unendlicher Zahl bereit. Mit Sorge vernahmen die Franken, die todmüde nach dem schweren Ringen in den Schlaf gesunken waren, den Klang der tausend Kriegshörner, und mit Bestürzung sahen sie die Höhen ringsum von Sarazenen bedeckt, die mit wildem Ungestüm heranstürzten.

Wieder hub ein grausiges Kämpfen an, auf beiden Seiten mit Erbitterung geführt. »Unser ist der Sieg! Monjoie! Monjoie!« schrien die Franken. »Allah! Allah!« scholl dem entgegen der Ruf der Feinde.

Ein ungleicher Kampf war es, denn die Franken waren geschwächt vom Vortage, und ihre Waffen waren schartig geworden. Hier fand Herzog Engelir, einer von Kaiser Karls tapferen Paladinen, den Tod in der Begegnung mit dem starken Helden Climorin von Zaragossa. Oliver rächte den erschlagenen Kampfgefährten, indem er mit seinem guten Schwert Alteklere, das heißt »das Hochberühmte«, den Heiden niederstreckte; noch sieben arabische Fürsten, die ihn umdrängten, sanken unter seinen Streichen zu Boden.

Graf Turpin hatte die Verteidiger in zwei Kampfhaufen geteilt: Die eine Gruppe führte Roland selbst. Der Feind ihm gegenüber stand unter Marsilias' Führung, der auf seinem feurigen andalusischen Hengst dahergesprengt kam und mit gewiß hundertfacher Übermacht vordrang. So wogte das grausige Morden hin und her. Herzog Sansun, einer der tapferen Paladine, fand an Olivers Seite den Tod; Roland selber rächte den Erschlagenen an dem starken Sarazenen. Auch die anderen Paladine, vor allem der Erzbischof Turpin, vollbrachten gleich ihm Wunder an Tapferkeit.

Marsilias winkte seinen Sohn Zurfalu herbei: »Siehst du den Reiter dort an der Spitze der Christen?« schrie er ins Kampfgetümmel.

»Natürlich, Vater, seine Rüstung leuchtet wie Silber.«

»Das ist der Held Roland, der Tapferste unter der abendländischen Sonne. Sinkt er dahin, so wird die grüne Fahne des Propheten noch lange über Spanien wehen.«

»Ich werde das betreiben, Vater«, rief der Maurenjüngling, »und mir steten Ruhm erwerben.« Kampfesfroh preschte er auf den starken Franken zu. Gelassen sah Roland ihn anreiten.

»Fahre hin, du Christenhund!« schrie Zurfalu ihm entgegen, als er mit eingelegtem Speer auf ihn eindrang; an Rolands Schild prallte der feindliche Stahl ab. Roland gab seinem Streitroß einen Schenkeldruck, daß das Tier einen gewaltigen Sprung auf den jugendlichen Kämpfer zu machte, und ließ sein gutes Schwert Durandart durch die Luft sausen. Wie vom Blitz gefällt stürzte der Maure leblos aus dem Sattel.

Marsilias schrie auf bei dem grausamen Anblick, den Tod seines Sohnes zu erleben. Mit wildem Ruck trieb er sein Streitroß an, um den Sohn zu rächen. Es entbrannte ein heißer Streit zwischen den beiden tollkühnen Männern.

Furchtbare Hiebe wurden erteilt und hingenommen, beide kampferprobten Männer wußten in ihrer Kampferfahrung die Entscheidung hinauszuziehen. Schließlich ein brüllender Schmerzenslaut des Sarazenen: Roland hatte eine Blöße zu nutzen verstanden und dem Gegner mit einem schweren Schlag die Schwerthand abgehauen. Doch den harten Kämpen rettete sein unübertreffliches Streitroß vor dem Todesstreich. Der Maurenkönig konnte es mit der Linken herumreißen, bevor Roland zum zweiten Schlag ansetzte. Mit langen Sprüngen hetzte der Hengst in den Schutz der sarazenischen Schlachtreihe zurück.

Wütend setzte Roland ihm nach. »Deine Rechte, die du zum Schwur falscher Eide erhoben hast, ist meine Beute«, zürnte er, »doch ich will deinen Kopf, der diesen schändlichen Verrat ersonnen hat.«

Für die Franken war es ein Kampf ums Überleben, ein Todeskampf, denn immer neue Haufen von Sarazenen strömten von den Bergen ins Roncevaltal hinab. Dabei geschah es, daß der tapfere Graf Richard von der Übermacht herandrängender Sarazenen umzingelt und von zehn Speeren zugleich durchbohrt wurde. Roland konnte dem Waffenfreund nur aus der Ferne den letzten Gruß nachrufen. Sollte man nun Kaiser Karl zu Hilfe rufen? Roland wußte, daß es zu spät sei. »Und dennoch werde ich das Horn blasen«, sagte er sich. »So wird es den Kaiser wenigstens zur Rache herbeiholen. Und unsern erschlagenen Leibern wird ein ehrliches Begräbnis in der Heimat zuteil.« So setzte Roland sein Horn an die Lippen.

Mit voller Kraft stieß er hinein, und brüllender Donner rollte zwischen den Felswänden des Tals von Ronceval. Sogleich stockte der Kampf, das Waffengetöse schwieg; starr vor Grauen standen die Feinde. Erst als der Donner langsam verhallte, wich ihr Erschaudern, und die mörderische Arbeit begann von neuem.

Über die Berge hatte sich der Klang geschwungen und war bis an das Ohr des Kaisers gelangt.

»Roland befindet sich in Not«, sagte Karl mit dumpfer Stimme und wollte sogleich aufbrechen, ihm beizustehen. Doch der treulose Ganelon suchte ihn zu beruhigen.

»Wer sollte ihm wohl ein Leid antun?« rief er unbesorgt; »es ist doch Friede mit den Sarazenen geschlossen! Ich denke, er ist auf der Jagd in den Bergen und bläst vor Freude über sein Jägerglück.«

Doch Kaiser Karl hatte Ganelons Arglist durchschaut und drängte zur Umkehr. Den Verräter ließ er fesseln und auf ein Maultier binden. In aller Eile strebte das Frankenheer zurück ins Tal von Ronceval.

Dort tobte indessen der Todeskampf der überlebenden Frankenhelden. Allzu hart war ihr Schicksal, denn ein neues Heer rückte heran. Es waren die Könige von Äthiopien und von Karthago, dunkelhäutige Fürsten mit ihren Scharen, an die fünfzigtausend, die von Afrika her das Meer überquert hatten zum Kampf gegen den verhaßten Frankenkaiser.

Mit neuem Mut, zum Tode entschlossen, stellten sich die Franken dem Ansturm der ausgeruhten Kämpfer, die in unendlicher Überzahl auf sie eindrangen. Bald waren die Reste des Frankenheeres ganz von Feinden umschlossen.

Auch Oliver geriet in die Lage, von einer Übermacht umzingelt zu werden, und stand in verzweifeltem Abwehrkampf. Seine Reisigen und Knechte waren dahin, nur er, Karls tapferer Paladin, stand noch aufrecht. Von allen Seiten umblitzte ihn die tückische Fülle der krummen Maurensäbel, daß sein Schwert Alteklere sich der Vielzahl nicht mehr erwehren konnte. Von rückwärts traf den Helden ein Streich, der ihn zu Boden streckte.

Roland kam dem Freund zu spät zu Hilfe. Er jagte die mordgierigen Feinde auseinander und stand tieftraurig vor dem todwunden Freund.

»Mein Leben geht zu Ende«, sagte Oliver mit leiser Stimme. »Kommst du noch in die Heimat zurück, Roland, so überbring Auda, meiner Schwester, den letzten Gruß.«

Roland bettete den Freund auf ein moosbewachsenes Fleckchen Grün und suchte den Sterbensmüden zu trösten: »Ruh dich hier ein wenig aus. Bald bin ich wieder bei dir. Doch der Erzbischof ist in großer Not, ich muß ihm zu Hilfe eilen.«

Es gelang Roland jedoch nicht, bis zu der Stelle durchzubrechen, wo sich der Erzbischof Turpin, von Wunden bedeckt, seines Lebens wehrte. In rasendem Schmerz über den Untergang seiner tapfersten Mannen stand Roland da.

Die Donnerstimme Olifants hatte den Helden Oliver aus seiner Betäubung gerissen. Noch einmal fühlte er seine Kraft erwachen und drängte erneut ins Kampfgewühl zurück. Verstört und seiner Sinne nicht ganz mächtig, bestieg er sein Schlachtroß, das zur Seite graste, und ergriff Alteklere, sein gutes Schwert. Aber sein Blick war so umwölkt, daß er nicht mehr Freund und Feind unterscheiden konnte. Wahllos schlug er auf dem Schlachtfeld mit dem Schwerte drein.

»Erkennet Ihr mich denn nicht?« schrie ihn plötzlich eine Stimme an, daß er zusammenzuckte. Es war Roland selber, dem er einen Streich auf den Helm versetzt hatte. Fast hätte er den Freund, des Kaisers geliebten Paladinen, den Verlobten seiner Schwester, erschlagen!

Roland führte den Freund zum zweiten Mal aus dem

Schlachtgetümmel und bettete ihn in dem nahen Wäldchen ins Moos. Die Hände gefaltet, ging der edle Held mit Gebet und frommem Segenswunsch aus der Welt. In unendlichem Schmerz sah Roland den Freund scheiden; so stark war sein Kummer, daß er ohnmächtig neben dem Toten niedersank.

Als er die Augen öffnete, stand der Erzbischof Turpin vor ihm. Der wackere Gottesmann hatte sich aus der Übermacht freikämpfen können. Er reichte dem Waffenbruder stumm die Hand.

»Wir sind die Letzten«, murmelte Roland mit trübem Lächeln.

»Die Letzten in der Schlacht werden die Ersten im Himmel sein«, entgegnete der Erzbischof mit verklärtem Angesicht.

Nur diese beiden Helden waren noch am Leben; die ganze Nachhut der Franken hatte den Tod gefunden. Roland und Graf Turpin kämpften ihren letzten Kampf. Die Felswand bot ihnen im Rücken und von der Seite Schutz, so daß die Sarazenen nur von vorn her angreifen konnten. Gedeckt durch die Büsche, schlichen sie herbei, schleuderten ihre Speere und schossen ihre Pfeile, und immer wieder sprang Roland in schnellem Ausfall hervor, und streckte einen der Verwegenen nieder. Bald war das Felsrund dicht umgeben von einem Wall erschlagener Sarazenen.

Der Erzbischof Turpin war zu Tode verwundet. Doch unbeugsam stellte er sich neben Roland, seinen Waffenbruder. »Blast noch einmal Euer Horn!« bat er dann mit ersterbender Stimme, »vielleicht vernimmt der Kaiser unsern Hilferuf.«

Roland tat nach dem Geheiß des Freundes. Auch er war aufs äußerste erschöpft, doch er blies so gewaltig, daß ihm die Schläfenader zersprang. Die beiden Frankenhelden vernahmen des Kaisers Antwortruf und faßten neuen Kampfesmut. Angsterfüllt nahmen ihn aber zugleich die Sarazenen auf. Nur ein Gedanke trieb sie: Roland und seinen Waffengefährten zu erschlagen und dann vor der Rache des Kaisers zu fliehen.

Die Vielzahl der Sarazenenkrieger drang auf Roland ein. Doch dem Helden hatte der Antwortruf des Kaisers neue Kraft geweckt: In wildem Kampfesgrimm bestieg er sein edles Streitroß und sprengte mitten in die Heidenritter hinein! Unter der Menge der feindlichen Speere brach sein treues Pferd zusammen, doch die Sarazenen zerstoben nach allen Seiten; niemand konnte den furchtbaren Hieben seines Schwertes Durandart widerstehen.

Aus vielen Wunden blutend, schritt Roland zu Graf Turpin zurück, der kraftlos im Gras ruhte. Behutsam erleichterte er dem Waffengefährten die schmerzvolle Lage und verband ihm die Wunden. Dann blickte er über das Kampffeld hin; kein Heide ringsum. Da ließ er den sterbenden Erzbischof wieder allein, um die erschlagenen Paladine zu suchen: »Ich will sie hier vor Euch niederlegen«, sagte er, »damit sie aus Eurer Hand den heiligen Segen erhalten.«

Mit unendlicher Mühe verrichtete der verwundete Held diese Pflicht, die die Freundestreue ihm gebot. Leichnam auf Leichnam legte er neben dem Erzbischof nieder, und mit tränenerstickter Stimme hob Turpin die Hände und segnete sie: »Möge Gott Eure Seele ins Paradies aufnehmen«, sagte er, »und auch meine dazu, denn noch heute werde ich mit Euch vereint sein!«

Da übermannten auch Roland, den unbezwinglichen Recken, die unendliche Mühsal und der Schmerz um die gefallenen Waffenfreunde; kraftlos sank er neben den Erschlagenen ins Gras. »Hätte ich nur einen Schluck Wasser!« stieß er hervor.

Der Erzbischof, selbst zu Tode verwundet, richtete sich mit übermenschlicher Kraft auf, nahm Rolands Horn Olifant zur Hand und wankte davon, es am nahen Bach zu füllen. Doch inmitten dieser edlen Freundestat traf ihn der Tod: Ein tiefer Seufzer entrang sich seiner Brust, und dann sank der fromme Gottesmann leblos ins Moos.

So fand ihn Roland: Die Hände friedlich über die Brust gekreuzt, lag der tote Erzbischof und hielt die gebrochenen Augen zum Himmel gerichtet, als wolle er Gott den Herrn bitten, ihn in sein ewiges Reich aufzunehmen. Weinend kniete Roland vor dem getreuen Mitstreiter.

Er fühlte, daß nun auch ihm der Tod nahe war. Da schritt er, schwer sich stützend auf Durandart, zur nahen Waldlichtung, wo vier mächtige Felsblöcke Schatten boten. Mit dem Rücken lehnte der Held sich dort an, um den Tod zu erwarten.

Während er so reglos mit geschlossenen Augen lag, erhob sich aus den Umherliegenden einer der Sarazenen; inmitten der Wut des Kampfes hatte er sich nach seiner Verwundung totgestellt. Nun glaubte er, bei Kaiser Karls treuestem Paladin leichte Mühe zu haben, ihm Schwert und Horn zu rauben. Roland fuhr aus seiner Ohnmacht auf, als der heimtückische Mann ihm sein Schwert abziehen wollte. Mit seinem herrlichen Horn traf Roland ihn so schwer, daß der Wüstensohn zu Tode getroffen hinsank. Traurig betrachtete der Held sein Horn, das von der Wucht des Streiches zersprungen war.

»Nie wieder wirst du bei froher Jagd oder auf dem Kriegszug erklingen!« rief er mit versagender Stimme. Sterbensmüde ließ er sein Haupt auf den Fels sinken.

In bitterem Schmerz blickte er dann auf sein gutes Schwert. Sollte er zulassen, daß es nach seinem Verscheiden in Feindeshand falle? Da raffte er sich mit letzter Kraft empor und hieb mit dem Schwert so wuchtig wie er es in den Zeiten seiner stärksten Heldenkraft getan hatte, auf den Felsen ein, um die Klinge zu zerschmettern.

Doch war Roland der beste und stärkste unter Kaiser Karls Paladinen, so war Durandart das beste und stärkste der Schwerter: Es zerbrach nicht, ja, es bekam unter dem wuchtigen Schlag nicht eine Scharte – anstatt zu zerspringen, zerspaltete es den harten Felsen in zwei Teile! Herrlich blinkte der Stahl unversehrt im Schein der Abendsonne.

Mit inniger Rührung blickte der Held auf seine getreue Waffe, die ihm in mancher Männerschlacht gedient hatte und nun auch im Sterben nicht von ihm lassen wollte. Kaiser Karl, sein Oheim, hatte ihn einst mit dem herrlichsten Schwert umgürtet. »Möge Gott verhüten«, stieß Roland hervor, »daß dir die Schmach geschehe, in die Hand der Unchristen zu fallen!«

Mit Mühe richtete er sich noch einmal auf und legte das blanke Schwert unter sich, so daß er es ganz mit seinem Leibe deckte. Das Haupt richtete er nach Süden gewendet, wo er die Sarazenen wußte, um auch im Tod noch als Sieger feindwärts zu blicken. Schon spürte er, wie ihm die Sehkraft schwand. Demütig rief er den Herrn des Himmels an und bat ihn um Erbarmen: »Vergib mir die Sünden, die ich begangen habe!«

Dann nahte der Tod und entführte den Helden in sein Reich. Ohne Schmerzen verschied Roland, der treueste von Karls Paladinen. Wettersturm brauste über das Schlachtfeld hin, verklang sodann wieder – und darauf senkte sich lautlos die Nacht über das Tal von Ronceval, dessen Boden blutgetränkt war und weithin bedeckt von den Leichen so vieler erschlagener Krieger.

Mit seinen schnellsten Reitern war Kaiser Karl, von Sorge getrieben, dem Hauptheer vorausgeeilt und schon nicht mehr fern der Kampfstätte. Nun wußte er mit Sicherheit, daß sich Roland, sein geliebter Neffe, in höchster Not befand. »Blast mit aller Kraft die Hörner, damit meine Paladine ihren Ruf vernehmen!« rief er seinen Begleitern drängend zu.

Mit dem Morgengrauen ertönte Hörnerschall der heranrückenden Franken von den nahen Waldbergen herüber. »Monjoie! Monjoie!« erscholl ihr Siegesruf. Mit Schrecken nahm Karl wahr, daß seine Paladine keine Antwort erklingen ließen. Doch wie packte ihn das Entsetzen, als er mit seinen Helden ins Tal hinabspähte!

Grauenvoll war das Bild dieser Stätte des Totentals. Der Kaiser selbst brach in Tränen aus beim Anblick der Leichen so vieler toter Krieger. Fassungslos stand er vor seinem gefallenen Neffen, der, das Haupt gegen Zaragossa gerichtet, wie schlafend im Gras ruhte. Tränenden Auges stieg der Kaiser vom Pferd, nahm den Leichnam in seine Arme und küßte ihm innig die bleiche Stirn.

»Nie mehr wird ein Held für mich sein wie du, treu bis in den Tod«, sprach Karl mit leiser Stimme. »Keinen treueren Freund hatte ich auf Erden als dich, lieber Neffe Roland!« Mit inniger Rührung nahm er das Schwert an sich, das der Held mit seinem Leibe geschützt hatte.

Mit Kaiser Karl beweinte das ganze Heer die herrlichen Paladine, die ihr Leben geopfert hatten, und die vielen Ritter und Mannen.

In das Klagen hinein klang der Ruf des Herzogs Naimes von Bayern, der in der Ferne den Staub der flüchtenden

Sarazenenhaufen erblickte. »Noch können wir sie einholen«, rief er, »und Rache nehmen für unsere erschlagenen Waffenbrüder!«

Gräßlich war die Vergeltung, die die Verfolger übten. Mit seiner Hauptmacht war Kaiser Karl wieder rückwärts an den Ebro gezogen. Dort traf er auf die Streitkräfte, die der schwerverwundete Marsilias herbeigeholt hatte. Sie standen unter dem Befehl des Kalifen von Babylon.

Aus der grimmigen Schlacht, die entbrannte, ging das Frankenheer nach zwei Tagen als Sieger hervor. Das Drachenbanner Babylons sank mit seinem erschlagenen Herrscher in den Staub. Auch Marsilias selbst wurde im Kampf von dem Todesstreich getroffen. Nur wenige Heiden entkamen dem Rachewerk. Als Sieger war der Kaiser in Zaragossa eingezogen.

Zurück nach Ronceval, gingen die Franken an die schmerzvolle Aufgabe, die Toten zu bestatten. Sie wurden alle mit Wein gewaschen und dann eingesalbt in alexandrinische Tücher gehüllt, daß ihre Leichen unverwest mit in die Heimat übergeführt werden konnten.

Dann ging der reisige Zug heimwärts ins Frankenland nach Aachen. Mit Lorbeerzweigen bekränzt, doch unter Trauerklängen hielten die Sieger ihren Einzug in die Kaiserpfalz.

Den Herrscher drängte es, Gericht zu halten über Ganelon. Die weisesten Männer bestellte er zu Richtern über den Verräter, der um Gold dem edelsten der Paladine samt zwanzigtausend Mannen den Tod gebracht hatte.

Gefesselt stand Ganelon vor der Gerichtsversammlung. Er leugnete jede Schuld, doch der Urteilsspruch

lautete, daß ein Zweikampf über Ganelons Tod entscheiden solle. Der Ritter Pinabal, ein Neffe Ganelons, war bereit, für ihn zu streiten.

Für den erschlagenen Roland trat Dietrich von Anjou
zum Kampf an. »Ganelon ist ein Verräter«, rief er, »und ich
will dafür eintreten, ob auch Pinabal ein hochberühmter
Recke ist.«

Beide Kämpfer warfen einander den Handschuh vor die
Füße, und damit war der Zweikampf beschlossen. Mit ungeheurer Kampfeswucht stießen die beiden zusammen.
Pinabal war breitschultrig und riesenstark, Dietrich
schlank und von behender Gewandtheit.

Krachend zersplitterten die Lanzen. Die beiden Gegner
sprangen aus dem Sattel und kämpften zu Fuß weiter. In
dem erbitterten Schwertkampf gelang es dem riesenstarken
Pinabal, Dietrich schwer zu verwunden.

»Ergib dich!« rief er, doch der wackre Held, der Rolands
Sache verteidigte, dachte nicht an Unterwerfung.

»Ich wäre ein Schurke gleich Ganelon, den du schuldlos
nennst«, stieß er hervor. Und dann schwang er sein Schwert
so wuchtig, daß er dem riesengewaltigen Gegner Helm und
Haupt spaltete und ihn zu Tode getroffen in den Sand warf.

Ganelon brach zusammen und beugte sich dem Gottesgericht. Er gestand seine schwere Schuld ein, und die
Richter entschieden, der ungetreue Mann, der die edelsten
Helden in den Tod gestürzt hatte, solle von wilden Pferden
zerrissen werden.

So geschah es. Olivers Schwester, die schöne Auda, vermochte den Tod ihres Bräutigams Roland und ihres Bruders nicht zu verwinden und starb vor Herzeleid an der
Stätte, wo die Toten von Ronceval in Ehren zur letzten
Ruhe gebettet waren.

König Artus und seine Ritter

König Artus herrschte mit Kraft und Weisheit über sein
Reich, der Ruhm seiner Taten hatte zahlreiche tapfere Ritter angezogen. Alltäglich erfüllte festliches Treiben
den Königshof. Prächtige Ritterspiele und fröhlicher Gesang ließen die Lüfte erschallen, jubelnder Zuruf pries den
Sieger, zierliche Burgfräulein wurden zum Tanz geführt
und drehten sich in munterem Reigen zur Musik der Zim-
beln, Flöten und Drommeten, üppige Gastmähler erquick-
ten die Helden. Sie versammelten sich an der berühmten
Tafelrunde, an der der König sie um sich zu haben liebte.
Dieser Tisch bezeichnete das Universum, die Welt, die ja
auch eine runde Scheibe darstellt. Die Zahl der tafelnden
Teilnehmer füllte den Tisch ganz genau aus; zog einer von
ihnen davon, so schrumpfte die Tafel durch ihre Zauberkraft ein.

Einst veranstaltete der König zur Osterzeit an seinem
Hof in Carlion wieder ein großes Fest, und gern erschienen
sie, Könige und Fürsten, Grafen und Ritter, die hochgeborenen Damen und die vornehmen Edelfräulein; in
Menge trafen sie ein aus Britannien und Irland, aus Holland
und aus dem Frankenland. Reich besetzte Tafeln standen
bereit, und in bunten Reihen ließen sich die Geladenen zum
heiteren Mahl nieder.

Aber bevor sich die fröhlichen Gäste an den köstlichen
Speisen und dem erlesenen Wein erlaben konnten und sich
an kurzweiligem Zeitvertreib erfreuten, geschah etwas
Seltsames, das die frohgemute Stimmung plötzlich in Betroffenheit und Unmut verwandeln sollte.

In den Saal trat nämlich ein Bote, stattlich und von gewin-
nendem Aussehen. An einer Schnur trug er ein Trinkhorn,

das er in der Hand hielt: Ein wunderbares Stück war es und
so kostbar, wie wohl noch keiner der Gäste es vor Augen
gehabt hatte; es war aus Elfenbein gefertigt und mit vier
goldenen Bändern, die es umschlossen, mit reichem Zierat
und eingelegter Arbeit und mit Edelsteinen geschmückt.
Am oberen Rund war ein silberner Ring eingefügt, an dem
hingen hundert winzige Glöckchen aus reinem Gold; wenn
man mit dem Finger nur leicht anschlug, so begannen diese
hundert Glöckchen auf dem Horn so lieblich und süß zu
erklingen, daß weder Geige noch Harfe noch Sirenen-
gesang sich damit hätten messen können. Und so wohltö-
nend klang ihre Melodie in die Weite, daß sie an die drei
Meilen weit vernehmbar war. Nicht verwunderlich waren
diese wundersamen Eigenschaften des Trinkhorns, denn
eine kunstfertige Fee hatte es zur Zeit des frommen Kaisers
Konstantin geschaffen, und sie war es, die dem Horn diese
Zauberkraft verliehen hatte.

Der Bote, gekleidet in ein schönes Gewand aus Seide,
hob sein Instrument empor, daß die Glöckchen erklangen.
Da vergaßen die Gäste auf einmal die köstlichen Speisen,
die vor ihnen standen, und des Königs Knappen, die den
Fisch auftrugen, und die Mundschenken, die den herrlichen Wein kredenzen wollten, blieben wie gebannt auf
ihren Plätzen stehen. Herrn Keye, dem Seneschall, entfiel
die Schüssel, die er in der Hand hielt, und der Brotschneider
verlor die Kraft über das Messer, so daß er sich damit in die
Hand stieß. König Artus wurde plötzlich stumm. Unheim-
lich war die Stille, die einsetzte.

Der junge Mensch schritt mitten durch den Saal auf den
König zu; er hatte ihn an seiner Würde sogleich erkannt und
verneigte sich zu ehrerbietigem Gruß: »Der Herr dort oben
in der Himmelshöhe segne und erhalte Euch, König Artus,

und alle die edlen Ritter, die ich hier versammelt sehe!«
König Artus erwiderte seinen Gruß freundlich.

»Höret meine Botschaft«, fuhr der junge Mensch sodann fort: »Ich bringe Euch von Herrn Mangon, dem
edlen und tapferen König von Moraine, dieses kostbare
Trinkhorn. Er hat es seiner Schatzkammer entnommen
und läßt Euch bitten, ihm für sein Geschenk weder zu
danken noch seiner mit Unwillen zu gedenken.«

»Gern will ich diese Bitte erfüllen und das Horn so entgegennehmen«, versetzte König Artus. Er empfing es aus
der Hand des Boten und ließ diesem aus goldenem Krug
Wein einschenken. »Nehmt hier an meinem Tisch Platz«,
sagte er, »und eßt und trinkt nach Gefallen. Ich werde
Euch nach dem Mahl zum Ritter schlagen und gebieten,
daß man Euch morgen früh hundert Pfunde Goldes aus-
zahlt.«

Doch der Bote gab mit achtungsvoller Haltung Antwort: »Es würde sich nicht ziemen, daß ein Knappe an der
Rittertafel Platz nähme. Laßt mich in meine Herberge
gehen, um dort mich auszuruhen. In festlicherem Gewand, so wie es der Würde unseres Tages entspricht,
werde ich alsbald zu Euch zurückkehren und aus Eurer
Hand entgegennehmen, was Ihr mir zugesagt habt!«

Damit ging der Sendbote davon, doch er begab sich
nicht zur Herberge, sondern verließ die Stadt Carlion in
großer Eile, als fürchte er, man werde ihn verfolgen und
könne ihn einholen.

In tiefem Sinnen hielt König Artus das prächtige Trinkhorn in der Hand. Nachdenklich zeigte er es Herrn Gawain und den übrigen Rittern seiner Tafelrunde. »Seht«,
rief der König plötzlich, »dort sind in das Gold der Bänder
Reihen silberner Schriftzeichen eingetrieben.« Neugierig

ließ er den gelehrten Schloßkaplan kommen, der den verborgenen Sinn der Zeichen ergründen sollte.

»Herr König«, sagte dieser, als er die Schrift entziffert hatte, und er konnte sich dabei eines Lächelns nicht erwehren. »Gewähret mir Gehör. Was ich soeben gelesen habe, will ich Euch sogleich leise ins Ohr sagen. Bis auf den heutigen Tag hat man etwas so Seltsames und Wundersames weder in England noch in einem anderen Land der Welt vernommen. Aber es scheint mir – verzeiht, Herr König – nicht ratsam, es hier auf unserer frohen Festversammlung auszusprechen.«

Aber solche Abwehr verstärkte natürlich des Königs Neugier. »Ich bestehe darauf«, rief er, »daß Ihr die Inschrift auf dem Trinkhorn allen meinen Rittern hier im Saal vorleset. Auch die edlen Damen und die hochgeborenen Fräulein sollen sie vernehmen.«

Jeder in dem festlichen Kreis harrte nun in Spannung der Neuigkeit. Aber mancher freute sich zu früh, denn bald gab es nicht wenige, die traurig und zornig bereuten, Zeuge gewesen zu sein.

»Besser wäre es, Herr König«, sagte der kluge, wohlgesonnene Kaplan noch einmal, »besser wäre es, Ihr wolltet meinen Worten vertrauen. Wenn es aber Euer Wille ist, alles zu erfahren, so höret, was Herr Mangon Euch entbieten läßt: ›Dieses Trinkhorn hat eine rachsüchtige Fee in bösem Spott geschaffen, und sie gab ihm diesen Sinn: Kein Mann, sei er auch noch so hochgestellt und klug und wakker, kann daraus trinken, wenn er nicht in glücklicher Ehe lebt; jedem also ist das Trinken versagt, der eifersüchtig ist oder von seiner Frau betrogen wird. Er wird den Wein trotz aller Vorsicht verschütten und sein Gewand, sei es noch so kostbar, damit beflecken. Wer aus diesem Horn trinken will, muß also eine Ehefrau haben, von der nur Gutes zu berichten ist: Sie darf niemals Untreue oder Gewinnsucht oder Hoffart zeigen und nie ihr Auge auf einen anderen Mann werfen.‹«

Stille herrschte ringsum im Kreise. Der Kaplan fuhr mit feinem Lächeln fort: »Der Ehemann also, der eine solche Frau besitzt, wird ohne alle Besorgnis seinen Wein aus dem Horn trinken können.«

So lautete die Inschrift. »Wenn diese Zeilen die volle Wahrheit sprechen«, schloß dann der gelehrte Mann, »so glaube ich nicht, daß es hier bei uns und weit im Umkreise einen einzigen verheirateten Ritter gibt, dem das Trinkhorn auch nur einen kleinen Schluck gewähren wird . . .«

Betroffenes Schweigen herrschte im Saal. So manche edle Dame, die frohgestimmt an König Artus' Hof gekommen war, ließ den Kopf hängen. Kaum eine befand sich unter ihnen, ob sie noch so treu als Ehefrau war, die jetzt nicht die Augen zu Boden schlug; selbst der Königin erging es nicht anders. Und ebenso war es mit den hochgeborenen Rittern am Hof, denn sie dachten nicht ohne Zweifel an die Herzensgefühle ihrer Gattinnen.

Die schönen Edelfräulein dagegen begannen zu kichern und im Scherz und Spott miteinander zu flüstern, blickten lächelnd in die Runde, als wollten sie sagen: Heute wird alle Unehrlichkeit offenbar werden; heute werden wir erkennen, wer eifersüchtig ist und wer es mit der ehelichen Treue nicht genau nimmt.

Selbst König Artus war unwillig, doch er ließ Unruhe und Ärger nicht spüren und tat heiter und unbekümmert. Er rief den Seneschall Keye herbei: »Füll mir das kostbare Horn!« gebot er ihm. »Ich selber will als erster daraus trinken.«

Herr Keye füllte sogleich das Horn mit bestem Wein und reichte es seinem Herrn. König Artus führte es zum Munde und – o weh! – er verschüttete das Getränk, daß es an seinem kostbaren Gewand herab zu Boden tropfte. Grimmiger Zorn packte den König, daß seine Hoffnung ihn betrogen hatte; er hätte der Königin ein Messer ins Herz gestoßen, wenn nicht Herr Gawain und mehrere der Ritter es ihm aus der Hand gewunden hätten.

»Herr König«, fuhr der edle Gawain ihn voller Unwillen an, »mäßigt Euch doch in Eurem Zorn! Glaubt Ihr, es gäbe auf der weiten Welt eine einzige Ehefrau, die nicht – und wäre es nur ein einziges Mal – einen törichten Gedanken gehabt hätte? So will es mir nicht verwunderlich erscheinen, daß Euer Versuch mit dem wundersamen Trinkhorn mißlang. Laßt alle verheirateten Ritter hier im Saal den gleichen Versuch machen! Erst wenn diese Probe gegen Euch entscheidet, werdet Ihr unsere liebwerte Königin zu Recht tadeln dürfen, denn Ihr seid ja ein hochberühmter Herr und König. Aber unsere Frau Königin ist redlich und treu, und noch niemals haben wir vernommen, daß sie einen Fehltritt begangen hätte.«

Da wandte sich die Königin selber, tief gekränkt über Artus' Mißtrauen, an Herrn Gawain, der so ritterlich für sie eintrat: »Mag doch mein Herr und Gemahl einen Scheiterhaufen aus dornigem Holz entzünden und mich ins Feuer werfen lassen, damit ein Gottesurteil über mich Recht spreche! Wird mir dann auch nur ein Haar auf meinem Kopf oder der Saum meines Kleides versengt, so soll er mich für schuldig ansehen und von wilden Pferden zu Tode schleifen lassen! Denn ich bekenne hier: Niemals habe ich einen anderen Mann geliebt, und niemals werde ich einen anderen Mann lieben als den, der mir ehelich angetraut ist.

In einem zwar kündet das Trinkhorn die Wahrheit: Vor Jahresfrist schenkte ich einem jungen Knappen einen Ring, weil er einen Schurken von Riesen, der Herrn Gawain schwer beschuldigt hatte, zu Boden warf. Als dieser junge Held von hier schied, erwies ich ihm diese Freundlichkeit in der Hoffnung, ich würde ihn für unseren Hof gewinnen. Nie hätte ich ihm meine Zuneigung geschenkt, wenn er bei uns geblieben wäre, denn niemals habe ich gegen die gute Sitte verstoßen. Nicht den reichsten und mächtigsten Herrscher auf Erden, und wäre es der König von Rom, und keinem Grafen oder Kalifen, und böte er mir den Goldschatz aus dem Märchenland, würde ich neben meinem Gatten lieben.

Wer dieses Trinkhorn gesandt hat, tat mir große Schmach an. Sicherlich hat dieser Mann niemals eine edle Frau geliebt. Niemals werde ich wieder fröhlich sein, bevor er mir Genugtuung gegeben hat.«

Doch da fuhr König Artus auf: »Rede bitte nicht weiter! Keinem der befreundeten Fürsten in der Nachbarschaft und keinem meiner Verwandten wäre ich noch zugetan, wenn er gegen den Übersender des Trinkhorns zum Rachefeldzug auszöge. Habe ich nicht dem Boten, der das Trinkhorn brachte, vor allen Rittern versprochen, ich würde seines Herrn weder mit Dank noch mit Unwillen gedenken? Unrecht wäre es also und ehrlos, mein Wort zu brechen. Ein König, der sich widerspricht und sich selber Lügen straft, darf nicht auf Lob rechnen.«

Beschwörend blickte die Königin ihn an. »Mein Herr Gemahl«, sagte sie, »seit dem Tage, da ich mich mit Euch verlobte, bin ich glücklich. Gar schlimm vergeht sich eine Frau, die einen guten Gatten hat und dennoch einen anderen Mann zum Freund erwählt. Ich bekenne offen, daß ich

den besten der Könige dieser Erde zum Gemahl habe. Wie
sollte ich da einen bessern verlangen wollen? Ihr zürnet mir
zu Unrecht, mein Gemahl. Darum meine ich, Ihr solltet
keinem Eurer edlen Ritter dieses Trinkhorn in die Hand
geben, weil Ihr damit die Ehre seines Weibes gefährdet!«

Doch König Artus schüttelte unwillig den Kopf: »Alle
Könige, Herzöge und Grafen, die hier im Saal anwesend
sind, sollen die Probe mit dem Horn machen, so gebiete ich.
Soll ich vielleicht ganz allein beschämt dastehen?«

Mit diesen Worten reichte er dem König von Sinadone
das Horn. Doch kaum hatte dieser es zur Hand genommen,
so verschüttete er auch schon den Wein. Da ergriff König
Nut das Horn; aber auch über sein Gewand ergoß sich der
Wein. Aguisset, der König von Schottland, wollte die
Trinkprobe mit Gewalt erzwingen, doch zu seinem großen
Unwillen erlebte er den gleichen Mißerfolg. Da griff der
König von Cornwallis danach; er hielt sich für geschickter
und glaubte schon, das Glück sei ihm hold – doch der Wein
floß daneben. Nicht besser erging es vier anderen Königen,
die ihr Heil versuchten. Dem König Caraton rann der Wein
in seinen langen Bart, zwei Könige von Irland und nicht
weniger als dreißig Grafen mußten sich gleichermaßen
peinlich beschämen lassen: Nicht einem einzigen all dieser
Herren gelang es, auch nur einen Schluck aus dem Horn zu
trinken.

»Der Teufel soll es holen«, rief König Gohort wütend,
und alle Ritter, die sich beim Probetrunk enttäuscht sahen,
stimmten ihm zu. Denn jeder wollte ja der Inschrift Glauben schenken und sah deshalb seine Gattin und sich selber
der Schande preisgegeben. König Artus sah mit Freude, daß
seine Gäste dasselbe Mißgeschick traf wie ihn selber.

»Ihr Herren«, rief er lachend, »ich bin froh, daß ich nicht

allein den Spott zu tragen habe. Wer mir dieses Horn schickte, hat mir in der Tat ein großes Geschenk gemacht. Für alles Gold der Erde möchte ich dieses Wundertrinkhorn nicht missen. Jeder verheiratete Ritter soll künftig mit ihm die Probe machen.«

Die Königin war vor Erregung über und über rot geworden. Lieblicher als eine voll erblühte Rose war sie anzuschauen, und dem König selber erschien sie so schön, daß er sie an sich zog und vor allen Rittern dreimal küßte.

»Ich zürne dir nicht mehr«, sagte er leise.

Und ebenso leise entgegnete sie: »Ihr seid mein gnädiger Herr.«

Nun erprobten die Großen und die Kleinen am Hof das Trinkhorn. Es war da ein feingebildeter junger Herr, liebenswert und tüchtig im Umgang mit der Waffe, wohlgebaut und mit blanken Augen, die fröhlich in die Welt hineinschauten; kein Artusritter – es sei denn der unübertreffliche Herr Gawain – war ein besserer Kämpfer als er. Caradoc hieß dieser Ritter. Seine junge Frau, Schwester des Königs Galahal, war ihm treu ergeben und stand in ihrer Schönheit selbst der Königin nicht nach; mit ihrem langen Blondhaar glich sie einer Märchenfee.

Unbefangen blickte sie jetzt ihren Gatten an: »Habt keine Bedenken, lieber Freund, aus dem Horn zu trinken. Stolz erhobenen Hauptes sollt Ihr zu meiner und Eurer Ehre den Versuch wagen. Keinen noch so hoch gestellten Herrn möchte ich gegen Euch, mein geliebter Gemahl, eintauschen. Eher würde ich ins Kloster gehen und Nonne werden.«

Da sprang Ritter Caradoc voller Freude auf, ließ sich das Trinkhorn mit edlem Wein füllen und – leerte es bis auf den Grund! Ein Raunen von bewundernder Überraschung ging durch die Reihen der vielen versammelten Gäste. Frohgestimmt schritt Caradoc auf König Artus zu und reichte ihm das geleerte Trinkhorn.

»Ich beglückwünsche Euch zu Eurer Tat, mein wackrer Ritter«, sprach der König ihn freudig an. »Hundert Augenzeugen bekunden diese Leistung. Meine königliche Anerkennung will ich Euch deutlich machen: Das Land Cirencestre, das ich Euch vor Jahresfrist als Lehen gegeben habe, übertrage ich Euch jetzt für alle Zeit, Euch und Euren ritterlichen Nachkommen. Und als meine Würdigung, daß Ihr eine so liebenswerte Gattin Euer eigen nennen dürft, übereigne ich Euch zu stetem Angedenken dieses kostbare und wertvolle Trinkhorn als mein königliches Geschenk. Möget Ihr alle Zeit unbesorgten Mutes daraus trinken können!«

Der Löwenritter

Das unkämpferische Treiben an König Artus' Hof behagte dem Ritter Kalogreant nicht mehr. Er fürchtete zu »verliegen«; es drängte ihn, in die Welt hinauszureiten und kühne Abenteuer zu bestehen.

Auf seiner reisigen Fahrt gelangte er in den Wald von Breziljan. Es war eine Wildnis, wie er sie noch nie erlebt hatte. Da wimmelte es von Raubtieren aller Art, Löwen und Panther gab es in Fülle, Auerochsen und Büffel, Dickhäuter und Wildkatzen strichen durch das Gehölz. Lange blickte der Ritter nach einem menschlichen Wesen aus – da zeigte sich das sonderbarste, das ihm je vor Augen gekommen war: An Hautfarbe glich es einem Mohren, sein Haupthaar sträubte sich empor wie der Stachelwald eines Igels, und aus dem Mund ragten Zähne, so mächtig wie die Hauer eines Ebers.

Kalogreant rief das unheimliche Geschöpf an: »Wer bist du, seltsamer Waldmensch?«

»Der Meister dieser Tiere«, gab der andere zur Antwort. Seine Stimme klang sanfter, als nach seinem Aussehen zu erwarten war. »Ich pflege und füttere sie. Vor mir sind sie zahm wie die Hündlein. Aber Euch warne ich, ihnen gegenüberzutreten, denn Euch würden sie in Stücke zerreißen.«

»Meinen Dank für den Rat«, lächelte der Ritter zurück.

»Was willst du hier in meinem Reich, Fremder?« fuhr der Waldmensch fort.

»Ich bin ein Ritter und suche Abenteuer«, gab Kalogreant zur Antwort.

»Da kann ich Euch ein Abenteuer nennen, das seltsamste, das es gibt: Nicht weit von hier liegt im Schatten einer Linde ein Brunnen mit einem steinernen Trog daneben, und am Stamm des Baums hängt ein kupferner Kessel. Schöpft mit diesem Kupferkessel Wasser aus dem Brunnen und gießt es in den Trog...«

»Und was weiter?«

»Nichts weiter. Die Folgen werdet Ihr dann sehen und werdet erkennen, daß guter Rat teuer ist.« Damit machte sich der Waldmensch davon.

Ritter Kalogreant folgte der Weisung und fand nach kurzem Ritt den Brunnen wie auch die angegebenen Umstände. Er nahm den Kessel vom Baumstamm, füllte ihn aus dem Brunnen und goß das Wasser in das Becken.

Da begab sich Entsetzliches: Die Sonne verlor ihren Glanz, das Vogelgezwitscher in den Zweigen verstummte, der Himmel ringsum bezog sich mit düsteren Wolken, Blitze zuckten, Donner krachte, als wäre das Weltgericht angebrochen. Schweres Unwetter mit peitschendem Hagelregen tobte, daß die Äste der Bäume abbrachen und der ganze Wald sich entlaubte. Es warf den Ritter zu Boden, daß er glaubte, sein letztes Stündlein sei gekommen. Sein Überleben verdankte er seinem stählernen Panzer, der zerbeult war, als hätte man mit Steinschleudern auf ihn geschossen. Als Kalogreant sich vom Boden erhob, sah er einen fremden Ritter heransprengen. Der zügelte sein Roß vor ihm und schrie ihn an: »Meinen Wald habt Ihr vernichtet, meine Tiere getötet. Dafür soll Euch die gebührende Strafe treffen!«

Vergeblich suchte der Artusritter zu erklären, daß er ohne seine Absicht das Unwetter ausgelöst hatte; er möge lieber dem Waldmenschen verbieten, Unwissende zum Brunnen zu schicken. Doch Kalogreant kam nicht zu Wort, denn der Unbekannte hatte in seinem Zorn bereits die Lanze eingelegt. Er war als Kämpfer weit überlegen und stach den Artusritter bereits beim ersten Anreiten aus dem Sattel. Doch ohne ihm weiteren Schaden anzutun, wandte der Reiter das Schlachtroß und entschwand. Dem Besiegten blieb nichts übrig, als sich zu erheben. Nach dieser Niederlage gelüstete ihn vorerst nicht nach weiteren Abenteuern. Er entschloß sich, zum Artushof und zur Tafelrunde zurückzukehren.

Dort nahm man ihn freundlich auf: »Das freimütige Geständnis Eurer Niederlage ehrt Euch«, sagte der König. »Die Wahrheit schändet nie.«

Doch der Truchseß Keye, stets zum Spott aufgelegt, stichelte: »Unser Freund ist sehr schlau, denn ich meine, er hat die Schuld auf uns abgewälzt. Wer von uns wollte ihm noch das gescheiterte Abenteuer zum Vorwurf machen, wenn selbst unsere hochberühmte Tafelrunde nun nicht wagt, den Strauß nochmal zu versuchen?« Der Spott war klug gesetzt, denn der König selbst zeigte sich angegriffen.

»Wer sagt Euch das?« rief er gereizt. »Ich selber werde mit meinem ganzen Gefolge das Wunder im Wald von Breziljan prüfen. Rüstet euch, Gawan und Keye, auf, ihr Edlen alle, rüstet euch zur Abenteuerreise! In zwei Wochen brechen wir auf!«

Die Ritter jubelten. Nur einer unter ihnen, der junge Ywain, war unzufrieden.

»Der König hat nur Gawan und den Truchseß genannt«, sagte er bei sich selbst, »die beiden bevorzugt er, und auch ihnen wird jeder neue Ruhm zufallen.« Ywain war entschlossen, ihnen zuvorzukommen. Niemand sollte von seinem Plan wissen. In wenigen Tagen, bevor der König mit seinem Gefolge überhaupt aufgebrochen wäre, würde er das Abenteuer bestanden haben.

Ywain verweilte nicht und ritt bereits am nächsten Morgen aus der Burg. In scharfem Ritt erreichte er bald den gefährlichen Wald.

Dort verhielt sich alles genau, wie Kalogreant es geschildert hatte: Er begegnete dem Waldmenschen, wurde von diesem zum Brunnen gewiesen und entfesselte wie sein Vorgänger das fürchterliche Unwetter. Wieder kam der Ritter, der sich als Herr des Brunnens bezeichnete, angesprengt, um den Eindringling zu bestrafen. Doch der junge Artusritter erwies sich kampfstärker als sein Waffenbruder. Mit seinem Schlachtschwert traf er den Gegner auf den Helm, daß dieser nur die Flucht ergreifen konnte. Mit klaffender Wunde floh er, von Ywain schwer bedrängt, auf sein nahes Schloß. Unmittelbar an der Zugbrücke erreichte dieser seinen Gegner und holte zu einem vernichtenden Schwertstreich aus. Doch in diesem Augenblick wurde das Fallgitter ausgelöst. Krachend fuhr das schwere Eisen nieder und trennte die Kruppe von Ywains Streitroß ab; er selbst blieb unverletzt. Während der flüchtende Burgherr mit letzter Kraft in den Hof hetzte, ging ein zweites Fallgitter vor dem Verfolger nieder; Ywain saß nun eingesperrt wie in einem engen Käfig. Vergeblich rüttelte er an den Gitterstäben.

Wie staunte er, als sich da plötzlich ein Burgfräulein zeigte. Sie wandte sich ihm voller Mitleid zu und beklagte sein Schicksal: Er sei dem Tod verfallen.

»Ihr habt unsern Herrn, den König von Ascalon, erschlagen. Seine Gemahlin weiß sich keinen Trost und will Euren Tod. Doch das Wappenzeichen des Königs Artus, das ich auf Eurem Schild gesehen habe, veranlaßt mich dazu, Euch zu helfen. Ich gebe Euch hier einen Ring, der den Zauber besitzt, Euch unsichtbar zu machen, Ihr werdet ihn bald benötigen. Nur eine Bedingung stelle ich: Verratet niemandem, daß Ihr ihn von dem Edelfräulein Lunete erhalten habt!« Schon war sie verschwunden.

Bald darauf gab es große Unruhe vor dem Fallgitter. Der Burgherr wurde zu Grabe getragen. In stummem Schmerz schritt das Trauergeleit vorüber. Angeführt wurde es von einer schönen Frau, es war die Witwe des Toten – Ywain meinte, noch nie solcher Schönheit begegnet zu sein. Seine Sinne waren so eingenommen, daß er völlig vergaß, in welcher hoffnungslosen Lage er sich befand.

Da wurde er aufgeschreckt. Es erschienen einige Burgknechte, bewaffnet mit mannslangen Spießen. Sie traten an den Torbogen und stießen in die Gitterstäbe hinein. In seiner Bedrängnis konnte Ywain noch schnell an seinem Zau-

berring drehen, um sich unsichtbar zu machen. So stocher-
ten die Knechte ins Leere, und der Ritter konnte ihrem Stoßen durch wildes Tanzen ausweichen. Das dauerte eine
ganze Weile, bis die Männer meinten, ihre Aufgabe erfüllt
zu haben.

Völlig erschöpft sank Ywain in unruhigen Schlaf. Doch
es waren wunderschöne Träume, die ihn aufsuchten – er
träumte von der herrlich schönen Königin von Ascalon. Als
sich Lunete am Morgen vor das Gitter wagte, fand sie den
Eingesperrten in heiterer Stimmung.

»Mein Herz ist in Minne verstrickt«, erklärte er strahlend; »meine Erkorene ist die wunderschöne Frau, die ge-
stern hier vorüberschritt.«

Lunete blickte ihn erschrocken an: »Diese Liebe ist hoff-
nungslos, Herr Ritter! Meine Herrin denkt voller Haß an
Euch! Wie sollte es wohl anders sein dem Mörder ihres
Gatten gegenüber?«

Er blickte das Edelfräulein entschlossen an: »Ich bitte
dich nur um diesen einen Dienst, Lunete: Sag deiner Herrin, sie möge meinen Tod befehlen! Und berichte ihr als
meine Botschaft, daß in zwei Wochen Männer im Wald erscheinen werden, die das Geheimnis ergründen wollen; es
sind König Artus und seine Ritter. Mein Rat gilt der Königin, ihre besten Kämpfer aufzubieten, denn die berühmte
Tafelrunde stellt streitbare Ritter.«

Lunete vernahm das alles mit tiefem Erschrecken. Sie be-
wunderte den ritterlichen Ywain und war entschlossen, die
Königin mit ihm zu versöhnen.

Ihren Plan verstand sie geschickt zu betreiben. Sie wußte
die Person des Ritters Ywain so wirksam zu rühmen, daß
die Königin unvermerkt von ihrem Haß abließ und mit Gefallen dem Bericht zu folgen bereit war. Und als sie begann,

echte Neigung zu zeigen, legte das Fräulein ihr listig dar, daß König Artus mit seinem Gefolge nahe, und machte deutlich, daß sie zu ihrem Schutz einen starken Ritterarm benötige. Die Königin gab ihr recht und mußte zugeben, über solchen Helfer nicht zu verfügen.

Nun hatte das pfiffige Edelfräulein Frau Laudine, wohin sie sie lenken wollte.

»Ich empfehle Euch, Herrin, den Helden, der hinter dem Gitter des Torbogens festgehalten wird, Euch vor Augen kommen zu lassen ... Ich bin bereit, ihn zu Euch zu führen!«

In Begleitung der Knechte trat Lunete vor das Gitter, ließ es aufziehen und eröffnete dem Ritter ihren Auftrag. Als dieser dann vor der strahlenden Gestalt der Königin stand, ergriff ihn das Bild ihrer Erscheinung so überwältigend, daß er sich zum Tode bereit erklärte: »Der Tod aus Eurer Hand, Frau Königin, bedeutet für mich eine Liebkosung.«

Dieses Zeichen übermächtiger Liebe durchfuhr Königin Laudine wie ein Blitzschlag. Es entfachte auch in ihr die Flamme heller Leidenschaft. Der kniende Ritter fühlte sich unvermutet von zwei zarten Armen emporgezogen, er blickte in die Augen einer überglücklichen Frau, in deren Glanz er erkannte, daß seine Liebe erwidert wurde. Und dabei war noch kein Wort aus ihrem Mund gefallen.

Lunete, das Edelfräulein, hatte zwei Menschenherzen zusammengeführt. Wenige Tage darauf wurde Hochzeit gehalten. Von allen Burgen des Landes erschienen die Ritter und huldigten dem neuen König.

König Artus aber hatte sein Wort wahr gemacht und war zu dem neuen Abenteuer aufgebrochen; inzwischen war er bei dem Brunnen eingetroffen. Der stets spottende Keye, der Truchseß, blickte sich im Kreis der Artusritter um.

»Einer fehlt an unserer Tafelrunde«, sagte er, »Ritter Ywain ist ihr ferngeblieben; sicherlich will er dem armen Kalogreant die Schande seiner Niederlage erleichtern helfen.«

Gawan, Ywains Freund, fuhr auf: »Was wagt Ihr da zu sagen? Ich bin sicher, daß Ywain nicht mit uns ausgeritten ist, weil er vor einer kühnen Aufgabe steht.«

Der Truchseß ließ sich nicht beirren. »Wäre er mit uns zum Strauß angetreten, hätte er erleben können, was ein Sack empfindet, der zu Boden plumpst.«

Alle blickten auf den König. Er hatte selber Wasser aus dem Brunnen geschöpft und goß es in den Steintrog. Wieder wurde dadurch das Unwetter ausgelöst. Auch die kampferprobten Helden mußten sich gestehen, daß sie solches Abenteuer noch nie erlebt hatten. Alles verlief weiter, wie Kalogreant es berichtet hatte. Das Unwetter war kaum vorbei, da erschien ein Ritter angriffsbereit dahergesprengt.

Ritter Keye wandte sich an den König. »Gewährt mir die Ehre des ersten Gefechts«, bat er unerschrocken. König Artus gab seine Zustimmung, der Truchseß legte die Lanze ein und sprengte dem fremden Ritter entgegen. Durch dessen Visier blitzten zwei mutige Augen; zu erkennen war sein Gesicht nicht.

Krachend stießen die beiden Kämpfer zusammen, Speer gegen Schild. Dem Truchseß zersplitterte die Lanze, er stürzte polternd vom Streitroß. Der Gegner riß seinen Renner herum und hob den Augenschutz, um sich dem Besiegten zu zeigen. Da trat Gawan aber schon vor den Besiegten: »Das war wahrlich ein kurzer Zweikampf. Sicherlich, Herr Keye, seid Ihr absichtlich gestürzt, um zu ergründen, wie einem Sack zumute ist, wenn er zur Erde plumpst.«

Aber sein rächender Spott wurde übertönt von dem Jubel

der Ritter, denen sich der Sieger gezeigt hatte: Stürmische Heilrufe begrüßten Ywain. Mit Erstaunen vernahmen die Artusritter von seinem abenteuerlichen Schicksal. Mit Freuden nahmen sie seine Einladung auf die Burg von Ascalon an.

Dort empfing Frau Laudine die Gäste mit strahlendem Lächeln. Sie fühlte sich auf dem Gipfel des Glücks, nachdem ihr der herrliche Ritter zum Gatten geworden war und sie jetzt die berühmtesten Helden als ihre Gäste bei sich sehen durfte. Gawan wandte sich auch mit höflichen Dankesworten an Lunete: »Ich werde Euch immer Dank wissen für das, was Ihr für meinen Freund Ywain getan habt.«

Eine volle Woche weilten die Ritter auf der Burg zu Ascalon. Der neue Burgherr und seine liebreizende Gemahlin erwiesen ihnen alle Ehren und mühten sich, ihnen viele Annehmlichkeiten zu bereiten.

Doch dann nahm Gawan seinen Freund beiseite: »Das Schicksal hat Euch vor allen andern weit herausgehoben. Ein herrliches Weib habt Ihr und seid Herr über viel schönes Land. Aber hütet Euch davor, unter so viel Glück Eure Aufgabe zu vergessen, die heißt ritterliche Ehre und Kampfbereitschaft. Reizt es Euch nicht, hinauszuziehen in die lockende Welt, glanzvolle Turniere zu erleben, kühnen Speerkampf und wilde Abenteuer?«

Diese Mahnung fiel wie Feuer in Ywains Ritterseele ein. Er wollte nicht verliegen, wollte nach den ritterlichen Geboten in die Welt hinausziehen, Abenteuer bestehen, glanzvolle Turniere erleben, in ritterlichem Tjost die Waffen kreuzen und Bedrängten helfen.

So stimmte er dem Freund zu: »Gawan«, sagte er, »ich ziehe an Eurer Seite mit in die Welt hinaus.«

Es wurde ihm eine schwere Aufgabe, der liebenden

Gattin zu eröffnen, daß die Tage des Minneglücks zu Ende gehen müßten.

»Laudine«, sagte er, »ich werde übers Jahr wieder bei dir sein.«

Die junge Frau zeigte Verständnis wie die rechte Gattin eines Ritters. »So werde ich dich zu der nächsten Sommersonnenwende umarmen dürfen, mein Gemahl.« Als teures Erinnerungszeichen steckte sie ihm einen goldenen Ring an den Finger.

Doch es sollte eine lange Zeit der Trennung werden. Gemeinsam zogen die beiden in die Fremde. Gawan wußte, wo Turniere stattfanden, und zeigte sich freundschaftlich, denn er förderte den Ruhm des Jüngeren. Immer ließ er Ywain den Vortritt, immer gewann dieser. »Mein eigenes Ansehen ist vollendet«, wies er den Freund zurück, der Einspruch erhob, »das Eure muß noch wachsen.«

Doch über diesen glanzvollen Ritterspielen, über eitlen Nichtigkeiten vergaß Herr Ywain seine eigentliche Ritteraufgabe. Es waren nicht wahrhaft ritterliche Taten, sondern spielerische Feste, Ritterschauen, in denen er Befriedigung fand, weil er der Mittelpunkt dieser Feste war.

Die Sommersonnenwende war verstrichen, ohne daß Herr Ywain an sein Versprechen dachte, schon schrieb man den Sommerausgang im Kalender, ohne daß er an die zugesagte Heimkehr dachte.

Ein neues Fest stand bevor: König Artus selber hatte seine Freunde zur Lustbarkeit eingeladen. Sie fand vor seiner Burg Karidol statt. Dort auf freiem Feld waren festliche Zelte errichtet, zwischen denen sich fröhliche Gäste ergingen. Gawan und Ywain ritten in den Kreis und wurden mit Jubel begrüßt. Jeder wollte den herrlichen Helden die Hand reichen.

Für Ywain war ein Prunkzelt errichtet. Dort saß er an der
Seite des Königs, der seinen Ehrengast aufgesucht hatte,
und berichtete von seiner Ritterfahrt. Da plötzlich wurde
der Vorhang des Zeltes beiseite geschlagen, in der Öffnung
stand Lunete, die Ehrenjungfrau der Königin Laudine. In
flammendem Zorn schritt sie auf Ywain zu, hoch aufgerich-
tet stand sie vor ihm und riß ihm den Ring vom Finger.

»Im Namen meiner königlichen Herrin, du Wortbrüchi-
ger!« stieß sie aus. Ringsum wurden Entsetzensschreie laut.

Ywain hatte die entehrenden Worte ohne Widerspruch
hingenommen. Tief gedemütigt, gebrochen, wankte er aus
dem Zelt. Sein Gewissen hatte ihn wild gepackt. »Nur
fort«, drängte es ihn, »fort aus dem Angesicht der Menschen, damit ich allein bin mit meiner Schande.« Sinnlose
Verwirrung des Geistes packte ihn – Ywain war nicht mehr
im Besitz seiner Verstandeskräfte. Er riß sich die Kleidung
vom Leib und stürzte aus dem festlichen Lager.

Viele Tage stürmte Ywain in seiner Geistesverwirrung
durch die Landschaft, das gesicherte Bewußtsein war von
ihm gewichen. Schließlich gelangte er in eine wüste Einöde.
Dort endlich machte er halt. Er verspürte nagenden Hunger, denn seit vielen Tagen hatte er keine Nahrung zu sich
genommen. Mit dem Dolch, der an seinem Gürtel stak,
fertigte er sich, endlich etwas zum Bewußtsein gekommen,
Pfeil und Bogen, fand einen verendeten Hirsch, aus dessen
Gelenk er die Sehne trennte. Er spannte damit den Bogen
und besaß nun eine Jagdwaffe, mit der er sich Nahrung be-
schaffen konnte. So gelang es ihm, manches Wildbret zu
erlegen. Er verspeiste es roh wie ein Wilder, so tief war der
Ritter gesunken.

Nur langsam wich die Verzweiflung von ihm, doch
Ywain war ein anderer geworden. Unstet irrte er umher.

Als die Mittagssonne am Himmel stand, sah er eine einsame
Hütte in einer Rodung. Als Bettler pochte er an die Pforte
und bat um ein Stück Brot. Es vergingen Monate, während
derer sich Ywain dort aufhielt und alltäglich um Brot bet-
telte.

Immer mehr verkam der einst so herrliche Mann. Von
Schmutz bedeckt, glich sein Gesicht dem eines Mohren, die
einst so strahlend hellen Augen hatten allen Glanz verloren,
dem Siedler in der Waldhütte grauste vor dem Verwahr-
losten, daß er ihn von seiner Schwelle verjagte. Wieder irrte
der Ärmste durch das Land. Als Ywain einst eine Landstraße überquerte, überfiel ihn die Müdigkeit, daß er zusammenbrach und im Staub der Straße einschlief.

Da geschah es, daß drei Edelfrauen des Weges geritten
kamen. Die stutzten vor dem männlichen Körper im
Schmutz der Straße und stiegen vom Pferd, um dem ver-
kommenen Mann zu helfen. Die eine von ihnen erkannte
ihn.

»Es ist nicht ein Bettler oder Pilgersmann«, erklärte sie,
»den wir vor uns haben. Denkt euch nur, es ist der Ritter
Ywain, ich erkenne ihn an einer Narbe im Gesicht!«

Die zweite der Damen war nicht weniger betroffen:
»Und ich erkenne seinen beklagenswerten Zustand; er
scheint mir seiner Sinne beraubt und außerhalb seiner Ver-
standeskraft.«

Und wieder die erste: »Ich besitze eine heilende Wunder-
salbe. Trägt man sie dem Wahnsinnigen auf die Stirn auf,
wird er augenblicklich geheilt und verstandesklar.«

Sogleich waren die drei sich einig, dieses Wundermittel
anzuwenden. Sie hatten nämlich einen besonderen Gedanken dabei: Ihre Herrin, die Edelfrau Narigon, die ohne
männlichen Schutz war, hatte unter dem Übermut ihres

frechen Nachbarn, des Grafen Aiers, zu leiden. Nun faßten sie Hoffnung, der einst so berühmte Ywain könne hier Abhilfe schaffen.

Tatsächlich erfüllte sich das Wunder, als die Damen die Salbe angewendet hatten. Ywain erwachte aus seinem Schlaf, richtete sich auf und blickte verwundert um sich. »Bin ich denn Ywain, der ruhmbekränzte Ritter, oder nicht? Wie lange habe ich im Schlaf gelegen – und welchen Anblick biete ich?«

Da traten die drei Damen, die sich versteckt gehalten hatten, hervor.

»Ihr habt Euch nicht geirrt, Ritter«, rief die erste, »Ihr seid geheilt und habt zu Eurem Ritterdasein zurückgefunden.«

Die zweite wies auf die Kleidung, die sie ausgebreitet hatten: »Zieht doch die Gewänder an, die wir Euch mitgebracht haben, und kommt mit uns auf das Schloß unserer Herrin hier in der Nähe! Ihr bedürft der Pflege, und wir wollen Euch zur Gesundung zurückführen.«

So geschah es. Bei kräftigender Speise und stärkenden Bädern stand Ywain bald wieder da als der kühne Ritter, der unbesiegbare Kämpfer.

Die Zeit drängte auch, daß der Burgfrau Hilfe wurde, denn der zudringliche Nachbar stand bereits vor den Mauern und setzte zur Belagerung an. Die Abwehr der Mannen der Burgherrin war nur schwächlich.

Da trat der neue Gast der Burg den Reihen der Feinde, die bereits den Sieg vor Augen sahen, gegenüber. Die Speere zerspellten unter seinen Hieben, sein Schwert brach blutige Gassen in die Reihen. Die Eindringlinge mußten weichen und wurden bis an den nahen Fluß zurückgedrängt. Doch bevor sie sich dort sammeln konnten, stieß Ywain nach und trieb sie in die Fluten hinein. Graf Aiers selbst fand inmitten seines flüchtenden Haufens den Tod.

Nun stand Ywain in neuem Ruhmesglanz da, die Kunde seiner Heldentat flog über das Land. Frau Narigon bat ihn zu bleiben. Im tiefen Herzen hoffte sie, die Gattin des Helden zu werden. Doch ihn drängte es, wieder hinauszuziehen zu kühnen Taten. Dabei mied er die Straßen, die zu König Artus' Hof führten.

Als er im wilden Gebirge auf einsamem Pfad fürbaß ritt, vernahm er aus einer wilden Schlucht ein schauerliches Brüllen. Vom Rand des Abgrunds blickte er in die Tiefe und sah, wie dort unten ein Löwe in verzweifeltem Kampf mit einem Lindwurm verbissen war. Das Drachenungeheuer, das aus den Nüstern Feuer schnob, hielt seinen Gegner so fest umschlungen, daß dieser nurmehr ein winselndes Röcheln von sich gab. Ywain gelüstete es, dem edlen König der Tiere zu Hilfe zu kommen, doch ihn durchfuhr der Gedanke, der Löwe werde die Rettung mit Undank erwidern und den Menschen als seinen Feind umbringen.

Doch die ritterliche Pflicht, dem Unterlegenen beizustehen, gab den Ausschlag. Schon war er vom Pferd und sprang mit gewaltigen Sätzen den Hang hinunter. Der Lindwurm wandte sich von seinem Opfer ab und ging wütend auf den neuen Feind los. Doch der Held zauderte nicht und stieß ihm das Schwert bis zum Heft in den Leib. Aufbrüllend sank der Drache in sich zusammen, atmete zum letzten Mal seinen giftigen Feueratem aus und wälzte sich verendend auf die Seite.

Und der Löwe? Würde er nun seinen Retter als leichte Beute zerreißen? Er duckte sich vor Ywain nieder und sah dankbar, mit treuem Hundeblick, zu ihm empor. Und als sich der Held eilig von dem Tatort entfernen wollte und den

Abhang hinaufstieg, folgte ihm das Raubtier auf den Fersen.

Als Ywain oben angekommen war, sein Streitroß bestieg und davontrabte, hielt sich der Löwe leicht an seiner Seite. Im Wald schließlich verschwand er zwischen den Bäumen und schien nun seine eigenen Wege zu gehen. Doch er stellte sich wieder ein; im Maul trug er ein Reh, das er seinem Retter zu Füßen legte. Ywain konnte sich nicht genug wundern. Er entfachte ein Feuer und ließ das Fleisch braten. So köstlich mundete es ihm und ihm zur Seite seinem Jäger, der an dem Genuß teilhatte. Als Ywain sich am Abend unter einem Baum zur Ruhe legte, lagerte sich der Löwe als Wächter davor und behütete den Schlaf seines Herrn.

Von dieser Zeit an war das königliche Tier unzertrennlich mit dem Ritter. Ywain trug seither den Beinamen »der Löwenritter«.

Schon längere Zeit war das seltsame Paar durch die Lande gezogen, als sich Ywain eines Tages unerwartet dem Zauberbrunnen gegenüber sah, bei dem sein Lebensschicksal mit Glück und Leid die Wende genommen hatte.

Es war die Stelle, an der er damals das Wasser in das Becken gegossen und damit die schicksalsschweren Ereignisse ausgelöst hatte. Die Erinnerung an diese Erlebnisse trieb ihm das Blut so stark zum Herzen, daß er ohne Bewußtsein vom Roß sank. Bei dem Sturz geschah es, daß er sich das Schwert in den Körper stieß. Das Blut strömte dem Ohnmächtigen aus der Wunde. Doch der treue Löwe war sogleich zur Stelle und leckte es weg, und so lange setzte er sein hilfreiches Tun fort, bis es zu strömen aufhörte. Mit seinen Tatzen liebkoste der Löwe seinen Herrn, daß dieser bald das Bewußtsein zurückerlangte und die Augen öffnete.

Er stöhnte auf: »Hier befinde ich mich im Reich meiner Gattin und bin doch nur ein fahrender Ritter ohne Land. Warum darf ich nicht heimreiten in meine Burg? Es ist mir versagt, meine Liebste in die Arme zu nehmen, denn noch habe ich meine schwere Schuld nicht getilgt!«

Noch war seine Klage nicht verklungen, da vernahm er ein wundersames Echo: »Zeiget nicht zu viel Selbstmitleid, Herr Ritter, denn das Schicksal, das mich geschlagen hat, ist noch viel härter.« Die Stimme kam aus einer nahen Waldkapelle.

Ywain eilte hinüber, doch vergeblich rüttelte er an dem Tor; es war verschlossen. Da rief er durch das Gitterfenster: »Wer spricht denn hier?«

Sogleich erscholl eine Antwort: »Eine Jungfrau sitzt hier gefangen, die morgen auf den Flammen des Scheiterhaufens sterben wird.«

Ywain war entsetzt. »Erklärt mir doch Euer Verbrechen, für das Ihr solche Strafe erleiden müßt«, rief er.

»Ich habe schwere Schuld auf mich geladen, denn ich vermittelte meiner Herrin einen Gatten, der ihr treulos geworden ist. Sie hat mir verziehen, doch ihr Truchseß und seine beiden Brüder haben durch ihre Verleumdungen das harte Urteil gegen mich erwirkt; sie neiden mir die Gunst meiner gütigen Herrin.«

Da wußte Ywain, wen er vor sich hatte. »Lunete, du bist es!« schrie er auf. »Was kann ich tun zu deiner Rettung? Sag es mir sogleich!«

»Nur wenn sich zwei Helden bereit erklären, für mich zum Kampf gegen meine Ankläger anzutreten, könnte ich dem Flammentod entgehen, hat der gestrenge Richter bestimmt.« Ein langer Seufzer folgte der Erklärung.

»So darfst du wissen, Lunete, daß Ywain hier vor dem

Tor steht. Ich werde dich jetzt entgelten lassen, was du einst Gutes für mich getan hast.«

Lunete stieß einen Freudenschrei aus. »Ein Wunder ist geschehen. Doch ich muß fürchten, daß Ihr allein seid, zwei Kämpfer müssen sich stellen ...«

»Seid ohne Sorge, Lunete, ich habe einen Freund mir zur Seite. Wir werden dir morgen in deiner Not beistehen, Ywain und sein Löwe.«

Er dachte, sich auf der nahen Burg ein Nachtlager zu erbitten.

Dabei hätte sich beinahe ein Abenteuer ergeben, das ihn von neuem treulos gemacht hätte. Der Burgherr nämlich befand sich in schwerer Notlage. Der Riese Harpin hatte ihm seine sechs Söhne entführt und wollte sie nur im Tausch gegen des Ritters liebliches Töchterlein freigeben. Am nächsten Morgen wollte er vor der Burg erscheinen und seine Forderung erfüllt sehen. Und der nächste Morgen, das war der Zeitpunkt, da Ywain für Lunete streiten sollte!

Doch der Held zauderte nicht einen Augenblick: Er versprach dem gebeugten Vater seine Hilfe und war entschlossen, die Befreiungstat so schnell zu vollenden, daß er noch rechtzeitig bei der Kapelle eintreffen werde.

Bereits vor Sonnenaufgang stand der Löwenritter vor der Ritterburg und sah dem Zweikampf mit dem Riesen entgegen. Doch der Unhold zeigte sich nicht, und Ywain mußte fürchten, sein Versprechen der Jungfrau gegenüber nicht einzuhalten. »Laßt mich nicht im Stich«, jammerte der Burgherr verzweifelt, »rettet meine Söhne!«

»Ich habe mein Wort verpfändet«, versetzte der Ritter hart, »und um kein Gut der Welt ist es mir feil.« Schon wollte er seinem Streitroß die Sporen geben.

»Vielleicht habt Ihr Mitleid mit dem Neffen Eures

Freundes«, versuchte der Burgherr von neuem, ihn zu gewinnen. »Ihr dürft wissen, daß die Mutter meiner Söhne die Schwester Eures Freundes Gawan ist.«

Der Löwenritter zauderte. »Herr Ritter«, seufzte er, »in welchen Zwiespalt bringt Ihr mich. In der Kapelle wartet auf mich eine Jungfrau, die unschuldig verurteilt ist. Hier ist es die Verwandtschaft meines Waffengefährten, die auf Rettung hofft. Gut denn, ich werde noch eine Weile warten.«

Stunde auf Stunde verrann. Wie aus Erz gegossen saß der Löwenritter auf seinem Roß; die Brust wollte ihm schier zerspringen. Wie sollte er sich vor Lunete rechtfertigen?

Da endlich löste sich die Spannung. Der Riese kam daher, eine ungeschlachte Erscheinung, bewaffnet mit einer riesigen Eisenstange. In seinem Gefolge waren sechs Jünglinge, zierlich und fein; sie saßen auf ärmlichen Kleppern. Die Schwänze der Gäule waren zusammengebunden, so daß keiner der Reiter ausscheren konnte. Ein mißgestalter Zwerg schwang seine Peitsche über den Häuptern der Gefangenen.

Schon aus der Ferne brüllte der Riese: »Wenn man mir jetzt nicht sogleich das Ritterfräulein übergeben wird, knöpfe ich die sechs Knäblein an den nächsten Baum!«

Ywain dachte nicht daran, sich in einen Redekampf einzulassen. Mit banger Sorge dachte er an Lunetes Not. In vollem Galopp sprengte er auf den Unhold zu. Der meinte noch, ihm ein Spottwort entgegenrufen zu können, da hatte ihm der Löwenritter schon mit solcher Wucht die Lanze in den Wanst gerammt, daß die Spitze in der Wunde abbrach. Unbeugsam schwang der Unhold seine riesige Eisenstange und ließ sie auf Ywains Helm niedersausen, daß ihm die Sinne vergehen wollten und sein Kopf auf den Hals des

Pferdes niedersank. Schon ließ der Riese sein Siegesgebrüll erschallen und holte zu neuem Schlag aus.

Mit bedrohlichem Knurren waren die Augen des Löwen dem Verlauf des Kampfes gefolgt. Zornig peitschte jetzt sein Schwanz den Erdboden, mit einem gewaltigen Satz sprang er den Unhold an und schlug ihn. Bereits schwer getroffen von Ywains Lanzenstoß, schwand ihm jetzt der Atem. Als Ritter Ywain zur Besinnung zurückfand, war die Arbeit bereits getan.

Der Burgherr überbot sich in Dankesworten. Die jungen Menschen dankten ihrem Retter mit Jubelrufen, doch Ywain drängte zum Aufbruch. »Fragt Euch jemand, wer Euch befreit hat«, gebot er allen, »so nennt keinen Namen. Niemand soll wissen, wer der Löwenritter ist.« Damit sprengte er davon; in riesigen Sprüngen folgte ihm das Wüstentier.

Tatsächlich war inzwischen allerhöchste Eile geboten. Die Henkersknechte hatten den Riegel der Kapellentür geöffnet und die bedauernswerte Jungfrau auf die Hinrichtungsstätte am Brunnen geschleift; dicht gedrängt umsäumte die Menge von Mitleidigen und Neugierigen den errichteten Scheiterhaufen. Der verleumderische Truchseß und seine beiden Brüder traten sodann in die Mitte und wiederholten ihre falschen Beschuldigungen. Die Ritter zeigten an der Trefflichkeit der Aussagen keine Zweifel.

Ihr Urteil lautete auf Tod durchs Feuer, es sei sogleich zu vollstrecken. Mit rohen Händen zerrten die Henkersknechte Lunete auf den bereits errichteten Holzstoß und schnürten sie an den Todespfahl. Verzweifelt ließ die Jungfrau ihre Blicke umherirren. Würde ihr kein Retter erscheinen?

Die Knechte hatten mit den Fackeln den Scheiterhaufen

entzündet. Gierig fraßen sich die Flammen durch das leichte Holz zu den mächtigen Balken hindurch. Beißender Rauch begann, Lunete den Atem zu nehmen. Verzweifelt gab die Jungfrau alle Hoffnung auf. Schicksalsergeben schloß sie die Augen und erwartete den Tod...

In diesem letzten Augenblick durchbrach ein Reiter, gefolgt von einem Löwen, die gaffende Menge. Niemand erkannte den Retter.

Ywain wandte sich mit zornfunkelnden Augen an den Richter: »Zwei Retter sind zur Stelle, wie Eure Forderung lautet, und wollen für die Jungfrau Lunete kämpfen. Unterbrecht auf der Stelle den Vollzug der ungerechten Strafe!«

Der Richter war bleich geworden und wagte keinen Einwand. Auch das Gesicht des Truchseß wurde blaß, doch es geschah aus Wut. »Wo ist der zweite Kämpfer?« schrie er. »Ich erblicke nur einen Löwen!«

»Der Löwe ist mein Kampfgefährte«, gab Ywain mit überlegener Ruhe zurück.

»Es ist gegen die Ordnung«, schrie der andere. »Ich verlange, daß die Hexe verbrannt wird!«

Der Richter folgte dessen Aufforderung und ließ den Löwen an eine starke Kette legen. So ergab sich dann, daß der Löwenritter allein gegen drei Gegner stand: Es war ein höchst ungleiches Kämpfen. In geschlossener Reihe drängten die drei Brüder vor. Doch Ywains Waffen waren von unübertrefflicher Wehr; alle drei Lanzen der Gegner zerspellten an ihrer Härte. Jubelnder Beifall für den Einzelkämpfer durchgellte die Luft. Während man den Brüdern neue Speere reichte, ergriff Ywain die Gelegenheit und warf den Truchseß mit einem gewaltigen Lanzenstoß aus dem Sattel.

Schon kamen die beiden Brüder herangesprengt, doch

ihre Lanzen zerbrachen wiederum an der Härte von Ywains Schild. Jetzt folgte der Fußkampf der Ritter. Sie gingen mit den Schwertern aufeinander los, zwei gegen einen. Als dann gar der Truchseß wieder zu Kräften gekommen war und Ywain damit drei Gegner zu bestehen hatte, geriet er in allzu große Bedrängnis. Die drei Gegner trieben ihn im Ring umher. Für die Zuschauer, die mit ihrem Herzen auf Ywains Seite standen, war es nur eine Frage der Zeit, daß der fremde Ritter unterliegen mußte.

Der angekettete Löwe hatte die ganze Zeit mit wütendem Knurren an seiner Kette gezerrt. Jetzt, in der höchsten Not seines Herrn, sprengte er mit einem urgewaltigen Ruck die Kette, blickte sich im Stolzgefühl seiner Freiheit kurz um und schoß mit Gebrüll auf die Gruppe der kämpfenden Männer zu. Er sprang den Truchseß an und durchbiß ihm jäh das Genick. Während dieser böse Mensch tot in sich zusammenbrach, sprang der Wüstenkönig den nächsten der Brüder an, doch dieser kam dem Ansturm zuvor und ließ den Löwen in das vorgehaltene Schwert rennen. Ywain kam dem Freund schnell zu Hilfe, und nun gewannen die beiden die Überlegenheit. Schließlich brach das Brüderpaar hilflos in die Knie und bat um Gnade.

Die Menge ringsum klatschte den Siegern stürmischen Beifall. Niemand bemitleidete das arglistige Brüderpaar, als sich an ihnen das Schicksal nach gegebenem Recht erfüllte. Sie mußten auf den Scheiterhaufen steigen, wie das Gesetz es vorschrieb: Kann der Ankläger die Schuld des Angeklagten nicht beweisen, so erleidet er dieselbe Strafe, die er jenem zugedacht hat.

Inzwischen hatte Frau Laudine vernommen, daß ihre Jungfrau einen Retter gefunden habe. In strahlendem Glücksgefühl umhalste sie Lunete und wandte sich dann an den Sieger. Ywain hatte das Visier nicht geöffnet und schickte sich eben an, die Stätte seiner kühnen Rettungstat unerkannt zu verlassen. Laudine erkannte ihren Ehegatten nicht.

»Darf ich Euch einladen, mir auf meine Burg Ascalon zu folgen?« fragte sie den Fremdling mit holdem Lächeln. »Dort könnt Ihr Euch von dem schweren Kampf erholen und Eure Wunden pflegen.«

Der Gefragte schüttelte traurig den Kopf. Beim Anblick seiner liebreizenden Gattin wollte ihm das Herz brechen in seiner Seelenqual. Sein ganzes Unglück kam ihm zum Bewußtsein; sein Schicksal, vor der eigenen Gemahlin fliehen zu müssen.

»Mein Dank gilt Euch, Dame«, sagte er mit höfischer Verneigung. »Nicht am Leib bin ich verwundet, sondern in der Seele. Mich drückt schwere Schuld; sie zwingt mich, weiterzuziehen. Meinen Namen darf ich nicht nennen.«

Frau Laudine blickte dem geheimnisvollen Fremden nach. »Möge der tapfere Mann bald Erlösung von seinen Seelenqualen finden!«

So trennte man sich, Ywain ritt in schnellem Trab davon. Jetzt erst bemerkte er, daß der Löwe vom Blutverlust sehr geschwächt war; er vermochte dem Pferd kaum zu folgen. Da nahm ihn der Ritter zu sich auf den Pferderücken. In einer der Burgen am Wege fand er Obdach, und dort pflegte er seinen treuen Kampfgefährten gesund, dem er sein Leben verdankte.

Noch hatten die Leiden, die der Löwenritter zu bestehen hatte, nicht ihr Ende gefunden. Die schwerste Prüfung hielt ihm das Schicksal noch bereit: Er mußte gegen den eigenen Freund kämpfen.

Dies war die Vorgeschichte: Graf Schwarzdorn, der

gestorben war, hatte seinen beiden Töchtern all sein Gut hinterlassen. Die ältere der beiden wollte nicht mit der Schwester teilen, sie beanspruchte das ganze Erbe für sich allein. In dem heftigen Geschwisterstreit drohte die jüngere, sich einen starken Helfer zu suchen. »An König Artus' Hof lebt der Ritter Gawan, der gilt als Helfer von bedrängten Frauen. Bei ihm werde ich Unterstützung finden.«

Die ältere Schwester beschloß, der anderen zuvorzukommen. Heimlich reiste sie an den Artushof und suchte den Ritter Gawan auf. Mit ihrem Lügengespinst gewann sie den hilfsbereiten Helden für ihre Sache. Gawan zeigte sich bereit, ihr zu ihrem angeblichen Recht zu verhelfen.

Die jüngere Schwester, die dann in Karidol, wo König Artus' Hof hielt, erschien, mußte erfahren, Gawan sei bereits ausgeritten, um der Tochter des verstorbenen Grafen von Schwarzdorn zu ihrem Recht zu verhelfen. So hatte sich das junge Edelfräulein überlisten lassen.

In ihrer Bedrängnis wandte sie sich an König Artus selber, und der gütige König wies ihr einen Ausweg: »Wenn dir jemand in deiner Not helfen kann und es wagen wird, dem starken Gawan im Zweikampf gegenüberzutreten, so ist es der Ritter Ywain; man nennt ihn den Löwenritter. Doch ich weiß nicht zu sagen, wo er sich aufhält, seit er ausgeritten ist.«

Mit einem Hoffnungsschimmer machte sich die Schwester auf die Suche. Wo sollte diese Suche ansetzen? Sie sandte einen Knecht auf die Burg Ascalon, doch als der Bote vor die Burgherrin trat und den Namen Ywain nannte, wurde er schroff abgewiesen.

»Sprich mir nicht von diesem Mann«, fuhr ihn die Dame hart an und ließ den Boten von der Burg weisen.

Da kam dem Edelfräulein ein Zufall zu Hilfe. Sie war zu

dem Zauberbrunnen des Breziljan-Waldes gelangt und traf dort Lunete, die vom Aufenthalt des Löwenritters wußte. Lunete wies das Edelfräulein auf das nahe Schloß, in dem Ywain mit seinem Löwen Unterkunft gefunden hatte.

Als sie den Artusritter dort antraf und um seine Hilfe bat, blickte er fragend auf den Löwen. Doch der war wieder geheilt. Da zögerte Ywain nicht, seiner Ritterpflicht zu entsprechen. Ebenso wie Gawan kannte er den Namen seines Gegners nicht. Der Löwenritter brach sogleich auf, denn die Zeit drängte sehr, die Frist für die Gültigkeit des Erbes würde in den nächsten Tagen ablaufen.

Auf dem Turnierplatz vor dem Schloß des Grafen Schwarzdorn trafen die beiden Gegner – beide unerkannt – zum Tjost aufeinander. Nach den strengen Regeln durfte der treue Löwe jedoch nicht dabei sein. Zahlreiche Zuschauer, ältere Männer und Frauen, hatten sich auf dem Plan eingefunden. Atemlos folgten ihre Augen dem Kampfgeschehen, denn niemand hatte je solchen Zweikampf erlebt. Mit aller Wucht fielen die Schwertstreiche, doch mit gleicher Fertigkeit wurden sie abgewehrt.

Viele Stunden lang währte bereits der Streit, als die Sonne zur Mittagshöhe stieg. Noch stand der Waffengang unentschieden. Da vereinbarten sie in ritterlicher Übereinkunft eine Waffenruhe. Doch bald erhob sich der Tjost von neuem, und beide führten die Waffen mit einer Wucht, als hätten sie erst soeben den Kampfplatz betreten.

Als mit sinkender Sonne immer noch keine Entscheidung anstand, mußte die Menge der Zuschauer fürchten, daß der harte Zweikampf schließlich noch ein Todesopfer fordern würde; beide Kämpfer hatten ihre Zuneigung gefunden, und gern hätten sie dem Ringen ein Ende gemacht. Sie drängten die ältere Schwester, die Auseinandersetzung ehrenvoll mit einem Unentschieden ausgehen zu lassen, doch die Dame zeigte sich in ihrer Haltung nicht zu einem Vergleich bereit; sie wollte das gesamte Erbe für sich.

»Ich bin mit einem Vergleich einverstanden«, rief die jüngere Schwester sogleich. So eingenommen war sie von dem herrlichen Ritter, der für ihre Sache eintrat, daß ihr alles daran gelegen war, sein Leben zu erhalten.

Doch der Löwenritter schüttelte den Kopf. »Ein Tjost, der einmal begonnen ist, muß bis zum bitteren Ende durchgestanden werden.«

Aber der Abend senkte sich herab, noch war kein Ende abzusehen. Da entschlossen sich die unermüdlichen Streiter, den Zweikampf zu unterbrechen, um ihn am anderen Morgen fortzusetzen.

Ohne Arg erwies jeder seinem Gegner die ritterliche Ehre. Dabei lüftete Gawan als Zeichen seiner Achtung nun endlich sein Visier und nannte seinen Namen.

Ywain wußte sich vor Freude nicht zu fassen. »Ich, Euer Gegner, bin Ywain, bin Euer Freund!« rief er.

»Also Ihr seid der geheimnisvolle Held?« rief Gawan jubelnd: »Mein tapferer Freund Ywain ist der Löwenritter? Laßt Euch umarmen, teurer Freund!«

So hatten sich die beiden strahlenden Gestalten von Artus' glänzendem Hof hier auf so wundersame Weise wiedergefunden! Und der Erbstreit der beiden Schwestern? Gawan mußte erkennen, daß die ältere ihn mit ihren falschen Aussagen überlistet hatte, und er drohte ihr: »Willigt Ihr nicht ein, so werde ich mich für besiegt erklären, und Ihr geht des gesamten Erbes verlustig!«

So erhielt die jüngere Schwester in dem Erbstreit, was ihr an Erbteil nach Testament und Gesetz zustand, und zwei Freunde hatten sich dabei wiedergefunden.

Die Kunde von dem schweren Ritterkampf flog durch die Lande. König Artus entbot den beiden Gruß und Einladung, sogleich an seinen Hof zurückzukehren. Mit großen Ehren wurden sie dort empfangen.

Nicht lange aber hielt es den Löwenritter dort in Karidol. Seine Sehnsucht trieb ihn unwiderstehlich in die Nähe von Laudine, um eine Versöhnung mit ihr zu erreichen. In aller Heimlichkeit verließ er mit seinen Gefährten den Königspalast und ritt geradenwegs in den Wald von Breziljan zu dem Zauberbrunnen, der für ihn so schicksalhaft geworden war.

»Tu noch einmal«, gebot ihm da eine innere Stimme, »wiederhole jetzt, was du damals vollbracht hast, als du Laudines Liebe erobert hast – beginn dein Leben gleichsam von neuem, um damit die Irrwege auszulöschen, die du seither gegangen bist.«

Das bedeutete für den Ritter das erlösende Wort. Entschlossen ergriff er den Kupferkessel und goß das geschöpfte Wasser in den steinernen Trog. Wieder brach das Unwetter los, und wieder wie einst gab Lunete ihrer Herrin, der Königin von Ascalon den Rat, bei Ywain Hilfe zu suchen.

»Dem Löwenritter?«

»Ja, er oder keiner kann Euch helfen. Ich werde ihn holen.« Die kluge Lunete wußte, wo sie ihn zu suchen hatte. Sie eilte zum Brunnen und traf dort den Ritter mit dem Löwen richtig an. Keine Botschaft konnte ihm willkommener sein, als die Aufforderung, an den Königshof zu kommen. Würde Laudine nicht weiter zürnen, wenn sie in dem Löwenritter ihren treulosen Gatten erkannte?

Wieder wurde Lunete, die Kluge, Vermittlerin. Sie eilte zu ihrer Herrin zurück und meldete ihr: »Der geheimnisvolle Held ist nur dann bereit, vor dem Antlitz der Königin zu erscheinen, sofern diese verspricht, ihm die Neigung seiner Gattin wiederzuverschaffen, die ihm seit langem entfremdet ist.«

Lächelnd vernahm Laudine die Bedingung. »Wie soll ich wissen, ob es ein hartnäckiger Zwist ist, der den unbekannten Ritter von seiner Gemahlin trennt, doch sag ihm, ich werde versuchen, eine Versöhnung herbeizuführen.«

Noch am selben Tag stand Ywain vor seiner angetrauten Frau. Laudine wußte ihr Glück nicht zu fassen. In Lunetes zartgesponnenem Netz hatte sie sich sogleich eingefangen. Wie selig war sie, selbst die Frau zu sein, deren Gunst und Liebe sie dem Gatten erringen sollte!

Die Reue des Raubritters

In einer festen Burg am Meer hauste einst ein Ritter namens Norbert. Im Land ringsum war er gefürchtet, denn er war gewaltsam und ohne Rücksicht, dabei hochfahrend und selbststolz, und seine Burg war so unbezwinglich fest, daß niemand ihm etwas anhaben konnte.

In dem männlich schönen Äußeren aber, mit dem die Natur ihn begabt hatte, lebte eine nichtswürdige Seele, denn jener Ritter scheute sich nicht, auf Raub auszureiten, er plünderte friedliche Kaufleute aus, bedrängte Wanderer und Pilger. Dieser Raubritter kannte nicht Mitleid noch Scham und war ohne alle Gottesfurcht. Ja, Predigt und Gottesdienst verachtete er, für Gebet und Beichte, Kirchengebote und Pilgerfahrt hatte er nur Hohnworte.

Jahrzehntelang führte Norbert ein solches Raubritter-
dasein des Verbrechens und der Gesetzlosigkeit; zahllos
waren die Menschen, denen er Schande, Armut oder Tod
gebracht hatte.

Es war wenige Tage vor Ostern; nun nahte der Karfreitag, der heiligste Tag des Jahres. Für Ritter Norbert hatte
dieser Tag nichts Festliches. Von seinen Dienern ließ er sich
ein reichliches Wildbret herrichten.

»Heute geht's wieder auf einen fetten Beutezug!« rief
er in wilder Lust, »da will ich essen, saufen und prassen!«

Niemand wagte, sich seinem Befehl zu widersetzen.
Doch einige der treuen Diener hatten den Mut, ihm ihre
Bedenken vorzuhalten: »Heute ist der heilige Freitag, an
dem unser Herr für uns am Kreuz gestorben ist. Will es
nicht frevelhaft erscheinen, diesen Tag durch solches un-
christliches Tun zu entweihen? Jeder gute Christ begeht
den Karfreitag in Ehrfurcht!«

»Ich will kein guter Christ ein!« schrie er böse.

»Daß Euch nicht Gottes Zorn treffe, Herr Ritter!« sagte
einer der alten Diener demütig und faltete fromm die
Hände.

Nur lästerliche Hohnworte hatte der Herr als Antwort:
»Bevor mich Gottes Zorn erreicht, wird viel Zeit vergehen.
Noch große Taten werde ich begehen: Menschen überfallen und berauben, aufhängen und verbrennen, quälen
und erschlagen!«

Der alte Diener schüttelte ohne Verstehen den Kopf. Er
wagte es von neuem, seinen Herrn zur Einsicht zu führen.
»In diesem Wald«, begann er, »wohnt ein frommer Klausner, den suchen die gottesfürchtigen Menschen zur Beichte
ihrer Sünden auf. Seid Ihr nicht bereit, mit uns dorthin zu

ziehen und Euch gottgefällig von Euren Sünden zu befreien?«

Der Ritter stieß ein rohes Lachen aus. »Beichten!« sagte
er. »Wer will mir denn Sünden vorwerfen?«

Doch schließlich ließ er sich bewegen, den Eremiten auf-
zusuchen. »Nicht Gott zuliebe geschieht es oder gar für den
Klausner, sondern nur, um Eurem Ammenglauben zu
Gefallen zu sein.« So rief der gewalttätige Mann.

»Führt mein Pferd herbei!« befahl er wütend und
sprengte davon, daß die Diener ihm kaum zu folgen vermochten. Vor der Hütte des Klausners angelangt, wollte er
aber nicht aus dem Sattel.

»Beeilt euch!« rief er den Dienern zornig zu. »Jeder
Augenblick reut mich, den ich Kaufleute und Pilger unge-
schoren lasse. Sie sollen nicht unbehelligt ihrer Straße
ziehen.«

Da betraten die Männer allein die ärmliche Hütte des
Klausners; sie berichteten dem frommen Mann von ihrem
gewalttätigen Herrn, der vor der Tür auf seinem Streitroß
halte. Sogleich erhob sich der Einsiedler, und gestützt auf
seinen Stab, denn er war vom Alter gebeugt, trat er vor den
Ritter.

»Seid uns willkommen, Herr«, sagte er mit leiser Stimme.
»Ihr tut recht, zur Beichte zu erscheinen, denn heute am
heiligen Freitag muß ein jeder Christenmensch in sich
gehen und in milden Gedanken an Gott alles Böse ablegen.«

Ritter Norbert wollte zornig aufbegehren.

»Handelt doch so, lieber Herr«, sagte der Klausner nachsichtig, »Ihr wißt, daß Rittertum zu hoher Gesinnung verpflichtet. Bei dem, der für uns den Kreuzestod erlitt, bitte
ich Euch, heute Euer Herz aufzuschließen. Tretet in meine
Behausung ein!«

»Beim Teufel!« rief der Ritter in unbändigem Zorn, doch der Eremit wahrte seine milde Nachsicht: »Nicht für mich«, sagte er, »sondern für Gott sollt Ihr es ja tun.«

»Gott hat in Euch einen gar hartnäckigen Fürsprecher«, fuhr der Ritter auf. »Was denn tun? Selbst wenn ich Eurer Bitte entspräche und einträte, so würde ich fürwahr nichts Gutes tun, nicht Paternoster sprechen noch Almosen geben!«

Doch schließlich ließ sich Ritter Norbert durch die Bitten des Klausners bewegen, seine Zelle und die Kapelle zu betreten. Mit sanfter Bewegung führte der fromme Greis ihn zum Altar, und mit ebenso sanftem Drängen suchte er ihn zu bewegen, seine Sünden zu beichten.

Wieder wollte der Ritter zornig aufbegehren, doch der Klausner wich nicht zurück. »So zeigt nur die Bereitschaft, eine einzige Sünde zu bekennen«, rief der Einsiedler, »damit ich als Gottes Vermittler für Euch beten kann! Ich beschwöre Euch, Herr Ritter, geht in Euch – an diesem heiligsten Tage des ganzen Jahres!«

Da endlich ließ der Ritter sich erweichen. Fluchend trat er an den Altar und tat Beichte nach seiner Art: Wie er geraubt und gemordet habe, wie er Kaufleute überfallen und wehrlose Pilger gequält, Gott verhöhnt und die Heiligen mißachtet, nicht Messe gefeiert noch Fastengebot gehalten habe.

Mit Entsetzen vernahm der fromme Mann solch ruchloses Bekenntnis. Vergeblich mahnte er den Ritter wieder zu innerer Einkehr, vergeblich bat er ihn, echte Buße zu tun zur Sühne seiner Sünden.

Hohnlachend wies der Gottvergessene auch die mildesten Bußgebote zurück. Nicht für die Dauer eines Vaterunsers wollte er die Worte eines Priesters hören.

Da machte der fromme Eremit in seiner geduldigen Nachsicht einen letzten Versuch, den verstockten Wüstling vor Gott gerecht werden zu lassen: »Gewinnt Ihr es über Euch, dieses Fäßchen«, sagte er und reichte ihm dabei das kleine Holzgefäß, »von der Quelle dort drüben gefüllt zurückzubringen, so soll dieser Dienst als Buße für die Fülle Eurer Sünden gelten, und Ihr sollt frei und vor Gott gerecht sein!«

Spöttisch lächelte der Ritter über die seltsame Bußstrafe und willigte ein. »Zum Henker, ja!« rief er. Mit diesem hämischen Fluch verpfändete er sein Ritterwort, das Fäßchen mit Quellwasser zu füllen.

»Bleibet ihr zurück!« gebot er seinen Dienern herrisch, als sie ihn begleiten wollten, und eilte zur Quelle. Schnell tauchte er es ins Wasser ein – kein Tropfen drang in den Spund. Verwundert wendete er es nach allen Seiten, er prüfte mit seinem Stab die Öffnung, ob der Eremit es etwa verstopft habe, er schöpfte mit den Händen – es blieb leer. In blindem Zorn und mit einer Flut gottloser Verwünschungen versuchte der Ritter es von neuem – vergeblich!

Der fromme Klausner vergoß bittere Tränen aus Mitleid mit dem harten Mann, dem Gott so sichtbar seine Sündenlast vor Augen hielt. Doch in seiner Verstocktheit zeigte der Ritter keine Einsicht und blieb weiterhin unbußfertig.

»Ich habe mein Ritterwort verpfändet und werde nicht ruhen noch rasten«, so gelobte er ingrimmig, »bis ich den Spuk gebannt habe und das verzauberte Fäßchen gefüllt zurückbringe. Mein Haupt will ich nicht waschen, meine Haare ungekämmt und meine Nägel ungeschnitten lassen, will auf keinem Pferd reiten und in keinem Bett ruhen, bis ich das Teufelsfaß bis an den Rand gefüllt habe!«

Zornig sandte er seine Mannen heim und ließ sie sein

Streitroß wegführen. Mit solchem Versprechen schied er von dem Einsiedler.

Allein, ohne Geld und ohne Nahrung, machte der Ritter sich auf den Weg. Hunger und Durst quälten ihn, während er ruhelos und flüchtig dahinzog; längst hatte er seine prächtigen Kleider verkaufen müssen. Wälder und Täler durchschritt er und überquerte Hügel und Berge; bei jeder Quelle, die er erblickte, bei jedem Weiher und jedem Wasserlauf versuchte er, das Fäßchen zu füllen – vergeblich. Zorn und Fluch begleiteten jeden neuen Versuch.

Der Hunger ließ ihn vor fremden Türen um einen Bissen Brot betteln. Doch ob auch alles vergeblich war – sein Sinn blieb hart und verstockt. Unstet durcheilte er Länder und Gaue bergauf und talabwärts und tauchte das Fäßchen in Bäche und Ströme, in Seen und Teiche – vergeblich. Die Bewohner der Dörfer wichen dem elenden Jammerbild aus dem Weg, schlossen vor seiner Schreckensgestalt angstvoll die Türen und jagten ihn wie einen tollen Hund von dannen, so daß er unter freiem Himmel nächtigen mußte. In zerlumptem Kittel, verwahrlost und verwildert wankte der Ritter am Stab daher.

Ein Jahr war verflossen, seit er das Gelübde auf sich nahm. Seine Kraft war gebrochen, sein Mut dahin – und immer noch blieb sein Herz verstockt und unbußfertig. Da beschloß er, zum Klausner zurückzukehren. Am gleichen Tag, da er ausgezogen, am heiligen Freitag war es, als er die Kapelle wieder betrat. Der Einsiedler blickte erstaunt und voller Mitleid auf den wegmüden Fremden, der zerlumpt und entkräftet, das Fäßchen an rostiger Kette am blutiggescheuerten Hals, vor ihm stand.

»Lieber Bruder«, sagte er milde, »was führt dich zu mir?

Und wer gab dir das Fäßchen, das ich so gut kenne?
Heute ist es ein Jahr, seit ich es dem männlichsten, kräf-
tigsten Rittersmann übergeben habe. Wer weiß, ob er
noch am Leben ist, denn er ist nicht wieder zu mir zurückgekehrt. Doch nun sag mir, wer du bist und nenne
mir deinen Namen! Und sag mir, was dich so tief bedrückt. Vielleicht, daß ich dir helfen kann...«

»Ihr seid es, der mich in solches Elend gestoßen hat!«
unterbrach ihn der Ritter rauh und in wilder Erregung;
wüster Zorn glomm in seinen Augen.

Ganz verwundert blickte der Klausner ihn an: »Ich,
Freund? Ich entsinne mich nicht, dir je begegnet zu sein!«

Fassungslos vernahm der fromme Mann nun die Wahrheit; er glaubte, ein Trugbild zu schauen, als er in der
jammervollen, völlig entkräfteten Bettlergestalt den einst
so stolzen Ritter wiedererkennen mußte, und in tiefer
Bewegung vernahm er den Bericht des Ritters über die
bösen Tage und schlimmen Nächte seiner Irrfahrt und
über sein stets vergebliches Bemühen.

Doch als der gottergebene Einsiedler vernehmen
mußte, daß auch all die grauenvollen Leiden dieses verruchten Abenteuers den verstockten Sinn des Ritters
nicht hatten erweichen können, mischte sich Entrüstung
in seine Worte: »Nur wenn Ihr tiefe, ehrliche Reue
empfindet über all Eure Missetaten, wird Gott Eure Buße
annehmen«, rief er aus.

Der Ritter aber blieb verstockt.

Da kniete der fromme Mann in aufrichtigem Schmerz
nieder, betete zu Gott und bat inbrünstig um Vergebung
für den hartherzigen Schuldbeladenen. »Errette ihn vor
dem Verderben, Herr«, rief der Einsiedler in seiner See-
lennot. »Und ist es möglich, so nehmt mein Leben als

Opfer hin, damit er vor der Verworfenheit bewahrt werde!«

Da – als er den ehrwürdigen Greis für ihn, den Sündigen, so beten sah, wurde sich der Ritter plötzlich seiner unendlichen Schuld bewußt; Demut, Bußfertigkeit, Zerknirschung packten ihn bei dem Bewußtsein an die eigenen Sünden: All sein Trotz wich tiefem Verlangen nach Herzensfrieden. In heißem Gebet wandte sich der Ritter zum ersten Mal seinem Gott zu und betete um Vergebung seiner Sünden. Demütig gelobte er, fortan in Gottesfurcht zu leben.

Gott ließ ihn seine Gnade schauen. Eine Träne, die sich vom Auge des Ritters löste, fiel auf den Spund und – füllte das Fäßchen, daß das Naß nach allen Seiten überquoll! Der Eremit fuhr tief betroffen auf, als er Zeuge dieses Wunders wurde.

»Seht da«, stieß er aus, »Gott erweist Euch ein sichtbares Zeichen seiner Gnade!«

In inniger Rührung konnte er dem Ritter verkünden, daß Gott ihm hier ein sichtbares Zeichen seiner Gnade erwiesen habe.

Lanval

Unter den Rittern an König Artus' Tafelrunde war als wackerer Gast ein Königssohn aus Cornwallis. Lanval war einer der Tapfersten am Hof, und wenn es galt, den Feinden des Königs Trotz zu bieten, so vertraute Artus auf keinen wie auf ihn: Stets war es Lanval, dem er den Sieg verdankte.

Doch immer wieder mußte der Ritter es erleben, daß König Artus ihn zu vergessen schien, wenn er seine Mannen für ihre Verdienste belohnte. Während die anderen reich mit Gaben bedacht wurden, blieb Lanval stets ohne eine Anerkennung. Da war es nicht verwunderlich, daß der edle Ritter betrübt war über solche Zurücksetzung. Immer mehr hielt er sich abseits von den Glücklichen, die sich an des Königs Gunst erfreuen durften, und immer wieder trug er Zorn und Kummer in den Wald hinaus, oder er ritt weit übers Land auf Abenteuer, und oft erwog er, vom Königshof zu scheiden, wo man seine Dienste und Verdienste so wenig zu schätzen wußte.

Als Lanval eines Tages, mit seinem Schicksal hadernd, in trüben Gedanken durch den Wald ritt, überquerte er eine prächtige Wiese, bunt von Sommerblumen; ein munteres Bächlein rauschte murmelnd durch die Au, und ringsum jubilierten die Vögel. Es war ein paradiesisches Plätzchen, wie geschaffen zum Ausruhen.

So stieg der Ritter vom Roß, löste ihm den Sattelgurt und ließ es grasen. Er selber warf sich ins üppige Gras und hing seinen Gedanken nach. Sie waren nicht heiter trotz des herrlichen Sommertages. Ob auch die Blumen lieblich blühten und Käfer und Vögel voll Lebensfreude umherschwirrten, ob auch die Falter und Libellen sich beseligt auf den Blüten wiegten und der Bach sommerfroh rauschte – Herrn Lanvals Stirn blieb voll Gram und Unwillen über all der Ungerechtigkeit, die er stets erlebte.

Wie er so unmutig und sorgenvoll über das sonnenbeschienene Land hinschaute, gewahrte er zwei Fräulein, die durch die hohen Blumen der Sommerwiese geradewegs auf ihn zukamen. Wunderschön von Gestalt und Antlitz waren sie, daß Lanval glaubte, niemals lieblichere Gestalten erblickt zu haben. In ihren purpurroten Gewändern spielte der Sommerwind; leicht schwebten die Schleier, die sie um den Hals gewunden trugen.

Voller Erstaunen über die wundersame Erscheinung erhob sich Ritter Lanval und ging den beiden entgegen. Doch ehe er sie ansprechen konnte, verneigten sie sich tief vor ihm. Die eine begann: »Herr Lanval, wir überbringen Euch eine Botschaft unserer Herrin; sie entbietet Euch ihren Gruß und läßt Euch einladen, sie in ihrem Zelt zu besuchen. Seid Ihr bereit, der Einladung zu folgen, so wollen wir Euch zu ihr geleiten.«

Ritter Lanval war tief bewegt. Da gab es für ihn kein Bedenken; er ließ sein Pferd auf der Wiese grasen und folgte den beiden schönen Jungfrauen. Sie schritten durch das hohe Gras am Bach entlang, bis sich vor ihnen ein Zelt, ganz in Silber schimmernd, erhob. »Wir sind am Ziel«, sagten die beiden Schönen, schlugen die Vorhänge zurück und führten ihn zu ihrer Herrin.

Nie hatte Lanval eine so schöne Frau vor Augen gehabt. Sie lag auf weichen Polstern hingestreckt und bot einen Anblick, der wie der sonnige Maienmorgen strahlte.

Wie ein Himmelsgruß durchfuhr es den Ritter, als sie ihn ansprach. »Lanval, liebster Lanval«, begann sie, »vernehmt, was ich Euch sage: Nur um Euretwillen bin ich von weit her hier ins Land des Königs Artus gekommen und um Euch anzugehören mit allem, was ich bin und habe. Ich kenne kein Verlangen, als Euch glücklich zu machen. Solange Ihr Euch ritterlich erweist, will ich nicht von Euch lassen. Dafür verlange ich nichts als Eure Gegenliebe: Keiner anderen dürft Ihr gehören als mir allein! Und etwas Besonderes verlange ich von Euch: Niemand darf von unserer Liebe wissen; Ihr sollt sie geheimhalten vor jedermann.

Würde jemand von unserer Liebe erfahren, so wäre ich Euch auf immer verloren.«

Bezaubert stand der Ritter Lanval da. »Schönste der Frauen«, stieß er eilends hervor, »niemals werde ich das Geheimnis verraten, das gelobe ich Euch.«

Da streifte sie ihm einen schlichten Ring auf den Finger: »Dieses Ringlein wird Euch Glück bringen, mehr Glück, als jemals ein großmächtiger Fürst erleben kann. Denn alles, was Ihr Euch wünscht, wird sich erfüllen. So oft Euch das Verlangen ergreift, mich leibhaftig zu sehen, so dreht nur einmal behutsam den Ring: Dann werde ich bei Euch sein und werde mit Euch sprechen – und niemand anders als Ihr wird meine Stimme vernehmen, und kein anderes Auge als Eures wird mich erblicken.«

Beseligt und in unendlichem Entzücken hatte Lanval sein Knie gebeugt, da umfaßte ihn die unbekannte Schöne und gab ihm einen Kuß auf den Mund. Den Ritter, der noch niemals Frauenliebe hatte erleben dürfen, überkam ein Gefühl, für das er keinen Namen wußte. Überirdische Glückseligkeit hielt ihn gefangen; sie hob ihn empor, umwob ihn mit wundersamem Himmelsglanz – da schwanden ihm die Sinne.

Als er wieder zu sich fand, lag er auf der Wiese und schaute mit weitgeöffneten Augen in den Himmel hinein. Wo aber war das seidenschimmernde Zelt geblieben, wo waren die Jungfrauen, die ihn hergeleitet, und wo sie, die herrlichste aller Frauen, die sein Herz hatte erglühen lassen, wie er es noch niemals empfand? War alles nur ein Traum? Der Ritter Lanval lag wieder im blumigen Gras; das Bächlein rauschte murmelnd hindurch wie vorher, und ringsum jubilierten die Vögel.

War alles wie vorher? Unbezwingliche Sehnsucht packte

den Ritter nach der schönen Frau, die ihm überirdische Wonnen verheißen hatte. War alles nur ein Traum gewesen, ein Traum, der ihn genarrt hatte? An seiner Hand erblickte er den schlichten Goldreif, den die Schöne ihm an den Finger gestreift hatte. Da wußte Lanval, daß er nicht geträumt hatte. Glückselig bestieg er sein Roß, das unbekümmert auf der sommerbunten Wiese graste, und ritt gedankenvoll zu seiner Herberge zurück.

Urplötzlich hatte sich sein Leben ganz verändert. Seinen Knappen gab er prächtige Kleider und versah sie mit herrlichen Waffen. Fröhlich feierte er Feste im Kreis der Freunde, und es gab keinen bedürftigen Ritter in der Stadt, dem er nicht geholfen hätte. Nie hatte Lanval geahnt, daß sich ein Menschendasein so herrlich erfüllen könne. Jeden Tag drehte er an dem schlichten Fingerring, und sogleich erschien seine Liebste vor ihm. Weit abseits der Stadt wanderten die beiden Hand in Hand über blumige Auen. Dabei scherzten sie in Innigkeit miteinander und lebten nur ihrer Liebe.

»Warum hält sich Ritter Lanval denn so häufig vom Hofe fern?« fragte die Königin mehr als einmal ihren Gemahl. Auch König Artus, der den Ritter nie an den Hof geladen hatte, empfand nun selber Verlangen nach ihm.

Bald nach dem Johannestag veranstaltete der Herr der Tafelrunde ein großes Fest, zu dem er die Ritter mit ihren Damen einlud. In fröhlicher Stimmung erschienen sie alle, genossen die herrlichen Speisen, die Küche und Keller boten, und lustwandelten in heiterem, vertrautem Gespräch durch den Rosengarten. Überall sah man einen der edlen Ritter mit einer schönen Dame einherschreiten – nur Lanval ging allein.

Da trat die Königin zu ihm. »Sucht Ihr die Einsamkeit,

Herr Ritter?« fragte sie, und der Blick, den sie ihm zuwarf, offenbarte deutlich, daß er ihr nicht gleichgültig sei.

»So ist es, Herrin«, versetzte er kurz und weckte damit um so mehr ihre Neugierde. »Um die Wahrheit auszusprechen, Frau Königin«, erwiderte er dann auf ihr Drängen, »all meine Gedanken gehören der Dame meines Herzens...«

»Ist sie denn so häßlich, daß Ihr uns ihren Anblick entziehen müßt?« fragte spöttisch die Königin. Das also war Lanvals Geheimnis!

Der Gefragte lächelte versonnen vor sich hin. »Häßlich, Herrin?« fragte er zurück. »Nein, sie ist schöner als...« Doch dann, als wollte er die Königin nicht verletzen, glitt sein Blick von ihr hinüber zu den vielen liebreizenden Frauen und Edelfräulein, die fröhlich vorüberwandelten. »...ist schöner als die Schönsten hier in Eurem Rosengarten!«

Lanval sah, wie das Antlitz der Königin vor Zorn erglühte. »Verzeiht, hohe Herrin«, stieß er hervor. Doch sie hatte sich schon erhoben und schritt voller Unmut zum König hinüber, der scherzend im Kreise seiner Ritter stand.

Unwillig vernahm auch er, was Lanval geäußert hatte. Er ließ ihn zu sich kommen. »Ich habe Eure Prahlerei gehört«, sagte er; »wollt Ihr allen Ernstes behaupten, daß Eure uns allen unbekannte Herzensdame schöner sei als alle Damen hier an meinem Hof?«

»Wenn Ihr mich danach fragt, Herr König, so muß ich darauf mit Ja antworten! So ist es in der Tat!« versetzte Lanval.

»Auch schöner als die Königin?« brauste König Artus auf.

Lanval blickte trotzig vor sich hin. »Auch schöner als die Frau Königin!« rief er dann. »Hundertmal schöner!«

Da packte den König unbändiger Zorn über so viel Vermessenheit. »Elender Prahler!« stieß er hervor. »Wer so redet, hat nichts als den Tod verdient!«

Doch dann besann er sich und spürte, wie er in seinem Zorn ritterliche Grenzen überschritten hatte. »Ich will Gnade walten lassen«, sagte er, »sofern Ihr für Eure freche Behauptung den Beweis anzutreten vermögt. Sofern Ihr jedoch gelogen habt, so sollt Ihr für die schändliche Schmähung der Königin büßen! Mit Schimpf und Schande werde ich Euch sodann aus der Tafelrunde ausstoßen!«

Wie reute Lanval seine leichtfertige Rede! Wie sollte er sich jetzt aus der Bedrängnis herauswinden? Trübe Ahnungen erfüllten ihn. Jetzt hatte er wohl seine Liebe verspielt. Er versuchte, sich dem König anzuvertrauen. Er berichtete von der Begegnung mit der himmlisch schönen Fee und von dem Ring, den sie ihm geschenkt hatte. Doch König Artus lächelte nur ungläubig. »Wenn es sich so verhält«, sagte er, »so bringt doch Beweise! So dreht doch an Eurem Zauberring!«

Lanval war verzweifelt, denn der Ring hatte seine Wirkung verloren.

Bis zum Sonnenuntergang hatte König Artus ihm Frist gelassen. Schon neigte sich der Sonnenball dem Abendhimmel zu. Vergeblich drehte Lanval an dem Ring, der ihm sonst immer wieder so viel Wonnen beschert hatte – der Zauber war erloschen! Vergebens schritt Lanval auf den einsamen Wegen des Rosengartens und rief seine Bitte um Verzeihung in die Lüfte – keine Antwort kam ihm von der Liebsten zurück. Würde er sie nie wieder in seine Arme schließen dürfen?

Da wandte er sich zu dem Platz zurück, wo der König mit den Rittern und mit den edlen Frauen wartend stand. Mochte ihn jetzt die Schande treffen – nicht feige wie ein Dieb wollte Lanval sich davonstehlen. Er wollte sich bekennen zu dem, was er vorher ausgesagt hatte.

So wiederholte er auf des Königs Geheiß noch einmal seine kühne Behauptung: »Die Dame meines Herzens ist schöner als die Schönste an König Artus' Hof – schöner auch als unsere Königin!«

Als er diese Worte stolz in die Lüfte rief und alle Ritter und Edelfrauen voll Betroffenheit auf den König blickten, da ertönte es plötzlich wie von silbernen Rosseshufen, und mitten in den Kreis hinein sprengten zwei wunderschöne Frauen; noch niemand an Artus' Runde hatte so viel Schönheit gesehen. Es waren die beiden Jungfrauen, die den Ritter einst zu dem Zelt ihrer Herrin geleitet hatten. Und dann erschien sie selber, die so schön war wie keine Frau auf Erden; auf milchweißem Zelter kam sie dahergesprengt und alle, Ritter wie Frauen, verneigten sich tief vor ihrem überirdischen Liebreiz.

Sie aber rief mit heller Stimme über die Versammelten hin: »Nun richtet, ihr Herren! Ich war dem Mann, über den ihr urteilen sollt, in Minne ergeben. Wenn ihr mich ehren wollt, so vergebt ihm, daß er mit seiner Huld prahlte.«

König Artus, die Königin und alle Ritter und alle Damen mußten erkennen, daß Lanval die Wahrheit gesagt hatte, denn niemandem war es zweifelhaft, wem der Schönheitspreis in dem Wettstreit gebühre. Schon aber hatte die Fee ihren Renner gewendet und jagte davon. In aller Hast schwang sich Ritter Lanval auf sein Streitroß und sprengte hinter ihr her.

»Seid mir nicht gram, Herrin«, bat er inständig, »und verzeiht mir mein unbedachtes Wort!« Sie blickte nicht hinter sich und trieb ihren Renner nur zu schnellerem Lauf an.

Wieder rief Lanval ihr seine Bitte zu, doch vergebens.

Da kreuzte ein reißender Strom den wilden Ritt der beiden. Die Dame wandte ihm den Blick zu. »Reitet nicht weiter, Herr Lanval«, bat sie, »denn das Wasser ist allzu gefährlich.«

Doch ungehemmt folgte er ihr in den wildschäumenden, gurgelnden Fluß hinein. Die Wellen schlugen gierig über ihm zusammen, und die Flut drohte ihn zu verschlingen. Da streckte die Fee die Hand aus, zog ihn zu sich auf ihren silberglänzenden Renner und rettete ihn aufs feste Land. Sie führte ihn in ihr paradiesisches Feenreich, und dort lebte er fortan mit ihr in ungetrübtem Eheglück.

Das Zauberland heißt Avalun und ist nur den Seligen zugänglich. Keines Menschen Fuß hat bisher den Weg dorthin gefunden.

Aus Spaniens Heldensage

El Cid
Don Rodrigo der Tapfere

Im westlichen Südeuropa, in Hispanien, hatte sich eine einschneidende Wandlung vollzogen, seit über die Landbrücke des Gibraltar die Sarazenen vorgedrungen waren. Unter der grünen Fahne des Propheten waren diese Völkerschaften in gewaltsame Bewegung geraten und hatten weite Gebiete bis zu den Ufern des Ebro in ihren Besitz bringen können. Die Kultur, die sie einführten, war jedoch von hohem Stand. Mir Sorge blickte das Abendland mit seinen Streitern Christi auf diesen Siegeszug der Fremdstämmigen, die von ihnen als »Ungläubige« bekämpft wurden.

Damals hatte den Thron Kastiliens König Fernando inne. Zahlreiche Ritter standen ihm tatkräftig und tapfer zur Seite, wenn es galt, die Eindringlinge zurückzutreiben.

Eine Ehrenstellung an Don Fernandos Hof nahm Don Diego Lainez ein, ein Ritter aus altadligem Geschlecht. In unzähligen Kämpfen hatte er sich hervorgetan; auf dem Schlachtfeld hatte er in der vordersten Linie gestanden als Schrecken der Feinde und unbesiegbar im Zweikampf; als Führer der Heere wie in der Ratsversammlung war er des Königs unentbehrlicher Helfer und Berater gewesen. Nun war Don Diego betagt; sein Schwertarm hatte nicht mehr die Kraft wie in der Zeit seiner ruhmvollen Heldentaten.

Da nun König Fernando für seinen Sohn, den Prinzen von Kastilien, einen Erzieher benötigte, fiel seine Wahl auf den bewährten Don Diego, der in seiner Person die Würde gereiften Alters mit der Erfahrung eines ritterlichen Heldenlebens vereinte. Glücklich über die Gunstbezeigung seines Herrn, verließ Don Diego den Burgsaal, wo König Fernando seinen Entschluß vor allen Rittern verkündet hatte.

Unter den ritterlichen Herren an König Fernandos Hof war Don Gomez, der Graf von Gormaz, einer der Angesehensten. Auch sein Wort galt viel im Rat des Königs, und wie einst Don Diego war er tapfer – doch noch zur Stunde, denn der Graf lebte in der Vollkraft seiner Mannesjahre. Er war von brennendem Ehrgeiz.

Kaum hatte der edle Diego den Königssaal verlassen, da trat ihm Don Gomez entgegen. »Meinen Glückwunsch«, sagte er, »zu der Wahl, die der König getroffen hat.«

Don Diego neigte dankend das Haupt; doch er war betroffen, denn aus der Stimme des Grafen sprachen Haß und Hohn, und in demselben Ton fuhr der andere fort: »Es wundert mich, daß König Fernando Euch zu diesem Rang erhoben hat. Leicht hätte er einen Bessern finden können.«

»Des Königs Wahl läßt erkennen, daß er Taten aus vergangener Zeit zu würdigen weiß«, versetzte Don Diego scharf; »wenn ich meines Amtes walten werde, den Infanten heranzubilden, wenn ich ihn in den Künsten und in den Mühen des Krieges unterweise, wenn ich ihn lehre, Tag und Nacht im Sattel zu bleiben, eine Stadtmauer zu bezwingen, wenn ich ihn lehre, den Gutwilligen Gnade zu erweisen und die Übelgesinnten mit Schrecken zu erfüllen, so braucht er nur die Geschichte meines Lebens und meiner Taten zu lesen; dort steht geschrieben, wie man eine Festung bezwingt und wie man ein Heer in den Kampf führt; dort steht geschrieben, wie sich Ruhm auf große Taten gründet!«

Der Graf lächelte spöttisch. »Lebendige, gegenwärtige Taten wiegen schwerer«, sagte er herablassend; »ein zukünftiger König hat wenig Nutzen davon, im Buch vergangener Zeiten zu lesen. Zugegeben, daß Ihr einst tapfer waret – aber seid Ihr es noch? Jedermann weiß, daß heute mein Arm die stärkste Stütze unseres Reiches ist, daß Granada und Aragon, wo die Mauren herrschen, erzittern, wenn dieses Schwert blitzt. Stünde ich nicht hier, so würde längst das Gesetz der Sarazenen in unserm Lande gelten und Ihr, Don Diego, müßtet Eure Feinde als Herrscher anerkennen! König Fernando hätte besser getan, mich zum Erzieher seines Sohns zu berufen.«

Der alte Held wollte etwas erwidern, doch aufgebracht fuhr der Graf fort: »Wenn König Fernando mich zum Erzieher gemacht hätte...«

»Ich weiß, Graf Gomez«, unterbrach ihn voller Unwillen Don Diego, »wie groß Eure Verdienste sind, denn Ihr habt Euch ja einst unter meiner Führung bewährt. Und als sich bei mir das unbezwingbare Alter meldete, habt Ihr meinen Platz in Ehren eingenommen. Wollen wir nicht diesen häßlichen Streit beenden? Niemand weiß besser als ich, daß Ihr heute der seid, der ich einst war. Dennoch beweist des Königs Wahl, daß er einen Unterschied macht zwischen uns beiden und daß er die Ehre dem zuweist, der sie am ehesten verdient!«

»Demnach, so meint Ihr, gebühre die Ehrenstellung mir nicht?« fuhr der Graf auf.

»Es war des Königs Entscheidung«, versetzte Don Diego gleichmütig.

»Für diesen Hochmut, schamloser Greis, sollst du auf der Stelle deine Belohnung haben«, rief Graf Gomez in jähem Zorn, und damit stieß er dem ehrenwerten Don Diego die Faust ins Gesicht.

Schon hatte der Beleidigte das Schwert zur Hand. Doch

schneller war der starke Graf zum Zweikampf bereit, und als der Greis ungestüm auf ihn eindrang, schlug Gomez ihm mit leichter Mühe das Schwert aus der Hand. Waffenlos, die Augen tränenvoll, in ohnmächtigem Zorn, stand Don Diego seinem Beleidiger wehrlos gegenüber.

»Vollendet Euer Unrecht«, stieß er, zitternd vor Erregung, hervor, »und stoßt mich nieder, daß ich die Schande nicht überlebe!«

Mit höhnischem Lächeln wandte sich der Graf zum Gehen. »Schreibt auch diese Begegnung in das Buch Eures Lebens«, sagte er verächtlich, »und gebt es dem Prinzen zu lesen!« Damit ließ er Don Diego stehen.

In bitterer Seelenqual ritt der so tief in seiner Ehre Gekränkte heim auf seine Burg. Ihm war, als sei sein Dasein zerbrochen. Weder Speise noch Trank nahm er zu sich, kein Schlaf wollte kommen, ihn zu erquicken; vergeblich war der Zuspruch der Freunde, die ihn zu trösten suchten.

Schließlich, nach langem Nachdenken, kam er zu einer Entscheidung.

»Ruf meine Söhne zu mir!« gebot er seinem Haushofmeister.

Ehrerbietig traten sie vor den strengen Vater, und schweigend nahm Don Diego feste Stricke, die er bereitgelegt hatte, packte die Hände des ersten Sohnes und fesselte ihn so stark, daß er sich nicht zu rühren vermochte. Nicht anders erging es dem zweiten und dem dritten Sohn. Keiner von ihnen wagte sich zu widersetzen.

Mit glühenden Blicken hatte Don Rodrigo, der Jüngste, das seltsame Tun des Vaters wie das Verhalten seiner drei Brüder mit angesehen. Doch als der greise Diego sich nun auch ihm zuwandte, um ihm die Hände zu binden, trat Don Rodrigo einen Schritt zurück.

»Vater«, rief er in flammendem Zorn, »Ihr vergeßt Euch! Ihr vergeßt, wer Ihr seid – und wer ich bin! Hätte ich nicht einst aus Euren Händen Schwert und Schild empfangen, so würde ich mich solcher Schmach erwehren!«

Über das Gesicht des Vaters, das von dem tiefen, niederdrückenden Schmerz gezeichnet war, zuckte es von wildem Glück. »Du, Rodrigo«, rief er, »bist mein echter Sohn!« Freudentränen rannen ihm über die gramdurchfurchten Wangen. »Dein Zorn, der dir so edel ansteht, gibt mir die Ruhe meines Herzens wieder; dein Unwille heilt meine Schmerzen. Nicht gegen mich, mein lieber Sohn, sondern gegen den Feind unseres Hauses sollst du deinen Arm erheben...«

»Wo ist er? Wer entehrt unser Geschlecht?« rief Rodrigo in aufbrausendem Zorn.

Da berichtete Don Diego dem wackeren Sohn von der Schande, die auf ihm lastete. »Geh, mein Rodrigo, und räche die Schmach, die der hochmütige Gomez mir antat!« schloß er voller Erregung und umarmte seinen Sohn. »Vollende du, was zu tun mein Alter mir verbietet!«

Den jungen Don Rodrigo stürzten des Vaters Worte in bitteren Zwiespalt. Für ihn konnte es kein Zaudern geben: Er mußte den Vater rächen – ob der Beleidiger auch der stärkste Schwertarm des Königs und er selber ein ungeübter, unerfahrener Ritter war. Es gab jedoch etwas anderes, was sein Herz in Widerstreit geraten ließ: Er liebte Chimene, die schöne Tochter des Grafen – sollte er nun mit dem blanken Schwert vor ihren Vater treten?

Für den jungen Ritter konnte es in seiner Seelenqual nur einen Weg geben. Höher als seine Liebe stand ihm die Ehre seines so schwer beleidigten Vaters, die auch seine eigene war. Er kannte die gewaltige Kraft des Gegners, dem er sich

zu stellen hatte, er wußte, daß keiner der stärksten Feinde
auf dem Schlachtfeld Don Gomez hatte widerstehen können.

Auf dem Platz vor dem Palast wartete Don Rodrigo auf
den Grafen, um ihn zur Rede zu stellen. »Kanntet Ihr mich,
als Ihr es wagtet, Hand an meinen Vater zu legen?« redete er
ihn an, als er Don Gomez in den Weg trat.

Voller Hochmut blickte dieser auf den jungen Menschen, der ihn anzusprechen wagte. »Wußtet Ihr«, fuhr
Rodrigo unbeirrt fort, »daß Don Diego, mein edler Vater,
aus dem hochberühmten Geschlecht von Lain Calvo
stammt? Und daß nichts reiner und edler ist als sein Blut
und sein Ritterschild? Wißt Ihr, daß niemand, solange ich
lebe, meinen Vater ungestraft verletzt?«

»Weißt du, anmaßender Jüngling«, versetzte der Graf
Gomez hochfahrend, »was die Hälfte des Lebens ist?« Er
meinte damit das Leiden, und Don Rodrigo verstand ihn
gar wohl.

Aber er stellte sich, als deute er es anders: »Ja«, sagte er,
»ich weiß es genau. Die eine Hälfte besteht darin, dem
Edlen die Ehre zu erweisen, die ihm zukommt; die andere
aber, den Hochmütigen zu strafen und mit dem letzten
Tropfen seines Blutes die angetane Schande zu rächen!«

»So sag also, was du willst!« rief der Graf unwillig.

»Euer Leben«, versetzte Rodrigo ruhig; »so habe ich es
gelobt.«

Ungläubig blickte der starke Ritter ihn an: »Streiche aus
der Hand eines Knappen hättest du verdient.«

Der junge Rodrigo stand, das blanke Schwert in der
Faust, vor dem Beleidiger seines Vaters. Nun war er zugleich selber beleidigt.

Währenddessen saß Don Diego in Gram und banger Sorge auf seiner Burg. Er konnte die Schmach nicht verwinden, die ihn entehrt hatte; doch in bitterer Vatersorge dachte er zugleich an den Sohn, den er in Gefahr wußte.

Da sah er Rodrigo kommen, das Schwert unter dem Arm. Der wies auf die Speisen, die unberührt auf der Tafel standen. »Iß, guter Vater!« sagte er.

Dem Alten rannen die Tränen die Wangen herab. »Du, Rodrigo«, stieß er hervor, »sprichst mir dieses Wort?«

»Ja, mein Vater! Ihr könnt wieder Euer edles Antlitz erheben!«

»So ist unsere Ehre gerettet?«

»Er ist tot, Vater«, versetzte Rodrigo mit tonloser Stimme, kniete vor seinem Vater nieder und weinte bitterlich. Don Diego aber küßte das Angesicht seines Sohnes.

Zur selben Stunde war es, als Chimene zu Burgos vor dem Thron des Herrschers stand. »Herr König«, stieß sie schluchzend hervor, »ich flehe Euch an, Gerechtigkeit zu üben!«

Ihr Haar war aufgelöst, ihre Hände und ihre Knie zitterten vor Erregung. »Schafft mir Gerechtigkeit, Herr König«, rief sie wieder. »Mein Vater ist erschlagen, der edle Don Gomez, der die erste Stütze Eures Reiches war!«

Voller Mitleid zog König Fernando die Weinende zu sich empor.

»Nicht Erbarmen will ich«, schrie Chimene wild, »sondern mein Recht! Mein Recht gegen den Verruchten, der mir den Vater geraubt hat!«

Don Fernando ließ Rodrigo kommen. Doch ehe er sprechen konnte, fuhr Chimene den jungen Ritter an: »Warum stößt du nicht auch mich nieder, nachdem du den Edelsten der Ritter gemordet hast! Töte mich, deine Feindin, denn ewig wirst du mir verhaßt sein!«

Tief bekümmert wandte sich Rodrigo zu den Rittern um, die herbeidrängten: »Ist einer hier unter euch edlen Herren«, sagte er ruhig, »der meine Tat als Unehre verurteilt, ob Freund oder Verwandter des Grafen, dem stelle ich mich willig zur Sühne. Er möge zu Fuß oder zu Roß gegen mich kämpfen.«

Doch keiner war, der die Ehrenhaftigkeit von Rodrigos Tat bestritt.

Da wandte sich der junge Held, der seiner Ehre die Liebe seines Herzens geopfert hatte, verneigte sich tief vor dem König und vor Gomez' Tochter und ging still davon. Niemand, weder König Fernando noch Chimene, hielt ihn zurück.

Fern der Königsstadt lebte Don Rodrigo auf seiner Burg Bivar. In der Einsamkeit versuchte er, das Vergangene zu vergessen. Auch die Liebe zu Chimene wollte er gewaltsam aus seinem Herzen reißen, aber es gelang ihm nicht.

Da klang Kriegsruf durch die Lande. Wieder fielen die Heere der Mauren in Kastilien ein und wüteten mit Feuer und Schwert. Fünf starke Könige drangen gegen die Hauptstadt vor, trieben die Herden weg, verbrannten die Wohnstätten und quälten die Männer und Frauen, die Knaben und die Mädchen.

Wer sollte ihnen Trotz bieten, da Don Diego kraftlos vor Alter war und Don Gomez nicht mehr lebte?

Der Notruf des Volkes drang zu Don Rodrigo. Nicht lange ließ der Held sich bitten. Er bot seines Vaters Vasallen auf, bestieg sein edles Roß und führte das Heer gegen den Feind.

Ungeheuer war der Zusammenprall. In der heißen Schlacht, die nun entbrannte, erkämpfte Don Rodrigo durch seine Tapferkeit den Sieg. Von den Mauren hielt ihm keiner stand. Die Herden, die die Eindringlinge geraubt hatten, gab er den Besitzern zurück, und alle vertriebenen Bauern und Städter kehrten froh in ihre Behausungen heim. Alle fünf Maurenkönige aber hatte Rodrigo mit eigener Hand gefangengenommen; König Fernando erhielt sie als Geschenk des Siegers.

Als der Held, von allem Volk umjubelt, in die Königsstadt einritt, stand mitten in der festlich gestimmten Menge Chimene.

»Gerechtigkeit erbitte ich, Herr König«, rief sie und warf sich vor ihm auf die Knie, »gewährt Gerechtigkeit und Sühne für den Tod meines erschlagenen Vaters!«

Don Fernando hob sie auf und sprach ihr milde und gütig zu. »Fasse dich, meine Tochter«, sagte er, »und sei dir dessen bewußt, daß ich immer Vaterstelle an dir vertreten werde!«

Aber Chimene hatte kein Ohr für tröstende Worte. »Ich habe meinen Vater in seinem Blut liegen sehen«, rief sie klagend, »ihn, der der stärkste Arm Eures Reiches war und ohne den Ihr nicht mehr im Besitz Eures Thrones wäret!«

Als der ehrwürdige Don Diego ihre Klagen hörte, rief er zornig: »Seht, wie er in strahlendem Heldenglanz heimkehrt«, rief er, »seht meinen ruhmgekrönten Sohn Rodrigo, dem die Mauren selber den Ehrennamen El Cid gegeben haben! Hat er nach diesem ruhmvollen Sieg noch eine Strafe verdient? Wäre er nicht höchsten Lohnes würdig? Seid großmütig, edle Chimene, besänftigt Euren tiefen Schmerz, den wir alle achten – und reichet Rodrigo die Hand zur Versöhnung!«

Chimene würdigte den Alten keines Blickes.

»Herr König«, wandte sich da der Greis an Don Fernando, »erinnert Euch an das, was ich, Diego, für Euch und den Bestand Eures Reiches getan habe. Sehet dieses Haupt, das unter Euren Kriegsbannern im Schlachtengetümmel ergraut ist. Es wäre in Schande in die Grube gefahren, wenn Gott mir nicht einen Sohn geschenkt hätte, der für mich eintrat und die Ehre meines Hauses wiederhergestellt hat. Wenn solche Tat eine Strafe verdient, so will ich sie auf mich nehmen, edler Herr. Soll Chimene Genugtuung empfangen, so möge es durch mein Blut geschehen. Aber erhaltet Euch den Arm Rodrigos, der dem Reich unentbehrlich ist!«

Schon lange hatte Don Sancho, einer der besten Ritter am Königshofe, um Chimene geworben. Aber vor Rodrigos Sieg über den Grafen Gomez hatte er nie hoffen dürfen, erhört zu werden. Nun näherte er sich der Schönen von neuem, die er nur scheu aus der Ferne zu verehren gewagt hatte, und bot ihr seine Liebe an.

»Ich will Euch keinen billigen Trost sagen, Herrin«, begann er, »aber wenn Euch mein Schwertarm helfen darf, den Schuldigen zu bestrafen, so macht Ihr mich zum Glücklichsten der Menschen!«

Zögerte Chimene, das Angebot anzunehmen? »Ob nicht der König sich bemühen wird, mir Gerechtigkeit werden zu lassen?« fragte sie unentschlossen zurück.

Doch Don Sancho drängte so sehr auf eine Entscheidung, daß die schöne Chimene einwilligte und ihm ihre Hand zum Lebensbund versprach, wenn er den Mörder ihres Vaters besiegte. Don Sancho ahnte nicht, in welchen Seelenzwiespalt er die edle Jungfrau stürzte. Denn ihr Herz gehörte immer noch Rodrigo, obgleich sie es sich nicht einzugestehen wagte. Doch wie Don Sancho wußte niemand, daß Chimene im tiefsten Herzen den herrlichen Helden liebte. Aber wie er der Ehre seines Hauses die Liebe seines Herzens geopfert hatte, so glaubte auch Chimene in treuer Kindesliebe, daß sie es der Ehre ihres Vaters schuldig sei, ihm ihre Liebe zu opfern.

Vergeblich redete der König ihr zu, sich zur Versöhnung bereit zu zeigen. »Mag Rodrigo auch der ruhmreiche Held sein, der das Vaterland gerettet hat – für mich ist er nichts als der Mörder meines Vaters!« erklärte sie unnachgiebig.

So mußte Rodrigo von neuem das Schwert zur Hand nehmen, um gegen seinen Herausforderer Don Sancho in die Schranken zu treten. Wieder wurde Chimene von schrecklicher Seelenqual gepackt, denn allzu schwer war ihr Schicksal, wie der Zweikampf auch ausgehen würde: Wenn Rodrigo als Sieger hervorging, so hatte ihr erschlagener Vater nicht die rächende Sühne erhalten, die sie für ihn erstrebte. Und unterlag Rodrigo dem Don Sancho, so mußte der Geliebte ihr Verlangen nach Rache mit dem Tode büßen!

Während sie von solchem Widerstreit ihrer Gefühle hin- und hergerissen wurde, trat Don Sancho vor sie: »Ich muß Euch dieses Schwert zu Füßen legen, Herrin ...«

Entsetzt fuhr Chimene zurück. Das Schwert war benetzt mit Don Rodrigos Blut?

Da brach die schöne Jungfrau in laute Klagen aus und beweinte den Tod ihres Geliebten.

Schwere Beschuldigungen stieß sie gegen Don Sancho aus: Nur durch Trug und Verrat habe er seinen Sieg errungen, denn für einen ritterlichen Gegner sei Don Rodrigo unüberwindlich. »Anstatt mich zu rächen, hast du mein Dasein zerstört!« rief sie in ihrem wilden Schmerz aus.

Jetzt erst konnte Don Sancho zu Worte kommen und ihr die Wahrheit offenbaren. In dem harten Zweikampf war er Rodrigos Heldenkraft unterlegen, doch in seinem Edelmut war der Sieger großmütig verfahren; er hatte Don Sancho entwaffnet und sein Leben geschont. »Geh und melde der Dame, für die du eingetreten bist, den Ausgang des Kampfes«, hatte Rodrigo befohlen, »und überbring ihr dein Schwert, das ich dir genommen habe.«

Nun erfuhr jedermann, daß die Liebe der schönen Chimene offenbar geworden war; jedermann wußte jetzt, daß nur dem herrlichen Rodrigo ihre Liebe galt.

Da führte Don Fernando selber ihr den Geliebten zu.

So wurden die Liebenden miteinander vermählt, nachdem das Schicksal ihnen so qualvolle Umwege aufgezwungen hatte. Für seinen König aber blieb Rodrigo Schutz und Schirm des Landes, und er trug fortan den Beinamen »El Cid«, den ihm seine Feinde in höchster Achtung gegeben hatten.

Cid Rodrigo der Befreier

Auf Kastiliens Königsthron saß jetzt Don Alfonso. Als treuen Helfer hatte er den Cid zur Seite, der richtig Rodrigo Diaz hieß, besonnen und klug im Rat und kraftvoll und stark mit dem Schwert, wenn es den Feind abzuwehren galt. Nun hatte der König wieder sein Heer aufbieten und nach Andalusien ziehen müssen, denn die Mauren, die dort eingedrungen waren, bereiteten ihm schwere Sorge. Vergeblich rechnete Alfonso diesmal mit seinem Getreuen, denn der Cid lag auf dem Krankenbett und konnte seinem Herrn nicht zur Seite sein. War ein Feldzug auch ohne ihn möglich?

Die Mauren wußten hierauf eine Antwort, denn als man von der Krankheit des Helden erfuhr, nutzte der König von Toledo die Gelegenheit, mit seinen Kriegern seinerseits zum Angriff vorzugehen. Das Land war in Gefahr. Doch da hielt es Rodrigo Diaz nicht auf seinem Krankenlager. Ob ihn die Ärzte auch abzuhalten versuchten, er ließ sich wappnen, sammelte seine Mannen und stellte sich dem Feind zur Schlacht. Der Maurenfürst konnte der Angriffswucht nicht widerstehen, er mußte weichen. Aus dem Zurückweichen der Mauren wurde Flucht, und der Cid verfolgte die Fliehenden bis vor die schützenden Mauern von Toledo. Riesig war die Beute, die dem Sieger zufiel.

Doch der Maurenfürst trieb arges Spiel mit dem Christen; seine Gesandten beklagten sich bei König Alfonso bitter über die Gewalttaten des Cid. »Ich war ohne alle böse Absicht«, erklärte er. »Besteht nicht ein Friedensvertrag zwischen unseren beiden Völkern? Es war treulos, was dein Feldherr, der Cid, uns angetan hat!«

König Alfonso war tief betroffen über solche Beschuldigung, er ließ sich auch bestimmen von Einflüsterungen der Gegner, die der Cid am Königshof hatte – und verstieß den lauteren Helden, ohne seine Rechtfertigung zu hören, von seinem Hof. Der Cid mußte in die Verbannung gehen. So ungerecht konnte der König handeln.

Der Cid versammelte seine Mannen um sich, um von ihnen Abschied zu nehmen. Doch niemand seiner Getreuen wollte sich von ihm trennen; alle waren gewillt, bei ihm zu bleiben und mit ihm in die Fremde zu gehen.

So bewegte sich der Zug der Heimatverwiesenen aus Bivar. Man dachte, in Burgos erste Aufnahme zu finden, doch dort lag bereits ein königliches Verbot vor, ihn zu beherbergen und zu beköstigen. So nächtigten sie in Zelten vor der Stadt. Martin Antolinez, Cids treuer Gefährte, wußte für Nahrung, Wein und Brot zu sorgen, obwohl er sich damit selbst zum Verfemten machte.

Doch wie sollte man die weiteren Kosten aufbringen? Die Geldmittel des Cid waren erschöpft. Hier galt es klugen Rat. Er ließ zwei mächtige Truhen bauen, ließ sie mit Sand füllen, mit Leder beschlagen und fest verschlossen zunageln. Dann verhandelte Antolinez mit Vidas und Rahel, zwei Juden. Die nahmen den »Schatz« des berühmten Campeador als Pfand gegen klingende Dukaten, sechshundert Mark in Gold und Silber. Die beiden Juden verpflichteten sich auf strengstes Stillschweigen. Öffneten sie die Truhen vor der Zeit des fälligen Zinses, so brauchte der Cid keinen Heller zu zahlen. Rahel küßte dem Cid zum Abschied beide Hände. Alles war in größter Heimlichkeit vor sich gegangen.

Nächstes Ziel des Heerbanns war San Pedro de Cardena, wo der Cid seine Familie antreffen würde; Frau und Töchter waren dort in treuer Obhut des Abtes Don Sancho. Aus dem neuerworbenen Goldschatz konnte der Cid nun ihren Unterhalt bezahlen.

Tränen rannen seiner Frau Chimene aus den Augen, er umarmte sie zum Abschied, drückte die beiden Töchter ans Herz. »Bittet Gott«, stieß er aus, »daß es mir vergönnt sei, einst noch mit eigenen Händen unsere lieben Töchter beide zu vermählen!«

Immer lauter vernahm man den Ruf nach Don Rodrigo. Seit der königliche Verbannungsbefehl im Lande ringsum bekannt war, strömten ihm Scharen von Getreuen zu, stetig wuchs die Zahl derer, die ihn in die Verbannung begleiten wollten. »Ich bitte unseren Herrn im Himmel«, betete der Cid, »euch eure Treue eines Tages entgelten zu können.«

Neun Tage Frist hatte der König dem Verbannten zugestanden, außer Landes zu gehen; sechs waren nun schon
verstrichen. So sehr drängte die Zeit, denn der Weg bis zur
Grenze war noch weit.

Mit dem ersten Hahnenschrei sattelten sie, in der Früh-
messe richtete Chimene noch ein inniges Gebet an den
Schöpfer der Welt, den König der Könige: »Schütz den Cid
vor allem Bösen!«

Es wurde ein tränenreicher Abschied, wußte doch niemand, ob es je ein Wiedersehen geben werde.

Mit lockerem Zügel begann der Ritt des Heerbanns aus
dem Reich Don Alfonsos. Zur Seite des Cid Rodrigo hielten sich Alvar Fanez, einer seiner Treuesten, Per Bermudez,
sein Neffe, und Munos Justioz. Immer mehr Bewaffnete
stellten sich ein, um sich der Fahne des Cid anzuschließen.
Schon nach zwei Tagen war Kastiliens Grenze erreicht.

In Pergueruela war große Rast. Als sich der Cid beim
Dunkelwerden zur Ruhe legte, sah er im Traum einen Engel
vor sich erscheinen. Es war Sankt Gabriel, der ihm guten
Mut zusprach: »Nie ritt einer unter besseren Sternen! Reite
immer frohgemut, Gott begleitet dich durchs Leben!«
Dankbar schlug der Verbannte beim Aufwachen das Kreu-
zeszeichen.

Weiter ging der Ritt, zur Nachtzeit überquerten sie die
Sierra, das unwegsame Gebirge, und ließen damit König
Alfonsos Reich hinter sich. Schon sahen sie vor sich die
Türme einer Stadt – es war Atienza –, die bereits in Mauren-
händen war. Die Sonne stand hoch am Himmel, als der Cid
eine Musterung seines Heerbanns vornahm. Stolz ließ er
die Mannen an sich vorüberziehen. Ohne Fußvolk, nur die
Reiter, zählte er über dreihundert Lanzen, und jeder führte
eine Fahne. Auf den fruchtbaren Almen des Gebirgs-

abhangs wurde Rast gehalten, Mann und Roß zur Erholung. Denn der Cid hatte die Absicht, die Nacht noch durchzureiten. Niemand dachte an Widerspruch, denn alle hatten Vertrauen zu seiner Führung.

Sein vorbedachter Plan kam zur genauen Ausführung, so wie er ihn mit Alvar Fanez besprochen hatte: Dieser zog mit der Vorhut von zweihundert Mannen weiter, um mit überraschendem Vorstoß Beute zu machen. Cid selber dagegen blieb mit hundert Reitern im Hinterhalt vor dem Städtchen Castejón liegen und wartete den Morgen ab.

Als nun der neue Tag herrlich, strahlend aufstieg und sich dort das Alltagsleben regte, als die Türen und Stadttore sich öffneten und die Felder von den Mauren bestellt wurden, brachen Cids Krieger aus dem Hinterhalt hervor. So hatten sie leichten Erfolg. Ungeheure Beute fiel ihnen zu. Schon stürmten auch die Reiter von Alvar Fanez heran und vereinigten sich mit der Nachhut.

Doch der Cid wußte behutsam mit dem Feind umzugehen. Hundert Mauren und ihren Weibern schenkte er die Freiheit. »Sie sollen von mir nicht schlecht denken«, sagte er.

Weil er fürchten mußte, daß König Alfonso ihm nachsetzen werde, drängte er zum Aufbruch. »Mit meinem Herrn und König will und mag ich nicht kämpfen«, erklärte er. Im Triumphzug, reich mit Beute beladen, setzte der Heerbann den Marsch fort. Abwärts ging es jetzt. Sogar Beute machten die Reiter auf ihrem Marsch.

Keiner von den Mauren, die sie hinter sich ließen, konnte ahnen, was der Cid im Schilde führte. Gegenüber der Stadt Alcocer ließ er seine Kämpfer in Ruhe lagern. Dieser Stadt galt sein geplanter Angriff. Alles war zur Belagerung hergerichtet.

Doch der Ruf von dem Eingreifen des Cids war bereits durch das Land gedrungen. Schon begannen die Maurenfürsten, ihm freiwillig Tribut zu zahlen. Doch mit Alcocer hatte er noch keinen Erfolg; bereits nahezu vier Monate lag er vor der Stadt.

Da versuchte der gewandte Feldherr eine Kriegslist. Er ließ sein Zeltlager – bis auf ein Zelt – abbrechen und zog, die Fahne hoch im Wind, flußabwärts. Die Städter – schon begann sich Nahrungsmangel zu zeigen – ahnten nichts Böses und beobachteten diesen Vorgang beglückt, denn für sie war es Flucht, was die Belagerer ihnen boten. Sie dachten, den abziehenden Feind zu überfallen, bevor die Nachbarstadt Terrer ihnen zuvorkäme, und strömten einfältig bei weitgeöffneten Stadttoren aus den Mauern.

Nun hatte der Cid sie auf offenem Feld, wandte seinen Heerbann und ging zum Angriff über. Cid Rodrigo und Alvar Fanez kämpften in der ersten Schlachtreihe. Es wurde ein grausiges Morden. Mit seiner Kriegslist wurde der Cid nun schnell Herr der Stadt. Hoch auf der Zinne des Stadtturms wehte die Fahne der Christen. Unendlich war die Beute.

Hier, in Alcocer, nahm er seinen Sitz. Die Städte ringsum erkannten, wie bedrohlich ihre Lage sei, und sandten Hilfeschreie an Tamin, Angst befiel diesen Maurenfürsten. Es waren drei Emire bei ihm, von denen schickte er sogleich zwei mit starken Streitkräften aus: »Nehmt mir diesen Cid gefangen!« befahl er ihnen.

Die ausgesandten Krieger, an der Spitze die Emire, ritten Tag und Nacht hindurch, Freiwillige stießen zu ihnen. Bald stand die Streitmacht vor Alcocer, wo der Cid sich festgesetzt hatte, und begann die Belagerung. Schon gelang es ihnen, den Spaniern die Wasserversorgung abzuschneiden.

In dieser verzweifelten Lage befahl der Cid einen Ausfall.
Per Bermudez trug die Fahne. Er stürzte sich mitten in die
Feinde, die Kampfgefährten ihm nach. Dreihundert Lanzen blitzten im Angriff, jede fand ihr Opfer.

»Mahoma!« erscholl der Schlachtruf. »Santiago!« scholl
es ihnen entgegen. So riefen die beiden Gegner Mohammed
und Sankt Jakob als ihre Schutzheiligen an.

Die Recken alle schlugen ihre gute Klinge. Als dem Alvar
Fanez das Pferd unter ihm erschlagen wurde und er zu Fuß
weiterkämpfte, eilten ihm die Freunde zu Hilfe. Der Cid
Rodrigo Diaz sprengte auf einen der feindlichen Kämpfer
zu und traf den Mauren durch einen furchtbaren Schwertstreich zu Tode. Dessen edles Streitroß führte er dem
Freunde zu: »Alvar Fanez! Auf, zu Pferde!« rief der Cid
dem Kampfgefährten aufmunternd zu.

In dem Maurenfürsten Farez fand der Cid einen neuen
Gegner. Schwer getroffen löste der Emir die Zügel und floh
aus dem Kampfgetümmel. Auch der zweite Maurenführer,
der Emir Garve, entging seinem Schicksal nicht. Antolinez
versetzte dem Gegner so harte Schwertstreiche, daß er sich
zur Flucht wandte.

Welch großer Tag für alle christlichen Kämpfer wurde es,
als sie überall die Mauren fliehen sahen, Cid Rodrigos Mannen ihnen auf den Fersen. Unzählbar sind die Kämpfer, die
in dieser Schlacht erschlagen wurden. Cids Mannen machten ungeheure Beute.

Wieder war es ein triumphaler Sieg für Cid Rodrigo, sein
Ruhm drang in alle Lande. Wieder schickte er einen Boten –
es war wieder der Freund Alvar Fanez – an König Alfonso
und ließ ihm einen Teil der riesigen Beute überbringen,
dreißig Pferde, an deren Sattel jeweils ein kostbares Schwert
hing. Einen Stiefel voll Gold schickte er an das Gotteshaus

Sankt Marien zu Burgos; dafür sollten tausend Messen gelesen werden. »Was dabei übrigbleibt«, ließ er den Boten ausrichten, »das gebt meinem Weib und den Töchtern. Sagt ihnen, daß sie für mich beten sollen!«

Die Städte ringsum mußten jetzt die Überlegenheit ihrer christlichen Feinde anerkennen, schlossen mit dem Cid Verträge und zahlten ihm Tribut. Für dreitausend Silberstücke waren sie bereit, die Stadt Alcocer zurückzukaufen. So konnte der Cid die Dienste seiner Vasallen vergüten; da war nicht einer, der arm geblieben wäre.

Doch die Einwohner von Alcocer trauerten ihrem Herrn nach: »Unser Gebet begleitet dich, Cid, der du unser Herr bist, voll Gnade und Frieden.« Weinen und Schluchzen begleiteten seinen Aufbruch, so beliebt hatte er sich bei den Mauren, Männern und Weibern, gemacht.

Flußabwärts ging der Ritt. Die Städte, die sich ihm entgegensetzten, machte er sich tributpflichtig. Alvar Fanez, der Überbringer der Geschenke, sagte dem König Alfonso den Dank seines Herrn Cid.

»Doch den Verbannten in Gnaden aufzunehmen«, erklärte der König, »dazu ist es noch zu früh!«

Cid Rodrigo Diaz hatte auf der Anhöhe sein Lager aufgeschlagen und beherrschte das Land weithin. Bis nach Zaragossa flog der Ruhm seiner Taten; auch die berühmte Stadt zahlte ihm Tribut.

Mit einer großen Schar freiwilliger Kämpfer erschien Alvar Fanez zurück. Cid vernahm die Botschaft seines Königs, die ihn betraf, und in seiner Freude ritt er mit zweihundert seiner Reiter die ganze Nacht hindurch, er plünderte das Land von Alcaniz. Mit reicher Beute kehrte er ins Lager zurück und ließ die Umgebung in der Furcht zurück, es könne ihnen ein gleiches Schicksal zufallen.

Froh waren die Einwohner der Stadt Zaragossa, die sich durch ihre Tributzahlungen frei von Furcht wußten.

»Weiter ziehen wir, immer weiter!« Das war die Mahnung Cids an seine Mannen zu rüstigem Tun. So verließen sie mit der Morgenröte das Lager, und es eilte ihnen das Gerücht voraus, daß der Flüchtling von Kastilien wiederum schweren Schaden angerichtet habe.

Davon hörte auch der Graf von Barcelona. Unwillig vernahm er, daß der Cid unbehelligt in seinen Landen umherzog. Zahlreich waren die Kriegerscharen, die bereit waren, ihm zu helfen, den Cid Rodrigo niederzuzwingen. Eine Feldschlacht war unvermeidlich.

Der Cid war zuversichtlich: »Mit nur hundert Reitern schlagen wir die Haufen unseres Feindes. Noch bevor sie in die Ebene kommen, zeigen wir ihnen unsere Lanzen. Der Graf wird einsehen, wen er hier zu jagen dachte.«

Die Kämpfer des Grafen von Barcelona stürmten bergabwärts. In der Mulde eines Abhangs gab Cid Rodrigo sein Zeichen zum Angriff. Die Mannen folgten sogleich voll Kampfgeist und wußten ihre Waffen wohl zu gebrauchen. Sieger in diesem Streit blieb der Cid. Graf Ramón ging gefangen aus der Feldschlacht. Auch sein Schwert Colada hatte der Sieger ihm abgenommen. Doch der zeigte sich großmütig gegenüber dem Unterlegenen. Er bot ihm von den Speisen an, die man dem Siegreichen bereitet hatte, doch Graf Ramón ließ sich nicht bewegen, davon zu kosten. Verächtlich ließ er alles unberührt, so sehr bedrückte es ihn, daß er von »dem mit den schlechten Hosen« im Kampf besiegt war.

Cid Rodrigo Diaz zeigte sich unbeeindruckt. Er forderte den Grafen nochmal auf zu essen und zu trinken. »Tut Ihr nach meinem Geheiß, so sollt Ihr nicht in Gefangenschaft bleiben. Weigert Ihr Euch, verbleibt Ihr den Rest Eures Lebens fensterlos im Dunkel.«

Doch der Maurengraf blieb bei seiner Weigerung. Länger als drei Tage mühte man sich vergeblich, ihn zur Einsicht zu bringen. Erst am vierten Tag ließ er von seinem Trotz und aß gemeinsam mit den zwei Rittern, die der Cid ihm als Begleiter in die Freiheit lassen würde.

Der Graf aß. Wie aß er! So als hätte er noch nie gegessen. Zufrieden betrachtete der Cid seinen Gast.

»Besser habe ich niemals und mit größerer Lust gegessen«, bekannte Graf Ramón. Zufrieden, bis zum Lagerausgang begleitet von seinem Gastgeber und ausgestattet mit guter Bekleidung, ritt der Graf in die Freiheit.

»Solltet Ihr eines Tages auf den Gedanken kommen, Euch an mir zu rächen«, rief der Cid ihm höhnisch nach, »so werdet Ihr sicherlich wiederum mancherlei Eurer Habe in meinen Händen lassen...«

Doch der Maure winkte lächelnd ab: »Ein zweiter Besuch bei Euch würde mir nicht im Traum einfallen!« Damit war er davon.

Der Heimatlose wandte sich neuen Zielen zu. Sein Heerbann marschierte durch das Maurenland, dem Salzmeer zu, dorthin, wo die Sonne aufgeht. Schon hatte er zahlreiche Städte, die am Wege lagen, eingenommen. Er fühlte sich von Gottes Hilfe getragen, sein Vaterland von den Fremden zu befreien.

In der Stadt Valencia herrschte Angst und Verzweiflung. Eilig kam der Rat zu dem Entschluß, dem gefährlichen Feind entgegenzutreten. In der Ebene von Murviedo schlugen Valenzianer ihre Feldlager auf. Der Cid war sich bewußt, daß es um eine schwere Entscheidung ging.

Würde er weiterhin im Land der Mauren umherziehen
können?

Alvar Fanez brachte einen Vorschlag: »Gebt mir hundert
Reiter, mit denen ich mich abseits halte. Wenn Ihr zum
Angriff vorgeht, werde ich von der anderen Seite eingrei-
fen. Ich bin gewiß: Das Feld ist unser!«

So geschah es. Als Fanez überraschend von der Seite her
eingriff, waren die Mauren verloren. Ihre letzte Hoffnung
lag in den Hufen ihrer Pferde. Bis an die Stadtmauern von
Valencia hetzten die siegreichen Verfolger ihnen auf den
Fersen. Riesige Schätze brachte Cid Rodrigo Diaz als Beu-
tegut in Murviedo ein.

Immer größer wuchs sein Ruhm. Seine Reiter kämpften
bereits am Strand des Meeres.

Mit Eroberungen und Kämpfen waren drei Jahre vergangen. In Valencia ging weiterhin die Angst um. Von ihrem
fruchtbaren Vorland abgetrennt, litten die Städter großen
Mangel. In ihrer Bedrängnis sandten sie einen Hilferuf an
den König von Marokko, doch der konnte ihnen in ihrem
Elend nicht helfen.

Der Cid nutzte diese Notlage der Stadt und sandte Boten
weit herum, um Kämpfer anzuwerben. Er wollte Valencia
belagern. »Wer an meiner Seite die Stadt für die Christenheit zurückerobern will, ist mir als Kampfgenosse willkommen«, ließ er ausrufen.

Viele folgten dem Ruf und zogen mit ihm gegen die Stadt.
Im neunten Monat der Belagerung konnte sie sich gegen
den Eisenring der Einschließung nicht mehr erwehren und
mußte sich den Angreifern ergeben. Auf der Höhe des Alcazar Valencias war die Fahne des Siegers aufgepflanzt. Alle
Kämpfer erhielten an der riesigen Beute ihren Anteil und
wurden reich.

Die Nachricht von dem Fall Valencias drang durch die Lande und gelangte zu Ohren des Königs von Sevilla. Zornig brachte er 30 000 Krieger auf, um die Maurenstadt zu entsetzen. Bis vor ihre Tore konnte er vorstoßen. Doch der Cid faßte den eindringenden Gegner und trieb ihn bis zum Jucor zurück; der Strom erfaßte die Mauren, daß sie Wasser schlucken mußten. Als sich der König selber, verwundet durch drei Schwerthiebe, zur Flucht wandte, war die Schlacht für die Mauren verloren. Die Beute, mit der der Sieger heimkehrte, war diesmal noch größer als der Reichtum, den der Fall von Valencia ihnen einbrachte. Alle seine Mitkämpfer konnte der Cid reichlich entlohnen.

Als der treue Campeador von seinem König Alfonso in die Verbannung geschickt wurde, hatte er geschworen, Haar und Bart nicht mehr zu schneiden, bis ihm Gerechtigkeit würde. »Um die Liebe meines Königs, der mich des Landes verwiesen hat«, erklärte er damals, »und als Zeichen meiner Treue um die heißgeliebte Heimat soll keine Schere mich berühren, bis ich wieder in die Heimat zurückkehren darf.«

Wieder wurde der treue Alvar Fanez in das königliche Kastilien zu Alfonso geschickt. Als Angebinde übergab er dem König hundert Rosse aus der Beute. Im Namen des Campeador bat er den König um die Erlaubnis, Frau und Töchter zu sich in das eroberte Valencia kommen zu lassen. Auch das Kloster San Pedro und den Abt Don Sancho bedachte er mit stattlichen Geschenken.

Unter den Freiwilligen, die zu dem Heerbann des Cid stießen, war auch ein guter Priester namens Jeronimo, ein großer Schriftgelehrter und tapferer Ritter. Cid Rodrigo Diaz machte den streitbaren Gottesmann zum Oberhirten des Bistums Valencia, das er in der neuen Mark gründete. Auch davon sollte Alvar Fanez dem König Kunde geben.

Am Königshof waren zwei Infanten, Don Fernando und Don Diego. Sie waren bei der Kunde von den Erfolgen des Cid aufmerksam geworden: »Würden wir uns mit seinen Töchtern vermählen, so ergäbe das für uns eine reiche Beute«, überlegten sie sich.

Inzwischen bereitete Alvar Fanez alles für die Reise der Damen vor, kaufte stattliche Kleider und stellte ein Ehrengeleit auf, zu dem auch Cids Freund Abengalbon, der ein Maure war, gehörte.

Für den Cid bedeutete es höchste Glückseligkeit, die Seinen bei sich zu haben. Er war ihnen entgegengeritten, um gemeinsam mit ihnen in Valencia einzuziehen.

»Ihr, Chimene, hochverehrte, liebe Frau, und meine beiden Töchter, mein ein und alles«, rief er ihnen entgegen, »tretet in das Haus nun, das von jetzt an Euer Heim ist, Euer Erbe!« Mit ihnen stieg er auf den Alcazar, die Augen konnten sich nicht sattsehen an dem Anblick der Stadt zu ihren Füßen und der Pracht der Landschaft, in der sie eingebettet war mit dem Grün der Gärten, zur Seite das Meer.

Wenige Tage darauf standen sie wieder auf dem höchsten Turm des Alcazar. Nicht auf die Landschaft schauten sie, sondern auf die Fülle der Zelte, die vor der Stadt aufgeschlagen waren. Jucef, der König von Mauretanien, empfand das siegreiche Vorgehen des Cid als Ärgernis und war übers Meer gekommen, ihn aus Valencia zu vertreiben. 50 000 Krieger hatte er zu einem Feldzug eingeschifft.

Den Cid konnte der feindliche Aufmarsch nicht schrekken. »Jetzt müssen Frau und Töchter mit eigenen Augen erleben, wie der Vater für seine Familie um eine neue Heimstatt kämpft. Das wird unsere Habe mehren«, sagte er zuversichtlich und scherzte mit seiner Frau: »Kaum bist du hier eingetroffen, da bringen sie dir schon Willkommensgeschenke und für die Hochzeit unserer Töchter den Brautschatz!« So hieß er seine Lieben guten Mutes sein und von Angst und Sorgen lassen.

Die Mauren waren vorwärts gestürmt, doch der Cid ließ seine Mannen in einem Ausfall aus der Stadt hervorbrechen; mit harten Schlägen warfen sie den Gegner nieder und ließen fünfhundert erschlagene Feinde hinter sich. »War der Tag uns heute gnädig«, spornte der Cid seine Mannen an, »so wird es morgen noch besser gehen.«

Wieder sonderte der Campeador eine Gruppe von hundertunddreißig Reitern unter der Führung des tapferen Alvar Fanez ab; sie sollten den Feind in der Flanke packen. Schon dieser zweite Tag brachte die Entscheidung. Vorkämpfer war wieder der Cid. Hier erlebte er aufs neue, was sein Streitroß, das ja ein Beutestück war, ihm bedeutete.

In dem wilden Kampfgetümmel stieß er auf den König Jucef, doch der Maurenkönig konnte seinem Schwert durch die Flucht entgehen.

Ungeheuer war wieder die Beute, die in den Händen der Sieger blieb. Über tausend herrliche Rosse waren es, die man aufgreifen konnte. Auch das Lager der Mauren wurde eingenommen. König Jucefs Zelt war das kostbarste; von zwei Stangen aus reinem Gold wurde es gestützt. Der Cid befahl, es an Ort und Stelle zu belassen. »So wie es da steht, will ich es meinem König schenken«, erklärte er. »Es mag Don Alfonso Zeugnis geben, was man zu Recht von den Taten Cid Rodrigos berichtet.«

In Valencia stieg der Jubel über den gewaltigen Sieg bis zum Himmel. Jeder der Einwohner war reich geworden, denn der Cid hatte die riesige Beute großzügig aufgeteilt.

Besonders bedachte er Minaya Fanez, seinen unermüdlichen Feldhauptmann, der sich bescheiden zurückhielt.
»Von dem Fünftel, das mir zufällt«, erklärte ihm der Cid,
»nimm du, was dein Gefallen erregt! Du hast es verdient!«

Wieder mußte der treue Kampfgefährte zum König reiten, um Cids Geschenke zu überbringen. »Ich danke es
meinem König«, sagte er, »daß er mir meine Frau und die
beiden heißgeliebten Töchter gnädig zugeschickt hat.«

Alvar Minaya Fanez führte Cids Befehl sogleich aus. Zu
seiner Hilfe hatte Cid ihm noch den wackeren Per Bermudez zugeteilt. Mit zweihundert Reitern brachen sie in der
Morgenfrühe auf, führten mit sich die dem König zuge-
dachten zweihundert Beutepferde sowie große Schätze. Sie
ritten Tag und Nacht durch und gönnten sich nicht Rast
noch Ruh, überquerten das Sierra-Gebirge und trafen
König Alfonso in Valladolid an. Mit heiterer Miene nahm
dieser die Königsboten auf, die ihm ehrerbietig, stattlich
wie ein Heerbann, gegenübertraten und ihren Auftrag mit
wohlgesetzter Rede ausrichteten.

Neiderfüllt erlebte Graf Ordonez diese Szene, die das
Ansehen des Cid so deutlich machte; der Graf, der zu
König Alfonsos Hofstaat gehörte, war ein Feind des Cid.
»Durch die Ehre, die ihm zuteil wird«, zürnte er vor seinen
Anverwandten, ebenfalls Feinden Cids, »können wir nur
kleiner werden.«

Voller Mißgunst blickten auch die beiden Infanten auf
die Gunstbezeigungen, die König Alfonso dem erfolg-
reichen Cid erwies. Bei ihrer königlichen Abkunft verach-
teten sie ihn, der nicht vom alten Adel war, dachten aber
trotzdem, an seinem Erfolg teilzuhaben.

»Cid Rodrigos Geschäfte«, sagten sie sich, »haben guten
Wind im Segel. Wir sollten um seine Töchter werben, um

uns mit ihnen zu vermählen. Das kann uns nur Ehre und Ansehen einbringen, dazu großen Reichtum.«

Schlau beschlossen sie, den König um seine Erlaubnis und zugleich um seine Fürsprache zu bitten. Lange saß Don Alfonso in tiefem Nachdenken: »Ich habe Cid Rodrigo aus meinem Land vertrieben«, sagte er. »Heute weiß ich, daß ich ihm damals Unrecht tat. Und seine Antwort? Er hat inzwischen für meine Ehre gekämpft. Ob er einer Hochzeit freudig zustimmt, ist mir fraglich. Doch wenn es Euer Wille ist, will ich es versuchen.«

Er ließ Alvar Fanez und Per Bermudez, die sich zur Rückreise rüsteten, zu sich rufen. »Cid Rodrigo hat mir großen Dienst erwiesen«, begann der König. »Meine Gnade ist ihm sicher, so wie er es um mich verdient hat. Wenn er mich hier am Königshof besuchen will, wird er Neues vernehmen: Die Infanten Don Fernando und Don Diego von Carrión haben den Wunsch, sich mit seinen beiden Töchtern zu vermählen. Überbringt ihr dem Cid Rodrigo Diaz folgendes: ›Für ihn wird die Hochzeit eine große Ehre bedeuten, und sein Ansehen wird wachsen, wenn er verwandtschaftlich mit den beiden jungen Grafen verbunden ist.‹ Das sollt ihr dem Cid vermelden.«

Die beiden Abgesandten versprachen, die Botschaft getreulich zu überbringen, und machten sich mit ihrer Schar auf den Rückweg nach Valencia.

Als der Cid von ihrem Nahen vernahm, ritt er ihnen entgegen und umarmte sie froh: »Selten sah man auf dieser Erde solche Männer, wie ihr es seid. Welche Nachricht habt ihr mir zu überbringen?«

Minaya Alvar Fanez nahm das Wort: »Froh von Herzen und voller Zufriedenheit hat der König sie angenommen.« Alfonso, so berichtete der treue Fanez, lasse ihm den Aus-

druck königlicher Gnade übermitteln. Dann überbrachte
er als Botschaft des Königs die Bitte an den Cid, seine Töchter mit den Grafen zu vermählen. »Ehre soll die Ehe bringen, und Euer Ansehen wird sich mehren«, betonten die
beiden und legten ihm den Rat des Königs aus voller Seele
ans Herz.

Der Cid verharrte eine lange Weile schweigend in tiefen
Gedanken. »Aus dem Lande mußte ich gehen, arm und aller
Ehren beraubt. Was ich jetzt besitze, habe ich mir selbst
erworben. Gott dem Schöpfer muß ich danken, daß mein
König mich begnadigt. Jetzt will er meine Töchter für die
Infanten . . .« Er saß in herben Zweifeln wegen der Standesunterschiede. »Die Grafen sind von hohem Adel und Standesstolz. Diese Hochzeit mißfällt mir sehr; doch rät mir der
König selbst dazu, so müssen wir es überdenken. Daß Gott
uns erleuchten möge!«

Als der Cid von dem Entgegenkommen des Königs erfuhr, er wolle sich mit ihm an einem Ort treffen, den der Cid
bestimme, und zu einem Zeitpunkt seiner Angabe, erklärte
der Cid beglückt: »Froh ist mein Herz.« Seine Entscheidung war gefallen.

So gingen sogleich die Briefe, überbracht von zwei
schnellen Reitern, zum König ab. An dem Ufer des Tajo
sollte das Treffen sie vereinen. König Alfonso war einverstanden, ließ den Cid Rodrigo grüßen. In drei Wochen
sollte die Begegnung stattfinden.

Niemals sah man in Kastilien so viele lastentragende Esel,
so viel gutgebaute, ansehnliche Pagen, so viel stattliche
Rosse, gute Renner ohne Fehl, flatternde Fahnen und
goldene Verzierungen, auch Stoffe aus Ägypten, prächtige
Mäntel, wertvolle Pelze. Am Flußufer hatte man den Platz
bereitet, es herrschte ein Überfluß an Speisen.

Und dann erschien der König mit zahlreichem Gefolge. Auch die Infanten kamen fröhlich angereist; sie ließen es an nichts fehlen und machten unbekümmert Schulden. Nach der Hochzeit, dachten sie, haben wir Geld in Fülle.

Es war eine ungeheure Zahl von Menschen aus León und aus Kastilien, die sich hier festlich vereinten.

In Valencia hatte der Cid seine Begleiter zusammengerufen und seine Vorbereitungen getroffen. Packesel schleppten die Lasten, blühende Jugend in farbenfrohen Festgewändern hastete umher, eine Fülle von prächtigen Waffen bot sich den Blicken, treffliche Rosse, teure Pelze. Dort waren Cids Getreue zur Stelle: Alvar Fanez und sein Neffe Per Bermudez, Martin Antolinez, der treue Freund aus Burgos, und viele andere, die ihm treue Vasallen waren, erschienen dort, ihren Herrn festlich zu begleiten. Wohlgesichert ließ er seine Stadt Valencia in der Obhut zweier treuer Vasallen. Im Alcazar blieben Frau und Töchter, die ihm seine Seele und sein Herz waren.

Als der Cid mit seinen Vasallen in die Nähe des Versammlungsortes kam, war der König bereits zur Stelle und kam ihm entgegengeritten, um ihn mit ehrendem Einzug zu begrüßen. Tränen der Rührung vergoß der Cid, als er dem König gegenüberstand.

»Küßt mir die Hände, mein Cid, und erhebt Euch, doch Ihr dürft mir nicht die Füße küssen.«

Der Cid blieb auf den Knien. »Um Gnade, Herr, flehe ich Euch an. Ich bitte Euch, gebt mir Eure Liebe zurück, daß alle es hören mögen!«

»Von ganzem Herzen«, erwiderte der König. »Hiermit habe ich Euch verziehen, ich schenke Euch meine Liebe. Von heute an heiße ich Euch in den Ländern meines Reiches willkommen!«

Immer noch auf den Knien, dankte ihm der Cid und küßte dem König die Hände. Dann erhob er sich und gab ihm einen Kuß auf die Lippen. Alle Anwesenden sahen diese Versöhnungsszene mit Rührung.

Nun erschienen die Infanten von Carrión. »Grüß Euch, Cid, den Wohlgeborenen!« riefen sie ihm entgegen.

König Alfonso war unermüdlich, seinem Gast alle Ehren zu erweisen; er wich ihm nicht von der Seite. Liebevoll betrachtete er den stattlichen Bart des gewaltigen Mannes.

Als am nächsten Morgen nach dem strahlenden Sonnenaufgang der Bischof Jeronimo die Messe gelesen hatte, sprach der König zum Volk: »Höret mich, ihr Krieger, ihr Grafen, ihr mutigen Knappen! Ich spreche meinem Cid Rodrigo Diaz jetzt einen Wunsch aus – will es Gott, zu seinem Wohl. Für die Grafen, die Infanten, werbe ich um die Hände Eurer Töchter, Dona Sol, Dona Elvira. Ich werbe zur heiligen Ehe. Die Verbindung erscheint mir ehrenvoll und nützlich, der Schöpfer möge Euch Eure Bereitschaft danken!« Der Geistliche stimmte zu.

Die Infanten erhoben sich, um ihm die Hände zu küssen. Auch der König war des Dankes voll: »Vor allem Dank sei unserem Schöpfer droben, daß Ihr mir Eure Töchter für die Infanten gebt, Rodrigo.«

Damit vollzog König Alfonso die Feierlichkeit und vermählte Dona Sol und Dona Elvira mit den beiden Freiern. »Hier, mein Cid«, sagte er, »nehmet die Infanten als Eure Söhne auf und laßt sie jetzt mit Euch ziehen. Eurem Willen sind sie von heute an untertan.« Dreihundert Mark in Silber fügte er als sein Hochzeitsgeschenk bei.

Tags darauf in der Morgenfrühe ging man auseinander. Vorher noch gab es eine Überraschung, als der Cid dem Volk eine Riesenspende übergab. Lasttiere und edle Rosse, prächtige Kleider und kostbare Stoffe ließ er verteilen; jeder durfte wählen.

Großartige Festtage fanden so ein Ende. Eine herzliche Versöhnung hatte es gegeben, die Hochzeit der Töchter stand bevor.

»Meinem Herrn im Himmel droben empfehle ich Euch zum Abschied«, sagte der König mit innigem Händedruck.

Der Cid schwang sich auf Babieca, sein Streitroß. »Hier verkünde ich!« rief er: »Wer zur Hochzeit meiner Töchter erscheinen will, der komme mit mir! Keiner wird es bereuen!« Seine Gefolgschaft wuchs an, die des Königs wurde geringer.

So begab sich der Cid auf den Heimweg nach Valencia. Dort gab es eine herzliche Begrüßung mit Chimene und den beiden Töchtern.

»Edle Frau«, sagte er glücklich, »mit mir bringe ich Euch zwei Schwiegersöhne vom Adel. Und ihr, meine lieben Töchter, dürft wissen, daß ihr beide gut vermählt werdet. Aber nicht eurem Vater habt ihr es zu danken, sondern unserem König. Er selbst hat bittend um euch geworben, dem konnte ich nicht widerstehen.«

Alles wurde prachtvoll für die Hochzeit vorbereitet, der Palast geschmückt, der nackte Boden abgedeckt, die Wände mit Teppichen verhangen, die Säle mit Seide und mit Purpur geschmückt. Im Kreis seiner Vasallen empfing der Cid dann seine Schwiegersöhne und ließ sie seinen Töchtern zur heiligen Ehe zuführen.

Jeder der Infanten nahm liebevoll die Gattin entgegen. Sie küßten dem Cid und seiner Gattin die Hände, und alle begaben sich vom Palast zur Marienkirche, wo der Bischof Jeronimo am Portal den Zug der Gäste erwartete. Er sang die Messe und segnete die beiden Hochzeitspaare ein.

Es folgten dann glänzende Waffenspiele auf dem Turnierplatz Valencias. Dreimal mußte der Cid die Pferde
wechseln, so heftig waren die Kämpfe. Mit Freude erlebte
er, wie die zwei Infanten ihre Reiterkünste zeigten.

Im Alcazar wurde dann die Hochzeit gefeiert, fünfzehn
Tage lang. Mit reichen Geschenken entließ der Cid seine
Gäste. Überall erklang laut das Lob des Campeadors.

Glücklich und in ungetrübtem Frieden lebte nun der Cid
mit den Seinen in der schönen Stadt Valencia. Einst – es war
zur heißen Mittagsstunde – ruhte er auf seinem Lager, als
man eine böse Überraschung erlebte. Ein Löwe war aus
dem Käfig ausgebrochen! Angst und Schrecken verbreitete
sich am ganzen Hof. Alle suchten voller Erregung Schutz,
wo der Cid ganz friedlich auf seinem Ruhelager schlum-
merte.

Die Infanten beide waren schreckerfüllt und zeigten sich
wenig heldenhaft: Don Fernando schlüpfte zähneklap-
pernd unters Bett, Don Diego verzweifelte: »Niemals
werde ich Carrión wiedersehen!« und kroch hinter einen
Balken der Traubenpresse.

Voller Verwunderung blickte der Cid, der durch die Unruhe um ihn her aus dem Schlaf gerissen wurde, auf das Gesinde, das sich hilfesuchend um sein Lager geflüchtet hatte.

»Der Löwe...!« stammelten sie. Der Cid richtete sich
auf, warf eilig den Mantel um und ging zornigen Blicks auf
die Suche. Auge in Auge mit ihm zuckte das Raubtier
zusammen und ließ das Haupt mit der furchtbaren Mähne
sinken. Unerschrocken packte der Cid den Löwen, zerrte
ihn mit sich und stieß ihn in den Käfig. Alle Umstehenden
staunten bei dieser mutigen Tat wie über ein Wunder.

»Wo sind meine Schwiegersöhne?« rief er unwillig. Niemals hörte man am Königshof so viel Spott wie nun, als die beiden Feiglinge, bleich und schlotternd, aus ihrem Versteck hervorkrochen.

»Kein Wort mehr darüber!« gebot der Cid. Die Infanten zeigten sich beschämt und arg beleidigt über das Vorgefallene. Ihr Kummer sollte sich noch erhöhen, als die Mauren aus Marokko wiederum versuchten, den verlorenen Besitz zurückzugewinnen: Wieder waren sie übers Meer gekommen und gegen Valencia vorgerückt. Es war König Bukar, der mit 50 000 Mann sein Zeltlager vor der Stadt aufschlug.

Der Cid und seine Vasallen zeigten nur Freude über diese Annäherung.

»Das bringt wieder große Beute«, sagte der Cid Rodrigo zuversichtlich, »für die wir unserem Gott zu danken haben.«

Doch die Infanten sahen die Vielzahl der Maurenzelte mit banger Sorge: »Diesmal können wir einem Kampf nicht ausweichen. Niemals werden wir unsere Heimat Carrión wiedersehen; die Töchter Cid Rodrigos lassen wir als Witwen zurück!«

Sie hatten nur im geheimen so gesprochen, doch man hatte ihr Gespräch belauscht und hinterbrachte ihre Worte dem Cid. Sogleich suchte er sie auf: »Gott zum Gruße, Schwiegersöhne«, sprach er sie an, »Gatten meiner beiden Töchter. Während ich an die bevorstehende Schlacht denke, sind eure Gedanken bei friedlichem Dasein. Bleibt ihr mir also getrost im sicheren Schutz der Mauern von Valencia, während wir, mit den Mauren unsere Klingen kreuzend, unser Leben einsetzen. Ich werde den Feind auch ohne eure Mithilfe bezwingen!«

Gesandte des Maurenkönigs Bukar überbrachten dem Cid als Botschaft ihres Königs, er solle Valencia räumen.

»Sagt eurem Herrn«, war dessen Antwort: »Noch bevor drei Tage vergangen sind, soll er empfangen, was er verlangt.«

Tags darauf stieß Cid mit seinen Vasallen zum Angriff vor. Die Infanten von Carrión, beschämt über ihr Verhalten bei dem Erscheinen des Löwen, baten um einen Platz in vorderster Linie, und so ritt Don Fernando voraus und griff einen Mauren namens Aladraf an, der ihm gegenüber war. Doch als der Maure ihn anritt, fuhr dem Infanten solch ein Schrecken in die Glieder, daß er sein Streitroß herumriß und die Flucht ergriff, ohne sich dem Gegner zu stellen.

Der tapfere Per Bermudez, der in der Nähe war, nahm den Zweikampf mit dem Mauren auf und schlug ihn aus dem Sattel. Mit dessen Pferd sprengte er dem flüchtigen Infanten nach und übergab ihm den Zügel: »Don Fernando«, rief er ihm zu, »nehmt dieses Roß und erzählet allen, daß Ihr den Mauren, dem dieses Roß gehörte, im Kampf erschlagen habt. Und nennet mich als Euren Zeugen.« Ganz überrascht sagte Don Fernando dem tapferen Krieger seinen Dank.

Zufrieden und mit Vergnügen vernahm der Cid diese Nachricht. »Nun habe ich die Hoffnung, daß meine Söhne doch noch wackere Krieger werden.«

Die feindlichen Scharen standen einander gegenüber, schauerlich dröhnten die Trommeln der Mauren über das Feld hin. Den kampferprobten Christen konnten sie nicht zusetzen, doch Don Diego und Don Fernando, die ja niemals freiwillig in den Kampf gezogen wären, vernahmen das Getöse mit tödlichem Erschrecken.

Wunder an Tapferkeit vollbrachte der kämpferische Bischof Jeronimo. Als er in Bedrängnis geriet, ritt der Cid selber auf seinem Renner Babieca an, um den Freund freizukämpfen. Bis zum Zeltlager der Mauren drangen Cids Kämpfer vor und trieben Bukars stolze Krieger aus dem Lager hinaus; ohne Hast blieben sie ihnen auf den Fersen. Es war ein grausiges Morden, das sich über sieben Meilen erstreckte:

Cid Rodrigo holte im Kampfgetümmel den König Bukar ein und stellte ihn. »Kehr dich mir zu, König Bukar«, rief er. »Übers Meer bist du gekommen, um mich, den Cid im langen Bart, zu treffen. So laß uns nun mit einem Kuß unsere Freundschaft besiegeln! Genug des grausigen Mordens!«

Doch Bukar war anderer Meinung. »Allah möge mich vor deiner Freundschaft schützen!« schrie er. »Du willst dein Schwert gewaltsam an mir erproben. Läßt mein Streitroß mich im Sattel, so wirst du mir nicht nahe kommen!« Damit wandte er sich in Riesensätzen zur Flucht zum Strand hin.

Doch Cids gutes Pferd Babieca nahm das Rennen auf, und drei Ellen vor dem Meer hatte es ihn eingeholt. Cid ließ sein Schwert sausen und spaltete dem König das Haupt. Als Siegesbeute gewann er hier Tison, das kostbare Schwert des Maurenkönigs.

Wieder trug diese Feldschlacht zum Ruhm des Cid Rodrigo Diaz bei und brachte ihm große Ehre ein.

Stolz kehrten die Sieger vom Schlachtfeld heim. Ungeheure Beute gab es dort zu plündern. Der Cid begrüßte die überlebenden Kampfgenossen, mit besonderer Freude aber seine Schwiegersöhne, die sich so wacker geschlagen hätten.

»In eurer Heimat Carrión wird man euch rühmen«, rief er ihnen zu. Die zwei Infanten hielten es für Spott und grollten, aber in der Tat war kein Zeuge vorhanden, der sie im Kampfgetümmel gesehen hatte. Wenn der Cid sie lobte, folgten Spott und Gelächter der Vasallen, und das führte dazu, daß die beiden sich zornig zurückzogen und heimlich böse Pläne schmiedeten.

So beschlossen sie, ins heimatliche Carrión zurückzukehren. Dem Schwiegervater wollten sie angeben, ihren angetrauten Ehefrauen dort ihre Ländereien zeigen zu wollen. »Haben wir sie erst aus dem Machtbereich des Cid«, sagten sie sich, »handeln wir an ihnen nach unserem Belieben, ehe sie uns die Geschichte mit dem Löwen vorhalten können.« Sie rühmten sich ihrer adligen Herkunft. »Der Töchter des Cid spotten wir. Wir könnten uns mit des Kaisers Töchtern vermählen.«

Als sie dem Cid von ihren Reiseplänen sagten, hatte er ihrer Bitte, die Töchter nach Carrión zu führen, nichts entgegenzusetzen. Er ahnte nicht den Verrat, den sie im Sinne hatten, und überhäufte sie noch mit reichen Geschenken. Nach innigem Abschied der Töchter setzte der Reisezug sich in Bewegung.

Der Cid blickte ihnen bewegt nach. Würde Kummer seine Freude trüben? Würde die Ehe nicht makellos bleiben? Zu spät zeigten sich diese Bedenken.

Als der Zug der Reisenden in Molina bei Cids Freund Abengalbon Rast machte, begannen die Infanten, die geplante Schandtat auszuhecken. Der Gastgeber zeigte ihnen stolz seine Schatzkammern und weckte ihre Begierde: »Da wir schon beschlossen haben, uns von unseren Ehefrauen zu trennen, sollten wir auch diesen Mauren umbringen. All sein Besitz ist dann unser.«

Ein sprachkundiger Maure hatte den schändlichen Anschlag vernommen und eilte zu Abengalbon. Mit zweihundert seiner Leute stellte er die Infanten zur Rede. »Hielte mich nicht die Rücksicht auf meinen Freund Cid zurück«, schleuderte er ihnen entgegen, »würde die ganze Welt noch lange von der Strafe reden, die ich an euch vollzöge. Ihr beide würdet dann Carrión nie wiedersehen. In meinen Augen seid ihr Schurken und Verräter. Euch beiden«, wandte er sich dann an die zwei Ehefrauen, »wünsche ich, daß eurem edlen Vater die Ehe seiner Töchter Gutes beschere.«

Der Zug der Reisenden war bereits aufgebrochen, schon lagen hinter ihnen der Felsen Atiengas und die Berge von Montesclaros; sie ließen sodann San Esteban zur Rechten und ritten in den Eichenwald von Corpes. Dort ließen sie ihr Zeltlager errichten, taten freundlich mit den Gattinnen und schickten in der Morgenfrühe das gesamte Gesinde voraus. Niemand durfte zurückbleiben.

»Eure Stunde ist gekommen«, riefen sie dann Dona Sol und Dona Elvira zu. »Heute werden wir uns trennen und euch in dieser Wildnis lassen. Von Carrión und seinen Ländern sollt ihr keinen Fußbreit haben. Das ist unsere Rache für den Löwen in Valencia.«

Sie rissen den hilflosen Frauen die Kleider vom Leib und peitschten ihre zarten Körper mit grausamen Streichen aus. Vergeblich baten die beiden Damen unter Schmerzen, sie möchten ihnen mit den Schwertern den Tod geben. Bewußtlos brachen sie schließlich zusammen und blieben, für tot gehalten, liegen.

So überließen die beiden Wüstlinge ihre geschändeten Ehefrauen den wilden Tieren und den Raubvögeln der Berge. In wüstem Prahlen zogen die Übeltäter davon. »Unserer Ehe sind wir ledig«, rühmten sie sich, »und haben Rache genommen für die Schmach mit dem Löwen.«

Mit dem Zug der Begleiter war auch Felez Munoz, Cid Rodrigos Neffe, vorausgeritten. Er machte sich bittere Sor-

gen um die beiden Basen und schlug sich ins Dickicht, um
auf sie zu warten. Doch als die beiden Infanten an ihm vor-
beiritten, ahnte er Böses. Er ritt auf ihrer Spur zurück, bis
er die beiden Frauen in ihrer hilflosen Lage antraf. Vor
Kummer wollte ihm das Herz zerspringen.

Ganz allmählich brachte er die Bewußtlosen zu sich,
hob sie auf sein Roß und brachte sie in San Esteban in
Sicherheit, wo sie nach den schweren Mißhandlungen Ge-
nesung fanden.

Die Nachricht von der Schandtat durchlief die Länder
und ging dem König Alfonso schwer zu Herzen. Auch
nach Valencia gelangte die böse Kunde. Stumm vor Entsetzen vernahm Cid Rodrigo das Unfaßbare und schickte
sogleich Alvar Fanez und Per Bermudez mit zweihundert
Reitern, seine Töchter heimzuholen. Die wackeren Männer wurden von den beiden Damen tränenreich begrüßt
und begaben sich mit ihnen unmittelbar auf den Heimweg.
In Molina wurden sie von Abengalbon, dem maurischen
Freund ihres Vaters, voll Herzlichkeit aufgenommen. Cid
selber kam den Töchtern entgegengeritten, als sie sich der
Stadt Valencia näherten. Mit einer innigen Begrüßung
empfing Chimene die Töchter am Stadttor.

Tief bedrückt von der Schändung seiner Töchter, sandte
der Cid seinen Neffen Gustior nach Kastilien an den
Königshof zu Alfonso. Er war es ja, der die Jungfrauen
damals vermählte und den Infanten in die Hände gegeben
hatte. »Wenn Schmach auf uns gefallen ist«, sagte der Cid
anklagend, »so trifft die Schuld ihn, meinen Herrn.« Er
verlangte vom König, die beiden Grafen vor Gericht zu
stellen.

Die Boten trafen den König in Sahagun an. Sie schritten
zum Palast, wo der Hofstaat um ihn versammelt war, und

grüßten den Herrscher ehrerbietig. Mit bewegten Worten brachten sie Cids Klage vor, die Entehrung, die ihm widerfahren sei, sowie den Verlust so vieler Güter. »Auf die Schande drückt der Schaden«, klagten sie.

Betrübt bekannte Alfonso seine Schuld, denn er war es ja, der die beiden Ehen gestiftet hatte. »Vermeldet Eurem Herrn, dem Cid«, befahl er den Boten, »daß er heute in sieben Wochen in Toledo erscheinen möge. Dort will ich Gerichtstag halten.«

So geschah es. Mit großer Sorge sahen die beiden Infanten dem Gerichtstag entgegen. Vergeblich suchten sie von ihrem Erscheinen entbunden zu werden.

Groß war die Zahl der Adligen, die sich zu dem festgesetzten Tag einstellten. Unter den ersten Erschienenen war der König selber. Dann erschien endlich, stolz und stattlich der Cid Rodrigo Diaz. Mit zahlreichem Gefolge ritt Alfonso ihm entgegen, ihn zu begrüßen. Nur mit Mühe konnte der Herrscher den königstreuen Mann veranlassen, im Sattel zu bleiben.

»Bei Sankt Isidor, dem Heiligen«, rief er, »setzt den Fuß nicht auf die Erde! Hoch zu Roß sollt Ihr mir entgegentreten! Uns vereint Herz und Seele.«

Als der Cid auf dem Gerichtstag erschien, erhob sich der König mit seinem ganzen Gefolge ihm zu Ehren, doch die Infanten blieben trotzig auf ihren Sitzen. Alfonso eröffnete das Gericht und übergab die Leitung den vorbestellten Richtern. Mit bewegenden Worten brachte Cid Rodrigo Diaz seine Klage vor: wie er seinen Schwiegersöhnen nach der Werbung durch den König Liebe entgegengebracht, wie er ihnen als Zeichen dafür seine beiden ruhmreichen Schwerter geschenkt habe, wie grausam die beiden Angeklagten ihre Gattinnen, seine Töchter, im Wald von Corpes behandelt hätten. »Sie sind nicht mehr meine Söhne!« rief er in seinem bitteren Zorn.

Nach dem Richterspruch erhielt der Cid seine beiden Schwerter zurück. Das Geld, das er ihnen – dreimal tausend Mark von Wert – in die Ehe gegeben hatte, war inzwischen von ihnen verbraucht; sie konnten Cids Ansprüche nur durch Abgabe von Ländereien befriedigen.

Doch das Schlimmste, das die Infanten den Damen angetan hatten, war die Schande, die sie auf sein Haupt gehäuft hatten. »Ich kann sie nicht einfach ziehen lassen, ohne selbst meine Genugtuung zu haben, ich fordere sie zum Kampf heraus.« Dann sprach er die beiden an: »Was habe ich euch Böses erwiesen, daß ihr mir solche Schande antun konntet, ihr falschen Hunde, daß ihr meine Töchter so mißhandeln konntet? Ihr seid nur der Verachtung würdig!«

Für die Freunde der beiden Grafen, die den Cid als Feinde haßten, wagte Graf Ordonez, den Cid Rodrigo, der nicht vom Adel war, und mit ihm seine Töchter als nicht ebenbürtig abzuwerten: »Sie dürften Cids Töchter nicht einmal als Kebsweiber lieben, haben sich also mit gutem Recht von ihnen getrennt.«

Graf Don Fernando, der eine Infant, unterstützte ihn mit seinen Standesansprüchen: »Eines kleinen Landedelmanns Töchter sind uns nicht angemessen...«

Doch da wandte sich der Cid an den wackeren Per Bermudez: »Sprich du jetzt!«

Und der Neffe, der wegen seiner Schweigsamkeit »der Stumme« genannt wurde, ergriff das Wort. Jeder wußte, wenn sich ihm die Zunge löste, dann würde er sie so schnell nicht ruhen lassen.

»Was du sprichst«, fuhr er den Infanten an, »ist Lüge; was du hast, verdankst du dem Cid!« Und dann berichtete

Per Bermudez von der Schlacht vor Valencia, wie der Infant
feige die Flucht ergriffen hatte, als er den Mauren auf sich
zustürzen sah, und wie er, Per Bermudez, den Angreifer
abgewehrt und erschlagen habe. Fernando habe sich damals
lügnerisch seines Siegs gerühmt »...Bist ein feiner Herr,
doch feige, bist nur Zunge ohne Hände«, sagte der
»Stumme« mit überlegenem Spott. Er erinnerte weiter an
die peinliche Sache mit dem Löwen, wie Fernando in seiner
Feigheit unter das Bett gekrochen sei. »Nichts warst du
schon damals, heute bist du noch viel weniger!« Mit harten
Worten schloß Bermudez: »Als verächtlich und als feigen
Verräter fordere ich dich zum Zweikampf!«

Darauf rief Don Diego, der andere Infant, dazwischen:
»Wir sind Grafen reinsten Blutes und haben nichts zu
bereuen. Daß wir die Frauen verlassen haben, waren wir
unserer Ehre schuldig!«

Sofort trat ihm Martin Antolinez entgegen: »Schweig, du
Schurke, du Lügenmaul! Unvergessen ist die Geschichte
mit dem Löwen in Valencia«, erinnerte er ausführlich an
Diegos feiges Verhalten. »Es soll dir nicht erspart bleiben,
dich mit mir im Zweikampf zu messen. Ich fordere dich
heraus!«

Lässig den Hermelinmantel nachschleifend, erschien
nun noch ein neuer Verteidiger der Infanten, der Graf Gonzales, vor der Schranke.

»Laßt den Cid Rodrigo doch nach Bivar zurückkehren
und Mahlgeld einziehen!« In frecher Anmaßung erinnerte
er daran, daß Vorfahren des Brautvaters das Müllerhand-
werk ausgeübt hätten, bevor er zum Campeador aufgestiegen war. »Wer hat ihm nur eingeflüstert, sich mit den zwei
adligen Infanten zu verschwägern?« rief er triumphierend.

Auch dieser Befürworter der Gegner des Cid erhielt die

verdiente Antwort. »Du bist ein elender Verräter«, schleuderte Munos Justioz ihm wütend entgegen und forderte ihn auf, seine Beleidigung mit dem Schwert zu verteidigen.

»Genug des Wortstreits nun!« gebot Alfonso. »Die zum Zweikampf aufgefordert sind, werden kämpfen.«

Da betraten zwei fremde Ritter den Königshof, ihre Namen waren Don Ojarra und Don Inigo Jimenez.

»Ich komme als Abgesandter des Infanten von Navarra«, erklärte Don Ojarra.

»Mich schickt der Infant von Aragón«, stellte sich der andere vor. Beide erschienen als Brautwerber der Königssöhne. In deren Auftrag baten sie den Cid um die Hände seiner Töchter.

In dem eintretenden Schweigen erhob sich der Campeador: »Gnade, König Don Alfonso«, begann er. »Diesen Antrag habe ich Gott zu danken. Ihr habt meine Töchter schon einmal vermählt, nehmt Ihr sie heute wieder in Eure Hand. Ohne Eure Erlaubnis habe ich nichts dazu zu äußern.«

Der König erwiderte ihm unmittelbar: »Ich bitte Euch, Cid Rodrigo Diaz, daß es Euch gefalle. Gern gebe ich die Erlaubnis zum Ehebund der beiden Töchter. Euren Reichtum und Eure Ehre wird er sicherlich vermehren!« König Alfonso und der Cid tauschten mit den beiden Königsboten Treuschwur und Segenswünsche.

Als Austragungsort der bevorstehenden Zweikämpfe wurde der Turnierplatz von Carrión bestimmt. In drei Wochen sollte die dreifache Entscheidung fallen. Alfonso selber nahm die Kämpfer unter seinen Schutz.

Bevor der Cid nach Valencia heimritt, berief er die drei Kämpfer, die seine Partei ergriffen hatten. »Daß gute Nachricht von euch zu mir komme!« wünschte er.

»Es ist möglich, daß man Euch von Toten meldet, aber nicht von Besiegten!« erklärte Antolinez fest.

Zum Kampf in Carrión hielten drei Kämpfer auf jeder Seite. Die Infanten standen zitternd da und bereuten tief, was sie angerichtet hatten. Ganz Carrión mit seinen Schätzen gäben sie, wenn sie ihr Handeln ungeschehen machen könnten.

Vor der Eröffnung des Kampfes ermahnte Alfonso zu redlichem Streit: »Wage mir keiner einen Trug oder eine Falle! Ich werde es zu wehren wissen.«

Nun standen die Kämpfer einander gegenüber und sprengten los. Ihre Schilde vor dem Herzen, hielten sie die Lanzenspitzen gesenkt. Der Hufschlag der Rosse trommelte, der Erdboden zitterte. Drei und drei Reiter mischten sich im Kampf.

Per Bermudez geriet Don Fernando gegenüber, sie schlugen und stachen aufeinander los. Als es dem Infanten gelang, den Schild seines Gegners zu durchbohren, schleuderte Bermudez ihn weg und traf den Gegner in die Brust, doch die Kettenringe retteten ihn diesmal. Über den Schwanz seines Pferdes glitt er zur Erde.

Als Per Bermudez zum Schwert griff, wartete der Gegner den Schlag nicht ab und schrie: »Besiegt bin ich!« Da traten die Richter dazwischen, und Bermudez ließ von seinem Gegner ab.

Antolinez und der Graf Don Diego rammten sich so mächtig an, daß beide Lanzen zerbrachen. Da griff Martin zum Schwert und traf den anderen von der Seite so schwer auf den Helm, daß der Schlag bis tief ins Haupt drang. Haube, Helm und Haarschopf fielen zur Erde; es war das Wunderschwert Cids, das dieser ihm geschenkt hatte. Don Diego erkannte, daß er hier nicht widerstehen könne und riß sein Pferd zur Flucht herum. Als er dabei den abgrenzenden Erdwall überschritt, griffen die Richter ein: Auch er wurde als besiegt erklärt.

Jetzt standen sich noch Graf Gonzales, der Freund der zwei Infanten, und Justioz im Zweikampf gegenüber. Der Graf war ein bedrohlicher Gegner. Er stieß dem Munos durch den Schild und durch die Rüstung, doch traf er nicht den Körper. Aber Munos Antwort war stark: Er traf den Älteren mit der Lanze, daß deren Spitze ihm einen Arm lang aus dem Rücken ragte und der Gegner aus dem Sattel stürzte. Die Richter schritten ein und erklärten den Kampf für beendet.

König Alfonso ließ den Kampfplatz räumen. Die umherliegenden Waffen wurden als sein Eigentum eingesammelt.

Die Vertreter des Cid hatten Sieg und Ehre errungen und damit Genugtuung ihrer Ansprüche. Froh wurden sie in Valencia gefeiert. Den Infanten blieb nur die Schande.

Der Cid Rodrigo Diaz strich sich stolz und dankbar den Bart. »Nun sind meine Töchter gerächt. Ich kann sie in allen Ehren vermählen.«

Rodrigo Diaz hatte Anlaß zur Freude. Ruhm und Ehre wuchsen ihm weiter zu. Mit Selbstbewußtsein trug er den Namen El Cid, den seine Feinde ihm gegeben hatten.

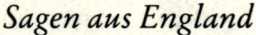

Sagen aus England

Beowulf

Im Angelnland, das König Hygelac voll Weisheit beherrschte, lebte vor Zeiten der junge Beowulf, der zu den tapfersten und stärksten Kriegern des Landes zählte. Schon als Knabe – so rühmte man ihm nach – hatte er sich durch seine Kühnheit hervorgetan, als er einst, das Schwert in der Faust, in voller Rüstung weit ins Meer hinausgeschwommen war und wilde Seeungeheuer bekämpft hatte. Eine ganze Nacht hatte er dort in dem brandenden Meer im Streit zugebracht und viele der Unholde, die gierig ihre Fangarme nach ihm ausstreckten, besiegt.

Einst kam an den Königshof ein dänischer Spielmann, der sang von der herrlichen Burg, die sich sein Herr, der König Rudigar von Dänemark, erbaut hatte. Staunend vernahmen die Helden von dem säulengeschmückten Wunderbau, und mit ritterlichem Ingrimm vernahmen sie von Grendel, dem schrecklichen Moorgeist, der dort sein Unwesen treibe und alle in Furcht und Schrecken halte.

Der tapfere Beowulf trat sogleich vor König Hygelac und bat um Urlaub: »Ich will den Kampf wagen und das Dänenland von dem Ungeheuer befreien.«

Mit vierzehn Waffengefährten, darunter der schwertgewaltige Wiglaf, bestieg er sein Drachenschiff, fuhr übers Meer und erreichte glücklich Dänemarks Küste und die Hirschburg mitten in der Heide. Wie staunten die Angeln, als sie das mächtige Bauwerk mit Türmen und Zinnen erblickten, das in der Frühsonne funkelte und glänzte wie Walhall, die ewige Wohnung der Götter!

König Rudigar empfing die Gäste freundlich und ließ sie ihre seemüden Glieder auf den Metbänken ausruhen. Aber nur widerwillig gestattete er den Helden, den grimmigen Moorgeist zu bekämpfen. »Schon so viele meiner besten Recken haben es kühn gewagt und sind dabei von ihm elendiglich umgebracht worden«, seufzte der König, »daß wir uns zur Nachtzeit immer vor ihm verbergen müssen.«

Als dann die Dämmerung hereinsank, wagte denn auch keiner der Dänenkrieger, in der herrlichen Halle zu bleiben. Beowulf aber gebot seinen Kriegern, sich zur Ruhe zu legen. Er selber löste den Harnisch und legte sein Schwert beiseite, denn er wußte, daß das Untier mit Waffen nicht zu besiegen sei. Mit seinen bloßen Fäusten wollte der Held es kühn bestehen.

Mitternacht war es, als ein finsterer, riesenhafter Schatten lautlos über die Schwelle drang. Er griff nach dem ersten der schlafenden Krieger, doch da packte der starke Beowulf mit seinen Fäusten zu, daß der Unhold wild aufbrüllte. Immer fester umklammerte Beowulf den feuchten, scheußlichen Leib. Die Halle erbebte unter dem wilden Ringen, und todesmutig stürzten die Angelnkrieger herbei, ihrem Herrn beizustehen. Doch nicht Schwert noch Speer konnten der Zauberkraft des schrecklichen Grendel etwas anhaben. Um so fester jedoch war Beowulfs Griff. Zwar entkam ihm der Unhold mit scheußlichem Geheul, aber seinen Arm samt der Achsel mußte er im Griff des Helden zurücklassen.

Die dänischen Recken kamen herbeigestürzt, und mit Grauen und mit Jubelrufen bestaunten sie Beowulfs Siegesbeute. Man folgte der Blutspur des todwunden Moorgeistes, die sich durch die Heideblüten bis an den Rand des brodelnden und gärenden Moores hinzog. Dort war der furchtbare Grendel verendet.

Prächtige Kampfspiele veranstaltete der König dem heldenhaften Gast zu Ehren, und er überreichte ihm kostbare Gaben und eine prunkvolle Ritterrüstung zum Geschenk. Bis in die Nacht währte das Fest bei Met und fröhlichem Saitenspiel, bei Jubelgesang und Becherklang.

Doch es gab ein schreckliches Erwachen. Denn war Grendel auch tot, so lebte seine Mutter, das grauenvolle Moorweib. Lechzend voll Verlangen, Grendel zu rächen, mit Feuerflammen in den Augen, stieg sie aus der Tiefe des Moors hinauf, folgte der Todesspur ihres Sohnes und drang in die Hirschburg ein. Sie packte ebenfalls den ersten der schlafenden Helden, schlug ihm ihre Krallen in den Leib und entkam mit ihrer Last, ehe die Krieger zum Schwert zu greifen vermochten. Wie Hohn erklang aus der Ferne das schrille Gelächter des Ungetüms durch die Nacht.

Entsetzt über solchen neuen Frevel, standen die Helden ratlos im Kreis. Wieder war es Beowulf, der ihnen Mut zusprach. »Allvater hat den Weltenlauf so geordnet«, rief er, »daß gute Tat den Sieg behält über bösen Spuk und über alle bösen Geister!«

Hoch zu Roß sprengten die Helden aus den Toren der Hirschburg dem Grendelmoor zu, dessen brausendes Brodeln schon aus der Ferne zu ihnen herüberklang. Auf dem modrigen Wasser schwamm allerlei seltsames Gewürm mit Drachenköpfen und Fischleibern. Die Schlachtrosse bäumten sich und zitterten vor Grauen. Aber ob den Waffengefährten auch die Hände bebten, Beowulf ließ sich furchtlos wappnen, faßte seinen mächtigen Speer und – sprang in voller Rüstung in die gähnende Tiefe. »Allvater hilf!« war sein Gebet, ehe ihn die Wogen zischend verschlangen.

Auf dem Grund des Moors galt es einen Kampf auf Leben und Tod mit dem furchtbaren Moorweib zu bestehen. Mochte Beowulf auch sein gutes Schwert Rausching auf ihr Haupt niedersausen lassen, der Zauber schützte sie vor jeglicher Verwundung. Sie packte den Helden mit den Eisenkrallen ihrer Fangarme und rang ihn mit übergewaltiger Kraft zu Boden. Nur der gute Harnisch schützte Beowulf vor dem Tod.

Doch da gewahrte er in der Wand des Gewölbes ein altes Schwert des Riesengeschlechts, eine Waffe aus der Vorzeit. Dieses zauberstarke Eisen packte er und ließ es auf den Hals des Moorungetüms niedersausen, daß es in wildem Zucken verendete.

Lange Stunden hatten die Waffengefährten auf Beowulfs Rückkehr warten müssen. Wie jubelten sie, als der Strudel ihn plötzlich jäh in die Höhe riß und aus dem quirlenden Schaum emporhob! Bei sich führte er als Siegeszeichen den Schwertgriff der Riesenwaffe und – das blutige Haupt des Moorweibs, als er hochaufatmend wieder die reine Luft der Menschenerde atmen konnte.

Nach vollendeter Befreiungstat schied Beowulf von Rudigars Hof; der greise König überhäufte ihn mit Geschenken und vergoß Tränen wehmutvollen Dankes, als er den herrlichen Helden ziehen ließ.

In hohen Ehren diente Beowulf nun wieder seinem König im Angelnland. Als Hygelac dann bald darauf im Krieg unter den scharfen Beilen der Friesen den Tod fand, schien niemand geeigneter, die Krone zu tragen, als der ruhmvolle Held Beowulf. In Milde und Gerechtigkeit führte er das

Zepter, und kein Feind wagte es, gegen ihn und sein Reich das Schwert zu erheben.

Doch urplötzlich wurde das Friedenswerk gestört. Feuersglut wälzte sich von den Bergen herab in die friedlichen Täler und verbrannte Burgen und Gehöfte; mit dem Morgen klomm der Brand wieder die Höhen hinan. Doch Nacht für Nacht geschah das gleiche: Das Feuer strömte von den Bergen herab.

Ein Drache war es, der dort oben im Gebirge hauste. Wieder mußte König Beowulf, ob er auch alt geworden war, seinem Volk Beschützer sein. Er ließ sich einen Schild schmieden, der ihn vor dem Drachengift schützen sollte, und wagte den gefahrvollen Kampf. Ein Feuerregen sprühte über den Helden her, und an der Zauberkraft der schuppigen Hornhaut zersprang sein gutes Schwert. Wiglaf, sein treuer Waffengefährte, kam ihm zu Hilfe und traf den Drachen in die Seiten, wo die Haut ungeschützt war. Und Beowulf, obwohl aus furchtbaren Wunden blutend, stieß dem Untier den Dolch in die Seite, daß dessen glühender Atem verwehte und es röchelnd verendete.

Doch kein Jubelruf erhob sich über diesen Sieg, denn der Drache hatte Beowulf, den herrlichen Helden, mit in den Tod gerissen. Das schreckliche Drachengift und die schweren Wunden zerstörten seine Lebenskraft. König Beowulfs letzte Freude war der unermeßliche Goldschatz, den er dem Drachen entrissen hatte. Freund Wiglaf breitete ihn vor ihm aus. Nicht für sich wollte Beowulf die Siegesbeute, sondern zur Linderung der Not für die Armen und zum Lohn für seine Tapferen.

Mit hohen Ehren bestattete man den toten Heldenkönig, der ein Vorbild tapferen, ruhmreichen Lebens gewesen war. Ein mächtiger Scheiterhaufen wurde errichtet, auf

dem Beowulf in blinkender Rüstung, so wie er stets zum
Kampfe ausgezogen war, ruhte; nicht waffenlos sollte er
einziehen in die ewige Halle der Götter. Die Edelinge um-
ritten den riesigen Feuerbrand, und dann errichteten sie
einen gewaltigen Leichenhügel am Vorgebirge, der weithin
über die See sichtbar war.

So fuhr Beowulf, der Held, zu den Göttern.

Tristan und Isolde

Auf seiner Burg zu Tintajol herrschte König Marke über
Kurneval und England. Er war geliebt und geachtet
von allen Bewohnern seines Landes; viele hochgesinnte
Ritter und schöne Damen scharten sich um seinen Thron.
Unter ihnen war Tristan, des Königs Neffe. Seinen Vater
Riwalin von Parmenie hatte König Morgan von Bretagne
erschlagen, und seine Mutter Blancheflur, König Markes
Schwester, war nach der Geburt des Knaben vor Gram gestorben. Weil es in Trauer zur Welt gekommen war, hatte
das Kind den Namen Tristan erhalten. Riwalins Lehnsmann, der treue Marschall Rual, hatte sich seiner angenommen und ihm eine sorgfältige Erziehung gegeben. Später
war Tristan nach mancherlei Irrfahrt zu seinem Oheim
nach Tintajol gelangt und hatte an Markes Hof alle Herzen
für sich gewonnen. Unübertrefflich war er in allen ritterlichen und höfischen Künsten. Als er, kaum den Knaben-
schuhen entwachsen, den Ritterschlag erhielt, wußte jeder
im Lande, daß niemand solcher Ehre mehr wert sei als der
jugendfrische Tristan.

Bald darauf trat der junge Ritter vor König Marke und bat um Urlaub; er wollte in die Bretagne ziehen und den Tod seines Vaters rächen.

So geschah es, und Tristan erwarb sich dabei hohen Ruhm. Er erschlug Herrn Morgan, den Mörder seines Vaters, gewann sein Land zurück und gab es dem treuen Rual zu Lehen.

Doch als er an Markes Hof nach Cornwallis zurückkehrte, fand er das ganze Land in Trauer. Denn wiederum jährte sich dort der Tag, an dem König Morold von Irland seinen Tribut forderte, den König Marke von früher her schuldete: Alle fünf Jahre zur Zeit der Sonnenwende mußte man neben dem Zins ein Kind aus adligem Haus als Geisel stellen.

Gerade als Tristan am Königshof eintraf, waren die Vornehmen versammelt, das Los zu ziehen. In tiefer Trauer lagen sie auf den Knien, und jeder betete zu Gott, er möge ihn vor dieser traurigen Pflicht bewahren.

»Ihr Herren«, rief Tristan entrüstet, »ist das Ritterart? Wollt ihr wie verzagte Wichte Schande auf euch laden, anstatt kühn den schnöden Menschenzins zu verweigern? Oder wollt ihr mit dem Leben eurer Kinder die Freiheit erkaufen?«

Dankbar nahmen die Herren Tristans Zusage an, im Streit gegen den gefürchteten Irenkönig anzutreten. Ein Zweikampf sollte über den Tribut entscheiden.

In dem Tjost, der nun entbrannte, siegte Tristan über den starken Morold und tötete ihn. Doch auch dieser hatte seinem Gegner eine schwere Wunde geschlagen, und bevor er starb, offenbarte er Tristan, sein Schwert sei vergiftet. Die Wunde könne nur durch seine Schwester Isolde, die Königin von Irland, geheilt werden.

Durch seine kühne Waffentat hatte Tristan sein Land von dem schmählichen Zins befreit. Unendlicher Jubel umbrandete den jungen Helden, als er sieggekrönt heimkehrte. Doch die Wunde, die ihm sein Gegner zugefügt hatte, warf ihn aufs Krankenbett.

Auf der Burg Tintajol lag der junge Held und siechte an seiner Wunde dahin. Kein Arzt vermochte ihm zu helfen. Darum faßte der todwunde Mann den Entschluß, die Königin Isolde aufzusuchen. Er ließ sich von seinen Getreuen nach Irland bringen und heimlich an Land setzen. Da er sich als Spielmann ausgab, wurde er am Hofe gut empfangen. Auch die Königin Isolde nahm ihn freundlich auf. Gern versprach sie, ihn zu heilen.

»Armer Spielmann«, sagte sie, »von Gift bist du so wund. Doch du darfst gewiß sein, daß meine Hand dich heilen wird.«

Da wurde Tristan so froh, daß er trotz aller Schmerzen das Saitenspiel ergriff. Die Königin lauschte ihm voller Entzücken und rief ihre Tochter, die blonde Isolde, herbei. Da spielte und sang Tristan vor den schönen Frauen so wundersam, wie sie es noch nie in ihrem Leben gehört hatten. Hier war es, wo der Held zum ersten Male der holden Jungfrau begegnet war, die sein Lebensschicksal werden sollte.

Die Königin gab sich alle Mühe, die Wunde des fremden Spielmanns zu heilen, nicht ahnend, daß ihr eigener Bruder es war, dem der freundliche Spielmann die furchtbare Vergiftung zu verdanken hatte. Und sie wußte nicht, daß er der Mörder ihres Bruders, König Morold, war. Tristan verschwieg seinen wahren Namen, er hatte die Silben vertauscht und nannte sich Tantris.

Bald war er durch Königin Isoldes Kunst von seinem Siechtum genesen und gesund und stark wie je zuvor.

Die junge Isolde hatte diese Zeit gut genutzt; die Königin hatte sie dem Spielmann als Schülerin seiner Kunst anvertraut, und Tristan war ihr ein gar trefflicher Lehrmeister im Gesang und im Saitenspiel gewesen.

Doch nun zog es den Genesenen in die Heimat zurück, zumal da er fürchten mußte, von einem der Mannen Morolds, die in Tintajol gewesen waren, erkannt zu werden. Er gab vor, er müsse wieder zu seiner geliebten Gattin, und nahm Urlaub von der Königin und der schönen Isolde.

In Tintajol in Kurneval herrschte große Freude über die Heimkehr des Geheilten, und der junge Held war von Herzen froh, wieder am Hof des Oheims zu weilen.

König Marke liebte den Neffen und überhäufte ihn mit ritterlichen Ehren. Das erregte den Neid bei manchem Großen seines Landes, und als das Gerücht umlief, König Marke werde den Neffen zu seinem Erben einsetzen, wurden Stimmen gegen ihn laut, aus denen Haß und Mißgunst sprachen.

Um dem drohenden Sturm zu entgehen, riet Tristan selbst dem König Marke, sich doch noch zu vermählen. Er empfahl dem Oheim die schöne junge Königstochter Isolde.

»Nirgends auf der Welt«, sagte er, »findet sich so viel lichte Schönheit und lautere Herzensreinheit.« Tristan selber erbot sich, die gefährliche Brautwerbung zu wagen. König Marke zögerte lange, da er den Neffen nicht solcher Gefahr aussetzen wollte; doch schließlich willigte er ein.

So schiffte sich Tristan nach Irland ein und ließ sich wieder heimlich an Land setzen. Diesmal erschien er in Verkleidung und gab sich als Kaufmann aus; er fand freundliche Aufnahme am Hofe.

Damals hauste in Irland ein Drache, der das Land so bedrohte, daß der König demjenigen die Hand seiner Tochter zu geben versprach, der das Untier erschlagen würde. Deshalb wagte Tristan heimlich den Kampf mit dem Drachen, besiegte ihn nach schweren Gefahren und schnitt ihm die Zunge heraus; er verbarg sie unter dem Wams an seiner Brust. Dann suchte er ein Versteck, um von der Mühsal des Kampfes auszuruhen. Doch die Drachenzunge enthielt ein gefährliches Gift, das begann zu wirken, so daß der Schlafende in tiefe Ohnmacht versank.

Bald darauf erschien ein anderer Ritter, der Truchseß des Königs, an der Stätte, wo Tristan den Drachen erschlagen hatte. Er sah hier eine Gelegenheit, die schöne Isolde zu gewinnen, und hieb und stach auf den Drachen ein, obgleich das Untier bereits tot war. Dann suchte er lange nach dem Sieger, um den Entkräfteten zu töten, doch Tristan fand er nicht. Trotzdem ritt der Truchseß stolz an den Königshof und begehrte als Drachentöter den Siegespreis, die Hand der Königstochter.

Die schöne Isolde war tief bekümmert, daß sie den anmaßenden Mann heiraten sollte. Doch ihre Mutter tröstete sie. »Laß deine Tränen und Sorgen sein«, sagte sie, »der Truchseß ist ein Betrüger, denn in einem Traum ist mir offenbar geworden, daß ein anderer den Drachen besiegt hat.«

Überzeugt von der Wahrheit ihres Traums, ritt die Königin am nächsten Morgen mit ihrer Tochter, ihrer Nichte Brangäne und einigen Knappen in den Wald, um den wirklichen Drachentöter zu suchen. Sie spürten ihn bewußtlos in seinem Versteck auf. Die Mädchen hielten ihn für tot; doch die Königin erkannte, daß der unbekannte Ritter sein Bewußtsein durch Zauberkraft verloren hatte.

Sie fand die giftige Drachenzunge an seinem Körper. Da kam Tristan alsbald wieder zu sich.

Mit freudigem Erstaunen erkannten die Frauen in ihm ihren Spielmann wieder, und obwohl Tristan diesmal zugab, daß er aus Kurneval stammte, sicherte ihm die edle Königin Schutz für Leben und Leib zu.

Die Frauen nahmen nun Tristan mit auf die Burg. Als der Truchseß wiederum die Hand der Königstochter zu fordern wagte, wurde sie ihm verweigert, und die Königin verkündete, der Drachentöter werde sich am dritten Tage dem Truchseß zum Kampf stellen. Inzwischen waren die Frauen treulich besorgt, den vom Kampf ermatteten Helden zu stärken.

Da fügte es der Zufall, daß die junge Isolde, während Tristan schlief, sein Schwert in die Hand nahm, und sie erschrak tief im Herzen, weil sie daran eine Scharte entdeckte. In der Wunde des toten Morold hatten sie damals einen Splitter gefunden und aufbewahrt, den holte sie eilends herbei, und siehe, er entsprach genau der Scharte in Tristans Schwert!

Mit tiefstem Schrecken wurde ihr nun bewußt, daß sie den Sieger über ihren geliebten Oheim nun in ihrer Hand habe, und sie empfand glühenden Haß gegen Tristan. »Er ist der Mörder deines Bruders«, rief sie der Mutter zu und wollte den Schlafenden mit dem Schwert durchbohren.

Die Königin aber erinnerte sie ermahnend daran, daß man Tristan Schutz für Leib und Leben zugesichert habe. Da ließ die schöne Isolde das Schwert fallen und brach in bittere Tränen aus. Gütig redete die Mutter ihr zu und gab zu bedenken, daß Isolde, wenn Tristan tot wäre, dem Truchseß als Siegespreis verfallen sei. Da verbarg die schöne Jungfrau ihren Haß.

Als Tristan erwachte, ließen sich die beiden Frauen nichts anmerken und redeten freundlich mit ihm.

Nun berichtete der Held von der Botschaft, um deretwillen er nach Irland gekommen sei. »Seit meiner Rückkehr aus Irland habe ich zu Tintajol das Lob der blonden Isolde gesungen, und ich bin hierher gesandt, um für meinen Herrn, König Marke, um die Hand der Königstochter zu freien.«

Noch stand der Zweikampf bevor, doch der Truchseß ließ sich davon überzeugen, wer der wirkliche Sieger über das Untier sei, und trat feige von dem Kampf zurück.

Es galt nun also die Werbung, die Tristan vorgebracht hatte.

Isolde ließ sich von ihrer Mutter beraten und nahm die Werbung an. Da gab auch der König seine Einwilligung zur Vermählung seiner Tochter mit König Marke, und die blonde Isolde zog zu Schiff, von Tristan und ihrer Freundin Brangäne begleitet, in König Markes Land.

Die Königin aber, die das Glück ihrer Tochter für alle Zeiten sichern wollte, hatte ihrer Nichte Brangäne einen Liebestrank anvertraut, den diese Marke und Isolde nach vollzogener Vermählung zu trinken geben sollte. »Niemand darf zugleich mit ihnen beiden von dem Minnetrank genießen«, hatte sie das Mädchen ermahnt.

Eines Tages während der Überfahrt saß Tristan in Isoldes Schiffsgemach und erzählte ihr vom König Marke und dem Hof zu Tintajol. Die Jungfrau war traurig in ihrem Abschiedsleid, und immer wieder mußte Tristan ihr Trost zusprechen. Doch sie duldete nie, daß er ihr zu nahe rücke, und mit Schrecken mußte Tristan hören, daß sie ihm immer noch zürne, weil er ihr den Oheim erschlagen habe. »Auch daß ich die geliebte Heimat verlassen und in die Fremde ziehen muß, verdanke ich nur Euch«, fügte sie voller Bitterkeit hinzu.

Da geschah es nun, daß Isolde nach einem Trunk verlangte, und da Brangäne nicht anwesend war, bot eine Dienerin ihr das Gefäß mit dem Liebestrank, den sie für Wein hielt. Tristan reichte den Becher in ritterlicher Weise der Königstochter, die zaudernd trank, dann genoß auch Tristan davon.

Als Brangäne dazukam und den Becher geleert fand, brach sie in bittere Klagen aus. Zornig schleuderte sie das Gefäß ins Meer. Schon spürten Tristan und Isolde die Wirkung des Zaubers, und beide fühlten, daß sie zusammen nur ein Herz besäßen, und wagten doch aus Scham und Zweifel nicht, sich die seltsame Wandlung einzugestehen.

Wohl versuchte Tristan, in dem schweren Kampf Sieger zu bleiben, um der Treue, der Pflicht und der Ehre zu genügen, aber die Liebe zu Isolde brannte heiß in seinem Herzen. Blickte er ihr in die Augen, so waren alle festen Vorsätze dahin.

Nicht anders erging es Isolde. Auch sie lag im Liebesbann. Bald vermochte sie an nichts anderes mehr zu denken als an Tristan.

In dem quälenden Widerstreit zwischen Verlangen und Pflichtgefühl siegte die Liebe, und noch ehe Isolde in Markes Land kam, hatte sie dem zukünftigen Gatten die Treue gebrochen.

Brangäne erzählte den beiden von dem Zaubertrank und versprach ihnen ihre Hilfe und ihre Verschwiegenheit.

Als sich das Schiff der Küste näherte, sandte Tristan Boten nach Tintajol, und mit großem Gepränge ließ König Marke seine junge Braut in die Stadt geleiten. Gar bald vermählte er sich mit ihr.

Doch der Zauber, dem Tristan und Isolde auf dem Schiff verfallen waren, erlosch nicht. Nie wieder konnten die Liebenden voneinander lassen, und immer wieder mußte Isolde ihrem angetrauten Gatten die Treue brechen. Keinen anderen Gedanken hegten die Liebenden, als den, wie sie hämischem Argwohn entgehen und Isoldes Gatten täuschen konnten. Zunächst gelang dies mit Brangänes Hilfe, doch dann schöpfte Marke Verdacht. Marjado, der Truchseß, hatte das Liebespaar einmal überrascht. Der ging zu König Marke und verdächtigte die beiden Liebenden.

»Es geht um deine Ehre«, sagte der Truchseß, den die Eifersucht um Isolde, die Blonde, verzehrte, und Marke ließ sich, von Argwohn gequält, überreden, seinem Weib eine Falle zu stellen.

Die wachsame Brangäne war jedoch Marjados Treiben auf die Spur gekommen und warnte ihre Herrin. Deshalb zeigte sich Isolde tief bekümmert, als König Marke ihr plötzlich ankündigte, er müsse sie wegen einer Pilgerfahrt für lange Zeit verlassen. Der König, der ihr Tristans Gesellschaft während seiner Abwesenheit empfahl, fühlte sich von Argwohn und Eifersucht befreit, als sein Weib Abscheu gegen Tristan heuchelte, und in seinem Herzen vergab Marke der blonden Isolde das Unrecht, das er ihr mit seinem Verdacht angetan zu haben meinte.

Marjado, dem Truchseß, hielt er triumphierend die Treue seines Weibes vor. Der aber ließ sich nicht täuschen und erbot sich mit spöttischem Lächeln, die Liebenden zu überlisten. Marke sollte Tristan von der Königin trennen und über Land schicken; dann werde man sehen, was geschähe. Blutenden Herzens befolgte Marke den Rat des Truchsesses.

Da litten Tristan und Isolde die brennenden Qualen der

Trennung und der Sehnsucht. Brangäne aber ersann eine kluge List, wie sie ihrer Herrin und Tristan helfen könnte.

Durch den Garten von Tintajol floß ein klarer Bach, darüber hatte man einen Turm gebaut, in dem jetzt Isolde zu ihrer Erholung auf Brangänes Rat Wohnung nahm. Da ließ Tristan Rindenstücke den Bach hinabtreiben, an denen Isolde erkennen konnte, bei welchen Bäumen des Gartens sie der Geliebte zur Nacht erwartete, bei den Pinien, im Ulmenhain oder bei den Eichen.

So trafen sich die Liebenden jede Nacht im Garten der Burg. Der böse Zwerg Melot, den Marjado beauftragt hatte, Tristan zu verfolgen, konnte sich wie ein Eichhörnchen von Ast zu Ast schwingen und entdeckte so das Geheimnis der Rindenstücke und offenbarte es dem König.

Da sahen sich die Liebenden im Ulmenhain zu mitternächtlicher Stunde plötzlich von den Mannen König Markes umstellt, und das Geheimnis ihrer Liebe war damit enthüllt.

Erbittert forderten das Volk und alle Barone des Landes ein Gottesgericht, wie es auf einer Insel im Meer stattzufinden pflegte. Dort sollte Isolde ihre Unschuld beweisen. Heimlich gab Isolde durch die treue Brangäne ihrem Geliebten Nachricht.

Als sie mit ihrem Schifflein nahe der Insel landete und von Rittern ans Ufer getragen werden sollte, lehnte sie es ab, sich von ihnen, die sie so hart beschuldigten, berühren zu lassen.

Am Ufer stand, in seine Kutte gehüllt, ein fremder Pilger. Der wurde herbeigerufen, und man befahl ihm, die Königin durch das seichte Wasser an den Strand zu tragen. Der Fremde folgte willig der Aufforderung, nahm die schöne Isolde in seine Arme und trug sie durch das Wasser an Land.

Isolde, die in dem Pilgersmann längst den Geliebten erkannt hatte, raunte ihm ins Ohr, er solle am Ufer strau-
cheln, so daß sie beide zu Fall kämen. Das geschah, und so
lag die schöne Königin für einen Augenblick an der Seite des
Pilgers in seinen Armen. Die Ritter wollten den Pilgrim für
seine Unachtsamkeit mit Ruten züchtigen; doch die Königin bat für ihn um Gnade, da ließen sie von ihm ab.

Als man Isolde auf dem Gerichtstag zwang, ihre Unschuld zu beschwören, bekräftigte sie mit einem Eid, daß
sie nie in den Armen eines anderen Mannes gelegen habe, als
in denen ihres Gemahls – und des Pilgers, der sie soeben an
Land getragen habe.

So war die Wahrheit von Isoldes Worten vor aller Augen
bewiesen, und König Marke nahm sein Weib wieder in
Gnaden auf.

Die Liebenden wähnten sich nun in Sicherheit und setzten ihr heimliches Treiben fort, bis König Marke selbst sie
eines Tages in zärtlicher Umarmung überraschte. Da erkannte er, daß sie ihn schmählich betrogen hatten, und verbannte Tristan und Isolde von seinem Hof.

Nun zogen die beiden durch den Zaubertrank der Liebe
unlösbar Verbundenen in den Wald von Morois; sie nährten sich von Wurzeln und Beeren und auch von Wildbret,
das Tristan auf der Jagd erbeutete. Das einsame Paar lebte
einen Sommer lang glücklich mit den Tieren des Waldes.
Doch als der harte Winter kam, suchten sie in einer Fels-
grotte Schutz, und ob sie diese auch »Minnegrotte« nannten, so litten sie doch durch die Kälte bittere Not. Tristan
sah, wie Isoldes Kräfte durch die Entbehrungen schwanden. Ihre Haut wurde weiß, und es bekümmerte ihn tief.

Eines Tages hielt König Marke im Wald von Morois eine
große Jagd, und er verirrte sich im tiefen Tann. Als er an

einer Quelle vom Pferd stieg, um sich zu erquicken, bemerkte er einen Pfad, der ihn zu einer Grotte führte. Dort fand er die Liebenden auf ihrem harten Lager schlafend, und Tristans Schwert lag zwischen ihnen.

Da wurde der König zuerst von Zorn, dann aber von Mitleid ergriffen, und er nahm Tristans Schwert an sich und legte sein eigenes zwischen die Schlafenden. Als Tristan und Isolde erwachten und entdeckten, was geschehen war, erschraken sie sehr; sie brachen auf und flohen, so weit die Füße sie trugen.

Schließlich kamen sie zu einem Klausner. Der nahm die Erschöpften freundlich auf und labte sie mit Speis' und Trank. Als der weise Mann ihre Geschichte hörte, tröstete er sie und deutete ihnen Markes Tat als Zeichen des Friedens. Er beschwor Tristan, Isolde ihrem rechtmäßigen Gatten zurückzugeben und das Land zu verlassen.

Da Tristan erkannte, wie die schöne Isolde durch das rauhe Leben im Walde erschöpft und entkräftet war, ritt er auf den Rat des Klausners nach Tintajol und heftete heimlich einen Brief an das Burgtor. Darin bat er König Marke um Verzeihung und erbot sich, das Land zu verlassen, wenn der König Isolde wieder in Gnaden aufnehmen wolle.

König Marke nahm den Vorschlag an, und auf der weißen Heide führte Tristan die geliebte Isolde mit dem blonden Haar ihrem königlichen Ehegemahl wieder zu. In der ersten Nacht nach ihrem Einzug in Tintajol hörte Isolde im Garten eine Nachtigall, und als sie verwundert ans Fenster trat, erklang ein süßes Harfenspiel, und eine traurige Stimme sang. Als Gesang und Lied verklungen waren, wußte sie, daß Tristan auf immer von ihr Abschied genommen habe.

Tristan verließ Kurneval, wie er es König Marke gelobt hatte, und wanderte ruhelos durch die Lande. Er vollbrachte kühne Taten und lebte auch lange Zeit an König Artus' Hof. Doch die Unrast seines Herzens ließ ihn nirgends Ruhe finden, und so zog er wieder in die Ferne.

Einst ritt er durch das Land Arundel, dessen Burgen und Dörfer weithin zerstört waren. Das Land gehörte dem Herzog Jovelin, der wurde von einem Vasallen, der vergebens um die Hand der schönen Herzogstochter geworben hatte, hart bedrängt. Herzog Jovelin hatte sich mit den Seinen auf die feste Burg Karke als letzten Zufluchtsort zurückgezogen.

Als Tristan vor der Burg, die von den Feinden belagert wurde, Einlaß begehrte, rief ihm Kaedin, Herzog Jovelins Sohn, zu, er möge weiterziehen, da die Belagerten schon nicht mehr satt zu essen hätten. Da nannte Tristan seinen Namen und wurde nun mit Freuden aufgenommen. Mit seiner Hilfe wurden die feindlichen Belagerer geschlagen, und der Not war ein Ende bereitet.

Auf der Burg erblickte Tristan auch Kaedins schöne Schwester, Isolde mit den weißen Händen. Da trat das Bild der fernen Geliebten ihm so lebendig vor die Seele, daß er sich um des gleichen Namens willen mit Isolde Weißhand vermählte, aber seine Sehnsucht nach der blonden Isolde wurde nicht gestillt.

Tristan begleitete von nun an seinen Schwager Kaedin auf dessen Kriegszügen. Eines Tages weilten sie auf einer Burg und mißbrauchten in der Abwesenheit des Ritters das Gastrecht, weil Kaedin sich um die Liebe der Burgherrin bewarb. Der Ritter, der sich betrogen fühlte, verfolgte sie nach seiner Rückkehr, stellte sie zum Kampf und rammte Kaedin den Speer in den Leib, daß dieer tot vom Pferde sank. Dafür erschlug ihn Tristan. Aber die Übermacht der Feinde war zu groß, und Tristan erhielt eine schwere Wunde, daß er nur mit Mühe den Verfolgern entkam.

Isolde Weißhand pflegte den Schwerverletzten, der mit dem Tode rang. Kein Arzt und keine Arznei vermochten ihm zu helfen. Da sandte Tristan einen getreuen Boten an König Markes Hof und ließ die blonde Isolde bitten, seine Todesnot zu lindern. Der Bote brachte die traurige Kunde nach Tintajol; Isolde zögerte keinen Augenblick und bestieg sofort das Schiff.

In der Zwischenzeit wurde der todwunde Tristan von Isolde Weißhand gepflegt. Sie grämte sich, daß Tristan die blonde Isolde rufen ließ, und oft mußte sie auf Tristans Bitte ans Fenster treten, um nach dem weißen Segel, das Isoldes Ankunft künden sollte, Ausschau zu halten. Als sie das Schiff endlich kommen sah und das weiße Segel in der Sonne glänzte, verkündete sie es Tristan; aber von dem Segel sagte sie nichts. »Liebe Isolde, sage an, wie ist das Segel?« fragte Tristan.

Isolde Weißhand sprach in dieser Not nicht die Wahrheit und erwiderte: »Ein schwarzes Segel habe ich gesehen.«

Da brach der Tod Tristan das Herz.

Vergebens beteuerte Isolde Weißhand in ihrem Schmerz, daß sie nicht wahr gesprochen habe. Tristan lag tot und hörte sie nicht mehr.

Als dann Isolde, die Blonde, und ihre Begleiter ans Ufer gelangt waren, vernahmen sie große Klage in der Stadt und erfuhren den Grund. Da stand die schöne Isolde stumm vor Schmerz und sank ohnmächtig nieder. Tristans Tod hatte auch ihr die Lebenskraft genommen. Als sie wieder zu sich kam, hatte sie nur den Wunsch, den Toten zu sehen. So gingen sie alle ins Münster, wo Tristan auf der Bahre lag. Sie nahm das Tuch von seinem Antlitz und warf sich an der Bahre nieder.

So lag sie Mund an Mund mit dem toten Tristan; da brach auch ihr das Herz, und sie starb den Minnetod.

Die Körper der Liebenden wurden einbalsamiert und in Särge gelegt, und Isolde Weißhands Vater, Herzog Jovelin, dachte, den zweien ein würdiges Begräbnis zu geben.

Inzwischen aber hatte König Marke den Tod der Liebenden erfahren und war zu Schiff nach der Burg Karke gekommen.

Als er von der treuen Brangäne vernommen hatte, wie alles gekommen war, von dem Trank der Minne, der die Herzen bezaubert hatte, daß sie nicht mehr voneinander lassen konnten, da brach er in laute Klage aus und rief: »O weh, Tristan, hättest du von Anfang an alles bekannt, ich hätte dir Isolde zur Frau gegeben. So wäre ich rein von Sündenschuld geblieben, und ihr wäret gerettet.«

Marke führte die Leichen auf seinem Schiff mit sich nach Tintajol. Dort lag das ganze Land in Trauer. Der König ließ zwei marmorne Särge anfertigen und die Toten darin bestatten. Im Burggarten von Tintajol wurden sie begraben.

König Marke gab sein Reich einem seiner Barone und ging ins Kloster. Er hatte auf Tristans Grab einen Rosenstock pflanzen lassen und auf Isoldes eine Weinrebe. Als Rebe und Rose wuchsen, neigte sich über den Gräbern jeder Zweig dem anderen zu, und dicht ineinander verflochten wuchsen Rose und Rebe auf.

Robin Hood

Auf dem Thron Wilhelms des Eroberers, der mit seinen Normannen vor drei Menschenaltern Englands Insel unter seine Herrschaft gebracht hatte, saß nun König Richard, der wegen seines hochgemuten, tapferen Wesens den Ehrennamen Löwenherz trug. Den angestammten Sachsen, die seit Jahrhunderten im Lande wohnten und nun die Normannenherrschaft ertrugen, war König Richard ein gerechter, großherziger Herrscher, er wachte streng darüber, daß die von ihm eingesetzten Grafen und Barone ihre Rechte nicht mißbrauchten, und darum anerkannte und schätzte ihn jedermann. Er hatte die Herzen der unterlegenen Sachsen besonders gewonnen, weil er ihnen alte Rechte – besonders das Jagdrecht – zurückgegeben hatte.

Doch nun befand sich der König außer Landes. Er war auf dem Kreuzzug ins Heilige Land gezogen, und sein Bruder Johann, den er als seinen Stellvertreter eingesetzt hatte, war nur ein schlechter Sachwalter des königlichen Willens. Er haßte die stolzen Sachsen, weil sie sich nicht der Fremdherrschaft beugen wollten, und darum scheute er sich nicht, ihnen die Rechte zu versagen, die Richard Löwenherz ihnen großherzig eingeräumt hatte. Johann nahm ihnen auch das Jagdrecht, in dem sie ihre angestammten Ansprüche sahen. »Geht mit Strenge gegen die Widersetzlichen vor und brecht jeden Trotz!« gebot er seinen Vögten.

Diese Mahnung befolgte mit besonderer Härte der Ritter de Lacy, der als Sheriff in der festen Stadt Nottingham waltete.

Blickt man von der Höhe ihrer Zinnen weit über das englische Land, so erkennt man in der Ferne einen dunkelgrünen Waldstreifen. Das ist der Sherwood, der sich weit

durch das Land zieht. Der Ritter wendete nur ungern seinen Blick dort hinüber, denn mochte er auch Herr über die
weite Stadtumgebung sein: In den Sherwood Forest reichte
seine Macht nicht; dort herrschte ein anderer – ein Mann,
dem er den Tod geschworen hatte.

Robin Hood hieß dieser Mann; er war das Haupt einer
Schar von verwegenen Gesellen, die dem Sheriff von Nottingham, ja selbst dem königlichen Statthalter Prinz Johann
manche schlaflose Nacht bereitete.

Doch heute leuchteten die Augen des Sheriffs in grimmiger Freude. Soeben nämlich hatte man ihm drei Gefangene
zugeführt, die zu Robins Schar gehörten.

»Ihr kennt das Gesetz«, herrschte er sie an. »Wer in des
Königs Wäldern jagt, den trifft die Todesstrafe!« Die drei
Männer, die ihm gegenüberstanden, sahen sich ganz auffallend ähnlich; es waren Brüder.

»König Richard hat uns Sachsen die alten Rechte wiederhergestellt!« rief der älteste von ihnen zornig. »Nach seinem Wort...«

»Schweig still, du Sachsenlump!« fauchte ihn der Sheriff
an. »König Richard ist weit – hier im Lande gilt der Befehl
des Prinzen Johann, seines hochgeborenen Bruders. Längst
hat er sein Jagdrecht verkündet!«

»Ja, rechtlos sind wir!« fuhr wieder einer der Brüder auf,
doch da winkte der Sheriff dem nächststehenden Wächter.
Der verstand das Geheiß seines Herrn: Er wendete den
schweren Spieß und stieß ihn dem Sachsen in den Rücken,
daß der Mann taumelte.

»Führt sie ins Gefängnis!« befahl der Sheriff hart. »Für
Rechtsbrecher bedarf es keiner Verhandlung. Morgen
müssen sie hängen!«

Am Rand des Waldes stand zu dieser Stunde ein Mann im

Wams aus grasgrünem Lincolntuch. »Was bringst du für Kunde, Little John«, rief er dem hünenhaften Kerl zu, der auf ihn zueilte.

»Schlechte Kunde, Robin«, versetzte der andere. »Die Brüder Denver sind dem Sheriff in die Hände gefallen, alle drei!« Robin Hood antwortete nicht. So schlechte Botschaft hatte er noch nicht gehört, seit er das Haupt der Schar war.

»Ruf Alin herbei!« befahl er. Der Waldläufer, den er mit Little John angesprochen hatte, verschwand zwischen den Bäumen. Robin blickte sinnend in die Landschaft: Wie soll ich den Gesellen in die Augen blicken können, wenn ich diese drei prächtigen Burschen im Stich lasse – wenn ich dulde, daß der Sheriff ihnen den Strick um den Hals legt!

Vor ihm stand Alin, der Spielmann. »Ich hab schon von dem Unglück gehört, Robin«, begann er, »was kann ich tun?«

Viele Worte waren hier nicht nötig. »Du mußt nach Nottingham hinein, noch heute abend. Erkunde die Lage! Wir haben keine Zeit zu verlieren.«

Auf Alin, den Spielmann, war Verlaß. Er würde sich irgendwie verkleiden, um unbemerkt Einlaß zu finden, und würde seine Aufgabe meistern.

Während er sich auf den Weg machte, saß Robin Hood im Kreise seiner Gesellen. Gespenstisch züngelten die Flammen aus den mächtigen Buchenscheiten und warfen zuckende Schatten zwischen die Bäume. Robin gab Anweisungen. Morgen würde man dem Sheriff von Nottingham wieder einmal zeigen, daß mit entschlossenen Freiheitskämpfern nicht zu spaßen sei.

In aller Frühe waren die Männer von ihren Laubsäcken aufgesprungen, jeder kannte seine Aufgabe. Robin machte sich allein auf den Weg zur Stadt. Da begegnete ihm auf der Landstraße ein Bettler. »Was gibt's Neues in Nottingham, guter Freund?« rief Robin ihm zu.

»Neues genug«, versetzte der Alte. »Des Sheriffs Leute haben ein paar von Robin Hoods Männern erwischt, und noch heute sollen sie am Galgen zappeln.«

»Und so ein Schauspiel willst du dir entgehen lassen?« fragte Robin zurück.

»Ich mag des Sheriffs Gewalttätigkeit nicht ansehen. Und außerdem: Wer weiß, ob alles ruhig abläuft. Das Volk in der Stadt murrt gegen den Zwingherrn. Und ob Robin Hood selber müßig mit ansehen wird, wie seine besten Leute am Querholz baumeln?«

Keiner der normannischen Wächter kümmerte sich um den Bettler, der sich ein paar Stunden später inmitten der aufgeregten Menschenmenge zum Marktplatz drängte. Robin Hood hatte mit dem Mann auf der Landstraße gegen gute Bezahlung die Kleidung getauscht. Unbemerkt hatten sich mit ihm auch seine verwegenen Gesellen unter die Zuschauer gemischt.

Auf dem Podest unter dem Galgen stand der Sheriff. Nur mit Mühe kam der Herold zu Wort: »Volk von Nottingham! Der Sheriff, der hier im Namen unseres rechtmäßigen Herrn, des Prinzen Johann, über unsere gute Stadt regiert, tut allem Volk kund und zu wissen: Drei Rechtsbrecher, die gegen die Jagdgesetze verstoßen haben, sollen vom Leben zum Tode befördert werden...«

»Schande!« tönte es murrend. »Elende Knechtschaft!«

Voller Wut blitzten des Sheriffs Augen über die Menge. Drohend standen seine Kriegsknechte.

»...zum Tode befördert werden!« wiederholte der

Herold hart. »Wer dieses ehrenhafte Geschäft übernehmen will...«

»Schande!« tönte es wieder von verschiedenen Seiten.

»...übernehmen will, dem sagt Ritter de Lacy, unser Sheriff, vier blanke Geldstücke zu...«

Das Murren wollte nicht aufhören. Wieder rief der Herold die Belohnung aus, da drängte sich ein zerlumpter Bettler vor: »Ich will mir das Geld verdienen.«

»Elender Henkersknecht!« tönte es aus der Menge zum Holzgerüst hinauf. »Geldgieriger Verräter!« kamen Stimmen von der anderen Seite. Aber einige der Zuschauer blickten sich bedeutungsvoll an, sie hatten gemerkt, was hier gespielt wurde. Wie sollte man auch annehmen, daß Robin Hood seine Getreuen im Stich lassen würde?

Der Sheriff war froh, in der aufsässigen Menge einen Bereitwilligen gefunden zu haben, denn so wollte es normannische Gepflogenheit, daß ein Freiwilliger das Amt des Henkers vollzog. Er gab dem Herold einen Wink.

»Tu nun, was deines Amtes ist!« befahl dieser dem Bettler und wies auf drei Stricke, die bereitlagen.

»Erst muß ich die Beichte dieser armen Teufel hören«, versetzte der neue Henkersknecht unerschütterlich, »so wie es das Gesetz will!«

Voller Ungeduld stampfte de Lacy mit dem Fuß auf, während Robin ruhig mit den Gefangenen flüsterte. Natürlich hatten sie ihn trotz der Bettlerlumpen längst erkannt; jetzt gab er ihnen die letzten Anweisungen.

»Fertig!« rief der vermeintliche Bettler, richtete sich aus seiner zusammengesunkenen Haltung auf und – riß die Lumpenfetzen herunter! Mit Entsetzen in den Augen war der Sheriff der plötzlichen Verwandlung gefolgt. Vor ihm stand im grasgrünen Gewand leibhaftig der Mann, dessen

Bild ihn bis in seine Träume verfolgte – vor ihm stand Robin Hood!

»Packt ihn! Greift ihn!« brüllte der Sheriff wie von Sinnen. »Verrat! Verrat!« Aber Robin hatte schon sein Horn an den Lippen, dreimal blies er den Freiheitsruf – und dann hielt er das schmale Sachsenschwert in der Faust.

Ritter de Lacy, der Sheriff, wich dem drohenden Stoß aus und stolperte nach rückwärts. In der Zuschauermenge war es längst lebendig geworden. Wie durch Zauberhand verschwanden dort Bauernkittel und Mönchskutten, Altweibermäntel und Fuhrmannsröcke – und urplötzlich wimmelte es von behenden Gesellen im grasgrünen Wams!

Mit den drei Brüdern in der Mitte bildeten Robins tapfere Männer einen Keil, und es gelang ihnen, sich zur Stadt hinaus durchzuschlagen, ehe des Sheriffs Schergen einen Arm zu rühren wagten.

Wer war dieser Robin Hood, der den Unterdrückern seines Volkes den Kampf geschworen hatte, der als Freund der Armen den Bedrängten half und das Unrecht angriff? Wer war dieser Anführer tapferer, lustiger Gesellen, der ein unerreichter Meister im Schießen mit dem Eschenbogen war und der als »König des grünen Waldes« ein Dasein in Freiheit wählte, um sein Lebensrecht zu behaupten?

Er war der Sohn des Hugh Fitzooth Locksley, der zu jener Zeit in der Nähe der Stadt Nottingham lebte, war ein Mann aus altsächsischem Geschlecht, dessen Vorväter vor Jahrhunderten auf ihren Drachenschiffen zur britischen Insel gestoßen waren und dort seither als Freisassen gelebt hatten. Mit seinen sächsischen Freunden seufzte er unter dem Druck der normannischen Zwangsherrschaft, denn

sein Amt als königlicher Waldvogt hatte er natürlich verloren, seit Prinz Johanns neue Gesetze galten.

Unzufrieden lebte der edle Herr Locksley dann mit Frau
und Sohn Robert, den sie Robin nannten, am Rande des
Sherwood Forest. Die normannischen Herren hatten den
Sachsen ja verboten, in den Wäldern des Königs zu jagen –
wie sollte ein sächsischer Edling, der nichts als das Dasein
im Walde kennt und Meister im Bogenschießen ist, von
seiner Liebe zur Jagd lassen?

Normannische Schergen hatten den einstigen Freisassen
auf der Jagd, die sie Wildern nannten, angetroffen und hatten ihn erschossen. Als Robin dann aus dem Elternhaus vertrieben wurde, fand er bei seinem Oheim Unterkunft; hier
wuchs er auf – in unversöhnlichem Haß gegen die normannischen Herren, die ihm Vater und Mutter genommen hatten. Bei Muck, dem starken Knecht seines Vaters, lernte er
das Stockfechten, in dem die Sachsen seit je Meister waren,
und auch im Bogenschießen übte er sich mit Vollendung.
Bald gab es auf hundert Schritt kein Ziel, das er mit seinem
Pfeil nicht erreicht hätte.

Eines Tages drang zu ihm das Gerücht von einem Wettkampf im Bogenschießen, der zur nächsten Sonnenwende
in Nottingham stattfinden sollte. »Laß mich teilnehmen,
Oheim«, bat der junge Sachse, »vielleicht gewinne ich den
Preis, und vielleicht macht man mich dann zum Waldvogt...« Das war Robins heißester Wunsch.

Robin, der Meisterschütze, gewann den Preis. Doch
Schlimmes geschah: Auf dem Heimweg erschoß er in Not-
wehr einen normannischen Aufseher und wurde erkannt.
Robin wußte nicht, daß er mit diesem Schuß seinen Vater
gerächt hatte, denn er traf gerade den Mann, der einst Herrn
Hugh niedergestreckt hatte.

Aber mit seiner Tat war Robin ein »Outlaw« geworden;
er hatte sich außerhalb der Gesetze gestellt. So wurde er ein
Geächteter, der sich nicht vor den normannischen Herren
zeigen durfte. Auf seinen Kopf setzte Herr de Lacy einen
Preis aus: Wer Robin Hood antraf, für den war er vogelfrei;
jedermann durfte ihn töten, ohne Strafe befürchten zu
müssen.

Robin lebte nun tief drinnen im Sherwood Forest, doch
bald sammelten sich um ihn Männer, die geächtet und
vogelfrei waren wie er, alle entschlossene Gesellen, die die
Fremdherrschaft der Normannen haßten wie er.

Johann, den das Volk spöttisch den »Prinzen ohne Land«
nannte, hoffte immer mehr, sein königlicher Bruder werde
nicht zurückkehren, und immer drückender wurde seine
Herrschaft. Und immer mehr dieser tollkühnen, wildent-
schlossenen Freiheitskämpfer stießen zu dem Haufen der
Ausgestoßenen, die im Sherwood Forest hausten – und
Robin Hood war ihr Führer, denn er war der kühnste und
verwegenste und klügste unter ihnen.

Bald traute sich kein Normanne mehr in den Sherwood
Forest hinein, so gefürchtet waren Robin und seine Gesellen. Man erkannte sie an dem Lincolnrock, den sie trugen,
aber dieses waldgrüne Tuch machte sie unsichtbar. So
waren sie allgegenwärtig, ein Schrecken der normannischen Häscher.

Auch die Reichen ringsum, die das Volk aussaugten,
waren vor ihnen nicht sicher, denn Robin schonte keinen –
zum Nutzen der Unbegüterten, die darben mußten.
Darum liebten die Armen ihn, den »König des grünen Waldes«, der das freie Leben unter den Waldbäumen einem
Dasein in Zwang und Unfreiheit vorzog; der Sheriff aber
haßte diesen Freund und Helfer der Unterdrückten und

sann auf Mittel und Wege, Robin zu fangen und zum Tode zu führen.

Schlechte Nachrichten gingen unter dem Volk um: König Richard sei auf der Heimkehr vom heiligen Grab auf der Burg Dürnstein gefänglich festgenommen worden! Tiefe Bedrückung lastete auf dem ganzen Land. Zwar wagte das Volk seinen Schmerz nicht öffentlich kundzutun, denn Prinz Johanns Schergen lauerten überall; doch im geheimen wurden immer wieder ohnmächtige Klagen laut über das Fernbleiben des Königs.

Nur zum Schein erließ der Prinz dann einen Aufruf an alles Volk in Stadt und Land. Jedermann sollte teilnehmen an einer Geldspende, mit der man den gefangenen König freikaufen könne. Gewaltig war die Summe an Kupfer und Silber, die in die Kassen des Prinzen floß. Das treue Volk gab sein Letztes, um dem Herrscher die Freiheit zurückzugeben.

In seinem falschen Herzen jubelte der Prinz über diesen Erfolg seines Aufrufs – denn nicht den Bruder dachte er loszukaufen, sondern in seine eigene Schatzkammer sollte dieser hohe Geldbetrag fließen. So hatte er doppelten Gewinn und Vorteil, denn damit – so rechnete er – entschwand für König Richard die letzte Möglichkeit einer Rückkehr in die Heimat; ein zweites Mal würde das ausgepreßte Volk das Lösegeld nicht aufbringen können.

In aller Heimlichkeit versuchte der hinterhältige Regent, die Geldspende der Volksgenossen in seinen Palast nach London zu schaffen. Doch er hatte nicht mit der Wachsamkeit von Robin Hoods Männern gerechnet, die ihre Augen und Ohren überall hatten. Als Herrn de Lacys Wächter den Wagen mit der kostbaren Truhe zur Stadtburg hinausführten, ahnten sie nicht, daß überall wachsame Beobachter in vielerlei Verkleidung dem Zug folgten. Kaum war er außerhalb des Stadttors im freien Gelände, da erklang von allen Seiten das gefürchtete Hifthorn, und ringsum waren Wald und Feld voll von verwegenen Grünröcken. So groß war die Überraschung, daß kaum einer der gedungenen Wächter an Verfolgung dachte, als Robin Hoods Gesellen mit der wertvollen Geldtruhe im Dunkel des Sherwood Forest verschwanden.

Was kümmerte es ihn, daß Prinz Johann ihn heuchlerisch einen feigen Verräter schalt, der dem gefangenen König die Freiheit vorenthalten wolle. »Nicht ihn, unsern treuen Vaterlandsfreund, sondern den heimtückischen Prinzen Johann trifft solcher Vorwurf«, ging es unter dem Volk von Mund zu Mund. Jeder kannte ja Robin Hoods lautere Gesinnung. Er hatte treue Männer genug, die seinen Willen zuverlässig ausführten.

Ein harter Winter folgte. Wenn die Bäume vor Kälte ächzten, dann ächzte auch wohl mancher der treuen Gesellen bei sich selber und wünschte sich ein wärmendes Dach über dem Haupt, und für die durchgefrorenen Glieder ein weiches Lager. Doch keine Klage wurde laut.

»Hofft auf den Frühling, ihr Gesellen!« So gab Robin den Freunden neuen Mut, und dann rafften sie sich auf und ließen ihren Schlachtruf bis zu den Wipfeln der uralten Waldbäume erklingen: »Hoch Robin Hood und seine verwegenen Gesellen!«

Endlich zog der Frühling ins Land mit frischem Grün und verheißungsvoller Hoffnung. Die unbeugsamen Männer faßten neuen Mut und nahmen den Kampf gegen die landfremden Unterdrücker wieder auf. Doch der Sommer ging dahin, und wieder stand der Winter bevor. Sollte das gequälte England nie seinen Frieden finden?

Nach einem harten Winter regte sich wieder zart und behutsam das Frühlingsleben, die Wälder begannen sich zu färben, immer neue Gesellen strömten den Geächteten zu. Der Mai streute mit überschwenglicher Pracht seine blühenden Wunder aus und ließ die bunten Schmetterlinge durch den Blütensegen fliegen. Das Jahr stieg zur Höhe, und der Sommer ging wieder zu Ende. In den Eichbäumen schimmerten die reifen Früchte, und bald schon rauschte in den Bäumen das goldene Oktoberlaub.

Nicht frohe Gedanken waren es, die Robin bewegten, als er mit Bruder Tuck durch den herbstbunten Wald streifte. Immer größer war die Zahl seiner Gesellen geworden – wovon sollte er sie in einem neuen Winter ernähren?

Bruder Tuck verstand Robins Gedanken. »Sei unbesorgt!« sagte er tröstend. »Auch für dich und uns kommen bessere Zeiten.«

»Halt!« tönte es den beiden plötzlich entgegen. Robin Hood zuckte zusammen. Gerade vor ihnen an der großen Eiche hielt ein Ritter hoch zu Roß, in blanker Rüstung, das Visier heruntergeklappt.

»Was wollt Ihr hier im Walde?« rief Robin drohend und griff zum Bogen.

»Ich suche Robin Hood! Wißt Ihr, wo ich ihn finde?«

»Ich selber bin es! Was wollt Ihr?«

»Den Sherwood Forest von Geächteten befreien!«

Bruder Tuck konnte nicht mehr an sich halten. »Laßt diese herausfordernde Sprache, Herr Ritter! Und nehmt den Helm ab, oder ich schlage Euch über den Schädel!« Drohend hatte der streitbare Mönch den schweren Knüppel erhoben. Willig folgte der fremde Ritter der Aufforderung, löste den Riemen und nahm den Helm vom Kopf.

Wie auf eine Geistererscheinung blickten die beiden

Männer auf den Reiter. »König – König Richard!« brach
Robin fast stammelnd aus und beugte das Knie. Der Mönch
tat desgleichen.

»Ihr seid wieder zurück, Majestät«, sagte Robin. Erst
langsam begann er, sich zu fassen. »Vergebt mir, Majestät,
das grobe Auftreten«, fügte er dann hinzu, »ich ahnte ja
nicht...«

»Ihr habt nicht zu bitten, Robin Hood. Mit mir ist ganz
England in Eurer Schuld. In Eurer und Eurer verwegenen
Gesellen Schuld.« Gütig lächelnd stieg der König vom
Pferd. »Robin Hood«, sagte er, »kniet nieder hier an der
Stätte, wo Ihr für die Freiheit gekämpft habt!«

Der König hatte sein Schwert gezogen und legte es dem
Knienden auf die Schulter. »Robin Hood, ich schlage Euch
hiermit zum Ritter meiner Krone und ernenne Euch zum
Herzog von Locksley. Erhebt Euch, Sir Robin!«

Seite an Seite schritten die beiden dem Waldlager zu. Bruder Tuck führte des Königs Streitroß am Zügel. Staunend
blickten die Gesellen auf den Fremden, staunend vernahmen sie, was sich inzwischen ereignet hatte.

Da drängten sich von allen Seiten die Gesellen um den
König, riefen und schrien und wußten sich nicht zu fassen
vor Freude und beglückwünschten den jungen Herzog.
Und dann trat Alin in den Kreis, faßte die beiden an der
Hand und rief: »Hoch unser König Richard! Hoch unser
neuer Herzog Robin Hood!« Begeistert nahmen sie alle den
Ruf auf.

Da breitete Robin seine Arme aus, als wollte er alle darin
einschließen, und dann rief er, daß es hinaufklang bis zu den
Baumkronen des Sherwood Forest: »Hoch Robin Hoods
tollkühne Gesellen!«

England hatte seinen Frieden wiedergefunden.

Register

Hausbücher
im Diogenes Verlag

»Diese Bücher sind Hausbücher,
das heißt, sie wollen wieder und wieder
zur Hand genommen werden,
wollen Grundstock kindlicher Bildung sein.«
Frankfurter Allgemeine Zeitung

Tomi Ungerer
Das große Liederbuch
Über 200 deutsche Volks- und Kinderlieder.
Gesammelt von Anne Diekmann unter Mitarbeit von Willi Gohl. Mit vielen bunten Bildern von Tomi Ungerer

Janosch
Das große Buch der Kinderreime
Die schönsten Kinderreime aus alter und uralter Zeit aufgesammelt sowie etliche ganz neu dazuerfunden und bunt illustriert

Das große Buch von Rasputin dem Vaterbär
Das Riesenbuch vom Vaterbär. Sechsundsechzig Geschichten aus dem Familienleben eines Bärenvaters

Tomi Ungerer & Janosch
Das große Buch vom Schabernack
333 lustige Bilder von Tomi Ungerer mit frechen Versen von Janosch

Tomi Ungerer
Schnipp Schnapp
oder Was ist was?

Tatjana Hauptmann
Das große Märchenbuch
Die schönsten Märchen aus Europa. Gesammelt von Christian Strich. Mit über 600 Bildern von Tatjana Hauptmann

Bernhard Lassahn
Das große Buch der kleinen Tiere
Elf Gute-Nacht-Geschichten mit 34 Bildern von Tomi Ungerer

Reiner Zimnik
Das große Reiner Zimnik Geschichtenbuch
Erweiterte Neuausgabe

Helme Heine
Sauerkraut
Fast eine Idylle. Erzählt von Gisela von Radowitz und Helme Heine

Beatrix Potter
Das große Beatrix Potter Geschichtenbuch
Aus dem Englischen von Claudia Schmölders, Renate von Törne und Ursula Kösters-Roth